刘泽华全集

刘泽华 ◎ 著

南开大学历史学院 ◎ 编

# 八十自述

天津出版传媒集团

天津人民出版社

图书在版编目(CIP)数据

刘泽华全集. 八十自述 / 刘泽华著 ; 南开大学历史
学院编. -- 天津 : 天津人民出版社, 2019.10
  ISBN 978-7-201-15218-9

  Ⅰ.①刘… Ⅱ.①刘… ②南… Ⅲ.①刘泽华-文集
②刘泽华-自传 Ⅳ.①C53②K825.81

  中国版本图书馆 CIP 数据核字(2019)第 193613 号

## 刘泽华全集·八十自述
LIU ZEHUA QUANJI · BASHI ZISHU

出　　版　天津人民出版社
出 版 人　刘　庆
地　　址　天津市和平区西康路 35 号康岳大厦
邮政编码　300051
邮购电话　(022)23332469
网　　址　http://www.tjrmcbs.com
电子信箱　reader@tjrmcbs.com


总 策 划　任　洁
责任编辑　金晓芸
装帧设计　明轩文化·王　烨

印　　刷　河北鹏润印刷有限公司
经　　销　新华书店
开　　本　710 毫米×1000 毫米　1/16
印　　张　24.75
字　　数　360 千字
版次印次　2019 年 10 月第 1 版　2019 年 10 月第 1 次印刷
定　　价　165.00 元

# 前　言

　　由天津人民出版社编辑出版的《刘泽华全集(全十二卷)》,在众多南开师友、刘门弟子、家属及出版社领导、各位编辑的共同努力下,终于可以问世了。此套全集由南开大学历史学院主持编选,一些事项需要在此说明:

　　一、刘泽华,享誉海内外的著名史学家、南开大学荣誉教授,1935 年 2月出生,2018 年 5 月 8 日病逝于美国西雅图,享年 83 岁。自 1960 年大学三年级破格留校任教后,刘先生在南开大学历史系、历史学院执教四十余载,直至 2003 年退休。刘先生曾任南开大学历史系主任、校学术委员会委员、教育部人文社科重点基地中国社会史中心主任等校内外多种重要学术职务,受聘于多家高校及科研单位并担任客座教授,退休后被授予“南开大学荣誉教授”称号。刘先生著作较多,理论观点自成一体,所提出的“王权支配社会”“王权主义是传统思想文化的主脉”“中国传统政治思想是一种‘阴阳组合结构’”等命题和论断,准确而深刻地把握住了中国传统政治文化与政治实践的特点,具有重要的理论创新性,学术影响极大。

　　二、在几十年的教学与科研进程中,刘先生带起了一支专业素质较强的学术团队,以他的学术观点为灵魂,系统梳理中国传统政治思想的脉络,找寻传统与现代政治理念间的异同,致力于剖析中国现代化进程中的诸多症结,具有鲜明的学术个性、敏锐的问题意识和强烈的现实关怀,被誉为“王权主义学派”或“刘泽华学派”。先生可谓是中国政治思想史领域的代表性人物之一。

　　三、鉴于刘泽华先生崇高的学术地位及其论著的重要理论价值,《刘泽华全集(全十二卷)》得以入选天津市重点出版项目。为保证文集的学术水平和编纂质量，天津人民出版社与南开大学历史学院密切合作，联手打造学术精品。经刘泽华先生生前授权，由南开大学历史学院主持全集编选工作，成立了由李宪堂、张荣明、张分田教授为主的编选工作组，带领部分研究生收集初稿进行编选，之后又多次协调召开京津地区刘门弟子研讨会，对全集十二卷的顺序、各卷目录及学术年谱进行了反复讨论。天津人民出版社副总编辑任洁带领团队全力投入，负责各卷编辑工作。

四、时值南开大学百年华诞，作为献礼之作的《刘泽华全集（全十二卷）》的出版引起广泛关注。全集编选工作得到各方支持，进展顺利。多位师友提供刘泽华先生文章手稿及照片。阎师母及先生的女儿刘琰、刘璐对全集的出版十分关心，就全集的编撰、封面设计提出不少建设性的意见。葛荃教授代表刘门弟子撰写了全集的序。葛荃、张荣明、李宪堂、孙晓春、季乃礼、林存阳等教授审读了各卷。何平、杨阳、林存光、邓丽兰等诸多刘门弟子，以及诸多南开史学的毕业生纷纷表达期待之情，翘首以待。

五、由于刘泽华先生的写作时间始自 20 世纪 50 年代初，直至 2018 年 5 月逝世前夕，跨度长达半个多世纪，各个时期的学术规范、报刊发表要求不尽相同，给收集整理和编辑工作带来相当大的困难。此次出版，除对个别字句的误植进行订正外，基本保持发表时的原生样态，以充分体现论著的时代性，便于后人理解当代中国史学演变的路径及意义。刘泽华先生的回忆录《八十自述：走在思考的路上》于 2017 年由生活·读书·新知三联书店出版后，引起广泛关注，被誉为"当代中国学人的心灵史"，此次全集出版时也将其收录进来，以体现全集的完整性，并于文末附由林存阳教授与李文昌博士所梳理的"刘泽华先生著述目录"。

六、由于印刷模糊、议题存疑等原因，刘泽华先生的个别文章未能收入。希望以后有机会再增补出版，以补缺憾。

七、天津人民出版社《刘泽华全集（全十二卷）》编辑小组的全体编辑，对全集编辑出版工作倾情投入，付出了艰巨的劳动，他们是责任编辑金晓芸、张璐、赵子源、霍小青、孙瑛、王小凤、康嘉瑄、韩伟，二审赵艺编审和三审任洁编审。在此向天津出版传媒集团和天津人民出版社表示衷心的感谢。

刘泽华先生长达半个多世纪的学术生涯是在南开度过的，他对南开大学、南开史学拥有一份真诚、朴素的情感,曾带头汇捐四十万元用于设立"中国思想史奖学金",希望中国思想史学科能后继有人。这套全集也是按照刘先生生前愿望,由南开大学历史学院主持编选,这也是刘泽华先生向南开百年奉献的一份真挚祝福。

唯愿刘泽华先生在天之灵安宁!引导我们永远走在思考的路上!

南开大学历史学科学术委员会

2019 年 10 月 17 日

# 序:刘泽华先生的学术贡献

葛　荃[①]

刘泽华先生(1935—2018),河北石家庄人,中国当代著名史学家,中国政治思想史研究著名学者。研究领域包括先秦史、政治史、知识分子史、历史认识论和中国古代政治思想史。先生成果丰硕,为当代中国学术研究贡献良多,主要体现在以下三个方面。

## 一、著述等身

中国政治思想史研究自 1952 年全国院系调整以后基本处于停滞状态。间或也有些研究成果,刘泽华先生此时即有论文面世,大都是先秦诸子及后世思想家方面的学术论文, 鲜有专著问世。20 世纪 80 年代改革开放后,中国政治思想史研究得以复苏。1984 年《先秦政治思想史》出版,这是继 1924 年梁启超《先秦政治思想史》[②]之后唯一的一部同名学术专著,其翔实和厚重的程度, 体现了中国学术界六十年来的知识积累和理性认知的进步。其后,1987 年《中国传统政治思想反思》出版,这两部著作在学术界形成了重要影响,奠定了刘泽华先生的学术地位。

关于《先秦政治思想史》,据先生自述,这是一部"迄今为止最系统、最全面(包括'人'和'书')、资料最翔实的一部先秦政治思想史"。诚哉斯言!从体例来看,这部著作有三个特点。一是脱出中国哲学史研究的套路,真正

---

① 葛荃(1953—　),安徽巢湖人,系刘泽华先生首徒。曾在南开大学、山东大学任教。现为中国政治学会常务理事,中国政治思想史研究会常务理事兼会长。术业专攻:中国政治思想与政治文化。

② 该书一名《中国圣哲之人生观及其政治哲学》。

形成了中国政治思想史的知识体系。二是立论允当,均有翔实的史料依据。所谓"言必有据",这正是先生"让史料说话"治学理念的验证。三是在理论突破方面有所尝试。《先秦政治思想史》的写作时间大约是从1979至1983年。那个时段的中国刚刚改革开放,曾经的教条主义思想束缚还没有完全破除,在理论方面有所突破是需要胆识和超前意识的。刘泽华先生说:"在研究方法上我突破了用阶级理论定义政治的'铁则'。我认为政治有阶级性,也有社会性。""1949年以后到本书出版之前所有的思想史著作,在论述人物及其思想时几乎都被戴上'这个'阶级或'那个'阶级的帽子,而我在本书中实行了'脱帽礼'。把帽子统统摘掉了。这在当时也可以说是绝无仅有的,谓余不信,不妨翻翻那时的著作。"刘泽华先生延续了"马克思主义"流派的论说方式,破除了教条思维的束缚,摒弃了几十年来桎梏人们头脑甚而轻车熟路的"阶级代入法",形成了夹叙夹议、史论结合、突显学术个性的叙事方式。刘泽华先生以传统中国的政治思维与当下的家国情怀相观照,充分展现了政治思想史研究的理论深度与学术感染力,具有明显的开创性,从而在学术界形成了广泛影响。

《中国传统政治思想反思》更是一部力作。刘泽华先生以鲜明的问题意识"反思"传统,论题包括人性、民论、天人合一、法制、礼论、谏议思想、清官问题,等等。书中提出了中国传统政治思想的研究对象和研究方法问题,论述了传统人文思想与王权主义问题。这些论题的视角和形成的学术判断展现出作者自由思维的敏锐与犀利,引起学界极大的关注。《先秦政治思想史》和《中国传统政治思想反思》开启并奠定了刘泽华先生的研究路向,提升了先生在学术界的知名度和影响力。其中王权主义理念的提出,预示着先生学术思想体系的核心部分已经形成,为其以后的研究及王权主义理论体系的构建开通了道路。

嗣后几十年,刘泽华先生在中国古代政治思想史研究领域用功尤勤,出版了一卷本《中国古代政治思想史》(1992)、三卷本《中国政治思想史》(1996)和九卷本《中国政治思想通史》(2014)。这三部著作跨越二十余年,反映出先生在中国政治思想史领域的超越性进路。其中,1992年初版的《中国古代政治思想史》于2001年出版修订本,被国家教育部研究生工作办公室推荐为全国研究生教学用书。2014 年出版的《中国政治思想通史》是这一学科发展近百年来唯一的一部通史类著作。如果从 1923 年出版的谢无量的《古代政治思想研究》和 1924 年梁启超的《先秦政治思想史》算起,近百年来,有关中国政治思想史类的个人著述并不少。除了梁、谢之作,还有萧公权、萨孟武等人的二十余种,但是冠以"政治思想通史"者,唯先生一人耳。

此外,刘泽华先生还出版了《中国政治思想史集(全三册)》《中国的王权主义》《专制主义与中国社会》(合著)、《士人与社会(先秦卷)》、《士人与社会(秦汉魏晋南北朝卷)》《中国传统政治哲学与社会整合》(合著)、《洗耳斋文稿》、《中华文化集粹丛书·风云篇》《中国传统政治思维》《竞争、改革、进步:战国历史反思》(合著)、《王权思想论》《中国古代王朝兴衰史论》(合著)等三十多种书,并主编《中华文化通志·制度文化典》。晚年出版个人回忆录《八十自述:走在思考的路上》,这部著作登上了《南方周末》《新京报》等各大书榜,又被《中华读书报》评为 2017 年 5 月月度好书。

刘泽华先生在《历史研究》《哲学研究》《历史教学》《红旗》《文史哲》《南开学报》《天津社会科学》《学术月刊》等刊物,以及《人民日报》《光明日报》《文汇报》《今晚报》等先后发表学术论文、学术短文合计两百四十多篇。

另外,先生还有多部论文和著作在外文期刊或外国出版社出版。其中《中国传统政治思想反思》由卢承贤译成韩文,首尔艺文书苑 1994 年出版;三卷本《中国政治思想史》由韩国著名学者、韩国荀子学会会长、韩国政治思想学会会长张铉根教授用功二十年(1997—2017),译成韩文,合计二百六十万字,已经于 2019 年 2 月面世。

20 世纪 80—90 年代,中国政治思想史研究形成热潮,计有几方重镇。中国古代政治思想史有南开大学、吉林大学,中国近现代政治思想史以中国人民大学为首。进入 21 世纪,重镇相继衰落。唯 2014 年泽华师主编的九卷本"通史"问世,彰显了他数十年的学术积累和巨大的学术影响力,即以皇皇巨著表明其学术追寻的孜孜以求和笔耕不辍的坚守,誉为"著作等身",实至名归。

## 二、开创学派

学者的成功不仅在于著述,更在于培养新人、接续文化与学术传承。刘泽华先生于 1982 年初指导硕士研究生,1994 年始招博士研究生,几十年培养弟子众多。其中一些弟子选择在高校或科研单位任职,在学术观点上与先生相承相通,逐渐形成了一个相对松散却志同道合的学术群体。刘泽华先生的学术旨趣在于反思中国历史与传统文化,以批判中国君主专制政治为要点,形成了一套学术理念,具有鲜明的启蒙性。在先生的感召和引领下,学术群体虽然分散在各地,但仍能坚守学术志向,传承先生衣钵,形成了李振宏先生命名的"中国政治思想史研究中的王权主义学派"①。

这里需要说明的一点是,这一"学派"的形成,并非有意为之,更非刻意求之,而是在长期的指导、引领与合作中自然形成的,正所谓"无心插柳柳成荫"。一方面,先生指导研究生的重点是精读原典和研习理论方法,主要通过讨论的方式,激发学生思考,学会做研究。另一方面,先生以指导学生习作的方式来培养和提高学生的研究能力,旨在通过实际操作,激活学生的思维能力。特别是对于某些年龄偏大、入门较晚的学生更是如此。正是在这样的过程中,在先生耳提面命、逐字逐句的谆谆教诲中,师生得以思想交流、情感交融。老师的学术旨趣、价值理念感染和浸润着受教者,许多学术判断和创见性论断在学生的著述中得到接续和不断阐发。兹可谓聚似一团火,散则满天星,历经有年,以刘泽华先生为中心的学术群体逐渐形成。

关于学派的名称,李振宏认为"是考虑到这个学派内部成员的学术个性、差异性问题,而'王权主义学派'较之'刘泽华学派',可能具有更大的包容性"②。这一判断当然是有道理的。不过据我所知,先生本人却没有完全认同。他认为,应该是"王权主义批判学派"或"王权主义反思学派",否则容易令人产生误解,以为我们是赞同王权主义的,其实恰恰相反。

我与师门中诸位好友倒是倾向于最初的提法,以为"刘泽华学派"更为恰当。李教授关注的重点是"王权主义学派"的提法有更大的包容性。不过

①② 李振宏:《中国政治思想史研究中的王权主义学派》,《文史哲》,2013 年第 4 期。

我以为,孔子以后儒分为八,墨子之后墨分为三,无论怎样分化,其学派的基本理念和宗旨是一脉相承的。中国传统政治文化的价值系统抑制人的个体主体性,长期以来的集体主义教育也使得我们的文化基因对突显个人有着天然的恐惧和抵制。事实上,以刘泽华先生为创始人的学术群体,其成员主要是硕士生或博士生,以及部分优秀私淑弟子及学道同人。正是基于价值观的认同与长期的学术合作而相互呼应,形成了学术传承,以礼敬先生、光大师门的共识凝结了认同基础,具备了"师承性学派"的典型特征。故而冠以老师之名讳而称学派,或可开当代中国学界风气之先。

开创或形成学派,并非自家的一厢情愿,而是成就于学界共识。其规定至少有三:一是创始人创建出相对完备的理论体系及相应的知识与话语体系,具备特色鲜明的方法论;二是学术群体成员基本沿顺着相同的学术立场和价值观而接续传承;三是学术群体不仅合作,更有学术创新,而且多有建树,发扬光大。借此而言,刘泽华先生能身体力行,堪为典范。学术群体成员长期合作,建立了全国性学术组织①,并在各自的研究领域各有擅长与学术特色。李振宏对此论述详尽,这里不赘言。

## 三、知识创新

坊间探讨何为大学,谓之须有大师。能称为大师者,必然能在人类社会的知识传承方面有所创新。刘泽华先生正是这样,主要体现在三个方面。

一是中国政治思想史理论架构和知识体系的创新。梁启超早在20世纪20年代就已经提出了政治思想史研究对象问题,不过他仅仅从类型的视角解读了中国政治思想史的研究对象。一是从"所表现的对象"来划分,分为"纯理"和"应用"两类;二是从"能表现之主格"来区分,分为"个人的思想"和"时代的思想"。这样的概括显然过于笼统,学理性略有不足。此后,大凡涉猎中国政治思想者,纷纷做出解读。

---

① 2014年,以刘门弟子为主,发起成立中国政治学会之中国政治思想史专业委员会,即中国政治思想史研究会,迄今已经召开七届年会暨"中国政治思想史论坛"。该论坛始于2012年,即筹备成立研究会,在学术界形成了广泛的影响。

近一个世纪以来,比较具有说服力的是徐大同在20世纪80年代初的认识。他提出:"政治思想史的研究对象是:历史上各个阶级和政治集团对社会政治制度、国家政权组织,以及各阶级相互关系所形成的观点和理论体系;各种不同政治思想流派之间的斗争、演变和更替的具体历史过程;各种不同政治思想对现实社会政治发展的影响和作用。"①进入21世纪,徐大同的认识进一步凝练,提出"一切政治思想无不是反映一定的社会阶级、阶层或集团的政治理想、政治要求,设计夺取、维护政治统治方案或为政治统治'出谋献策'。古今中外概莫能外"②。这一认识较之80年代有所扩展,不过其核心仍然可以概括为"关于国家与法的认识"。

刘泽华先生认为,徐大同等人的说法相当深刻,抓住了政治思想史研究的主要内容,可是尚有不足。"问题主要是把政治思想史的对象规定得过于狭窄,有碍于视线的展开。"他提出政治思想史除了研究国家和法的理论外,还有一些内容也应列入研究范围。计有政治哲学、社会模式理论、治国方略和政策、伦理道德、政治实施理论及政治权术理论等。③三十年后,先生在2014年出版的《中国政治思想通史》中进一步概括说:"中国古代的政治学说包罗万象,有时还与其他领域的学说理论交织在一起,而中国古代政治思想史的研究对象应包纳无遗,故在确定研究的内容和范围时,宁失之于宽,勿失之于狭。即除了关于国家、政体、法制的理论以外,还要根据中国古代政治学说自身的特点,充分注意政治哲学、社会模式理论、关于治国方略与政策的理论、政治实施理论、政治权术与政治艺术理论、政治道德理论,以及中国古代政治学说所关注的其他各种理论和其他各种门类学术理论中所包含的政治理论内容。"④

刘泽华先生在前人研究的基础上,重新审视中国古代政治思想史的研

① 徐大同、陈哲夫、谢庆奎、朱一涛编著:《中国古代政治思想史》,吉林人民出版社,1981年,第2—3页。

② 徐大同:《势尊道,又尊于道》,载于赵宝煦主编:《知识分子与社会发展》,华夏出版社,2003年,第51页。

③ 刘泽华:《先秦政治思想史》,南开大学出版社,1984年,第2—7页。

④ 刘泽华主编:《中国政治思想通史(综论卷)》,中国人民大学出版社,2014年,第6页。

究对象，提出了政治哲学等五个方面也须作为中国政治思想史的研究对象。这一学术判断符合中国历史和文化生态，拓宽了中国政治思想史的研究视域，具有原创性，为构建中国政治思想史知识体系奠定了基础。

对中国政治思想史进行整体性的概括是基于学科的发展逐渐展现出来的。自从 20 世纪初叶梁启超"常作断片的发表"[1]，随着学科发展，有诸多研究者想对中国政治思想史做整体性的把握。不过，研究者往往是通过历史分期或概括特点进行整体性的描述。如陶希圣《中国政治思想史》、吕思勉《中国政治思想史十讲》等，莫不如此。被誉为以政治学理论研究中国政治思想史第一人的萧公权也是这样。[2]相较而言，萧公权的整体性认识是有一定的创新性的，但是基本格局没能走出前人的思路。

刘泽华先生的认识在一定程度上超越了前人，他以"王权主义"概括中国古代社会、政治与思想，对中国政治思想史做出了整体性判断。在《中国政治思想史(先秦卷)》序言中，他将中国政治思想史的主题归纳为三点：君主专制主义、臣民意识、崇圣观念。随后，他将这三点归结为一点——王权主义。在他看来，所谓王权主义"既不是指社会形态，也不限于通常所说的权力系统，而是指社会的一种控制和运行机制。大致说来又可分为三个层次：一是以王权为中心的权力系统；二是以这种权力系统为骨架形成的社会结构；三是与上述状况相应的观念体系"[3]。他认为，"在观念上，王权主义是整个思想文化的核心"。作为现代人的研究，当然要借助现代学科的分类来审视传统思想，"但不能忽视当时的思想是一个整体，它有自己的特定的逻辑和结构，而政治思想则是其核心或主流部分，忽视这个基本事实，就很难贴近历史"[4]。借此断言，"在中国的历史上，除为数不多的人主张无君论以外，都是有君论者，在维护王权和王制这一点上大体是共同的，而政治理想几乎都是王道与圣王之治"[5]。显然，王权主义不是一个简单的政治意识

① 梁启超：《先秦政治思想史》，中华书局，1936 年，第 1 页。

② 萧公权按照思想演变的趋势，划分为四个时期：草创时期、因袭时期、转变时期、成熟时期。又以思想的历史背景归纳为三段：封建天下之思想、专制天下之思想、近代国家之思想。

③ 刘泽华：《中国的王权主义》，上海人民出版社，2000 年，第 2 页。

④⑤ 刘泽华：《中国的王权主义》，上海人民出版社，2000 年，第 4 页。

形态化的陈述,而是对中国传统社会的政治、社会与思想文化的结构性认知。在这一结构中,君主政治权力系统是中心。与中心相关联的,一方是与之相应的社会结构,另一方则是与权力中心及社会结构相应的思想观念。这里的逻辑关系很清楚,政治思想与政治权力系统及社会结构相关联,三者之间存在着相互影响与作用的互动关系。

这就是说,刘泽华先生突破了以往就思想而谈思想,以分期的方式概括政治思想全局的思路。他从历史学家横亘历史长河的认知高度审视中国古代社会、政治与文化,用王权主义的体系性框架对中国传统社会政治、经济、思想文化做总体性把握,梳理出思想与社会、思想与政治、思想与制度之间互动和相互影响的认知路径,形成了独具学术个性的学理逻辑,实则构成了一种认知范式。

正是在王权主义总体把握的认知基础上,先生对中国政治思想史的命题和范畴做了梳理。诸如传统人文思想与君主专制主义、宗教与政治、王权与"学"及士人、王权与圣人崇拜、革命与正统、政治理想与政治批判,以及道与王、礼与法,等等。又提出中国传统政治思维的"阴阳组合结构",这一判断极具首创性。刘泽华先生在几十年的探索、思考中,渐渐形成了自成体系的学理逻辑,构建了充分展现其学术创新性的知识体系,终成一家之言。

二是学术观点的创新。刘泽华先生的研究新见迭出,多有首创性学术判断,这里仅举两例。

1.关于"王权支配社会"。这一观点是在传统的"权力支配经济"基础上提出的。先生坦言他受到了前人的启发:"王亚南先生的见解可谓前导。"不过他指出,王亚南是从经济入手解读政治权力与社会的关系。而"王权支配社会"与前人所论有着相当的差别。他说:"第一,我不是从经济(地主制)入手,而是直接从政治权力入手来解析历史。君主专制体制主要不是地主制为主导的经济关系的集中,而恰恰相反,社会主要是权力由上而下的支配和控制;第二,我不用'官僚政治'这一术语,君主要实现其统治固然要使用和依靠大批官僚,但官僚不是政治的主体,而只是君主的臣子、奴仆,因此不可能有独立的'官僚政治'及其他学者提出的'学人政治''士人政治'等。君主可以有各式各样的变态,如母后、权臣、宦官,等等,但其体制基本是一样的。"①

"王权支配社会"的提出具有首创性,用先生自己的话说:"我提出这一看法不是出于灵机一动,而是多年来学术积累的概括。"正是在这一看法的基础上,总结出了"王权主义"理论体系。这一学术判断为深入解读和诠释中国政治思想提供了政治学视角,使诸多传统论题的研究,诸如天人合一、圣人观、重民思潮等,得以走出前人的框架与格局。

2."政治文化化与文化政治化"。刘泽华先生沿顺着思想与社会互动的思路提出,"政治关系就不仅仅是单纯的权力关系,它还是一种文化关系"。他把制度、法律、军队、警察、监狱等称为政治关系中的"硬件",将信仰、情感、态度、价值观等称为政治关系中的"软件",认为"政治文化指的就是这些'软件'"。在这里,先生借鉴了现代政治文化理论,指出"政治文化是政治实体中一个有效的组成部分,在某些情况下,对政治行为起着指导作用"。他把这种状况称为"文化政治化"。其中"包括两层政治含义:其一,一定政治体制的形成有赖于一定的文化背景;其二,一定政治体制的存在和运行,受到文化因素的制约和改造。仅仅从制度、法律、规定、强制等范畴来谈政治是远远不够的,还必须结合一定的文化背景才能真正理解政治的运行和发展"②。

政治文化化是说,一定的政治制度与法律体系可以通过不断的政治社会化过程逐渐内化成为政治共同体内成员所奉行的行为准则与政治观念。刘泽华先生从政治与文化互动关系的视角切入,借鉴现代政治学的政治社会化理论,深刻剖析中国传统政治思想的内在结构与关联。"政治文化化与文化政治化"不仅具有学术创新性,而且作为政治学立论本土化的案例,充实了中国政治思想史研究领域的中国话语。

三是研究方法的创新。严格而论,人文社会科学的研究方法和方法论是有区别的。一般而言,研究方法指的是研究的技术手段,如计量方法,包括田野调查、质性研究,等等。方法论是指运用某种理论作为认知、分析、论

---

① 刘泽华:《王权支配社会的几个基本理论》,《历史教学(上半月刊)》,2018 年第 2 期。

② 刘泽华:《政治文化化与文化政治化》,《天津社会科学》,1991 年第 3 期。

证和形成学术判断的手段。刘泽华先生是彻底的唯物主义者，自喻"马克思主义在我心中"。他的方法论基础是历史唯物论和辩证唯物论，学界称为"历史与逻辑相结合"的研究方法。从20世纪70年代中期起，先生坚定而决然地摒弃了僵化教条思维，扩展视野，提出并践行中国政治思想史研究的"互动"方法与价值研究方法。

关于"互动"方法。刘泽华先生提出的"思想与社会互动研究方法"是其辩证思维的体现。他认为，"在以往的研究中，大致说来，占主流的是'二分法'。先是阶级的二分法，强调两者的对立。近年来，讲阶级性的大大减少，取而代之的是'精英'与'大众'的二分法"①。在他看来，"思想与社会本是一个有机的整体。然而，由于学科的分化，人类社会的主要领域被分割"。"为了提高研究的专门化程度，人们可以将本来浑然一体的历史现象分割给不同的学科。"为此他提出"必须以综合性的研究来还原并解读事物的整体"，概括出"互动"方法论。就是要"综合思想史与社会史的资源、对象、思路、方法"，运用"互动"方法进行研究，"撰写更全面的思想史和社会史"。②

为了进一步说明，泽华师举出统治思想与民间社会意识关系问题作为案例。他认为，正是学科分工细化导致的"二分法"将思想分为统治思想和民间社会意识，研究者将上层与下层、官方与民间、经典与民俗、精英与大众、政治思想与社会思想分隔开来。为此就需要运用互动方法论，"依照历史现象之间固有的内在联系，确定研究对象，拓展研究视角，设计研究思路，对各种社会政治观念进行综合性解读"。"在对统治思想、经典思想、精英思想、社会思潮、民间信仰和大众心态分别进行系统研究的基础上，考察它们之间的相互关系，对全社会普遍意识发展史做出深度分析和系统描写。"③互动研究方法关注事物之间的联系与逻辑，可以视为辩证唯物论在政治思想史研究领域的具体运用。这种研究方法能够突破主流思想和政治意识形态对于政治思想史研究的局限，对中国社会的思想与文化做出更为深刻与合理的阐释。

---

①②③ 刘泽华等：《开展统治思想与民间社会意识互动研究》，《天津社会科学》，2004年第3期。

关于价值研究方法。刘泽华先生说:"一方面要注意学科自身的认识规律,循序渐进;另一方面还要借鉴思想史和哲学史研究的经验与教训。"于是提出要把价值研究作为中国政治思想史研究的重要视角,这显然是一种方法论的提炼。

先生认为,研究中国政治思想史不能只限于描述思想内容和思想发展的历史过程,同时要考察思想的价值,价值性认识在政治思想史研究中是具有特别重要意义的。他说:"为了判明一种思想的价值,首先要明确价值标准……这就是历史唯物主义。""价值问题不只是个阶级定性问题,还有许多其他方面的内容。不做价值分析,政治思想史就会变成一笔糊涂账。为了更好地判明各种思想的价值,应该探讨一些价值标准问题。在这个问题上,既要借助历史学中已获得的成果,又要结合政治思想史的具体情况,理出一些自身特有的标准。"①

在他看来,在历史上,一些代表剥削阶级的政治思想付诸实践,是可行的,有效的,"甚至起了促进历史的作用"。那么,"在这种情况下,真理与谬误该如何分辨,代表剥削阶级利益的政治思想中有否科学和真理?实践证明是可行的,起了积极作用的思想是否就是实践检验证明了的真理?"②这些认识是在《先秦政治思想史》中提出的,时值20世纪80年代初期,"思想解放"几近热潮,这些认识代表着中国政治思想史研究的新思维趋向。

总的来看,刘泽华先生密切关注中国思想、社会和历史相关的宏观性问题,从批判和破除教条主义的思想禁锢出发,彰显和倡导史家自由思考和独立认识的主体意识,形成了成熟的方法论理念,并用于研究实践。互动研究方法和价值研究方法的提出,对推动中国政治思想史研究的深入与拓展,构建创新性知识体系具有重要意义。

## 四、学术人格

刘泽华先生的学术人格主要是通过其治学理念体现出来的。他说:"研

---

① 刘泽华:《先秦政治思想史》,南开大学出版社,1984年,第11页。
② 刘泽华:《先秦政治思想史》,南开大学出版社,1984年,第12页。

究中国的政治思想与政治精神是了解中国历史与现实的重要门径之一。"为了从传统的封建主义体制和心态中走出来,"首先要正视历史,确定历史转变的起点。我们经常说要了解和熟悉国情,而历史就是国情最重要的组成部分。我的研究目的之一就是为解析中国的'国情',并说明我们现实中封建主义的由来"①。可知先生作为历史学家有着强烈的家国情怀和现实关怀,并凝聚为特色独具的治学理念,形成了极富主体精神的学术人格。

其一,反思之学。反思(turn over to think)的概念在近代西方哲学已有使用,可以界定为认知主体以当下的立场和认知方式审视、回溯传统,即以往的事物与知识。刘泽华先生最早使用这一概念就是在前文提到的《中国传统政治思想反思》一书中。"反思"作为书名,实则体现了他的治学理念。作为历史学家,他认同这样的理念:历史是个不断地再认识的过程,需要当下的认识主体不断地予以反思。历史本来就是人类过往的记述,历史研究就是要为当下的现实生活做出解释,给出学术判断。"学科学理与反思国情就是我研究政治思想史的两个主要依据,也是我三十年来循而不改的一个原因。"这是他致力于"反思"中国历史与传统政治思想的"愿力"②所在。

刘泽华先生曾明确表示:"我觉得我们这一代人经历的曲曲折折很值得反思,其中我认为政治思想的反思尤为重要。""我是强调分析,强调反思……我自己也认为我是反思派,是分析派,而不是一个弘扬派,我主张在分析当中,在反思当中,来区分问题。"③先生的反思之学有两个突出的特点。一是坚持马克思主义基本方法,"把马克思主义作为一种认识论来看待"。他坚持"马克思是伟大的思想家,是人类的精神财富",并且"仍然认为马克思讲的一些基本的道理,具有很强的解释力,比如经济是基础这一点,我到现在仍然认为是正确的"。但马克思主义不是教条,因而对于某些观点需要"修正"。"作为一种学派,它的发展一定要有修正,没有修正就没有发展。其实

① 刘泽华:《中国政治思想史集(第一卷)》,人民出版社,2008 年,第 1 页。
② 佛教用语,指心愿的造业力。在这里指意愿之力。
③ 王申等:《独立思考,突出学术个性——刘泽华先生访谈》,《中国研究生》,2011 年第 4 期。

不只是我在修正,整个社会从上到下都在修正,历史在变,不能不修正,有修正才能发展。"①这里说的修正,指的是学理层面的反思、批判和发展。

二是延续"五四"批判精神。刘泽华先生认为:"'五四'在中国思想文化史上都是划时代的,不管别人怎么批评,我个人还是要沿着'五四'的批判道路接着往下走的。""我自认为我是一个分析的、批判的态度。""五四"精神体现着一种鲜明的批判精神,正如李振宏所指出的,王权主义学派有着鲜明的学术个性和强烈的现实关怀,"与现代新儒家有明显对立的学术立场,对中国古代政治思想文化抱持历史批判的科学态度"②。这里说的批判当然不是对传统思想与文化的全盘否定,而是哲学意义上的"扬弃",有否定,有拣择,有传续。泽华师延续"五四"批判精神的初衷是"关切民族与人类的命运"。他认为"历史学的重要功能之一,应该是通古今之变,关切民族与人类的命运"。"如果史学要以研究社会规律为己任,那么就必须关注人间烟火。所谓规律,应该程度不同地伸向现实生活。"③

"反思"的治学理念彰显着刘泽华先生的学术个性。正是基于数十年的坚守,先生及其研究群体才能在中国政治思想史领域不断推出成果,为当代中国的文化精神提供理性与新知。

其二,学术主体性与自由思维。刘泽华先生的治学理念体现了作为历史学家理应具有的学术主体性和自由思维。他明确表示"我一直主张独立思考,强调学术个性"④。20 世纪 80 年代后期,先生发表了两篇文章,一为《除对象,争鸣不应有前提》,一为《史家面前无定论》,⑤集中体现了先生的学术人格。

刘泽华先生提出:"在认识对象面前,一切学派都应该是平等的,谁先认识了对象,谁就在科学领域处于领先地位。"他反对在"百家争鸣"面前设置前提和人为的规定,"百家争鸣是为了发展科学。科学这种东西是为了探

①④ 王申等:《独立思考,突出学术个性——刘泽华先生访谈》,《中国研究生》,2011 年第 4 期。

② 李振宏:《中国政治思想史研究中的王权主义学派》,《文史哲》,2013 年第 4 期。

③ 刘泽华:《历史研究应关注现实》,《人民日报》,1998 年 6 月 6 日第 5 版。

⑤ 分别载于《书林》,1986 年第 8 期、1989 年第 2 期。

索和说明对象,因此科学只对对象负责"①。他明确表示:"我认为在历史学家的面前,没有任何必须接受的和必须遵循的并作为当然出发点的'结论'与'定论'。""从认识规律上看,众说纷纭,莫衷一是,是认识的常态;反之,舆论一律,认识一致,则是变态。前者是认识的自然表现,后者则是权力支配与强制的结果。"②

基于这样的认识,刘泽华先生力主研究者理应具有认知主体的个性,即主体精神,认为研究者要从历史中走出来,以造就当下的主体精神。为此,他不赞成把"国学"说成是中华文化的本体,不赞成"到传统那里寻根、找自己,等等"。他说:"我认为传统的东西是资源不是主体或本体,我不认为孔子能包含'我',孔子他就是一个历史的资源,我就是我!中国文化的主体应该是一个活的过程,应该首先生活在我们的现实之中,至于说作为资源,那没问题。"③

此外,涉及中西文化的"体用"问题,先生断言:"如果讲到体和用,我就讲先进为体,发展为用。只要是属于先进的东西,不管来自何方,都应该学习,拿来为我们现在的全方位发展服务。"④

刘泽华先生的主体性也体现在他有意识地对教条化阶级理论进行批判。1978年与王连升合写《关于历史发展的动力问题》一文,"依据马克思、恩格斯有关生产是历史发展的'根本动力'说,来修正当时神圣的阶级斗争说"。这篇文章是他从教条主义束缚中走出来的标志,也是其学术主体性得以彰显并确立的标志。这篇文章与戴逸、王戎笙先生的文章成为20世纪70年代末、80年代初史学界和理论界关于"历史动力问题"大讨论的由头文章。

总的来看,刘泽华先生的学术主体性贯穿着深刻的反思精神,坚持站在当下看传统。在研究对象面前,没有前提,没有定论,也不存在任何不可逾越的权威。他要求自己也教导后学要在前人画句号的地方画上一个问号。他的自由思维是学理认知的自由和学理逻辑的自由,内含着深刻的怀

---

① 刘泽华:《除对象,争鸣不应有前提》,《书林》,1986年第8期。

② 刘泽华:《史家面前无定论》,《书林》,1989年第2期。

③④ 王申等:《独立思考,突出学术个性——刘泽华先生访谈》,《中国研究生》,2011年第4期。

疑和批判精神,确认在学术研究的场域,研究者必须持有独立人格。他用自己数十年的学术生涯践行了这样的治学理念,形成其作为历史学家的学术人格,展现了学者的良知和现代知识分子的天职:质疑、颠覆和构建。

其三,笃实学风。刘泽华先生秉承了南开史学的学风——"平实"。他的创新性论断和首创性学术判断,无不具有翔实的理论依据和史料依据。这种治学理念的基础是"一万张卡片理论"。

在南开大学做青年助教时,南开大学历史系泰斗郑天挺先生的一句话他牢记在心——没有两万张卡片的积累,不能写书。嗣后先生自称为"文抄工"。他说:"我属于平庸之才,脑子也不好,所以我就拼命抄。""我这个人不聪明,底子又差,记忆力也不好,所以首先做的是文抄工(不是'公'),每读书必抄,算下来总共抄了几万张卡片。批评者没有人从资料上把我推翻。我的一些考证文章到现在仍经得起考验。"[1] 这里说的"文抄工"指的是从历史典籍、文献或研究著述中抄录资料,在没有电脑等现代录入手段的时代,这是文史研究的基本功,也是学术积累的重要方式。所谓"读书破万卷",由此方能锻铸扎实、厚重的学术功底。

刘泽华先生的勤奋给他带来巨大收获。1978 年湖北云梦睡虎地出土的"秦简"公开发表,他根据秦简考证出战国时期各国普遍实行"授田制"这一事实。这项发现印证了"权力地产化"是实际存在的,从而为"王权主义"理论的建构提供了史实支持。[2]这是他学术生涯中感到最得意也是津津乐道的一件事。

刘泽华先生倡导"让史料说话"的治学理念,对他的研究结论充满自信,因为所有的结论都是从史料中得来的。他曾说过三卷本一百二十万字的《中国政治思想史集》"不是每一个字都恰当准确,却没有一个字是空洞的、轻飘的"。

笃实学风体现的是治学理念,展现的是其学术人格。作为历史学家必

---

① 刘泽华述,陈菁霞访:《反思我们这代人的政治思想尤为重要》,《中华读书报》,2015 年 3 月 4 日第 7 版。

② 参见刘泽华:《论战国时期"授田"制下的"公民"》,《南开学报》,1978 年第 2 期。

须构筑坚实的史学功底和理论功底,先生的"王权主义"理论就是在长期的研究和思考中形成的,结构严谨,逻辑通透,从而感召学界同人与弟子,形成了被李振宏誉为"使人真切地感受到了学术的进步"的王权主义学派。

## 五、全集编序

编辑出版全集是刘泽华先生的遗愿,感谢天津人民出版社和南开大学历史学院为此做了详细规划,多次召开研讨会议,最终确定了全集编序。

全集共计十二卷,我们将《先秦政治思想史(上下)》作为第一卷和第二卷。之所以做这样的安排,主要是考虑到这部专著在泽华师的学术生涯中具有重大意义。如前所述,中国政治思想史研究开端于 20 世纪初叶。1923年,谢无量著《古代政治思想研究》由商务印书馆出版。翌年,梁启超著《先秦政治思想史》由中华书局出版。时隔半个多世纪,刘泽华先生的《先秦政治思想史》于 1984 年问世。这部著述多有创新,在研究对象、研究方法和理论深度方面超越了前贤,奠定了刘泽华先生的学术地位。

全集以《中国传统政治思想反思》作为第三卷。这部力作于 1987 年出版,汇集了这一阶段刘泽华先生关于中国古代政治思想的深刻反思,突破了传统的教条主义思维,明确提出了王权主义理念,用于概括传统中国的政治与思想。事实上,正是《先秦政治思想史》与《中国传统政治思想反思》这两部著作在研究视域上和认识深度上走出了前人研究的窠臼,独辟蹊径,初步形成了王权主义理论的核心内涵体系,将发展了半个多世纪的中国政治思想史研究提升到了一个新高度,同时也形成了独具特色的学术风格。

第四卷收录的《中国的王权主义》是 2000 年由上海人民出版社出版的专著,这是刘泽华先生关于王权主义理论的一部专论。"王权主义"是先生对中国古代社会、政治与文化的总体概括。从最初思路的提出到理论体系的凝聚成形,历经十多年。其间先生有诸多论文问世,观点一经提出,便遭遇太多视儒学为圭臬为神圣为信仰者的攻讦。刘泽华先生秉承先贤"直书"理念,辅之以历史学家的独立人格与学术个性,在不断的反思与深思中将这一理论体系构建完成。这部著作是先生关于中国传统政治思想创新之论的集大成，为 21 世纪的中国学术增添了最为浓重的一笔。

第五卷和第六卷收录的是先生关于中国政治思想史研究的论著。其中，第五卷主要是对先秦、秦汉政治思想的论著，曾经结集作为《中国政治思想史集(第二卷)》出版(人民出版社，2007 年)。第六卷则是未曾结集的学术论文，包括先生对于中国传统政治文化的一些研究成果。

第七卷收录的是刘泽华先生关于中国社会政治史研究的论著。如前所述，先生的学术视域比较宽阔，除了政治思想史研究，还涉猎先秦史、秦汉史、社会史、政治史，等等。本卷即收录了这一方面的研究，包括《士人与社会(先秦卷)》和学术论文。刘先生的王权主义理论不仅仅是对于中国古代政治思想的概括，而是将君主政治时代的中国视为一个制度与思想相互作用的社会政治整体，因而先生并不是孤零零地只谈思想，而是十分关注思想与社会的互动。认为从思想与社会相互作用的视角才能更深入地剖析传统政治思想的真谛，把握其真质，从而对于中国传统社会政治本身才会形成更为贴近历史真实的解读。本卷收录的正是刘泽华先生践行这一治学理念的学术成果。

刘泽华先生的历史研究主要放在战国秦汉史和历史认识论及方法论方面。前者编为第八卷，即关于战国秦汉史及中国古代史的有关著述。后者即历史认识论与方法论，编为第九卷，内容相对比较丰富。包括先生的治学心得、历史认识论与方法论的研究成果等。诚如前述，其中《除对象，争鸣不应有前提》(《书林》，1986 年第 8 期)、《史家面前无定论》(《书林》，1989 年第 2 期)两篇文章集中展现了先生的治学理念和学术自由精神，对于冲破教条主义束缚，培育科学精神和独立人格极具催动性，在学术界影响巨大。今天读来，依然感受到其中浓烈的启蒙意蕴。

全集最后三卷分别是第十卷《随笔与评论》、第十一卷《序跋与回忆》、第十二卷《八十自述》。这三卷的文字相对轻松些，主要是发表在报刊上的学术短文、采访、笔谈，以及为南开大学师长、学界同人、好友及后学晚辈撰写的序跋等。其中最后一卷收录的《八十自述》是刘泽华先生对自己一生治学与思考的总结，从中可以深切感受到先生"走在思考的路上"之心路历程。

全集最后附有刘泽华先生的著述目录，以方便读者检索。

全集是刘泽华先生毕生治学精粹的汇聚,展现了先生这一代学人的认知与境界。经南开大学历史学院与天津人民出版社着力促成,对于当代学界及后世学术,意义匪浅。

"哲人其萎",薪火永续。

是为序。

葛荃于巢社

2019 年 7 月 21 日

# 目　录

## 下编 我对若干历史问题的思考

# 前记(代序)

曾几时,人生七十古来稀。而如今,人生七十不言老。我年届八旬,当属古稀之列,但仍在思考的途中。

八十年是怎么过来的?直到近两年,想到应该有所悔悟,于是就陆陆续续写了若干片段。其中固然有个人的情趣,但更想从一个极小的孔隙映出一点点社会的景象。

我的经历是一系列偶然的堆积,背后则有个大的必然在左右。少年是战火风云中漂泊的一叶,充满了恐惧和无助;青年和壮年在数不清的运动中奔波、紧跟,在幸与险中沉浮;进入老年期,才多少有点自主意识,但是久在樊笼之鸟,已失去奋飞的能力;另外,也是习惯了,当然也还有相当的理想和信仰因素在其中。

在青年时期,什么都清楚,因为事事"听喝儿";进入老年,虽然仍有"北",但又不能确认"北"何所指,于是我陷入糊涂,反而引发说不尽的徘徊、苦恼和悲凉。

在 1976 年极端苦闷时期的"日记"中,我反复提出"现实主义"与"乌托邦"、"个人"独断与"天下"之间的矛盾。我不是一个不食人间烟火的高雅学问家,而是一个一直在世俗中纠缠的碌碌之人,"日记"中的看法成为我学术观念的背景,甚或是起点。

以我之见,现实是历史的延续与发展,而历史在很大程度上是现实的追溯,历史的脐带牵连着古今。因此,历史与现实的互相观照,无疑是研讨历史的一个重要视角和切入点。反过来,叙述和研究历史,则是为现实提供一种国情备忘录。近代以来是中国历史的转折期,而转折期必不可避免地有着沉重的历史拖累。我认为,整个中国历史有一个极重要的特点,即其运

1

行机制是王权支配社会。辛亥革命在形式上结束了王权,但权力支配社会的运行机制却远没有随即改观。相反,在某种新的环境中,却更加强化,权力崇拜达到历史的新高峰。盛行有年而被遮掩的秘密,被以最直白的语言揭示出来:"有了权就有一切,丧失了政权就丧失了一切。"应该说这是我们一个非常古老的传统观念。早在殷商时期,王就以"余一人"自称而高于一切,拥有一切。周代的普遍意识之一是:"普天之下,莫非王土,率土之滨,莫非王臣。"其后诸子百家都承继这一观念,认定王对臣民有"生之、任之、富之、贫之、贵之、贱之"的无限权力;与之相反,"民者,仰上而生也"。君王的权威是"一言兴邦","一言丧邦"。秦始皇登位,即宣布"六合之内,皇帝之土","人迹所至,无不臣者"。刘邦夺得天下,即刻把天下视为自己的"产业"。这种观念笼罩着整个社会,垂两千余年而不败。

芸芸众生也接受了这类观念,只要有机会就向"权力"靠拢,"学而优则仕","升官发财、光宗耀祖","一人得道、鸡犬升天","有权不用、过期作废",这些古今"醒世名言",是普遍性的共识,也是民族主流观念的证据。因此,就普通大众而言,对"官"既畏惧又羡慕,既憎恨又顺从,骨子里流行的是权力崇拜。人们对政治权力的迷信,与寄希望于清官和好皇帝混为一体,正如唐朝聂夷中《伤田家》所谓:"二月卖新丝,五月粜新谷。医得眼前疮,剜却心头肉。我愿君王心,化作光明烛。不照绮罗筵,只照逃亡屋。"真的是撕心裂肺,而表达的是多么可怜、可悲的观念。我的学术理念基本上就是对上述这些进行剖析。

到了这把年纪,如何给自己定位?说实在的,自己都说不清,如果一定给自己一个评语,我自认为:大致仍属于改革开放的大社会主义者中的一分子。在各种主义之中,我仍然相信大社会主义中包含着更为广泛的价值。这种价值是人类古今精神的升华,但它不是绝对的理念,而是历史的,不可能齐头并进地一步到位,而是在历史过程中逐步实现;大社会主义与此大体相同,也是很古老的一种理想,在历史中不断发展,因时代、因人而有不同的呈现。社会主义不是某某大人物特定的,而是"大"的,"大"到多大,我说不清楚它的边界,但远远超出了某些大人物规定性的论说。"大"是由种种元素积累而成,这要在历史实践中探索,绝对不是先验的规定;科学也不是理论逻辑的推导，而是由实践检验有利于社会进步的具体的道理。改革开放的大社会主义是不断的渐进过程，只能在历史进程中逐步地探索和实现，所以改革开放是无止境的，这里可用古人的一句话来说明："不慕古，不留今。与时变，与俗化。"

在我解析传统社会权力支配社会时，蕴涵着一种理念，就是应由权力支配社会向社会制约权力的转型，也就是逐步实现权力制约权力；权力是社会必不可少的，但要逐步实现社会与权力的协调和平衡，由特别利益集团控制逐步转向以公共性为其主要职能，但这不可能一蹴而就，肯定要经过漫长的历史过程，其间必定有许多曲折和痛苦为代价，如能学会有规则的博弈，肯定是中华民族的万幸。

中国历来的社会矛盾，主要体现为王权体系与民众之间的矛盾冲突，因而纯粹的理论、乌托邦、绝对平均主义有着很强的煽动性、鼓动性，很能蛊惑人心。但靠权力硬性推行这些又只能造成普遍性的灾难，而在灾难之上又耸立起新一轮的特权阶层。太平天国就是一个很典型的例证。八十年的经历告诉我，虽然纯粹的理论和乌托邦不是没有一点意义，但历史是个过程，既有权力方面的，也有社会方面的，一个问题接着一个问题。因此，现实主义或经验主义应该是我们思考问题的起点。

我长时期被臣民意识所笼罩，如果能从我的经历中看到一点点公民意识的萌生、成长，就算我没有白活到八旬；如果还在臣民观念中盘桓，那肯定是我的悲哀。

于南开大学洗耳斋

2014 年 3 月

上编　多变时代里我的一些小故事

# 我的家庭

## 父母的奇缘

我的老家,在河北省石家庄市近郊一个名叫"土贤庄"的小村庄。我年幼时,那里不叫"土贤庄",而是呼作"杜贤庄"。"杜贤庄",顾名思义,村里的原住民,主要应是杜氏人家,但当时只有一家姓杜,且是年老的绝户。

说起杜氏绝户,村民常讲到一桩故事。我们村东有一条通往帝都的大道,道边还有很宽的人行道。八国联军撤兵后,慈禧太后和光绪帝就是经由这条大道回銮北京。为了迎接圣驾,沿途村落所有成年男子,必须匍匐在地,跪于路边,而且不得抬头仰视。人们只能从眼角里睨视一点点宏大景象。老人们说起来,都带着无限敬仰和崇敬的口气描述,先是步兵,接着是举幡的,再是马队……数不清的一个方阵接着一个方阵的仪仗队,威风凛凛,浩浩荡荡,居于中间的是太后、皇帝的御驾,殿后的又是数不尽的方队。官宦们络绎不绝地巡视着两边跪拜的民众,对耄耋之年的人抽样给予赏赐。全村只有杜家一位老者受到恩宠,赏赐的是一块大洋。这块大洋成为供奉的圣物,人们都垂涎三尺,羡慕至极。

遗憾的是,杜家似乎没有福分来承受皇恩,后来反成了绝户,令村民们无限惋惜。到我能听懂这个故事时,事情已经过去四十多年了,大清也灭亡了三十多年,那时是日本侵占时期,可老一代的村民们讲起往事,依然肃然起敬,似乎能有一次五体跪拜,是自己一生的荣光。这是我人生的第一堂历史课,也是我最初所接受的"臣民意识"的教育。

杜家绝户了,可村名是最好的纪念。1940 年,日本人修筑石家庄至德州的铁路,我们村是第一站,不知何故,将"杜"改为"土"。虽然乡亲们认为"土"字不吉利,但村里头面人物与日本人交涉无效,时间一久,便约定成俗,村名随了站名。大概搞"治安村"时,村子正式更名为"土贤庄"。土贤庄原属正定县,滹沱河东西流过,将正定县分为南北两块,我们村在河南。滹沱河南,土地平整且肥沃,采用井水灌溉。主要的大车道,同时肩负排水渠道的作用,遇到大雨,街道如滔滔河道,流畅无阻。我们河南住民,维持着旱涝保收的生活状态,鲜见极端贫困之家。我们村距正定县城和石家庄都是十五里,属于近郊,后来又傍石德铁路线,村子虽小到只有五六十户人家,但相对其他村庄通达、活分。

　　1935年阴历正月十四日(公历2月17日),我来到这个世上。家里没有钟表,不知确切时间。那年生肖为猪,生我正值晚饭后,乡人所谓"人畜皆饱"。我爹非常高兴,说:时辰吉利,以后不会挨饿。据我娘叙述:当我呱呱落地时,一看又是一个秃小子,极其扫兴,懒得看我一眼。因为我前边已有了四个哥哥,娘想要个女儿。我爹是重男主义者,十分称意。娘不甘心,还要生,在我四岁时,终于有了个妹妹,我似乎成为这个家中可有可无的一根鸡肋。

　　我父母是一对老夫少妻,父亲比母亲大三十一岁。父亲生于1872年,母亲生于1903年,都是大清的子民。母亲是续弦。我的外祖母体弱多病,每逢冬天喘得透不过气,坐卧不宁,整日围着被子蜷缩在炕上,痛苦至极。我母亲是长女,下边有一个妹妹和两个弟弟。外祖父是个老实人,比较窝囊,支撑不了家。田有两亩,但没有井,也没有牲口和大型农具,因而收成甚微,日子很难过。家里的事情全由我母亲操持。为了外祖母和这个家,母亲耽误了婚期。当时习俗是十七八岁出嫁,过了二十就难了,属于现在所谓的"剩女"。大约在这前后,母亲患了莫名的病,根本请不起医生,拖着、耗着,人瘦得不成人形,几乎没有生的希望。那个年代,闺女是不能死在娘家的,死了不能入祖坟,没有安魂之处,只能做野鬼。对一个大姑娘来说,这比生时没有出嫁更残酷。我们那里实行冥婚,找一个异性单身冥鬼,结为夫妻。据说外祖父已为我母亲筹划冥婚的事。正当此时,我父亲丧偶,时年已经五十有五。他有二男二女,都已成家和出嫁。那时家乡有个习俗,男人丧妻之后,最好不出三个月能续弦。男人不空房是一种吉利。于是有媒人撮合,很快就把婚事说定。对我母亲来说,这总比等待冥婚要强得多。

　　据说我父亲遭到家人的强烈反对,但他声言:就是一个"棺材瓢子",我

4

也要娶回来！迎亲那天，他不便去，便派自己的孙子前往。婚后，父亲对母亲疼爱有加，关怀备至。他那时已有良田几十亩，生活得不错，又当家做主，于是到处给母亲请医生。奇迹出现了，母亲的身体日见好转，婚后不到三年接连生了我三哥和四哥（前边有两个同父异母哥哥），母亲身子骨奇迹般恢复正常了。经过死亡线考验的人多半长寿，我母亲活到人瑞——九十五岁时辞世。

　　我娘一进刘家的大门，立即坐在了祖母的位置。我爹与前妻生的二男均已儿孙满堂。爹的长孙同我母亲的年龄相差无几，也已结婚生子。这个大家庭有二十多口人。爹得了一个年轻媳妇，娘也把他当作自己依赖的靠山，心满意足。可是，这个大家庭的其他人，没有一个人能接受这个事实，哪里来的"娘"和"奶奶"？可是我娘是一位好强同时又极其注重名分的人。在她看来，我是明媒正娶过来的，身份和地位无可争议，就要当这个"娘"和"奶奶"！但在自己没有生儿育女时，只有我爹疼爱，自己空居名分，有气无力。当我的同母长兄来到这个大家庭后，情况发生了变化，几个亲哥哥在这个家庭中具有万钧之重，爹又钟爱小儿子们，娘也以子为贵而有恃无恐。她要真正做一家之长了，于是像开了锅的水，这个家沸腾起来了。在我多少懂一点事时，我多次听到我娘讲如下一件事：一群孙子媳妇们不知从哪里弄出一个说法，说我娘未进刘家门之前，即大姑娘之时有"不正经"的事。这类事传起来最快，村里人议论纷纷，最后传到我娘耳里，一下子引起大爆炸。贞节问题是当时的头等大事。我娘公开挑战，宣称传言者能找出证人，我立即去死！然后在家庭范围内一个一个正面对质，几乎把家里所有的女人都卷进来了，可是谁都无言以对，此时不得不向我娘求饶。所有传言者都跪在我娘面前，请求原谅。我娘在气头上横竖不答应，转身离开，所有跪求者没有一个人敢站起来，这一跪就是半天。我爹出来说情，我娘的气也消了一点，说可以，每人要自己掌脸，于是一片掌脸声响起。此事很快传遍村子，传言自然平息。我爹事后反复称赞我娘有骨气，刚强，敢做敢当。对家内女眷之间的事，我爹从不直接介入，他常说一句话："看你们谁能争过谁！"我的异母大哥效仿老爹也从来不介入，我的异母二哥是位聋哑人，当然也不会介入。但清官难断家务事，婆婆妈妈的事时常发生，拖到1937年不得不分家，我的两位异母兄长另立门户。我爹已经六十四岁,与我娘带着我们五个小崽子(同母大哥只有十一岁)单过。老骥伏枥,该多难啊!

## "父亲"是一种生产方式

上溯老刘家的渊源,还真有些复杂。我爹并不是爷爷的亲生儿子,而是爷爷的外甥,原姓集。爷爷有女而无子,女儿出嫁,就是绝户的架势,年届五十把我爹过继为子。爹原来的集家家境较差,连读书识字的条件都没有,所以至死也不识字。

再往前说,爷爷也不是我曾祖父的亲生儿子,也是侄子过继为子。曾祖父是移民来到这个村的,本村的刘氏坟墓以他为始。从我有记忆开始,常听大人们说刘家老祖曾有过辉煌历史,那是明朝的事。老祖曾任大同将军。刘家的老坟在邻村,一直保留十几亩坟地,并立有祖碑。每逢春节、清明,年长的哥哥们还要去祖坟祭祖。

据说曾祖父比较有能力,而祖父却是一个老实无能的人。有二十几亩地,大部分都典当出去了。我爹过继时已经十几岁,在当时的农村已是主要劳动力。爹是一个极能吃苦耐劳的人,既是种庄稼的行家里手,又是善于开源节流的经营者。在他二十岁左右时祖父去世了,他便独自承担起生活的重担。由于他的勤俭持家,典当出去的地,逐步又赎了回来。

前面提到滹沱河以南的土地极好,几乎都是水浇地,有二三十亩便已是小康之家了。我娘总提起:有一年天旱无雨,别人忙着到庙里烧香磕头求龙王爷,还有的成群结伙,远奔百里以外"龙潭"取圣水,以求老天降雨。我爹不大信这些举动,夜以继日地淘井浇田,保住了庄稼未被旱枯。后来终于下了透雨,我爹竟然连续大睡三个昼夜,可见他是多么勤劳和能吃苦之人。

我爹是一位农艺高手,可称之为"文盲农学博士":五谷杂粮样样都种,各种上市的蔬菜每样都种一些,还种一些市场需要的经济作物。对轮作、间作、套种都有周密的计划和安排。根据作物的生长期和适应季节进行合理安排,所有土地每年都是种两茬庄稼,有的还抢种三茬,比如有些地在秋天赶种一茬荞麦。对每一种庄稼如何栽种、管理,什么庄稼需要什么肥料,如何追肥，浇水时间的掌握，有些庄稼何时掐尖、打叉，等等，都是行家里手。他常说一句话，种庄稼像带小孩一样。那时没有农药，每年都会种一些烟草，一是供自家人抽烟，二是一旦有虫害，就熬烟水用来杀虫。他还巧用每寸土地，种一些零星的作物，比如在水沟边种一行向日葵，在井边种点姜、葱、辣椒等。

爹还是一位善于多面经营的人。家里有车有牲口，农闲的时候，就出去搞运输，我们那里叫"拉脚"。"拉脚"最危险的是要防备劫道，单干不行，要结成帮，前后呼应，才能保平安。"拉脚"能挣下不少钱，爹有了钱就买土地，后来又搞家庭手工业。

用自己收获的红薯做本开粉房，粉渣喂猪。过年时，喂养的猪大部分都卖掉。猪多自然肥也多，那里有句俗语，"粪大水勤，不用问人"，意思是自家有肥，保证收成好。

收获了棉花，如果卖原棉，收获甚微。他就买了一个轧棉花机，专门进行脱粒。除轧自家的棉花，同时接受外来加工，加工的工钱就是把棉籽留下。接下来，又用棉籽开榨油作坊。自家有一套榨油设备。为了轧碎棉籽，要用特别大的石磨、石碾。这种石磨比一般的要大一倍还多，如此才能把棉籽破开；石碾比常用的大两倍，用来压碎棉籽。石磨、石碾很重，一个牲口拉不动，要用前后双套骒马拉。碾出来的棉籽粉，需放在特大的笼屉上蒸熟，然后置入原始的榨油机进行榨油。榨油的动力来自人力，要抡十几斤重的铁锤，反复砸楔子，发出巨响，是极重的体力活。我异母兄长家的侄子们，还有我的同母哥哥，都是主要劳力。榨油过程含有相当的技艺，一个环节处理不好，就会影响出油率，所以要请一位"把式"（有技术的师傅）。利润主要是榨油之后剩下的渣子，即"油饼"。油饼可用来喂牲口喂猪，又是最好的肥田肥料，除自家用，主要是出售。"把式"的作用很大，利润采取分成制，以调动"把式"的积极性。

另外，爹还同他人合开过一个小商店，名为"余庆堂"，据说没有"余庆"，而是赔本了。认识几个字后，我还看到家里口袋上有"余庆堂"三个字，这些口袋是小店倒闭后的余物。

家里还有一群羊，但不是我家的，是山里的人到秋后把羊赶到平原来找吃的，主要是吃麦苗和野草。之所以收留外来的羊，主要是为了留羊粪，这是最好的一种肥料。新生的羊和剔下的羊毛，与"羊倌"实行分成制。我小时候的一项主要差事，就是与我四哥清理羊圈。

开春尚寒，为了培植红薯秧苗，年年都垒砌一个暖池，把红薯栽到里边，下边有火塘加温，到了晚上，上边盖上草垫。不几天秧苗就生长出来，此时天气也渐暖，适逢红薯插秧，一部分秧苗自用，大部分到集市上出卖。

我爹还种多种蔬菜，因是近郊，很抢手，随时出售一部分，手头就比较活分。有些蔬菜要长期保存，比如种好几亩蒜，先卖蒜薹，蒜收获之后编成蒜辫，挂在阴凉处，根据市场需求，陆续出售，有一部分直到秋冬蒜价高时才出手。又如种很多亩卷心的大白菜，每棵重达十来斤，收后不急于出售，而是窖藏起来。窖藏有一套"学问"，弄不好会烂，那就不可收拾。我爹是行家，在他指导下，白菜可储藏很长时间，直到春节，卖个好价。

总之，全家上下没有农闲的时候，在爹的指挥下，一年到头，都在劳作。

我爹是一位多面手，用今天的说法，他搞的是"农工商集团公司"，但我们家从来没有放过债，更没有任何浮财，钱都用来买了地。由于爹的以身作则，严格管理，勤俭持家，不断增购的土地，在我出世时已有一百三十亩左右的上好水浇地，还给每个儿子准备了一块宅基地。单从数量看，我家是村中的首富。由于是个大家庭，如果按人口平均，也只能算中上人家。

这些产业，主要是爹与同父异母哥哥们辛勤劳动积累下来的。我们五个同母兄弟，在这个大家庭里最招人忌恨，虽然年幼，却仍有与异母哥哥们平分这份家产的权利，因此，我们便成了他们的"眼中钉，肉中刺"。且不说其他，单单这一点，这个家庭就不会安宁。据说吵架像家常便饭，只是由于爹的权威在，庇护着他的一群小崽子，在家里谁也不敢动我们一根毫毛。我一出生辈分就大，比起那些小辈人天生就高一等。1937年，大家庭分家，那年我两岁，也算一股，天经地义地与异母哥哥们等份，现在看来是多么不合理。

此时，爹已近古稀之年。从我记事起，他的健康状况就不大好，和很多农村老人一样每到冬天咳嗽不止，不能平躺，必须侧着身子睡觉。他的病可能就是现在俗话说的老年哮喘吧。我娘除带我们这一群孩子，更多的精力用于照顾我们的老爹，尽心尽责，使爹在晚年得到了极大的安慰和满足。他还患有严重的"老寒腿"，到春夏之际，依然穿着厚厚的棉裤，同时还伴有下肢浮肿，到最后一两年，肿得都发亮。就是这样，他依旧劳作不止。他因腿肿和腿疼几乎走不了路，可是还坚持到地里去。那时养着一头小毛驴，是我爹的坐骑。六七岁时，我的差事之一就是牵这头毛驴，让爹到田间查看庄稼。那时雇着一位长工和一位"把式"。田里的具体事，虽然由我舅舅和"把式"安排，但种庄稼的经验，他们都比不上我爹，还需要我爹来指导。

这里要说一下我舅舅。我的幼年，舅舅扮演着父亲的角色。我出生以前，舅舅就来到我家。说起来有几个原因，一是我外祖父家日子很难过，仅有两亩地，舅舅只能出去替别人当长工，与其到别人家，不如来我家；其二，我的外祖母先去世，时隔不长，舅舅又丧偶，留下两个孤女没有人照料。他的大女儿比我同母大哥还大一点，二女儿和我二哥同岁，只能由我母亲把两个侄女也接到家里，这样母亲身边就有四个孩子，舅舅也必须来我们家，既可适当照顾孩子，也帮我爹做些事。另外，我母亲生了大哥、二哥后，大家庭内矛盾升级，怕他俩发生意外，我爹让舅舅来充当一位保护人。

舅舅是个老实巴交的农民，不识字，人很勤奋，农活样样能应对。来到我们家，我爹很喜欢这个内弟，俩人也很合得来。说舅舅是家里的长工，似乎也不尽然；说是主人，自然也说不上。他的身份的确与长工有别，比如爹老年吃"小灶"，也就是吃细粮加点腌肉、腌豆腐、炒鸡蛋等，同食的只有舅舅。两个人常常对饮几杯。我们家每年都自己酿酒，这些酒主要是爹和舅舅喝。后来爹不能喝酒，只有舅舅喝。田间的事，爹在都自己安排；爹不在，就由舅舅做主。我从记事起，就跟舅舅睡，到了晚上不离一步。他是我最亲近的保护人。舅舅土改时回到老家，为贫农，一直独居，1970年去世。我那时正被审查，没能尽孝送终，由我母亲和大表姐及哥哥、妹妹为他送终。每每忆起舅舅，我总有一种父子般的亲情在萦回，不胜怅惘。

话说回来。每当爹到田间查看，从他与舅舅和"把式"的谈话中，我似懂非懂地了解了许多农业活的术语。我家田间有窝棚，爹常常在窝棚前的土台上一坐就是半天，思索着田间的什么事。在此间，我常常到庄稼地里捉小虫，如蟋蟀、蝈蝈等。再后来，我爹已经不能出门了，可是他依旧要做些力所能及的事。印象最深的是，冬天他坐在向阳的地方，不停地剥麻和捻麻绳。

我的差事，多半是把未剥的麻秆运来，又把剥过的麻秆拿走。我很不愿意做活，可又不能不干，常常噘着嘴，以示抗议。爹此时耐心地对我说：是人都要干活，谁也不能白吃饭，长大了你就会知道，饭不是从天上掉下来的。我那时不理会这些话，有时横竖不听，他叫我干活，我假装没有听见，不理不睬；我知道他行动不便，有时他一喊，我撒腿就跑，还故意气他，让他追。小时候常挨娘打，但没有挨过爹打的任何记忆。据我娘说，他总劝我娘不要打孩子，说孩子没有爷爷奶奶，没人护着。那时他的伙食与全家其他人有别。他一吃饭，我就凑过去，娘此时多半要轰我离开，可爹总是舍不得冷淡自己的小儿子，一定要分几口给我。等我成年也做了父亲，我才体会到民间俗话说的"老猫嚼儿"的含义。

我们那里比较富裕的人家，其主人死后常常会考评其生前形迹的优劣。娘多次给我们讲爹与另一位富家人出殡场面的对比。那位生前得罪人较多，仗势欺人。当其出殡时，抬棺材的乡亲们佯称"闹鬼"，把棺材晃来荡去，走到猪圈旁，在人们呼喊"闹鬼"的恐怖声中，把棺材扔进猪圈，此时孝子们不停地给乡亲们磕头，请求原谅。而我爹的棺材被抬得四平八稳，直到下葬，都非常有序和利落。娘为此感到格外骄傲，并告诫我们"人要行善，鬼都平安"。

爹去世后三年，就闹土改，这的确又是一次人缘的考评。我家被划为富农，是被斗争的对象，但却没有遭到任何人身侮辱和詈骂。贫民团来我家，总是客客气气，对我娘左一声大娘，右一声大娘，如同往日，还一再说这是世道，要我娘谅解。娘也总是以此为例教导我们：不是你爹为人好，人家不会对我们这样客气。也幸亏我爹死得早，要是他活着，平分土地就会把他急死。土地是他用血汗挣来的，是他的命根子。

我们家没有任何"民愤"，所以，在土改中没有遭到任何人身侵害，也没有挨过任何批斗或陪斗，只是把我哥哥羁押起来，这是对地主富农的通例，并没有审讯过他。我每天给哥哥送饭，都说平安无事。大约有两个月，随着土地平分结束，哥哥也就出来了，从此再没有任何纠缠之事。有一件事，我至今记忆犹新，土改中，雇过长工的人家，常有雇工回来复仇，我家曾雇过的长工，不但无人回来进行清算，土改后反倒安慰我们，并送粮食给我们吃。当时被批斗的人家，多半变为"赤贫"，没有饭吃，甚至不得不出去乞讨。

回忆我家作为"富农"的日常生活，实在说不上"富"。先说"吃"。在我记忆中，一年到头以粗粮为主，主要是玉米面和小米，再杂以各种豆类、高粱、红薯等。吃面粉的时候很少，春节吃几天，麦收时节每日吃一顿，其他就是每个月有个节日吃一次。平时几乎见不到肉类，只是到春节能吃上而已。副食是自家种的各种蔬菜，到了春天主要吃晒干的菜叶、萝卜条等。除我父亲年迈、多病能吃点细粮，其他人吃的一律是大锅饭，连母亲也不例外。我与四哥上学，带的也仅仅是玉米面饼子和咸菜，很少有细粮。这样的饭食也就是满足温饱而已。

父亲给我们兄弟五人各准备了一块宅基地，因为年幼，谈不上分家。三处是没有房屋的空地，两处有院落。房子非常简单，以土坯为主，仅地基和四周的柱子用砖垒起。到了冬天，实行男女分开居住，为的是节省燃柴。印象中，只有春节，才在父母的屋里生个煤炉，时间也很短，过了正月十五就熄火，因为煤炭比较贵。

所有的衣物几乎都是粗布，自家纺织的。整个冬天，女眷们就是纺棉花和织布，包括染色。夏天，男人们都是袒胸露背，很少着上衣。而冬天，就是一套棉衣，没有可换洗的，时间一长，穿得就像油布一样。

从记事起，我就随舅舅睡在牲口棚里。我们那里的牲口棚与人睡的炕面对面，因为夜里要起来给牲口喂草料和饮水，所以没有隔断。牲口吃喝好了，第二天才好上套。牲口的屎尿味，弥漫在我们呼吸的空气中。那个时候没有脏和臭的概念，与牲口住在一起是很自然的事。在我们眼里，牲口与人的重要性不相上下，与小孩相比，牲口更重要。小孩生病，从来不请医生，死了埋到地头，哭几声就算了事，但牲口闹病，却是一定要请兽医医治和喂药的。

我们弟兄也都是天养人，得了病，没有请过医生。我三哥幼年患病，几次死去活来，没有经过医治，他硬是活下来了，但还是瞎了一只眼。我妹妹不知得的什么病，浑身肿得发亮，现在回想，可能是肾炎之类，也仅仅是烧香请神而已，她也竟然出奇地闯过来了。我侄女病得都准备要埋了，却死而复活，也瞎了一只眼。我还有两个侄子和侄女没有熬过来，死掉了。对孩子生命的不在意，是愚昧无知的表现，也是穷的证明，因为请不起医生，吃不起药,我们那里有个俗话:"除了劫道的,就是卖药的。"另外,大约那时的医生很少,水平也很低,请了也无用。

我的记忆里,家人与长工从来是同吃同住,一块干活。自从有了妹妹,我就跟着舅舅睡。夏天多半露宿田间,到了冬天,舅舅带着我和四哥与长工同住牲口棚。冬天的牲口棚,为了保护牲口,提高了室内温度,常常是左邻右舍的年轻人讲故事、聊闲天的好场所。炕头上坐满了人,特别是当什么人讲起鬼怪故事时,既害怕又想听,以致睡觉时吓得蒙住头,似乎如此就感到安全了。因为怕鬼,一到黑天就不离大人一步。

那时候的农村,不知道什么是卫生。我们那里有一句老话:不干不净,吃了没病。食品几乎没有卫生可言。我清楚地记得,厨房的蝇子多得成堆,剩余的食物上爬满蝇子,一进屋会听到"嗡"的一声。在农民观念中,有"饭蝇子"和苍蝇、绿豆蝇之分,认为饭蝇子不脏。咸菜缸里生了蛆,把蛆捞出来,菜照样吃。到了冬天,洗脸没有热水,全家妇女几乎就用一盆水,先洗的是姑娘,其后是媳妇们,最后是我娘。我娘常说一句话:脏水不脏脸。男人们很少洗脸,搓搓就是了。脸尚且不洗,更何况洗澡,一冬天也不洗一次脚,到春节前才洗,我的脚都成了老鸹爪,一层黑皮。我们穿的袜子,从来不换不洗,每天晚上压在炕头上烤干,第二天把里边烤干的泥巴摔一摔就是了。这样的卫生状况不是我们一家独有,是当时下层农民的普遍情况。谈这些,也是为了说明我们家就是一般农民,与什么"饭来张口,衣来伸手"的剥削阶级压根儿不沾边。把这样生活说成是"吃剥削饭",也真够冤枉的。

王先明教授著文考察过民国时期的富农,他的结论是:富农多数是那个时代农村先进生产力的代表。[①]看看我老爹的经历,也可印证王先明的判断。王先明教授只说到富农的多数是先进的生产力代表,那么把富农作为消灭对象,是否就是消灭当时先进的生产力呢?王先明教授没有去做结论,但逻辑似乎不应该是别样的。

我在要求加入共产党时,不停地批判我爹是剥削起家,回想起来言过

---

① 王先明:《试析富农阶层的社会流动——以二十世纪三四十年代的华北乡村为中心》,《近代史研究》,2012年第4期。

其实，甚至无中生有。是的，我爹是雇过长工，那是他晚年丧失劳动力而我们兄弟又年幼之时的事，如果说剥削，应该说是我们几个小孩子吃过一点剥削饭，我爹没有吃过。

我不知道有没有阴间世界，也不知人的灵魂是否在那里，在我也步入古稀之年时，深深地感到往日的言行辱没了老爹。不知道有一天在我也走入另一个世界后，见到他老人家，他能原谅我这个不懂事的儿子吗？我相信，他会的。

# 战乱中的少年

## 土窝窝里的"学前教育"

时下人们把学前教育看得极重要,不惜重金请家教或上各种各样的学前班,以求孩子的智能大放异彩。我每每感叹,真是时代不同了！我的学前教育,则是在泥窝窝和庄稼地里进行的。我能搜索到的学前记忆就是,捉蝈蝈,掏鸟窝,捅马蜂窝,舔蜜蜂的尾巴找蜜吃,和小伙伴之间"打仗",还有浇地时看水畦及同小毛驴一起拉水车等,与时下"赢在起跑线上"的学前教育全无关系。

中秋时节是蝈蝈最为活跃的时候,金黄的大地被蝈蝈的大合唱震得发颤,这是小孩子们最兴奋的时刻。捉蝈蝈不是一件伸手可得的事,要沉稳、机灵、有耐心,还要不怕热。初学时,几乎是每战必败。经过无数次的失败,才逐渐掌握技巧。相比之下,在学习上绝没有那样的耐心和毅力。如果学习也能像捕蝈蝈那样投入,门门功课肯定都会得一百分。小虫的叫声连成一片,你必须像乐队指挥分辨每位演奏者的音阶那样,确定蝈蝈的位置。行动时要猫着腰,蹑手蹑脚,轻如微风,到大庄稼地里,顺着声音寻觅爱唱歌的小虫。这时的庄稼都接近成熟期,枝叶变得粗硬尖利,有点像刀子、钉子。尤其是谷子地和玉米地,进去后常把皮肤划出竖一道横一道的血痕,好像披着一个网,红红的,连成一片,酷似动画片里的蜘蛛侠。中秋的骄阳似火,炙烤得浑身冒油。此时要我干农活儿,一定会发出怨言或磨磨蹭蹭以示抗议,可是要捉蝈蝈,这些全都不在乎。捉之前,首先要学会用高粱秸秆和麦秸编成蝈蝈笼子。这是一种很巧的手工活儿,开始编得很粗糙、简单,后来就能编成各式各样的笼子,有的像房子,有的像飞机,有的像首饰盒。还有用高粱秆皮编成圆形的小笼子,到了天冷的时候,把蝈蝈放在里边,可以揣在怀里保暖。蝈蝈有时可以活很长时间，直到春节。小东西不时地高唱，这就是我们能享受的最优雅的乐曲。

小孩子们能喂养的鸟主要是麻雀，也有玩鸽子的。我只有喂小麻雀的经验。我们常掏麻雀蛋，美餐一顿。麻雀妈妈会围着我们叫个不停。有时还会被啄一口，挺疼的。刚孵出的小麻雀很难成活，必须捉快会飞的小麻雀，然后是喂养，要给它捉小虫、喂水、清理粪便。开始它常会罢食，要耐心等待。熟悉之后彼此就会成为朋友，它看到小虫便张着嘴，振翅扑来。随着时间的推移，它的依赖性就更大，待到它会飞时，多半也不飞走，往往在天空中转一个圈，又会飞回来落在肩上，此时是最开心的时刻。养小麻雀很费工夫，要有耐心，成功了是一种极大的乐趣。

马蜂蜇人，很招人讨厌。家里房檐下常常有马蜂窝，我最爱捅马蜂窝，这既需要野气，又要有点勇气才行，不怕挨蜇。有一次捅后跑慢了一步，一群马蜂追来，把我横蜇一通，我的脸就像面包一样鼓起来，全脸通红发紫，眼睛肿得只留下一条细缝，疼痛过度，倒只剩下发烧的感觉，过了好几天才渐渐消肿。后来又学会了火烧马蜂窝，在一根竹竿的一头绑上蘸油的棉花，点着之后，戴上草帽，快速伸向马蜂窝，马蜂的翅膀一下子就烧掉了，落在地上的马蜂，若没有死，稍后再用火烧死。火烧马蜂窝，其实很危险，弄不好会引起火灾，大人们一般不让我们这样玩，发现后免不了一顿臭揍。

小时只听说蜜很甜，大约七八岁时，突然想到蜜蜂采蜜，便以为蜜蜂身上的花粉就是蜜。那时正是玉米开花的时候，蜜蜂到处可见。虽知道蜜蜂也会蜇人，但与马蜂不太一样，没有那么疼，于是我就跑到玉米地中间，用手抓蜜蜂，快速把蜂针揪掉，用舌头舔蜜蜂身上的花粉，竟没有得到甜味，有点扫兴。有一次蜜蜂针没有揪掉，用舌头舔时，正好蜇了舌头，我疼得大哭起来，七十年过去了，记忆犹新。

儿童之间玩打仗，是冬天夜里最有挑战性、多少有点危险的游戏。我们村只有五六十户，分两条街，名"前街""后街"，我家在后街，只有二十几户。同龄的孩子有近二十个，我们组成一队与前街的对抗，相隔一条道和一个水坑，互相投掷土块和碎砖块，还有用弹弓射击，或投掷沙袋等。这玩打仗竟也有一套战术，包括潜伏、藏身、卧倒、诱敌，等等。瞄准对方互相投掷，有时会打得鼻青脸肿。那时候都没有钟表，也不知时间长短，估计每一仗会持续两三个小时。大家奔跑不止、浑身大汗的同时是高度的兴奋，大人们三呼四唤，才很不情愿地休战。

春天一过，就甩掉鞋子，光脚板走路。而夏天，在我记忆中，总是一丝不挂、浑身光溜地满街跑。村边有个浑水池塘，回想起来，其污染程度应该在今天的"红色警告"级别以上。雨后村中流出的水汇集在池塘，妇女们先在这里洗各种衣物，包括婴儿的尿布，然后再回去用井水漂洗一遍，一群孩子则在其中戏水。这一切都很自然，既没有卫生的概念，也没有害羞的意识。这是我最早也是最快活的游泳经历。

从我有记忆起，就与劳动为伴。大人们拔草，孩子们也必须跟着拔，在拔草中逐渐就分清了苗和草的区别。我们那里用井水灌溉，用牲口拉水车，我们家有个小毛驴，力量有限，要人助拉，大人们给我也做了个套，与驴并肩拉水车。这是我最不愿干的事，倒不是怕出力，实在是枯燥无味。家里的零碎活儿更多，诸如扫地、抱柴火、清理牲口圈，等等，数不胜数，从无闲时。

我们家几乎都是文盲和半文盲，压根儿就不会有人教识字，我口头数数大概也不会过百。

对我来说，所谓的学前教育，就是土窝窝里的摸爬滚打。

## 有幸上学与令人恐惧的环境

我们村是个小村，20 世纪三四十年代①，只有五六十户人家。村里有一家土豪，在清朝后期曾有一千多亩地，传说靠卖瓜子发家，俗称"卖瓜子的"。到我出世的时候，他家经几代析产，基本上都是庄稼人了。由于是土财主，与诗书基本无关，没有功名人物，只有一位老童生（考秀才落榜），我小时他还健在，六十多岁，夏天总穿夏布衣，拿着一把蒲扇，悠闲自在，常到我们小学转悠一回，我们这些小孩子对他既崇敬又羡慕。他有几个儿子，其中有一位上过初中，是村里的文化"巨人"。他在外边谋职，村里很少有他的身

---

① 本书所用的"××年代"，如无特指，均为 20 世纪。

影。他家里还有两三位读过小学三四年级的,也是村里的佼佼者。除了这么几位"文化人",其他人家几乎都是文盲或半文盲。半文盲是指能记个流水账、看看皇历、打打算盘的人,这样的人也不多。村里的小学办办停停,停的时候居多。学校没有固定的校址,有时在村外一个年久失修的破庙,有时在全村唯一的郝家家庙,有时借人家的闲置住宅,我上二年级时曾在我家空院借办。

至少从 1937 年日本大举进攻中国开始,村学就停了。我同母大哥长我九岁,他上到二年级学校就停办了,二哥、三哥没有上过学。没有学上的孩子们,只能在庄稼地摸爬滚打。我和我四哥之所以能上学,还得感谢一次机缘巧遇。我娘多次说起,有一次她领着我和四哥在街头玩,刚巧一位相面的人经过,他见到我们哥俩,立即驻足同我娘说:这两个孩子有福相,你要让他们上学,将来会有出息。说完,没有索取任何报酬,扬长而去。我娘回家,立刻同我爹讲了,激起了我爹的特别希望,当即表示,以后卖房子卖地,也要供两个小儿子上学。转眼到了 1940 年,我四哥七岁(虚岁说八岁),可是村里没有学校,我爹不能眼睁睁看着儿子耽误了上学,于是决定送我四哥到县城上小学,寄宿在一个辗转相识的人家。一个七岁的小孩,该是多么孤单,但还是坚持了一年。不知村中的长者们是如何发动的,1941 年春节之后,村里重新办起小学,那年我六岁,正好赶上,我四哥也由县城回到本村。说来也怪,1948 年十五岁的四哥参加革命,随军入川,现在是离休的厅级干部,我也当上了教授,难道真应了相面人的预言,还是一个巧合?此为后话。

由于村学停办了好几年,所以那年学生比较多,总共有二十多人。除了一年级,还有二三年级。小的如我,大的有十三四岁的。学校借用一家空院,有五间北房,两头是耳房,中间三间没有隔断,顶头一间放着一口棺材,用砖墙隔开,我们的教室用其他两间。所有的学生都在一起,实行复式教学,老师给一年级讲课时,其他年级的学生做作业。每次上课,老师要轮流给三个年级讲。自习的时候要大声朗读,各念各的,念起来抑扬顿挫,不过很单调,我们称之为"念经"。三个年级一起念,也就有"乱作一团"之感。

老师有三位,一位是前边说到的那位土豪家的初中生,名曰郝子兴,是名义上的老师,很少来学校,也不记得他曾给我们上过课。另一位是他的弟弟,小学毕业,名曰郝子恒,是我真正的启蒙老师。还有一位校长,是他的堂弟,名曰郝子恩,读过小学三年级。

办学总要有点开销,经费从哪里来,我们小孩子不管不问,从大人们的言谈中也知道一点点。一是村里有一些"公地",公地缘何而来,遗憾的是从来没有打听过,后来学历史,也没有做过调查和细究,真是不可救药的"失责"。这些公地有点收入,用于村里的公共开销,其中也会用于办学。二是按每家土地多少,捐点钱粮。三是减免担任教师的赋役,当时赋役很重,减免是一项不小的报酬。四是自愿资助,在我家闲院办学时,就有"自愿资助"的意思。

老师教课,应该说是认真的,但给我印象最深的是老师的体罚。特别是校长打人很凶,木板一下子可打成几截,有时用藤鞭打还不解气,竟用木棍。我虽没有挨过,但那种可怕的场面——老师恶狠狠吼叫,学生凄惨的哀号,给我留下无法磨灭的恐惧记忆。相形之下,罚站、罚跪是很温和的方式,课堂门口,常常有一排学生跪着。我们的教室旁边,停放着那口锃亮的红漆棺材,开始我们都有点害怕,时间一长,也就无所谓了,孩子们会跳过半截砖墙,围着棺材追打哄闹。不知是谁在棺材上划了一道纹,老师火冒三丈,罚所有的学生下跪,要人检举是谁划的。不知是谁说了一个名字,老师立即把那位同学揪出来,劈头盖脸,用藤鞭抽个不止,学生号啕大哭:"不是我!不是我!"但校长不容其分辩,越叫打得越凶,血渗透单衣,透出一道一道的血迹,直到那个学生瘫在地上才松手。校长经常打人,又爱喝酒,酒后打得更凶,我们背后管他叫"野蛮校长"!在当时,无论是学生还是家长,对体罚都是认同的,认为老师体罚同家长打骂一样,是不可缺少的教育手段。我不记得有哪位家长为自己挨打的孩子出来辩护过,多半是在学校挨了打之后,回家还要遭到家长的训斥或打骂,所以在学校挨了体罚,回家后是不敢作声的。

除了老师体罚,大一点的学生也可以对小同学实行体罚,有时罚站或罚跪,有时也会给几巴掌。"小"学生还要向几位厉害的"大"学生"进贡",每个星期要送一次好吃的。

我不记得挨过重罚,但罚站和罚跪是常有的。一次我背课文,虽然背出来了,但老师一看我的课本破烂得不成样子,训斥不够解气,顺手拿起正在抽的烟袋锅,向我头顶扣下来,瞬间头上就起了个小包,好几天没有下去。回想起来,上小学是件恐怖的事。

另外,军事操练时挨打也是经常的。日本人在我们学校开办了"日曜小学",由日本人教日语和军事操练。对日本人要有一套礼仪,让人处处担惊受怕,稍有闪失就要挨罚。军事操练对我这个还分不清左右的孩子是十分困难的,动作经常与口令相反,教鞭于是就会随之落在身上。每个星期日,都像过鬼门关那样令人慌恐不堪。

也有一件受宠的事,我至今难忘。三年级读完之后,学校没有四年级。离我们村六里地的西兆通村有一所高级小学(即有五六年级),校长送我一个人去考插班生。我跟着他走十分害怕,出乎意外的是他对我态度挺好,嘱咐我考试要仔细看题,做完之后要检查一遍。我按校长的嘱咐,平静地参加了考试。考完之后稍等片刻即被告之我被录取了,校长十分高兴,我给他磕了一个头,用农村感激长辈最隆重的礼仪答谢他。那时正是中午,校长要我跟着他去饭铺吃饭。令我心惊胆战的"野蛮校长",原来也有温情的时候。

我们村在西兆通上学的有五六位,一般都是结伴而行,早去晚归,中午自带干粮。学校不供应开水,实在渴了,就喝几口凉水。学校按时上课,我们这一群孩子的家都没有钟表,很难掌握时间,迟到是常有的事,因此常常受到老师的批评。通常的办法就是不让进教室,只能站立在教室门口听讲。打骂还是有,但比村里的小学好多了。不过有一次也很吓人,早晨出操,一位同学迟到,老师训他,他竟敢自辩,近于顶嘴。老师上去向他的胸部猛击一拳,学生顿时昏厥在地,好长时间才醒过来,同学们屏住气息,谁也不敢吭声。

那时候雨雪很多,雨下得很大就自动停止上学,学校不算旷课。小雨还是要去的,我们都没有雨伞和雨衣,一般只能用一个布口袋折成蓑衣,披在身上,这多半是要淋透的。到了学校,没有可换的衣服,冷得浑身打哆嗦,皮肤表面都变得像紫茄子一样,只能用自己的体温把湿漉漉的衣服暖干,很是受罪。冬天来了,上学更是困难,积雪常常有一尺深,走起路来十分艰难,雪化时又是泥泞不堪。好在有几个同伴,互相鼓励和比赛,这些都一一克服了。回想起来,也着实是个锻炼。

1945 年和 1946 年,学校为照顾路远的同学,实行寄宿,我和四哥参加了,那年我十岁。学校对寄宿的学生实行半军事化的管理,天还没亮就起床出操,之后要上早自习。让我最恐惧的是夜宿。我们住的房子是一家姓周的大地主的院落。他家的住宅连成片,占了一条街。地主家的人常年在北京和县城,这些院落是空闲的,清冷清冷,没有人气。由于不生火,屋里屋外一样冷。我们睡在地上,用一层草做地铺。我住在南屋,见不到一点阳光,比屋外还冷。一冬天就一身贴身的棉衣,时间一长,棉衣变铁皮,根本不保暖;手脚生冻疮,整天流清水鼻涕,可也不患大病,看来人就是锻炼出来的。

这些大宅院有许多闹鬼的传说,我从小就听神呀鬼呀的故事,所以那时信以为真,也十分害怕。走进周家大院,就有阴森恐怖的感觉。每到夜里,都是在恐怖中度过。钻进被窝就蒙住头,似乎这般就能挡住鬼。更为麻烦的是解夜,不敢出来,总想憋一会儿,等有人也起身时再起来。那时,睡觉时间不足。一清早还满天星的时辰就起来,晚上还要上自习,课外活动很多,又跑又跳,很累,自己无法控制醒与睡,尿床的事也时有发生。

还有一件更为可怕的事,是在上学的路上发生的。大约是 1946 年秋天的一个早上,我们几个同伴边走边说笑,走到村口,一个小伙伴突然大叫一声:"人头,人头!"我顺着他指的方向一看,果然在墙上挂着一个人头。大家惊恐万状,一时都瘫了,几乎无法挪步。放学时,我们不敢再走这个村口,于是绕道另一个,结果也挂着一个。第二天,当我们走到第三个村口,同样又是一个。那些天里,人头在我眼前晃动,天一黑,不敢离开大人一步,夜里也常做噩梦。当时国共双方时有冲突,我们学校周围,许多村驻着不少国民党的"还乡团",以县为单位,称作"某某县还乡团"。这些"还乡团"经常向中共占领区出击,返回时常抓一些人,说是八路军或共产党。被抓的人多半被处死,常听说的是枪毙,偶尔也听说活埋,像斩首示众的虽少,可偏偏让我们这些孩子们看见了,真是吓破了胆。

当时兵荒马乱,土匪横行,绑票、撕票现象也多有,还有报私仇的。在我们上学的沿途有多起人命案,有的是被枪杀,有的是被投井,一路都很恐惧,特别是出现旋风之时,阴云密布,沙尘飞扬,恐惧心情愈益严重,因为大人们总说,旋风是冤鬼现形。每当这时,我们便争先恐后地往前跑,落在后边会哇哇大哭。

1947年初春,刚开学不久,我十二岁,刚上五年级的第二学期。一天上午,操场突然连声巨响,人们狂喊:"八路军来了!"老师们也慌作一团,都集中到校长那里。我们紧缩在教室里,等老师的消息。很快,老师来了,话很简单:"八路军来了,你们立即回家,学校停课。以后是否复课,等候通知。"我哥哥是六年级的学生,他们行动更快,这时已在教室门口喊我,我连书桌中的课本与笔墨也来不及收拾,蹿出来跟着他往家里奔跑。到家后才听大人们说,八路军攻占了县城,一时间,大家都慌乱得不知如何是好。

回忆起来,西兆通这所高级小学办得还是很不错的,每个班有单独的教室,老师也比较固定,每一门课都有专门老师教,课程很正规,各种制度也比较健全,管理很严。学生经常搞各种比赛,如作文比赛,选出模范文章贴在走廊里,供大家学习。还有体育比赛、歌咏比赛,五六年级还有话剧演出。每周有周会,由老师训话或学生进行讲演。日本投降后,每天早操举行升旗仪式,集体背诵"国父遗嘱"。音乐老师教的都是一些鼓舞人心的进步歌曲,如《义勇军进行曲》《大路歌》《毕业歌》等。期终成绩进行总排名,分甲、乙、丙、丁四类。我多半是甲等之末、乙等之首。我们的校长上过初级师范,20年代参加过共产党,组织领导过本县农民暴动,被捕后脱党,但一直坚持进步,是从事教育的地方名人,1949年后以进步人士身份当过县教育局局长。在他的领导下,学校办得很出色,深受老百姓欢迎。

本村的小学虽然没有留下愉快的记忆,但说起来我还属于幸运儿。我上学之前,已停办多年,恢复办学,我正好六岁,否则我只能下地干活儿,失去上学的机会。我转学到西兆通的高级小学之后,村里的小学又停办了,直到1950年以后才恢复。所以,不管老师怎么"野蛮",恰恰复学这三四年被我赶上了,不能不说是个幸运。

我有幸在西兆通上到五年级,本以为能毕业,继续考中学,但停学的不幸又从天而降,从此我又失学了。以后命运如何?天也未必知道。

## 日本占领时期"小刘保长"是我哥

1937年夏末,日本人占领家乡,我才两岁半,所以没有留下任何记忆。开始记事时,我已经当了几年小小亡国奴了。我们村是石家庄至德州铁路线上的第一个小站,车站驻有一些日本人,还有持枪的日本兵。车站设有围墙和岗楼,好像一座城堡。村里的年轻人被日本人组织起来,接受军训,轮流去给日本人站岗。村中有几处日本禁宅,人们不能接近,从门前过都十分害怕。村中还设有一个"慰安院",都是朝鲜妇女,她们很少出来,日本人进进出出,有时排着队,让人很恐惧,尤其是妇女,很怕被抓进去。

日本人办的"日曜小学",教一些见了日本人要说的敬语。我们见到日本人必须立正敬礼,说一句敬语,以此对小孩们进行奴化训练。

更为恐惧的是,日本人的突然抄家和查户口。我们村是日本的"治安村"。对日本实行的所谓"治安",当时不知道是什么意思,但一些举措深深地铭刻在我的记忆中。比如,任何外来人进村,必须向村公所报告,走时要注销。我家有亲戚来,首要之事是向村公所备案,有时日本人会突袭核实和盘问,气氛很紧张。有一项规定,只要听到一种急促的连续性的钟声,全村人不管你在做什么,要立即停止,迅速到村头小树林集合,很多人牵着骡子、牛、驴赶来,家里不得留人,门要大开。此时,日本人常常带领汉奸和服役的人,挨家挨户进行检查,看是否窝藏生人和可疑分子。这种行动,也常常伴随着抄家。我清楚地记得,当时种棉花是指派的,收获的棉花,必须全部上缴,不得私留。挨门检查之时,搜查棉花是其中一项。棉花是生活必需品,农民们总要设法私留一些,比如在被子里多絮些等,于是常把农民家的被子一并没收。有时,也查抄粮食。搜查完之后,由日本人训话,一些人被叫出来单独训斥,也有挨耳光的。这样的集合次数不少,让人十分恐惧。

青壮年特别害怕抓劳工,当时只知道是要被送到"矿务局",并不知道矿务局是什么意思,听大人们说,抓到矿务局就会被送到日本去当劳工,而当劳工与死亡几乎是同义语。我们村有一个人被抓去,是文盲,一去杳无音信,日本投降之后,家属也不知如何追寻、追究。1949年我上了中学,学校组织我们到矿务局参观,揭露日本军国主义犯下的罪行,才知道矿务局为何物。它原来是日本侵略者所设的一个机关,名义上管理矿物开采和炼焦等,但主要的职能则是抓劳工和所谓的"罪人",这些"罪人"主要是有反抗行为的爱国者。

我十分害怕日本人,但也有例外。车站有一位叫田中的日本铁路工人,给我们小孩儿留下了亲切友好的记忆。村民们对他的印象也很好。他能说点中国话,经常领着我们一群小孩儿一块儿玩,做游戏,还常邀一些孩子到他那里玩,说他也有孩子,很想他们。他的工作间有洗澡的设备,有时他会帮着我们洗澡。农村的孩子们,除了夏日在水坑里戏水当作洗澡,不知洗澡为何物,所以印象特别深。

直到上到三年级,我还不知道中国历史上的任何事。有一次从集市买了一本日本占领前的小学课本,其中有关于长城的故事,使我兴奋不已,怕日本人搜家时发现,我把它压在一摞砖下藏起来,心里还十分惊恐不安。距今已经七十多年了,但我记忆犹新,自认为这是我民族意识的最早萌芽。

真正意识到中日敌对,是1943年前后在我头顶上发生的一次空战。大约在麦收之后的一天,中午饭过后,我背着书包去上学,快到学校门口时,猛然听到空中犹如惊雷炸开,我急躲到墙根,举目向天上望去,看见有十多架飞机互相追逐射击。我对日本的飞机很熟悉,从小看到的就是这些。人们对飞机是很害怕的,农民有句顺口溜:"天不怕,地不怕,就怕飞机屙屁屁。"往日经常看到日本飞机在空中飞行或拖着一个气球打靶,哒哒哒的枪声并不震耳,因为常听到,熟悉了,也不感到害怕。这次看到的情景与以往截然不同,飞机飞得特别快,枪声如雷。在我的视线里,日本的飞机有十一架,敌对的新飞机只有两架。眼看着日本的飞机一架一架起火,向下栽去,其中有一架冒着浓烟,直逼我们的头顶而来,把我们吓得疯了似的乱喊乱哭。说时迟,那时快,日本飞机一头栽到我们村外二三百米处,随着一声爆炸,燃起熊熊大火。火车站里的日本人很快赶来,围住燃烧的飞机,不准围观的人靠近。而后他们举行一种仪式,默默面向燃烧的飞机下跪。我们这些孩子们也不知是怎么一回事,但随着大人们庆幸的表情,我们不停地欢呼:"日本快完啦,日本快完了啊!"大人们立即呵斥我们住嘴,显然怕日本人听到惹祸。

随后听到大人们议论，说这是中国的飞机，是美国制造的，从那时起，对美国的敬佩心情在农民中迅速传开。过去日本人到处刷大标语，"打倒英米(美)"。这一战，人们终于明白了，原来美国要打倒日本！

这次空战后，隔几天就会有中国的飞机飞来，响彻天空，日本的飞机根本不敢起飞应战。我们村在铁道旁边，又是一个火车站，飞机专打火车头，一打一个准。后来日本人拉夫(强迫中国人服役)修筑火车头防空墙。飞机一来，火车头立刻与车身脱钩，躲进防空墙里。墙很厚，中间用的是土坯，开始似乎很有效，时隔不久，飞机顺着铁路扫射，依旧很准。火车白天几乎停开，只能夜间跑，再后来飞机夜间有时也来打。与天上的打击相伴，冀中的八路军游击队不停地扒铁道，埋设地雷，攻击力超强，令日本人的铁路运输几近中断。

稍后，八路军也开始出没于我们附近地区。因我们离石家庄很近，是日本控制的核心地区。从很小就听大人们说，在我们东边(冀中)有一位吕(正操)司令，神出鬼没，是个大英雄。此时八路军的活动主要是在夜间，摸岗楼，除汉奸。记得附近村为日本干事的头面人物，如乡长之类，有多人被八路军游击队逮去，有些在村外就地处决，在这些汉奸的身旁留下除害檄文，很有威慑力。村里为日本当差和做事的人变得十分谨慎和老实，不敢欺负百姓了。最令人兴奋的一件事，是八路军游击队把驻我村的一个日本特务机关连窝端了。有几个日本人和一帮汉奸，住在一个四合院里，戒备很严，日夜有人站岗，还让受过军训的青壮年轮流放哨，一天夜里，竟被八路军游击队静悄悄地全部俘获而去；日本兵赶到时，早已人去院空。老百姓无不称赞游击队神奇！人们兴奋地议论：中国开始反攻，日本完蛋啦等。在这些事件中，我受到了真实的民族主义的启蒙。

在1987年出版的《石家庄文史资料》第六辑《正定史料专辑》上有篇《石门东郊手枪队》的文章，说到上边这件事。这事与我哥哥有密切关联，现把该段文字抄录于下：

1943年11月，石德线上的土贤庄车站，除了原有的一小队鬼子兵和一部分伪警务段的武装警察，又增加了赖谷特务队的十余名特

24

务，队长叫孔祥志。人们管这个特务队叫"蝼蛄队"，住在村中富裕户郝子由家的后院里。这批特务很猖獗，天天叫附近村的伪保长向他们汇报我方情况，还经常伪装成八路军或抗日干部，夜间出来捕捉抗日工作人员，砸抄抗日堡垒户，严重地威胁着抗日军民的安全。

土贤庄虽然是敌人的据点，但这里很早就开展了抗日工作，每次公粮任务都能如期完成。这年，区政府摊派给该村公粮款八千元，和保长约定缴款日期、地点和接头暗号。土贤庄的保长姓刘，年仅十六岁(该村保长不是由敌人委派，而是按家庭土地多少轮流充当)，刘保长按预定的日期，到接头地点去送款，同去的还有村中的会计。不知怎么叫敌人钻了空子，刘保长在村北菜地的井台边小屋里与两个自称是区干部的带枪人，对上了暗号，这两人笑嘻嘻地说："同志们辛苦了，把款收齐了吧？这里不便点清数目，跟我们找个地方清点一下吧。"说完，就把小保长二人挟持回到土贤庄，抓进"蝼蛄队"，公粮款被没收，还受到了酷刑，之后村里又凑了一笔钱，才把两人赎了出来……(下边就是抄特务点事的记述——笔者注)

这里说的小刘保长就是我同母大哥。

他虽然只有十六岁，已经有了民族意识，憎恨日本的侵略，敬佩八路军的抗日。所以，尽管他小小年纪，却敢与八路军合作。哥哥受刑，无疑加深了我们全家对日本人的仇视。说到村子里凑了一笔款，其实主要是我们家出的，把老底都掀翻了，从此我家的日子越来越艰难。

这里也有几个问题，值得再思：

其一，农民两面负担，如何能承担？

其二，当保长是农村自治体决定的。这类自治性的基层权力的当事人会有不同的政治倾向，但他们又是不能自主的。如何看待这种基层自治权力的当事人的性质，能否统统加上一个"伪"字？

其三，涉及我哥哥的历史如何看？后来他参加了工作，审干时把他当保长的事提出来了，按当时的政策规定，任过保长的属于反动分子。由于有见证人和共产党的当事人出来证明他曾经为八路军做过事，结果只给他记了

"一笔账"，免于戴帽子。直到 1978 年，才把这"一笔账"勾销，并准许他加入了共产党。此前算一个"小辫子"，这样的结论是否公正？

## "小女婿"往事始末

评剧有一出戏《小女婿》，唱词中有一句："我十九，他十一，事事他都不懂的。"我娶媳妇时，比这个小女婿还小，才十岁。

我三岁时就订了亲事，未过门的媳妇叫郝凤珍，比我大六岁，定亲时也不过九岁。这门亲事是怎么定的，我从来没有问过我娘，隐隐约约听说是我的命硬，要找个更命硬的媳妇把我压住，才能避灾。

凤珍的确"命硬"，克母，生下来未满月，母亲就因月子病去世了。可怜的她由继母抚育。继母很善良，自己没有生育，视她如己出。大约在她六七岁时，父亲又去世，这又归之于她的"命硬"。

凤珍与我同村，她家三代以上原是土豪，有一千多亩上等良田。后经几代分家，到凤珍出世时，她家仅二三十亩地，土改时被划为上中农，而我家被划为富农。我家是上升之势，而她家则走向败落。不过从房子的外观上看，郝家都是卧砖到顶起脊的砖瓦房，石台阶的四合院，大树参天，很有气势。郝家的分支相连，占了半条街。而我家房屋只是仅有点砖基的土坯房，还都是平顶，比较矮小，相比之下，土气十足。凤珍的家庭由哥哥支撑。幼年时的凤珍虽父母双亡，但有哥嫂和继母的关爱，倒也没有受到委屈，只是家境下降，估计是看上了我们家的上升趋势。经媒人说合，肯定还有"算命"的环节，这门亲事就订下来了。我们那里有幼儿订婚的习俗，但像我三岁订婚，还是不多见的；妻比夫多半大一些，但大六岁的，也比较少见。

我开始上小学时，小学就设在郝家的一个大院里，与凤珍的家一墙之隔。同学们常常会开我的玩笑，每逢此时，我都有一种说不清的害羞和恐惧感。她家在郝家大院最里端，深宅大院，她几乎从不到街上来玩。有一次，我们放学，同学们突然大喊起来："九！九！（我乳名叫九，兄弟姊妹大排行，我是老九），看你媳妇，看你媳妇！"吓得我撒腿就跑，也没有看见她是什么样。其实她也没有到街上来，只是在郝家深深的马道里被小伙伴们远远看到了而已。

　　转眼到了 1945 年，日本投降，是举国欢庆的时节，刚上四年级的我与四哥住校。突然一天，我的二哥来到学校，要我与四哥回家"过事"。我们家乡把娶媳妇等一类的事，统称是"过事"。我懵懵懂懂，有一种莫名的恐惧压顶而来。我哭丧着脸，跟着二哥回家。第二天，四哥与我一同办喜事。四哥比我大两岁，他的媳妇也是本村的。

　　我像是一个能听懂话的玩偶，一切都由大人们安排和指导。印象中还记得，我是坐花轿去岳丈家迎亲的。到了岳丈家，花轿让给凤珍，我另坐别的轿子前行。她在轿子里，被抬着围着街转。有吹鼓手伴奏，一群看热闹的男男女女，多半是妇女与孩子们。别人娶媳妇时，我也曾跟着花轿乱喊乱叫过，现在临到我头上了，能回忆起来的感觉，就是莫名的害羞。把凤珍迎到家，她娘家也来了一堆人，抬着陪送的嫁妆。凤珍蒙着红头盖，穿着一身红衣裳；我穿着蓝色缎子长袍，头戴礼帽，佩戴红绣球。在司仪的摆布下，拜天地，拜祖宗，拜母亲(我爹已经去世两年了)，是否互拜，凤珍的头盖是否由我亲手揭开，全记不清了。而后是入洞房，用一个弓向屋顶四角射箭，意义是什么，我也没有再去询问和查找民俗资料。婚礼到此算一大段，其后是中午宴请乡亲和娘家人。

　　晚上到了入洞房的时候，我横竖不去。把我娘急坏了，左说右说也不听，无计可施，伸手给了我两巴掌，我大哭起来。哭也不行，必须入洞房。我也没有去处，最后还是哭哭啼啼来到洞房。在大喜的日子里，我的表现该是何等晦气。闹洞房是一大景，由于我的大哭大闹，闹洞房的没有到屋里，他们便把窗户纸捅破，点燃干辣椒，往屋里扇辣椒烟。凤珍不敢吭声，把头蒙住。我呛得受不了，便亲娘祖奶奶破口大骂。人们对此司空见惯，没有人把我的脏骂当真，越骂，扇的烟越多。我实在承受不了，便往门外冲，没想到，门被从外面锁住。我只有号啕大哭大骂以外，没有任何其他办法。弄得实在不像话了，我娘等人只好出面，请闹洞房的人住手，领他们吃喝去，这才算了事。我哭闹得也累了，栽到炕上，一睡便到天亮。凤珍怎么度过的那晚，我一概不知。

　　更讨厌的是第二天要回庄(即去女方家)住三天。来接我们的是她的堂兄——我的启蒙老师兼校长。中午饭后,该上轿子了,凤珍先上了车,我却突然拒绝同往,横竖不上车。这又把大人们急坏了,这个时刻,骂也不是,打也不是,左说右劝,我一概拒绝。大人们强拉硬拽,我拼命挣扎,大哭大叫,像发疯一样,死命抱住一棵树。大人们用劲把我拉开,我一下子又跑到井边,抱住井架。是不是要跳井,自己也不知道,但总是一种危险性的抗争。这一下把大人们吓住了,我的启蒙老师出来诱导,我依然不听,气得他吼叫:"你竟然敢不听老师的话,我成了狗屁校长!"大人们都围在井周边,无计可施。时间拖得很长,太阳西下,天色黯淡下来,我哭闹得筋疲力尽,最后还是服从了大人们的安排。

本来是一件喜事,却被我闹成了"丧事"。

四哥与我正相反,婚礼进行得非常顺利。一直到今天两位老人依然相依为命,共度晚年。

我说不上是反抗这桩婚姻,大概是我压根儿还不知婚姻是什么,模模糊糊感到,娶媳妇对我来说是一件很难堪的事。

由于我的大闹,到了岳丈家,再也没有人来闹,平平安安住了三天后,如同囚犯从监狱放出来一样,感到是一种解放。我与同学相比,历来有一种自卑感,娶媳妇后,这种感觉变得更加严重,抬不起头来,严重地影响了我的学习。

很快到了寒假,婚后第一个春节,要随同媳妇再去岳丈家住几天。我们那里的习俗,是过了初五就去,直到十五过后回本家。我在岳丈家住了十天,又是一次煎熬。凤珍家毕竟是大户之后,规矩不少,我一无所知,根本就不知道该往哪里坐、哪里站。最让我为难的,是她的五服以内的本家轮流宴请。我这个孩子从来没有上过酒席,而当时不仅要上酒席,而且还是被请的贵客,我就像个傻子,一句话都不会说。每次宴请都有"敬酒",人家请我喝,我也不知深浅就喝,第一次就被灌醉,晕倒在宴席上,不省人事。当然这是一次教训,后来就由凤珍的哥哥代我喝酒。每天的宴请,我如同受刑。

以后的日子里,凤珍待我很好,像个大姐姐。那时候我有遗尿症,每次尿炕,她从来不说什么,默默地把我的被褥烤干。她手巧,针线活也好,我的衣服都由她来做。

凤珍对婆婆是百依百顺，我娘把她也视为女儿一样对待，我上中学后，她一直同我娘和妹妹一起睡，其他儿媳妇都没有这种待遇。凤珍在妯娌间从来不搬弄是非。在农村，几乎没有一家妯娌间是和睦的，都像乌眼鸡一样斗个不停，往往因一些琐事，互相到婆婆那里告密、告状。而凤珍既不介入，也不拉帮结派，与其他四位妯娌的关系都很融洽。

就实而论，如果我不上学，在家务农，有这样一个大姐姐，应该说是我的福分。

可我上了学，读了一些小说，如《家》《小二黑结婚》等，扩大了视野，模模糊糊中一种新的爱情观悄然萌生，到初中二年级，就有了离婚的念头。一位老师的讲演，对我的思想冲击极大。那时，我们学校每周有两次例会，教师们轮流就不同的主题讲演，每次不超过二十分钟。一次，刘俊三老师讲到"家"，开头这样说：什么是"家"？"家"就是屋里的一头猪！学生们一怔，顿时发出唏嘘声，不懂其意。他接着说，你们看，"家"上头那个宝盖象征着什么？那是房子的象征；下边这个"豕"你们认得吗？没有人吭声，他继续解释，"豕"发"shǐ"音，是什么意思？就是"猪"。他接着说，不冲破家庭的束缚，就只能做一头猪！同学们多是农村来的，家庭观念和家庭束缚极深。刘老师拆字说义，对我们震动极大，至少对我有着翻天覆地之感，更增加了我冲破家庭束缚的勇气。六十多年过去了，刘老师的音容犹在心底。他虽没给我们年级讲过课，也不可能认识我，可他的二十分钟讲演，却给我留下不可磨灭的印象。

我有了离婚的念头，但还不敢提出。娘实在太喜欢这个儿媳妇了，而我对娘除了依恋，还有怕的因素。我只好借口学校有事，不回家，连春节都不回去。娘对我离婚之念反感至极，多次明言，她宁肯不要我，也要留住凤珍。我已经工作，十七岁初中毕业，有了工资，能自立了。我对娘也明确表示，不让我离婚，就永远不回家！拖到1953年，我十八岁，不管娘的态度如何，我直接给县法院去信，申述了离婚的理由和要求。离婚的理由很简单：一是包办，二是媳妇比我大六岁。那时正赶上贯彻新颁布的《婚姻法》，县法院连双方的人都没有见，就把离婚证明寄给了我和凤珍。到了这一步，娘只好妥协，这一下子却惹翻了凤珍，同我娘大吵一场。凤珍不同意离婚，硬说没有接到法院判决。又拖了一段时日，大势已去，凤珍无奈，也只得同意，条件是到区政府办理离婚证明。我们俩到了区政府,办事人员二话没说,立即开具了离婚证书。事前我已答应,将我的全部财产,也就是那份地和宅基地,全部给了凤珍,另外再给她一百元。那时的一百元不是个小数目。这一切,算是我对凤珍的某种赔偿吧。

离婚,对我是解放了,对凤珍却是致命的打击和伤害。她仍然有被"休"的观念,于她是奇耻大辱,人几乎要疯了!好在时间不长,稍微平静后,她嫁给了一位工人,再后来又听说生儿育女,过着幸福的生活。

回想离婚这桩事,我总有一种莫名的内疚感。在1954年和1955年"日记"中多有记述,可惜"日记"在"文革"中被我撕掉后抛到垃圾堆里了。我与凤珍的不幸婚姻,是那个时代造就的,但我占优势,凤珍处于劣势,受到的打击更大。她白白盼了八年,到头来却是离婚的结局。反过来说,难道我就应该凑合一辈子吗?维持没有爱情的婚姻是不道德的,这个不道德是只对我而言,还是包括双方?如果包括,应该说离婚对双方都是一种解脱,另谋有爱情的婚姻才是正理。

## 人缘和"成分"继承

正定县城在1947年3月已被解放军占领,县城在滹沱河北岸,我们村在河的南岸,一直由国民党军队控制。解放军占领县城时间不长,把高大的古城墙拆了很多豁口,快速斗争了若干大地主就放弃了。直到1947年11月解放军攻克石家庄,县城也被第二次攻克,我们村才一同被解放。

其后时间不长,土改工作队进驻,开始进行土地改革。那个时期是暴力土改盛行之时,任弼时在1948年1月12日西北野战军前线委员会扩大会议上的著名讲话——《土地改革中的几个问题》,纠正了极端的暴力行为,而在任弼时讲话之前,暴力行为贯穿始终。我家被划为富农,是土改的对象。这年我十二岁,至今对当时暴力土改仍有些记忆。但是,我们家是本村唯一未被施加暴力的富农。

我们全村有近十家地主、富农,后街有两家,前街有七八家。前街的大土豪郝家,在晚清时达到鼎盛时期,地有十余顷,宅院占据多半条街,一律青砖到顶的瓦房,十余座相连的四合院,深藏在长长的马道里边,另外还有场院和林院,高大的杨树直插云霄,成群的鸟栖居其上,再加上闹神、闹鬼和狐仙的传闻,让人有一种敬畏和神秘之感。老土豪去世之后,分成十余家,土改被划成分的地主和富农,郝家占了十之七八。

我家有八十五亩水浇地,两处院落,另有三处宅基地,两匹骡子,十六口人,平均每人有五亩土地。从拥有土地数目看,是村里的首户,但我家的土地不出租。日本人占领时期,搜刮得很厉害,家里的钱粮已近于无。加上前边说到的我哥哥被日本特务机构抓起来了,花了很多钱粮,家底已空。国民党来了,占领了石家庄。石家庄有二十万人口,是冀中的军事要地,晋冀的通道,京汉线的枢纽。国民党来了一个军,据说有三万人。但石家庄只是一个腹地不大的孤零零的据点,周边被解放区包围。在石家庄,除了正规军,还有很多地方军队,如各县的"还乡团"、流亡县政府等。粮食供给是一个极大的问题。他们没有别的办法,经常向四边出击,搜刮粮食。我们村在石家庄脚下,开始时,兔子不吃窝边草,征集粮食还不那么严重,到了1947年,石家庄的腹地几乎消失。当时按地亩摊派,我家的地多,负担格外重,粮食几乎被搜刮光了。在我的记忆中,几乎上顿下顿吃的都是红薯干,吃后胃胀、胃疼、吐酸水,没有正经粮食可吃,日子过得艰苦。家庭生活实在无法维持,只好把三十亩土地典当出去,自家只留了五十亩耕种。但土改按三年前的土地数计算,所以还算富农。土改时,除了我家的土地、房屋和一些破旧的家具,我家已没有任何值钱的东西可分。

土改一开始,就把地主和富农家里当家的都扣押起来,在土豪家的一个深院里,一人一间。我家本是我娘当家,大概给点面子,让我大哥顶替。我每天去给大哥送饭,感到阴森森的。据我大哥讲,每到夜里,都有贫民团的一群人来对关押的人进行审问、鞭打,凄惨的叫声让人胆战心惊。大哥时时提心吊胆,害怕大难临头,出乎意外的是,在关押的两个月里,他没有受到过一次审问,更没有遭到肉体的折磨。随着土改结束,他被客客气气地告知:"你没事啦,回家去吧!"

贫民团开大会批斗地主富农,一般都让家属陪斗。庆幸的是,我娘和大哥没有被批斗过。我是小孩子,虽然没人管,但也不敢经常去看这种批斗

31

会。有一个场面,让我终生不忘:一次批斗会后,一个上年岁的富农分子躺在地上,两脚被缚住系在马身上,马被抽打后奔跑起来,那人被马拖着跑。他穿着棉衣,看不到身体的损伤情况,但满头是血,面部模糊不清,开始还能听到呻吟的声音,到后来就好像是拖着一条麻袋,只看见周围泛起的缕缕尘埃。听大人们说,这个人做过伪村长,行事霸道遭人恨。还有一位地主老太婆,年岁很大,还是个绝户,有二十多亩地,靠吃租生活,不知得罪了谁,关押期间,向她灌屎灌尿,折磨致死。前边提到的那位童生,土改时已经七十多岁,也被关押起来,被吓死了。土改期间,我们村死了这三个人,与邻村相比,算是少的了。

土改中,我们家为什么没有受到任何人身伤害和侮辱,娘和大哥曾多次聊起这事,说我爹一生勤奋、善良,没有与乡亲们吵过架,又常接济穷人。爹是1943年去世的,爹在世时,每逢过年,他总是要送些肉和粮食给后街的几户贫困人家。爹说:"平常日子管不了,但不能眼看着人家过不了年。"娘还常提到这样的事:有些穷人实在揭不开锅,但又不好意思直接伸手要,便把一个口袋搭在我家墙上,爹会在夜里将口袋装上粮食。这样两方不见面,既不形成借贷关系,也不是当面施舍,给人家留了面子。又如,我们家都是水浇地,地中间有三眼井。周围有几家小户人家的地,不过两三亩,没有水井,到天旱时节,都需要浇地。爹会主动让人家用井,甚至用我家的牲口来帮助小户人家。爹从来不放债,说放债容易得罪人,要债不是,不要也不是。我家的碾、磨几乎是公用的。娘与邻里乡亲,也是和睦相处,一生没同外人吵过架。爹去世后,留下孤儿寡母,街坊都知道不容易。虽土改定性为富农,但乡亲们没有歧视她。贫民团来我家要余财、家具时都很客气,我娘在乡邻里的辈分高,来的人左一声"大娘",右一声"奶奶",一再解释是办公事,能给多少算多少。当时,我家除了住房,所有屋子都贴着封条。娘说:"东西都在屋里,你们看着拿吧。"来的人把封条撕开,转了一遍说:"媳妇屋里的东西不动了,北屋(我家的正房)的家具拉走。"其实也就是旧的桌椅、条几而已。

按土改标准,每人分得一亩六分地,留给我们的是原有的上好地段,还有井。房屋仍是原来的,我们弟兄五个每人一处宅基地。两匹骡子被拉走,另分给一头大驴。这头驴成了我日后的好"朋友"。别的地主富农，没有像我们这样的"待遇"，大多被扫地出门，另行分配给条件较差的房屋和土地。

在我印象中，娘从来没有对土改说过敌对和不满的话，总是说我想得开，这是世道，别人能过，我们也能过；不做亏心事，不怕鬼敲门。我们家算是比较平安地度过了土改。

父亲早逝，富农的帽子由我母亲戴上。母亲在乡邻中人缘很好，与人没有任何过节儿，因此也没有任何人来找茬，始终安然无恙。50年代，合作化中重新评定成分，母亲被摘掉富农分子帽了，变为"社员"。一村之内，她是唯一享此"殊荣"者，富农在我们家算了结了。

万万没有想到，1964年"四清"来了，又要重新划分阶级成分，厘清阶级队伍。原始的老地主、富农分子基本上都去世了，他们至死没有摘帽。我母亲是唯一尚在的原始富农分子，但1955年已摘帽，此时年老，又没有任何不良言行，没再给戴上富农帽子，可也不能让我们家富农"断代"呀！我大哥是国家工作人员（从合作社转来），三哥是工人，四哥与我是共产党员，又是国家工作人员，于是便把在家务农的二哥找了出来继承"富农"成分，成为黑"四类"（地、富、反、坏）。在家务农的侄子们，都列入富农子弟，算作另类。土改被划成富农，平分了土地也就罢了，"四清"时又把矛头对准地主、富农。"四清"中新定的地主、富农分子与二哥一样，都是"继承人"。不知因了什么，在"文革"中斗"走资派"，都让我那不沾边的二哥等继承人去陪斗，又让他们一起扫街。因为我二哥没有恶言恶行，有一段时间，还让他当过四类分子的"队长"，管理其他四类分子，俨然成为"依靠"的对象！

## 都说我"命大"

说到我的"命大"，一次直接关乎"性命"，一次涉及生或死的"前途"。

1946年至1947年间，我们村已经成为国共拉锯区，白天归国民党，夜里归共产党，兵荒马乱，社会秩序失控，时常有强抢和明火绑票的。我家算是富户，是绑票瞄准的对象。说起来，"盗亦有道"，他们都是蒙面而来，不侵犯妇孺，只找当家的；似乎也不是要钱，因为那时的钱已不值钱，甚至钱已作废,以物易物成为主要交换方式。强盗的目的常常是弄些粮食。为防抢劫,我家把粮食多藏在地窖和夹壁墙里,明面上的很少。他们一来,所有没藏的粮食都要一锅端。哥哥们开始还东藏西藏,后来联合几家进行自卫,不知他们从哪里弄来一支土造的手枪,我们叫"土镢",一次只能装一粒子弹,射击没准。为了预防强盗入户,夜里多半在房顶上的窝棚里轮班警卫。

1947年11月,解放军要攻打石家庄,经过我们村时颇有动静,我哥哥等以为是绑票的来了,他们莽莽撞撞地放枪恫吓。这下惹了大祸,一阵子机枪扫射,接着是炮声。炮打得很准,炮弹穿透我家房顶落在炕上,幸好是一枚臭弹,没有爆炸。这间房正是平时我睡觉的屋子,炮弹也正落在我睡觉的地方。如果那晚我住在那里,这枚臭弹也会把我砸死。缘何侥幸逃脱了灾难呢?说起来只差两天。那时天已经冷起来,需要烧柴暖炕,家里柴火不多,为了节省,全家分男女另住两间。我住的那间空起来了,于是万幸,死里逃生!随后有军人来家把臭弹清理出去。人们一提起此事,都说我命大,躲过了一劫。

所谓生死"前途",与躲过了当兵有关。土改之后,刚刚初春即开始征兵。历来报道翻身农民踊跃参军,其他村或许是这样,但我们村翻身的贫下中农没有一个主动报名参军的。怎么完成任务?兵站来的干部与我们村贫民团的头头想出一招,按兄弟多少来摊派。兄弟多的往前排,我们兄弟五人,自然首当其冲。征四个兵,要五家抽签。大哥当差给解放军抬担架去了。二哥怕得要死,逃跑了,不知去向,后来知道他去华北大学(在正定县城)当了杂工。三哥正好右眼失明,免征。四哥与几个同龄人去了晋绥革命干部学校,干革命去了。只有我在家,那年我十三周岁,于是我去参加抽签。参加抽签的,还有我同父异母哥哥家的儿子。我辈分高,让侄子和他人先抽,没有想到,前四位都中签,我最后是空签。中签的号啕大哭,我则是一种万幸的心情,当时围观的人很多,都说我福大命大。这四位去当兵的,一人不久战死疆场;一位失踪;我的侄子腿瘸,只能做后勤,1949年随大军渡江后留在湖南工作;还有一位是我的同学,比我大两岁,后来到朝鲜参战,被俘后去了台湾。80年代从台湾回来探亲,爹娘早已去世,哥嫂也离开人间,当兵前已娶妻,几年无消息,也另嫁人了。爹娘的坟和祖坟在1958年被平整,已无法凭吊,据说痛哭了一场,凄惨地离去。

如果我中了签,前途是什么,生死两茫茫……

## 上学可以不当兵

1947年初春,开学不久,战争的烽火烧到了宁静的校园。学校关闭,我失学了,刚过十二岁生日。我到哪里去?到处都是硝烟,我只能回到自家的土地上,开始了两年的务农生活。

农活对我来说并不陌生,庄稼相、农活就是我的记忆史。我们家的田里有一个窝棚,从麦收前一直到秋收完毕,几乎日夜有人守在窝棚和临时谷场里(麦收和秋收时临时平整一块场地,堆放收割的庄稼并进行脱粒等)。从记事起,我最高兴的事之一,就是跟着舅舅和哥哥住在窝铺和草棚里。因为是在野外,比家里要凉爽。更有吸引力的是可以吃青。比如青豆,还没有长硬时,自家人也不能随便摘,但在地里看青的人可以例外;红薯长到能吃的时候,也可以吃鲜;还有玉米等。从有记忆开始,就要做力所能及的一些农活,如跟着大人去拔草、看水畦、送饭,播种之后赶鸟,天旱时日夜浇地,帮助牲口拉套和赶牲口(不要让牲口停下来怠工),等等。

过去是假期和课间帮家里干活,现在则成了全职农民。1948年,我的四个哥哥都出去谋生了,在我家多年的舅舅因是贫农,回到他自己的家。我虽只有十三周岁,但个子比一般孩子高,成了家里的主要劳动力。我开始学习和独立操作同龄孩子们所不能做的农活,比如赶车、使唤牲口和耕(读音"经")、耩、犁、耙等,我都能上手。土改之后,分给我们家大毛驴,虽不如骡子,但也很好使唤,经常出车去拉公粮,既有服役性质,也有一点报酬。我整日赶着驴车,奔波在路上,这对一个十三岁的孩子来说,是不多见的。我很为自己的能干而得意。我与这头毛驴形成互为主仆的关系,干活时它听我使唤,虽然也手持一鞭,但从来没有打过它;等下了套,我对它悉心喂养,每过几天,总会用刷子梳理它的毛发,此时它纹丝不动,大概是一种享受吧。

农活中间的空隙,我便读武侠小说,如《薛仁贵征东》《罗通扫北》《大八义》《小五义》等。文字上尽管还有障碍,有些地方看不大懂,但能明白大意。

受武侠的影响，我成了武术迷，和几位同龄伙伴到临近十里铺村拜一位教头为师，每天晚上去学武。开始不让摸刀枪棍棒，只学武术的基本动作，先练腿上功夫，光骑马蹲裆式就练了数月之久。开始两腿酸疼得连路都难走，几个月之后，我能纹丝不动蹲很长时间也不感到累。那个时候没有钟表，具体蹲了多长时间也不清楚，估摸约有个把小时，真是实功夫。其后又练劈叉、踢腿等，大概持续一年多，直到1948年冬天我去上补习班才中断。

两年的时间就是干农活、读武侠小说、习武，学业上的事，没有用一点点心思。我四哥随着晋绥干部学校到山西临汾去了，他来信能看，回信就难了。记得有一次我急得满头大汗，横竖写不出来，娘在旁边抱怨我窝囊，上了快五年学，竟连个信也写不成。我对自己也失去了信心，偶尔也会想今后向哪里去，不能一辈子务农吧。1948年初夏，几位小伙伴心血来潮，临时相约去投考正定中学，考前没有任何准备，就莽莽撞撞去了。第一门考算术，一出考场，我就嚷嚷不考了，因为一道题也没有做对，再接着考没有意义。没有想到其他几位也有同感，说明他们也考得一塌糊涂。这次考试给我极大打击，对考中学完全失去了信心和追求。去正定县城要过滹沱河，滹沱河是一条漫无边际的沙河，雨季时汪洋一片，浩渺无边，干旱期几近断流。时在雨季前期，已有点水势，为了考试我们不敢冒险，渡船而过；回程时变得胆大无惧，几个人赤条条闯了过去，泅水时还喝了几口水，有惊无险，总算平安过了河。我由此似乎明白了一个道理，要学会审时度势。

干农活的确很苦，可又有什么办法呢，那时也没有任何人给予指点，最多我娘说，再过几年，你也出去谋个事吧。谋什么事，天晓得，眼下只有老老实实务农。

常说天无绝人之路，说不清什么时候就会遇到一个机会。1948年秋收之后，一个非常偶然的巧合，在我家门口遇到老同学王新长。王新长是我原来的班长，比我大三岁，学习总在前三名，我特佩服他。我是插班生，那时欺生现象很常见，每遇到挨欺负，王新长总会出来制止，我打心眼里感激他。一晃两年不见，他告诉我，学校为五六年级举办了补习班并动员我去；还说，上学可以不用去当兵。当兵是件令人害怕的事，当时流传解放军是人海战术，九死一生。我虽躲过一次抽签征兵，但如果再来一次，可就难以预料了,上学有极大的吸引力。我担心我家是被斗的富农,学校不收,王新长安慰说不会受影响。回到家里同我娘商量,她立刻表示支持。第二天我就去学校顺利上了补习班,人不多,大约有二十多人,班长依然是王新长。

学校停办了一年多,补习班是复校前临时加的一个班。开始还有点害怕,没过几天,便有一种被吸引住了的感觉。印象最深的是"师生打成一片"。我不明白什么叫师生打成一片,怎么能打成一片?时间不长,便体会到老师对学生很尊重,不打不骂,课教得非常认真。课外,老师常到学生中来,耐心辅导,教我们唱歌,和学生们一起参加体育活动,有时还聊天儿、说故事,一切都是那么新鲜,同过去老师的严厉形象形成鲜明的对比,由此我也打消了对共产党的恐惧心理。

补习生大多住校,当时没有炊事员,全靠自己动手,大家轮流做饭。每人每月交三十斤小米,也可以拿五斤红薯顶一斤小米。大家都不会做饭,常常做糊,时硬时软。菜就是腌菜。伙食虽然很单调,但每天能吃上一顿真正的粮食,比家里强多了,和同学们在一起相处也很愉快。

在人生的旅途中,我遇到许多好心人给我以极大的帮助。前边说到的王新长是其中之一,补习班里教我们算术的冯老师是另一位。辍学两年后,我连普通的"四则"题也忘了,属于最差的学生之一。冯老师的丈夫去世了,带着两个孩子,生活很不容易,但她对所有的学生都充满了爱心,对我这样的差等生也极其有耐心,课后常单独给我补习。以前上学,我多半是甲等之末、乙等之首,因有秃疮,常被同学耻笑,很是自卑,抬不起头来。后来读鲁迅先生的《阿Q正传》,读到阿Q护秃疮一段,我很有感触。先前的老师,对我从没有特殊关心过,现在也记不起任何一位老师的模样,而冯老师对我的关心,则给我留下了不可磨灭的印象。有一次发烧躺在宿舍里,冯老师来看我,摸摸我的头,给我端来一碗热水(学生没有热水喝)。时至今日,忆起此情此景,我仍有一种深深的感动。补习了两个月,我的算术竟然考得了八十多分。更让我难忘的是冯老师的评语给予我的鼓励。大部分的内容已经忘了,但有四个字我至今记得。冯老师一是说我"用功",二是说我有"智慧"。当时我不懂"智慧"为何意,问了冯老师后才知道。在以后的时间里,我慢慢悟到,我的"智慧"就在于"用功"。

1948 年冬季的补习,对我一生具有转折性的意义。没有这次补习,我根本不可能再有上学的机会。而没有冯老师耐心的辅导,我的成绩也很难赶上来,更不可能考上中学。我上中学后,曾回校看望老师,主要是想看望冯老师,遗憾的是没有见到。听同学说,她调到别的学校去了。再后来,又听到让我异常悲伤的消息,冯老师患病已离开了人世。

六十多年过去了,冯老师一直留在我的记忆中:矮小而瘦弱的身材,几分饥黄的面容,清晰温暖的话语,包蕴着母爱的温情,还有一丝不苟的耐心。如今我年届八旬,每回想起冯老师,依然有说不尽的感激。我只能在心中供上一炷香,愿冯老师的在天之灵安宁、祥和。

# 追求红色

## 共产党"好不好"

1949年2月，做梦都没有想到，我竟然考上了石家庄第一中学。看到自己列名录取榜，十分激动，当时的情状，我至今仍然历历在目。

刚入学时，我没有助学金，学校离家十五里，每天走读很吃力；而在学校入伙，每月要缴六十斤小米。坚持两个月，家里就无力承担了。尽管我娘说讨饭也要供我上学，但实际上根本做不到，上哪里去讨六十斤小米呢？我家又是个多弟兄的家庭，一群嫂嫂和侄子侄女，他们都以糠菜度日，即使母亲再疼爱我，也不能硬夺全家的口粮啊。我十分苦恼，不知如何是好。当时有不少同学没上几天学，就以中学肄业为名找工作去了，社会上的中学生还是很缺的，所以找工作比较容易。于是，我向班主任程晓明老师提出退学。他问为何缴不起口粮，我说我家是富农，都给平分了。程老师不仅没有嫌弃我的出身，还帮我解决了伙食费。我是富农子弟，对平分土地和财产虽不理解，但没有仇恨，加上我娘又总说这是世道，由不得自己。此时能得到助学金，我由衷感激程老师，感激学校和共产党！

过了几个月，我被选为班长，这对我的一生有着重大影响。过去我从来没有承担过学生中的任何职务，也没有体育、文艺方面的特长，成绩总是甲等之末、乙等之首，是一个默默无闻的中等生。刚上学时有指定的班长，过了几个月要大家重新选举。不知什么原因，大家对指定的班长有意见，没人提名他连任。可是提我的却有好几个人，我小学老同学王廷槐（即前边提到的王新长）平时善于表达，这次卖力帮我竞选，起了很大的作用。另外，上课时我爱提问题，这也可能是同学们熟悉我的另一原因。上小学时，我自卑加自闭，从来不敢提问，在班里默默无闻。考上一中后，我却发生了很大转变。

吴会贤老师讲社会发展史和时事,特别吸引人,又启发大家提问,我不知哪儿来的胆子,竟然多次提出疑问。从小听大人说是盘古造人,是泥捏的,现在却说人是猿变来的,是劳动创造人,既新奇又有说服力。那个时候,很多同学都信鬼神。老师给我们讲世上没有鬼神,我不信,举手发疑,以我自身的经验说有鬼神,比如遇到过"鬼打墙",见过农村人崇鬼附身等。老师耐心解释,"鬼打墙"是夜盲症的一种表现,崇鬼附身是神经错乱;课后又单独给我讲解,使我眼界大开。时事课讲到毛主席如何伟大,我提问:孙中山和毛主席谁更伟大呢?他讲无产阶级与资产阶级的区别之类,我听不懂,于是反问道:那为什么不称毛主席为"国父"?当时传唱的一首歌是《没有共产党就没有中国》,我说这个说法不对,共产党在先还是中国在先?问得他一时语塞。后来我们在一个单位工作,他多次提起我的提问,表扬我的真实和直率。我提这些问题,在同学中有共鸣,所以引起同学们的关注。

还有一件事。我的同桌叫雷让,他说共产党不好,我站在他的对立面,两个人争得不可开交,直奔校长办公室,要请校长评理。当时的校长名叫刘星华,是上海某大学毕业的学生,抗日时期参加了共产党,在解放区就是一所中学的校长,后来升任石家庄市教育局局长,再后来升任平原省教育厅厅长,为人极其和蔼,对同学关心备至。那时吃饭,用两三个大木饭槽盛饭,陆续供应。开饭时,大家总是一哄而上去抢,像鸡抢食一样。对此,刘校长不是上来就批评,而是耐心疏导。农村来的同学多,吃糠菜混合面的多,能吃上真正粮食的少,小米已经是上等好粮了,所以,他们吃饭时毫无节制,尽管肚皮撑得鼓鼓的,还要往肚里硬塞。刘校长细细地给我们讲吃饭的道理,过分吃,如何伤胃、伤身体,又讲什么叫吃饱。他说的一句顺口溜,至今记忆犹新:"吃饭减三口,饭后百步走,家有老婆丑,能活九十九。"更有意思的是,他还教饭量不太大的同学怎么去盛饭,先少盛一点,吃完了,然后再盛一大碗,就足够了,免得与别人去抢。他讲的一些很实在的道理,对我们的生活非常有启发,所以我们俩就敢直接找他,请他评理。校长接待我们时,态度依然可亲,先是鼓励我们敢于争论,敢提出问题,对雷让也没有批评,而是让他多比较。我愈发觉得共产党平易近人,一扫过去对老师的畏惧。这次找校长一事,在同学中影响很大,甚至老师们也都知道了。

没想到班长选举时，我竟以高票当选。对我这个中等生来说，这无疑是一次极大的鼓舞，我也似乎从一只小猫顿时变成一只被人看重的小老虎，竟然能站在全班面前说点什么，有如做梦一般。既然大家选我，我就要事事带头干。那时正值解放军向江南、西北、西南大进军，胜利捷报频频传来。每一次大胜利，学校都组织学生上街游行、宣传，我都积极参加，呼口号，敲锣打鼓，十分兴奋。

我四哥1948年春入晋绥干部学校，1949年作为南下工作团成员随刘邓大军入川，他来信要求我信任共产党，鼓励我上进，积极靠近组织，这对我要求进步有直接的影响。

入学不久，大约在五六月间，我就加入了新民主主义青年团。新民主主义青年团是在石家庄筹备和组建的，我们学校是最早建立青年团的单位之一。之所以能入团，既有我主观的原因，更归功于老师的指导。我入团的直接原因是吴会贤老师的引导。程老师调走后，吴老师做我们的班主任。他几次表扬我敢说真话，当上班长又肯花力气，特别听话，事事带头干。大约在5月，吴老师问我是否想加入新民主主义青年团，我实话实说，根本不知道青年团是干什么的。吴老师耐心讲解，说他愿意做我的介绍人。那时班上没有团员，吴老师是党员，负责组建团组织。印象在6月1日，我们班有三个同学加入了青年团，同时指定我任组长，要我发展其他同学。我真的很努力，班里后来的许多团员多半是由我介绍的入团。

到了暑假，石家庄团市委举办各中学联合训练班一类的活动，我有幸被选中。训练班主要进行政治教育，天天有报告，很新奇，也很吸引人，好像进入了另一个世界！此外有操练、各种文体活动，还教集体舞，男女混合，第一次与女生牵手，大胆和羞涩交织，别有感触。另有一件事，我也还有印象，团市委的一位部长讲演时说，什么马克思牛克思的，我不懂。他因此遭到高年级团员的猛烈批评，不得不做了检查。此事给我留下很深印象：共产党的干部错了就检查，能接受批评，对此我感到很新鲜。经过这次训练，我更加崇信共产党，更加积极参加各种社会活动。

秋天，校学生会改选，我们班推我参加竞选。各式各样的竞选海报，花花绿绿，贴得全校都是。竞选人要在全校大会上发表竞选演说，我只记得到台上时心跳得发慌，说了几句就噎住了，鞠了一躬，赶快跑下来，下台阶顾不上看脚下，摔了一个大筋斗，惹得全场大笑。这是我第一次在全校同学面前露面，虽落选，但这个筋斗给同学留下了印象，第二年学生会选举我为委员。此后学校就取消了竞选，改为由各班推举一名委员。

加入青年团后，我的政治热情与日俱增，在学习上也很努力。那时开展学习竞赛和学习互助，我主动与几个同学组成学习小组，互相帮助、互相督促，学习成绩有所提高，都在九十分上下。每个学期都要评选学习模范，我虽不是最高分，但因有同学们投票支持，连续三个学期都被选为班的学习模范。1950年下半年，学校不再搞学习竞赛，也就不评学习模范了。

说到学习，可用"孤陋"两个字来概括当时的状况。开始时几乎没有教材，都是油印的讲义，大约都是老师们编选的。到二年级时，数、理、化有了教材，文科依然以油印的讲义为主。有些课非常引人入胜。学生多半是农村来的，卫生知识几乎是空白，生物课老师用显微镜让我们看细菌，地理老师讲课时会预测解放军进军路线等，这让我们感到很神奇。化学课更奇妙，老师与我们一起制造火药，又用火药做了很多鞭炮，同学们还拿来铁铳子，元旦时大放一通。化学我学得很好，每次考试，我的答卷几乎都作为标准答案贴在学习栏里。语文课最没劲，既不讲语法，也不讲词性，学古文也不涉及四声和音韵，就是分析段落大意。影响所及，我后来学俄文时，涉及主谓语、词性等，一无所知。历史课学的是胡华写的《新民主主义革命史》，对我影响很大。除了课本、讲义，几乎没有任何课外读物。学校有个小小图书馆，书很少，多半是些政治性和小说类的读物。我很少去图书馆，只记得借过《钢铁是怎样炼成的》《太阳照在桑干河上》，后者有些粗话，感到很奇怪，书中也写这些？课外书看得很少，知识不"孤陋"才怪呢。

当时的政治与社会活动多得不得了，我像上了弦的八音盒，停不下来，不管什么活动我都热心投入。吴会贤老师后来升为学校党支部书记，我成了他依靠的对象之一，或者说是当差的，需要我干什么就干什么，还动员同学一起参加。前方每一次大捷我们都要游行庆祝、宣传。中华人民共和国成立的周年庆，我们不知游行、宣传了多少次，基本是停课，成了专业宣传队。接着一系列的运动，如镇压反革命、抗美援朝、"三反五反"等，学生都成了宣传主力。参加街头活报戏演出，我扮过杜鲁门，被枪击，应声倒卧在马路上，给观众逗乐。成立军乐队，我边学边演，当了一阵子鼓手和指挥。所有这类活动，我都是积极分子，心甘情愿，受到多次表扬。越表扬越来劲，社会活动于我成了第一位的。

1950年多次动员学生参加军事干部学校。那时我对刘胡兰"生的伟大，死的光荣"很崇敬，好像把"死"可以置之度外。由于不怕死，当然也就不怕参军，每次都积极报名，我还写过血书表决心，但都未获批准。后来才知道，那是培养军官的，地主、富农等出身的学生不够格。

由于格外积极，我多次荣任学生代表。1950年成立中苏友好协会，我被指定为一中分会的副主席。石家庄市召开代表大会，让我代表一中出席，我是个小毛孩子，懂什么？会议开了一天，市委书记毛铎讲话，讲苏联如何如何好，驳斥对苏联的种种非议，还有各界人士发言，我只知道跟着呼口号。晚上在石家庄最大的饭店石家庄饭庄会餐，这是我第一次吃宴席。饭桌上别人侃侃而谈，我一言不发，只感到自卑，又不知所措，如坐针毡。也不知怎么下筷子，很多美味，我也不敢多吃，大宴仅吃了个半饱。

1950年后半年，我当上校学生会副主席，参加市学生代表会，被选为市学联委员。会议结束，又是会餐，还是在石家庄饭庄，由于学生居多，没有感到压力，这次就放开肚皮，大肆饕餮一通。

1951年，河北省会保定举办工农业贸易展览会，我又作为唯一的学生代表，随团参观三天。这是我第一次乘坐长途火车，看了展览，林林总总，大开眼界，更感到共产党的伟大。

到了三年级，吴老师启发我加入共产党。同加入新民主主义青年团时的感觉类似，摸不到头脑，除了激动，我就是向往。我更加努力于社会工作，几乎成了勤务兵，任凭怎么指挥，我都服从，耽误了功课，也在所不惜。我的学习成绩明显下降，特别是物理和数学更差，但想到做了些社会工作，为集体、为党的事业，牺牲点学业，不算什么。

我们学校占地面积很大，有一个有四百米跑道的操场，因离教学区太近，学校决定将操场向边上移，但地面不平，要组织同学义务劳动，开辟新操场。学生劳动的事，就让我组织安排。为此，我多日忙个不停，每到下午课外体育活动时间，就组织同学们参加平整土地。工具不够，也不知从哪里得到消息，可以到市清洁队借，我就拿着介绍信跑到清洁队，请求借给我们车辆，事情真还办成了。每天我早早地领几位同学去借车，收工后再把车还回去，持续多日。把操场平整后，我又组织同学用碾子压。操场改造完成后，学校开表扬大会，我无疑是同学中的"首功"。

由于我肯出力气，有人给起了绰号叫"傻子"，但为大家的事出力，我甘愿做"傻子"。

由于政治热情带动，我对一些政治书籍格外感兴趣，新华书店常常大减价售书，多半是毛边纸，解放区印的，十分粗糙，每本大体就几分钱（货币改制后）。那时，我在扫盲夜校当兼职教师，一晚上的课能挣一两毛钱，长期兼任，积少成多，零用有余，就用来买书，记得买过《论共产党员的修养》《大众哲学》《四大家族》《人民公敌蒋介石》《两千年间》等。因要求入党，我对这些书读个不停，似懂非懂，生吞活剥，却也感到蛮有收获。

党支部把要求入党的人组织起来，名曰积极分子学习班，我是其中之一。定时开会，进行有关党的知识方面的教育，我感到收获极大，粗知为共产主义而奋斗是人生的头等大事。无论上学期间，还是毕业留校之后，我一直是入党培养对象。1953年，在天津河北师范学院俄文专修班时，我被批准加入共产党，当时按虚岁计，也才十九岁。

从加入共产党一直到"文革"前期，我都笃信社会主义和共产主义。我自认，这绝不是投机和钻营，从心里认定共产党好。

## 要经得起考验

我们原是春季开学，后来统一改为秋季，所以，我们这一届需延长半年，到1952年夏季毕业。但在1951年底，学校突然决定我们提前毕业，原因是当时极度缺乏小学教师，让我们去当小学教师。

入学时分三个班，一百八十多人，由于很多同学中途退学或参加军事干部学校，到三年级时缩为一个班，人数也不过五十，多数准备升高中。这个决定一出，一下子炸了营，部分同学提出罢课抗议，拒不服从分配。学校领导召集我们一群班干部开会,进行动员和说服。我当时是入党积极分子,有一个观念已经基本树立:一切听从组织决定。还有一批与我相同的人,我们很快就跟上来,带头响应学校决定,一一做同学的工作。在我们一帮积极分子的带动下,多数学生情绪平静下来,想抗议的,也没有人敢出头。最后,大家都算服从了分配。分配名单公布下来,多数是去做小学教师,少数被分配到卫生学校和铁路学校。万万没想到的是,学校让我留校,任职总务处,做了一名庶务员。

当时正值"三反五反"运动,中央一位大人物在报上公开提倡"捕风捉影"。受此影响,我们学校总务处所有员工,都被怀疑成"老虎",接受隔离审查。总务处一下成了"空城",学校要我立即报到上班。上班的第一项任务,就是令我看管这些被隔离审查的人员。其中有两位男士,白天由专案组负责审问、查对,夜里由我看管,去厕所也要报告一声。执行这样的任务,我一方面感到压力很大,另一方面也觉得尴尬。没想到,其中的一位夜里跳窗逃跑了。领导虽然没有批评我,但我深感自责,认为没有做好看管工作。接着,领导让我到他家去追赶,扑了个空。过了几天,他主动回来了。实际上,这个人没有问题,只是一时烦躁,跑了。最后证明,他的确清清白白。胡乱审查乃至实行监管,当时视为正常,也认为是一种考验。他这一跑,反而成了过错,他是预备党员,候补期因此被延长一年。

另外一位男士是总务处的副主任,属于留用人员。他哪里经受过这种审查场面,在革命群众的压力下,说他贪污多少,他一概承认,贪污数字大得惊人,多达一亿多(货币改制前),足够枪毙。因为数字大得离谱,反而引起审查者的疑问:学校的财务就那么多,如此大的数额,从哪里来的?一笔一笔地核对,结果全是虚的。他被整昏了,只能胡编乱造,结果是分文未贪,因他是党外人士,只说他禁不住考验。

还有一位会计叫韩鹤龄,是教育局长、我们中学原校长刘星华的夫人,此时也被怀疑为大贪污分子,实行严格监管,专有女职工监督,她丈夫来看望都拒绝让其见面。大会批,小会斗,动员学生前来围攻、呼喊口号,但她始终稳如泰山,反复申明没有贪占一分钱。经过几个月的查对,果然是清清白白。事情清楚之后,在全市大会上她受到表扬,说共产党员就应该像她这样经得起考验。随后不久，她被提升为总务处主任。如此审查、监管和"考验"，当时我不但无力看出其间的残酷与荒谬，反而从中感到共产党真是大公无私、令人敬佩！我心中还认定韩鹤龄是好榜样呢！这三个人从不同角度教育了我：人生一定要经得起考验！

我这个庶务员的工作，除了做看管，就是做总务处种种杂事，诸如管理笔墨纸张、笤帚扫把，当采购员，以及完成领导布置的各种事务，总之是忙忙活活、跑跑颠颠。但是，我渐渐有了惶惶不可终日之感。作为庶务员，我的确很尽职，受到领导的表扬。时间一长，被看管的人陆续解放，我突然感到空虚和迷惘：这样下去，前途在哪里？难道这就是服从组织需要？自己还能有点什么追求吗？一个青年，不应该停止学习和追求！我逐渐萌生了自学高中课程的想法，寄希望有朝一日能考大学。

这是我第一次萌生对大学的向往。于是，我向认识的高中同学借来用过的教材，晚上进行自学：公私分明，自学绝不占一分钟上班时间。初三数学、物理原本是一塌糊涂，当我专心自学时，此时竟都能明白，我也会做习题了。接下来，高中的教材也能看懂，但做习题的能力不行，要参考高中同学的练习题，我一看常有恍然大悟之感。不到半年的时间，我竟把高一的物理和数学粗粗学过了一遍，这大大增加了我自学的信心。

## 服从组织分配，放弃心爱专业

党支部书记吴会贤老师，还有新提拔的总务处韩鹤龄主任，了解到我晚间自学高中课程，不但不予批评，反而十分鼓励。9月的一天，吴老师让我到他办公室，和蔼地对我说，学校要派一名教师去天津河北师范学院俄文专修科学习俄文，经研究，想派你去，鉴于你是初中毕业，不知你是否有勇气接受这个挑战？事发突然，我一时竟不知如何回答。沉默了一会儿，我说我敢，一定学好，报答领导的信任！遇到吴老师这样的好老师，是我一生之大幸，他还送给我一本英文词典，说日后说不定还有机会用上。遗憾的是，我后来没有摸过英文，但这本字典一直珍藏至今。

石家庄一共保送四人，另三位来自二中、女中和三中，有的年近五十岁了，他们都是大学生，我却是个刚毕业的初中生。临行前，石家庄教育局长还接见了我们，嘱咐不要辜负组织的信任，一定学好！因为是临时性的培训，天津河北师范学院不要求学历，只看年龄，要够十八岁。廊坊选派的一位只有十七岁，被退回去了。其实按周岁计，我当时也不到十八岁，但我写的是虚岁，侥幸过关了。每每回想，都有玄之又玄之感，这是一次决定我一生走向的关节点，这难道就是命运？

天津整个教育系统从来没有过俄文专业，我们系是第一家组建的，也是第一次招生。我们班是进修班，学生自带工资，年龄参差不齐，最大的年近六十，一般也都在三四十岁，中学老师居多，也有两三位从小学老师抽调而来，像我这样初中刚毕业的只有一个，年龄也最小。因为亟须在中学开设俄文课，没有教师，混合班是突击性培训。俄文系分为两个班，我们是一班，近三十人，都是要入门的；二班只有五六个人，是从高中毕业生招来的，在中学学过两年俄文，有一定基础。

说起来，我也曾学过一学期的俄语，但学得一塌糊涂，弄不清什么是主谓语、变格等，因为我们的老师也不清楚。他原是教语文的，在哈尔滨待过，与俄国人有点交往，多少知道一点点俄文，因急于开课，就把他推上台。老师讲不清，又没有教材，学生能不糊涂吗？让我来学俄语，一方面固然高兴，另一方面又有点发怵。

我们的老师配备着实不错，系主任高维勋主讲课文，他自称是天津唯一的俄文副教授，据说他曾在莫斯科做过记者和国民党使馆翻译。我们用的是哈尔滨俄专教材，经他一讲，感到条理清晰好懂，增加了我学习的信心。当时天津有很多俄国人，讲语法的是1917年流亡到中国的俄国人后裔，中文结结巴巴，但对语法的讲述还马马虎虎说得过去。正在为讲义发愁之时，《俄语语法表解》出版了，他便采用这本书做教材，对初学者非常实用，我几乎把全书都背下来了。稍后，又出版了一本更详细的《俄语语法》，也几乎被我翻烂了。教会话的也是一位逃亡的俄国人后裔，但他的中文水平更差，以后换了几位，都是俄国人后裔。由于我语法掌握得比较好，课文背得滚瓜烂熟，一年中所有的考试都是五分。

结业时，我已能阅读斯大林在苏共十九大上的讲话。在我们班里，我的成绩遥遥领先,而有不少同学是糊里糊涂结业的:反正一年为期,属培训性质,到时走人。我正要离校,系里临时通知我留下,另有安排。原来是让我与二班的几位同学,到位于北京的河北师专辅导教师们暑期突击学习俄语,这既是对我俄语学习的肯定,又提供了一个很好的实习机会,对我俄语的整体提高有很大帮助。

让我更为惊喜的是,发给我们的不是一般的结业证明,而是正式的专科毕业证书,盖有河北教育厅的大印,有院长签字,院长是河北省教育厅长,在省会保定上班,从来没和我们见过面。专科毕业证——这是我做梦都没想到的,我由初中生连跃两级,成了专科毕业生,其后工资等待遇都按专科生对待,也改善了我的社会地位。

上学期间,我还有一次意外的经历。保定的一位女同学,大我一岁,对我表示好感。我虽然正在抗拒包办婚姻,但是因婚姻尚未解除,觉得不应该开始下一个阶段,所以婉言谢绝。因为这次经历,我得出一个结论,一定要用理智指导感情,也似乎看到了另一个出路,只要人实在,学习好,离婚之后,一定有机会遇到意中人的。

返回学校,我就不再做庶务员,而是改任教师。能做教师,是我最大的满足,自己暗下决心,一定把书教好。开始,学校让我教初中一年级,同时做班主任。我对俄文没有感觉到任何难处,便把大部分精力用于做班主任工作,工作做得有声有色,受到学校领导的多次表扬。此外,我想方设法提高俄文水平,订阅了原版的《青年一代》和《布尔什维克》,并试着翻译其中的文章。我曾翻译了一篇有关历史唯物主义问题的长文,投给《学习译丛》。编辑部来信说不接受外稿,但给了几句鼓励的话,也算得到安慰。我还从《青年一代》中翻译了崔可夫元帅的一篇文章,记得是以斯大林格勒战役为例论述爱国主义,投给了《中国青年》。编辑部回信称已有了译稿、即将刊出,也说了些鼓励的话。看到《中国青年》的刊稿后,对比自己的译稿,深深感到在文字流畅上和人家确有差距,但我的译稿在基本内容上没有大的错误,我也略感欣慰。虽然两次投稿不成功,我并没有灰心,自信只要坚持不懈地努力,就一定会有新的进展。学校几乎没有任何俄文书籍,本地书店根本不进相关的书,我只好请在天津的同学代购,其中包括原版的小说和工具书,决心让自己更上一层楼。

我热衷于翻译，是受了一位中学教师的影响。他是北京俄专的毕业生，在北京的河北师专辅导老师们突击学俄文时，他被借调来授课，当时我任辅导员，得以与他相识。他曾有译稿在北京一个刊物发表过，人很热情，向我传授学习俄文的经验。他告诉我，一定要搞翻译，因为翻译能同时提高俄文与中文水平；不要怕失败，有一次成功，就说明你达到了一定水平。这位老师的话，对我有很大影响，但我想，更深的原因，或许还是自己的自卑吧。大家都知道我是初中生，怎么证明我的水平呢？如果译稿被采用，就能不言自明。所以我便不管天高地厚地翻译起来了，译完也不请人校对(周围也没有这样的人)，便莽莽撞撞地投稿。

1953年秋季开始，我教初一的俄文，第二学期即1954年春季开学，学校便让我担任高一和高二的课。一中当时有四位俄文教师，其中一位六十多岁的老先生水平不错，教高三，但牙齿都脱落了，发音很不清楚，另两位(其中有教过我的老师)水平还不如我。高一、高二的教材，对我来说都没有任何难点，所以教学没有任何负担和压力。让我紧张的是，要我担任高一的班主任，其中不少同学是从本校初中部升上来的，比我只低一个年级，很多都认识，我怎么能当他们的班主任呢？把我摆在这个位置，又不能不对他们进行必要的管理和教育，我自己感到很尴尬。好在我教书很认真，课讲得清楚，又能与他们打成一片，还帮助有困难的同学解决助学金等实际问题，所以"混"得还不错，到学期末，又受到学校领导的表扬。

1954年秋季，学校仍安排我继续教学。整个暑假，我都忙着备课和翻译，干得正得意的时候，突然接到调令，让我到三中担任团总支书记。我是一万个不乐意！但摆在面前的只有一条路：服从组织分配！之前我有过一次不服从，那是刚刚俄文进修结业返校之后，一中的一位领导找我谈话，除了讲课要我到教导处担任一些行政工作，我婉言拒绝了。此事在我党员转正时，很挨了一顿批评，勉强转正。面对这次调动，我什么都不敢说，很不情愿地离开了我兴味正浓的俄文。

## "审干外调"与晋升教导处副主任

1954年秋,我被调到石家庄第三中学(初级中学)任团总支书记,那年我十九岁。当时石家庄按序排的仅有三所中学,第二与第三中学为初级中学,三中起初是民办公助,叫"人民中学",后来改为公办。当时的石家庄,学校数量很少,除了上述三所中学,还有女中(初级)、中级师范和工农速成中学。另外,还有三所中专,没有高等院校。团总支除了属学校党支部领导,还受团市委学生部领导。我是个老团员,又多年任团支部书记,所以对团的一般性工作并不陌生,很快就把团的工作搞得热热闹闹,比我的前任显得有生气。学校党支部书记和校长对我的印象很好,当年就给我提了一级工资。

1955年春,我接到学校党委(各个中学的上一级领导)通知,调我去进行干部审查,这是很秘密的,要绝对服从纪律。我的任务是外调,由别人提出疑问,我按已有的提纲,到有关单位进行核实和调查。被调查的对象没有三中的教职人员,三中的另有人负责。外调人员互不见面,甚至互不知姓名,各自只与党委书记见面,很是神秘。交给我的第一个外调任务,是到河北省南部矿区找证明人核查一个人的历史问题。那时交通很不便,好不容易找到证明人的家乡,但他去北京了,去北京什么单位,村支书也不知道。我没有办法,两手空空返回石家庄。党委书记见我一无所获,不问青红皂白,狠狠训了我一通:不是让你游山玩水去的,真废物,你就不会追下去!我顿时冒了一身冷汗,除了唯唯诺诺,不敢多说一句。接下来,我决心改变"废物"形象,在以后的外调中,跑遍了冀中平原十几个县。那时多半靠走路,偶尔能雇上一个"二等车"(自行车揽客)。赶上雨天,道路泥泞不堪,真是苦差事。食宿多半在农家,由村支部安排,一顿饭交两毛钱。有古迹的地方,我也会顺便游览,反正不用花钱。到了赵县,我就绕道去看看赵州石桥;到了邯郸,就去看古城墙和传说的回马巷,即蔺相如回避廉颇的地方。挨批之后,我沿着线索穷追不舍,外调材料没有一份落空的。党委书记每次看完材料,都要表扬我一通,并转告我们学校的支部书记,说我能干,表现很好。

当时外调的内容也不都是有问题的,很多就是要证明某个人一段历史的真伪。我完全没有想到，这次外调，原来是为暑期开展的审干准备材料。暑期的审干，我没有参加，被派到河北省委党校旁听"联共（布）党史"，秋季开学后，我才返校。有人告诉我，审干斗争很激烈，揭出不少有历史问题和有反动言论的人。运动开始，大家互相观望，沉默不语，这时有一位长期潜伏的秘密党员杀将出来，使众人惊恐不已。在我们先进者眼里，他平时是个灰色分子，与落后或历史复杂的人交往颇多，也时常听到他发表些"边缘"言论。公开场合，此人总是阴沉着脸，一言不发。他一亮相，有历史问题和说过"反动"话的人，纷纷缴械坦白，因为他有时间、地点、说话内容等详细记录，被揭发的人无法辩驳。听罢，与大家的愕然不同，我感到很自然，甚至很佩服此人隐蔽得如此巧妙，认为这是对敌斗争的需要，心想，你们谁又知道，这半年我干什么去了？

这位潜伏者，审干之后，果然到其他单位升了官。出乎意料的是，我也被提拔为教导处副主任。教导处正主任缺员，原有两位副主任，都是党外人士。审干以后，党的地位和作用在学校大增，我是党员，自然就是首席，那两位副主任，尽管年岁都比我大得多，也得把我放在首位。教导处的工作，没有一点经验，怎么办？我就读书，读苏联马卡连柯《论塔上旗》（文集），他以教育流浪儿与有劣迹的孩子著称；读凯洛夫的《教育学》；再有就是读《人民教育》，每一期从头读到尾。这个位置上，椅子还没有坐暖，仅半年时间，1956 年初，又调我到市委宣传部的理论讲师团，做一名理论教员。

说到理论，因我要求进步、要求入党，对理论学习平时很是用心，下过一番功夫。初中时读过《大众哲学》，我感到很有意思。在河北师范学院俄文专修科学习时，讲政治课的是副院长章一之。章一之当时就是教授，讲课（大课）很生动，有很大的鼓动性。据说章后来因历史问题被边缘化，降格为天津师范学院哲学系主任，后来在"文革"中被迫害致死。那时也不知深浅，我借了斯大林的《列宁主义问题》一书，生吞一通，有些能读懂，感到很有味道。调到三中做党团行政工作后，我自觉用心自学理论，正好华岗的《唯物辩证法论纲》和冯定的《平凡的真理》先后出版，我买来苦读，不懂就硬背。

有关领导大约知道我爱学习理论，不知是哪一级领导决定，1955 年暑假，选派我到河北省委党校旁听"联共（布）党史"。那本来是一个正式的培训班,我们十几个从教育系统来的是非正式学员,各专区仅有一名,从石家庄来的只有我一人,至今也不清楚我是怎么被挑上的。由于我们是旁听生,借住在保定三中的房子里。讲课的都是从中国人民大学请来的教师,个个都很神气,车接车送,还有党校领导作陪。我们能听到大专家的讲授,感觉自己也好像沾上了点不凡之气,更何况所学的这部书被毛泽东称为"马克思列宁主义的百科全书,是一百年国际共产主义运动的综合和总结,是理论和实践结合的完美典型"!结业时,以抽签答题的方式进行面试,我记得当时不无紧张。回来后,学校党委任命我为政治理论辅导员,曾做过"关于学习第一个五年计划的辅导报告"。台下听众很多是我的老师,我感到很难为情,甚至感到荒唐。意外的是,老师们竟给了我许多鼓励的话。

## 被署名的反右重头文章

第三中学副教导主任的椅子还没有坐稳,1956年初(寒假期间),突然接到调令,要我立即到市委宣传部报到。同样,我二话不说,骑上自行车,驮着一个行李箱、一卷被褥,很快来到市委宣传部报到。

当时正值春节前的假期,没有人,只有值班的一位同志简单地告诉我,调我来是做讲师团的理论教员,随即他要我到肃反办公室接受一个临时任务,让我看管审干中被隔离审查的人。这与1952年初中刚毕业立即让我看管"老虎"几乎一模一样:春节不放假,更不得回家。我一肚子不高兴,但也不能显露,还要表示服从组织安排。

被隔离审查的人,一个也不认识,也没有审查的任务,就是看管,上个厕所、吃饭都要跟着去,晚间则同他们一起睡地铺,还要从内部上锁,防止逃跑和自杀。春节之后,才有人把我替换下来。在这几天里,我与被监管的人都相识了。过了几个月,结论陆续出来,没有一个敌人,也没有一个人有大的历史问题。他们如同囚犯,被"考验"了几个月。这些人基本都是中层干部。当时想,怎么也得给人家一张床睡吧,不能这样对待,比俘虏还不如。其中的几位难免发发牢骚,1957年都被打成"右派",真正过起了非人的生活。

让我做看管,虽是一件小事,但接受安排,给领导的第一印象不错,得到宣传部领导口头表扬。

讲师团里有几位是我初中时的老师，我被抽调是否由他们推荐而来，不得而知。那个时候只说组织调动，很少说某某人推荐。当时全市干部和技术人员，组织学习"联共（布）党史"，让我稍稍准备后就去讲课，反正是照本宣科，有点讲课技巧就行。听讲的人也不认真，交头接耳，打瞌睡的也不少。到了春末，我被送到省委党校理论班学习哲学，时间是三个月，期间读了一些马、恩的著作，感到收获很大。到了秋天，又派我到省委党校学习政治经济学，除了上课，就是读一本苏联的《政治经济学教科书（上册）》。因我能看懂俄文，同时对照俄文版（当时下册尚未出版）认真阅读，不放过一个字、一个概念。学习时间虽然只有三个多月，自我感觉收获比学哲学更大，有沉甸甸的满足，因为过去对政治经济学一点常识都没有。

本来计划陆续开设哲学和政治经济学，而党的"八大"之后，都投入学习"八大"文件；到了1957年，不知是什么原因，"联共（布）党史"停止讲授，有些单位转学哲学，任务不多，讲师团有点冷冷清清。我们十几位整日晃晃悠悠，招来不少议论，说我们是"闲人"。到五六月开始"鸣放"，组织特派我们到下面"去听"，不得发表评论，回来汇报一下，也没有硬性任务。

在讲师团一年多的时间里，我对古文发生了浓厚的兴趣。买的第一本古文竟是《纳兰性德词》，根本读不懂。稍后，从一位同事那里看到位于天津的河北师范学院函授讲义，有些零零碎碎的古文，第一篇是《离骚》，有注释，我一下子被吸引住，有一段时间像着了迷一样，硬啃硬背，似懂非懂，直到烂熟于记忆之中，至今说到《离骚》的章句仍有印象。记得李华的《吊古战场文》，我也是背过的。另外，我还背了不少《诗经》和唐诗，都属死记硬背。

此间发生了一件事。市委书记康修民的一篇文章署我的名发表，掀起石家庄反右高潮，这让我暴得大名。我曾写过一篇文章讲这件事，刊于《炎黄春秋》（《我被署名的文章成为石家庄反右号角》，2012年第4期），现摘录于下：

> 1957年石家庄市的反右运动比北京等大城市稍晚一些，7月15日有一篇重头反右文章，登载在《石家庄日报》上，用了一个整版。市

委宣传部长王英俊在多种重大场合,向全市干部推荐这篇文章,要以这篇文章为榜样反击"右派"的进攻。这篇文章的署名是"刘泽华",文章的题目是"宋天祥打来的一颗恶毒的子弹"(宋为当时石家庄"民革"负责人)。我由此而风骚了一阵子。当我得到稿费时,周围的朋友要我请客,我买了几碗红烧肉,煞有介事地以示真实。稿费我原封不动地交给了王部长。与我朝夕相处的要好朋友有点纳闷儿,问我,你写这么大的文章也不说一声,什么时候写的?我十分认真地说,这是开夜车写的,怕不成功,没有告诉旁人。

这篇文章是石家庄全线反右斗争的新号角,轰轰烈烈的局面由此而兴。文章针对性很强,接续又发表了多篇批驳宋天祥的文章。

我怎么眨眼之间成了反右的"英雄"?原来是大人物借我这个小人物名字而已。事情是这样的。

我当时住在书记、常委院。这个院原来是日本高级军官的住所。中间是一座有半地下室的二层小楼,住着书记和常委们。院西边和南边各有一排平房。西边的平房是书记、常委们的食堂。我住在南边一间西开窗的集体宿舍,夏天极热,同屋的两位不常来,通常是我一个人住。院内有一个篮球场,我们年轻人常在这里打球。我虽然也住在这个院,来来往往也很自由,但我从来没有进过小楼,那是大人物住的地方,多少有点神秘感。7月14日上午,我正要上班,从宿舍一出来,看到宣传部长站在小楼门口的台阶上凝视着什么。他没有说话,不停地向我招手,要我过去。我走到他身边,他说:"跟我来!"随即进入他的卧室,我扫了一眼,房间面积超不过十五平方米,屋内陈设极其简单和朴素,除了一张双人床和一个书桌、书架、椅子,其他几乎什么也没有。原来的神秘感一下子打消了,瞬间的感觉是更加崇敬和敬佩,高级干部住的竟是这样简朴。他坐在床边,让我坐在靠近的一张椅子上。还未等坐下,他说:"有一件事,要你协助。康书记(康修民,"文革"中曾任内蒙古自治区党委书记——笔者注)写了一篇反击'右派'的文章,他不能署名,要署你的名。此事不能与任何人讲,是党的秘密。你能做到吗?"我当时不知所措,又受宠若惊,急忙保证,一定做到!随后王部长把康书记写的手稿拿给我,让我在他的桌子上立即誊抄一遍。这是为了保密,不让石家庄日报社的人认出是康书记的笔迹。其实没有等我誊写完,报社的张(名字忘了)总编就来了。部长说:"时间急,到此为止。你的任务完成了。"我起身退出,第二天一早《石家庄日报》刊出了署我名字的反右长文。

这么重要的文章,为什么要用我的名字?也许纯属随机,但如果王部长根本不信任我,或认为我有什么问题,或认为我没有写作能力,我想也不会选我。就实而论,我确实属于幸运儿和受益者,而从当时的认识上说,我也完全拥护党的各项政策和方针。

这里说两件事。鸣放开始不久,石家庄一中的两位有影响的教师,也是当时石家庄的大知识分子,他们在批评党的宗派主义时,把我作为例证。一位在文章中说,刘泽华刚二十出头,就被提拔为第三中学的副教导主任,这不是宗派主义是什么?但这位先生又为我留下面子,在括弧中有一句附言:"刘泽华人很好,也能干。"我曾在一中教过俄文,这位老师是高中语文教师,我们在一个办公室,我正好坐在他的对面,互相很熟。我有问题常向他请教,他也知道我很用功学习和教书。随后又有一位熟悉我的先生在一次全市各界鸣放大会上点了我的名,于是我成为宗派主义的一个"例证"。不久开始了反右,有一位在批判文章中也以我为例,既然刘泽华"人很好",说明其有德;"也能干",说明其有才,这不恰恰证明党在用人上坚持了德才兼备的方针吗?不是党的干部政策有问题,而是你们意在反党。由于鸣放涉及我个人,从个人情感上说我是不会跟着鸣放的人走的。

我对党的方针、政策完全拥护,这可以从一次辩论来说明。1956年党的"八大"决议中有一个重要的提法,即先进的生产关系与落后的生产力之间的矛盾。我对这个提法提出异议,认为这种说法对发展生产力有益,但它为"社会主义改造搞早了"的议论提供了依据,因此有副作用。我们宣传部的谷秀波副部长是"八大"的代表,她多次参加我们的讨论。她听到我的多次发言,一方面表扬说我的发言不错,另一方面又指出在这点上是错误的,不应对"八大"的决议提出异议。这位部长是一位大学生,年轻(当时才三十出头)、潇洒、随和、平易近人,所以我们敢与她说话。我当即反问,上述提法是否意味着生产关系走到前边啦?这在政治上有利吗?她只是很文雅地说,你要注意,要服从党的决议!我的印象是时间过得不太久,中宣部下文,通知"八大"决议的这个提法今后不要再提了。这件事在宣传部多少有点影响,事后人们说我能独立思考。但支部书记找我谈话,一方面表扬了我,另一方面批评我在组织上服从不够,一个党员要无条件地服从中央决议,中央的问题由中央更正,未更正之前,党员不能表示有异议,此点以后要注意。我问,服从组织是第一位的?他再次肯定,必须如此,党才有战斗力。我只好说是、是,以后注意。对"八大"决议提法提出异议,说明我对社会主义改造等问题是完全拥护的。

我们的部长是否知道上述情况,我不好猜测,但估计会有所耳闻,作为他直接领导下的工作人员的思想动态也不会不向他汇报。

让我署名,无疑在王部长的眼里,我肯定属于左派,而且是有一定理论和文字水平。宣传部是党内知识分子集中的地方,仅理论科就有六七位大学生。为什么王部长不找别人?显然是看中了我。

回想1957年那次政治风波,我是跟党走的,对当时的许多言论我是不赞成的。然而我也有书呆子气,比如一些人斥责葛佩琦所谓"杀共产党"的言论时,我曾说不能简单化,葛佩琦的话有问题,但是是有前提的。又有人提出,凡是主张搞"一长制"者都属于否定党的领导,我则以"联共(布)党史"肯定"一长制"为据,来辩说这是一个可以试验的问题。我们理论科的朱科长听过传达毛主席的"青岛讲话",出于对我的爱护,要我就上述发言进行自我检查,收回有关言论。我听从了朱科长的话,及时做了自我检查,赢得了主动。这些事或许部长不知道,或许也像科长一样,对我持爱护态度。直到今天,我依然认为朱科长对我出于善意保护,我深深地感谢他!假如我不离开石家庄,根据后来打"右派"的情况,我也会有点麻烦,因为理论教员中的多数都被打成了"右派",而这些"右派"又多是我的老师;反过来,如果我没有麻烦,我想我也会参加到整治"右派"的行列,其中就有我的恩师。幸好,因为我要上大学,离开了漩涡!

当时的市委书记康修民与宣传部长王英俊早已过世,估计因本文而遭难的人也已作古。五十多年了,我遵守承诺,没有向任何人说过此事。前些年我想在石家庄市找个地方发表,但没有刊物接受。我写出来,可能会有人说我洗白自己;可不写出来,我这个玩偶也会成为真的。

每每忆及此事,我既感到内疚,又感到可悲!

话说回来。来到讲师团,我确实收获极大,除了两次上党校,我全部时间都用来自学相关的理论,很少闲玩,连电影几乎都不看,星期天也照常学习,我的同伴说我对自己太苛刻。有一次,机关党委让我对全机关的党员介绍学习经验,我讲了如何读书、如何思考、如何抓时间等几个问题,赢得下面的一片赞赏和掌声。党总支书记是管总务的,他对我的印象很好,当我离开机关上学,他特地多发给我一个月的工资。考大学本是临时起意,没有一点积蓄,两手空空,多给一个月的工资,对我是很大的帮助。

## 考上南开大学

1957 年 6 月中旬,我们五六位青年,突然冒出考大学的想法,于是一哄而起,最后一天才报了名。

当时我算专科生,待遇也很不错,是行政十九级,在我们这个年龄段(二十二岁)中是少有的,比当时大学毕业生要高两三级。

原没有考大学的想法,也没有朝这个方向准备,我现在也回忆不起是怎么"哄"起来的。我使劲翻阅压在脑海里的记忆,根本动力还是来自自卑情结。我工作了六年,在每个岗位上都受到领导的赏识,屡屡受到表扬和提拔,应该是很惬意的,但我内心总有一种不安的情绪,明面说是专科生,可毕竟是保送的,而不是凭借自己的实力考取的,根子里自认为毕竟是个初中生,如果能考上大学,成为一名地道的大学生,那才名正言顺。

宣传部长对我考大学并不支持,他认为,考上又如何,能比现在更好吗?我也有点怪,竟把部长的器重放到一边,既决定了报考,那就坚持试一下。我问,考大学是否违反组织原则,如不违反,我愿一试。部长无言以对,但有一点生气,只说报考可以,但不能占工作时间备考。我欣然同意。直接管我的科长很通达,他允许我每天上班来一下,没事就回去备考。

报名之后,离考试还有半个多月,如何准备呢?政治不用准备,自认为有能力应对。语文也不用准备,根据往年的经验主要是作文、造句,也能凑合。剩下的就是历史了，历史不是一点也不懂，但对历史事件的确切内容和发生年代，没有准确的记忆，而世界史更差，我想，用半个月突击一下，也许还能应付一下。外语，干部可以免试。其实，考俄文，我绰绰有余。回想起来，免试俄文，是很大的失算，我敢说，俄文能得满分，这肯定对录取大有帮助。

我想报考自己喜欢的哲学或政治经济学专业，但要加试数学，只好作罢，于是改报历史或中文专业。我的中文底子超差，仅是凑数而已。报名时心气还挺高，第一志愿是北京大学。考后，除了政治有信心，对语文和历史没底。北京大学录取的可能性不大，后边志愿能否取上，也无把握，做了名落孙山的准备。万万没有想到，我被南开大学录取，我们一起考试的五人，只有我一个金榜有名。

真正录取了，我反而犹豫了。从1957年起，上大学取消调干助学金（工资的一半），与一般学生一样，这个落差太大了。工资全没了，老娘和妹妹的生活费一直由我提供，她们怎么办？估计助学金（伙食费）不会有问题，但其他用项从哪里来？犹豫再犹豫。周围的人多是鼓励我，说能考上南开，多么不易，千万不能放弃。我与哥哥们商议，他们都表示支持。因为在他们看来，大学是个神秘的地方，我们四乡八村，没听说谁上大学、能上大学，足可引以为骄傲。但是，我仍然是犹豫。

此时正碰上洪涛同志，他原是团市委的一个小领导，我的上司，1956年他考上中央民族学院历史系。他对我说，上大学如何如何必要，南开是有名的学校，千万不能错过机会。此人"文革"时是中科院学部造反派大头头，风光一时，后来入狱，以后另说。他的劝说，无疑起了一定促进作用。最后促使我下决心的，是讲师团即将来临的反右斗争。在我矛盾的心境中，也许它只有一克重，但这一克，却打破了平衡，使我下定了上学的决心。

一方面，我没有任何"右派"言行，但曾对"右派"言论提出过要善意地理解和宽容。我的担心是挨批，对"右派"言论反应迟钝和立场不坚定，戴上这个帽子也将是沉重的；另一方面，我的几位老师被卷进去了，他们对进讲师团是不大满意的。在中学，他们这一档的人，都升为校长了，而在讲师团，他们就是一个平凡的教员，尽管按级别分，有初级、中级、高级教员之别。高级只有一位，是上过高级党校的，给领导讲过课。我的老师们都是中级，我侥幸也附骥中级。讲师团初建,条件很差,初级、中级、高级没有什么区别,都挤在一个办公室,高级那位是一个单人办公桌,其他的都是桌连桌、面对面,拥挤不堪。还有,不知什么原因,这一帮人,七八个床位都安排在一间大房子里,戏称"共产主义宿舍"。其实,除了我和另一位,其他几位都成家了,也不知为什么还提供床位。这种安排,无疑大家都有意见,包括我。不过,我们两个年轻的不敢说,他们资格老,敢发牢骚。后来,尽管有所改善,但讲课任务有限。据我观察,这几位似乎也不愿意当理论教员,在单位都是头头脑脑,理论教员是个闲职,没有任何权力,常常无所事事,不免说点怪话,比如说什么组织部暗中划分了"黑"干部和"红"干部等。种种迹象表明,反右已经把矛头对准他们。我是他们的学生,特别是吴会贤和程晓明,对我恩重如山,我怎么面对他们。沉默,这等于包庇;向他们开火,我做不到。想来想去,只有"一走",才能"了之"。

离开的前一天,我与吴会贤老师告别,谈了很长时间。他预感到自己即将面临灾难,痛苦地说,情况已无法挽回。他叮嘱我,以后在政治上,要做到谨慎再谨慎。我听了非常难过。两人面面相觑,久久说不出一句话。我最后只说了一句,谢谢老师多年对我的培养和关心!

我离开后没几天,讲师团就开始揪"右派",我的老师们,悉数(四位,其中两位教过我)落网了。1989 年,我回去看望老母,也去看望了吴会贤老师。平反后,吴老师任第六中学校长,人憔悴得不成样子,他诉说了往日的灾难,令人眼泪长流。他反劝我不要伤心,一切都过去了;同时告诉我,程老师已经过世了,终没能等到这一天。

## 一个缘分一辈子

1957 年 9 月,我来到南开大学历史系,成为一个名副其实的大学生,虽不是太激动,但也颇有几分得意。

这一年,我二十二岁,单身。周围的女同学,自然也会引起我的关注。自身的条件虽不怎么样,但也有自己的眼光和要求,对我们同班的几位女同学,我就是没有特殊的感觉。第一次开党支部会,本年级有近二十位党员参加,围着圈坐。我坐在背靠窗户的一个座位上,巡视一周,有七八位女生,当目光扫到对面的一位姑娘时,我的眼睛顿时一亮,多么端庄的一位少女!我痴痴看了她几眼。挺拔的身材,略显单薄,穿着一身流行的深蓝色女学生制服,白色的衬衣领翻出来,白蓝相衬,朴素大方。黝黑的短发垂过两耳,高挺的鼻梁,给人感觉干练坚毅。一双丹凤眼,虽然不算大,但在两道浓眉下,显得炯炯有神。端庄的脸庞,修长的脖子,肤色虽不白皙,却有典型的北方人的健康肤色。她并没有什么特别的打扮,但那种不俗的气质,一下子深深地吸引住了我。

她就是我后来的恋人、妻子——阎铁铮。我们相爱之后,她毫不客气地奚落我说,那天你真过分,哪有那样直愣愣看人的!长得黑不溜秋,高颧骨,肉头鼻子,穿着又很不协调,让人怎能有好感!

前些年老同学相聚,谈笑无忌。姜学仁说,我们年级有两位秀女,阎铁铮居一,你长得那个样儿,怎么就让阎铁铮认可了呢?肯定是利用你的职权(我任支部书记)抢占的!

更早些,70年代末,由我老伴所在的南开大学外事处举办外国留学生与陪住学生新春联欢会,其中有几个历史系的女生。聊天儿中,当她们得知老伴原来和我是一家时,女生们咯咯地笑起来说,哎呀,你是这样的标致,刘老师一身土气,我们想象他的那一半应是个养鸡婆!老伴回家同我讲,引得我哈哈大笑,连说委屈你啦。是的,我历来不修边幅,至今仍是如此,相宜的那个她,或许应该是个养鸡婆吧!

第一眼看上了她,可也仅仅是"看上"了而已,与她的距离相隔遥远,横向交往很少。老生毕业了,新生来了,学生的各种组织都进行调整。阎铁铮在中学当过学生会主席,此时,让她任系学生会副主席,她与系的学生领袖们很快就熟悉了。有些男生纷纷前来向她示好,还有高年级的男生,也到新来的女生中寻寻觅觅。我没有勇气上前找她搭讪。我有自知之明,何况还离过婚,短时间内,她未必能看上我。

当然,在学生中我也并不是一个默默无闻的人。一开学,我就是党支部的宣传委员,时常会有"出头"的机会。第二学期,经选举,我当上了支部书记。从1958年春天开始,国家就一步步走向"大跃进",一个运动接着一个运动,作为支部书记,我常常会抛头露面,夸夸其谈,还要组织包括高年级同学参加的诸多活动。应该说,我在学生中还是很显眼的。无论是在部分老师眼中,还是在一些同学眼中,原来这个相貌一般的家伙,还是颇有"两把刷子"的。

1958 年过"共产主义暑假",不准休息和回家,继续搞各种运动。大约是8 月上旬的一天,我们班的一位老大姐找我说点事。这位老大姐年近三十,已有两个孩子,十几岁就参加抗日,50 年代办工农速成中学,专门招收像她这样的年轻人。1957 年毕业后,她被保送到南开历史系。老大姐人很好,但基础确实差些,我很敬重她,有时我会与她交流学习之类的事。我以为她找我,是要说点自己的什么事,一开口,让我完全出乎意料。

她先问我:"你有女朋友吗?"

我答:"没有。"

她接着问:"我给介绍一位好姑娘吧?"

我说:"那当然好,只是我这个人五大三粗的,好姑娘可能看不上。"

她安慰我道:"别这样,你人好。你猜是谁?"

我懵懂地说:"我哪里知道!"

她卖关子似的,偏不挑明:"你猜猜呀,是我们年级的。"

我说:"年级里的好姑娘都有对象了,还能有谁呀?"

她笑答:"你这个支部书记这么不了解情况?我说吧,阎铁铮,怎么样,好姑娘吧!"

我一怔,说:"她不是早有男友了吗?"

大姐讽刺我道:"你真官僚,连你手下的兵都不知道,不称职呀!是有几个人追她,但都被她回绝了。"

我连忙说:"我哪能管人家的这种事?那太好了,你可要多帮我说说。"

大姐让我不要着急,等她的回信。

在等回信那几天里,我像热锅上的蚂蚁,坐卧不安,不停地自问:这可能吗?

过了几天,老大姐对我说,有门儿,她愿意与你接触交谈,下边就看你的了,但不要声张,要慢慢来。

不久，我在路上碰见阎铁铮，虽然表面上没有显露，可心里很紧张，我上前与她打招呼，问她什么时候有时间，一起聊聊。她说，什么时间都可以，你是支部书记嘛。我说，好，今天晚上，我在小河边等你。男生宿舍前有一条小河，河旁有垂柳，我们常在河边开会，或三三两两闲聊。

夜幕沉沉，我的心怦怦地跳，在河边转啊转。果真，她来了。谈的什么，已忆不起来了，但有一点，肯定没有说到两人交朋友的事。临了，我提出下次再见面，她同意了。

此时，刚好发生了一件对我一生有重大意义的事：我莫名其妙地被通知留校做助教。如是现在，这事让人感到极不可思议，即使在当时，也是绝无仅有。刚上完一年级，而且有半年在搞运动，这种幸运，怎么会降临到我的头上？！同学们不是祝贺，就是惊异，议论纷纷。

一次，她与几位女同学在"天南一条街"（天津大学与南开大学直通的一条街）散步，我不知何因也去了那里，正好与她碰到一起。她说，刘泽华，祝贺你，你得请客。我巴不得呢，连连说好，由你们挑。印象中，她要的是哈密瓜或白兰瓜。也许我的留校，对她会有某种影响？起码证明我还是有长处之人，人品也还不错。

八九月，我们的往来逐渐频繁，自然会被一些人发现。老同学们，包括上一年级的同学，有的鼓劲；也有的不看好，对我说，你们不一定会好下去，她眼高，未必能看上你。我也随声敷衍道，有可能、有可能。但他们哪里知道我们越走越近。

到了10月中旬的一天夜晚，我与她在天津大学校园里漫步，我向她和盘托出我的经历，包括娶媳妇、离婚，并向她正式提出交朋友。出乎意料的是，她没有说让我想想之类的话，只频频点头，愿意与我继续交往。对我"小女婿"的经历，不但没有提出疑问，反而有几分同情，并充分谅解。这点实出我的意外，因为大部分女孩子很看重离异的事。她的大度，使我更加坚定我的选择没有错。一年以后，我到中山大学进修，在定情一周年之夜，我写了一首诗寄给她。遗憾的是，我们的情书，在"文革"初起即焚之一炬。这首诗已记不全了，但有两句还记得："北国南方今又是，共向天鉴视赤心。"

后来铁铮告诉我，为什么她应允得那么利落，这与她大姐有莫大关系。

原来回到北京家中，她把我们的交往向大姐说了，同时表示有点犹豫。大姐问她犹豫什么，她说，人长得太一般。大姐立即回应，你看你大姐夫长得如何？人好，比什么都重要。这个人的政治、业务、人品看来都不错，你还挑什么？大姐比她大十几岁，像半个妈，1949年以前在大学加入了共产党，大姐的话对铁铮是很有影响的。

我到中山大学进修后，准时有情书往来，差了一两天，都会焦虑不堪。那时，广州的粮食定量很低，我只有二十四斤，天天处于饥饿状态。她陆陆续续给我寄些粮票，这是从她嘴里节省下来的，那时她还有两个未成年的小弟弟需供养，这些粮票对我是莫大的支持。

本来商妥，1960年暑期约她来广州一游，没有想到，夏初体检，发现我得了肺结核，大面积浸润。晴天霹雳，打得我晕头转向。那时肺病还是比较麻烦的，能否治愈很难说，拖下来，弄成病秧子，怎么办？我的心像开了锅一样翻腾，怎么对待我心爱的人？最终我采取了理性的抉择，给她去信说，正因为爱你，我不能拖累你，让我们结束恋人的关系，你另行选择吧。她立即回信，鼓励我积极治疗，要有信心，并明确表示，她不会有其他选择，不会因此而离开我。这给了我极大的安慰和力量。6月初，我返回天津，她来到我的病室。我戴着口罩，没有与她握手，让她离我远些，免得传染。这种安排，显然伤害了她的感情，她在信中已多次表示过不在意我的病，可是我非常在意，怕传染给她。双方的心理，都出于深深的爱，但当时没能沟通。她坐在对面，脸上显露出几分不高兴，而我又压抑着内心的激动和极度的矛盾，也显得不自然。我以理智和毅力控制着自己的情绪，向她叙述着我的病情，还有可能带来的后果，看得出她有些不耐烦。当我再一次提出请她慎重考虑，要多为自己想想时，未等我的话音落地，她突然哭着靠近我，让我住口，坚定地说："以后不准再提这件事，我要陪你到底！"我顿时也流出了热泪，两人紧紧地拥抱在一起。爱是无法分隔的。

铁铮的不离不弃，是我一生最大的幸福，也给了我最有力的精神力量。爱情是最神奇的良药，很快我的病情得到了控制，由浸润转为吸收，到10月就进入保养期，不再有传染性，可以进入正常人群活动了。

少壮时期，同仁常互相戏称"惧内"，我则主动承当"惧内委员会主席"。

恩格斯有言,人类有两种生产:一是人的再生产,一是物质再生产。人的再生产主要由妻子承担,根据多劳多得的原则,丈夫理应更尊重自己的妻子。更让我得意的是,我们有了两个漂亮的女儿。此生的遗憾,是由于大环境造成的原因而没能再生几个。

相濡以沫近六十年。铁铮坚强沉稳,不像我因毛躁而多次在运动中屡屡遇险。最为感怀的是,她从没有责怪过我,一直关心、安慰和理解我。在历次运动中,从未发生过一丝一毫"家庭内击"事件,我是多么幸运! 唇齿之间也有碰撞,生活中哪能没有一点磕磕碰碰? 桃李相报,一辈子,我实行"三不"政策:不管她怎么生气,我不顶;不管她怎么抱怨,我不辩;自认为对的,则默然而不改。近六十年间,我们没有大的分歧,不管发生什么事,过不了一个时辰,都会烟消云散。

如今我们已近八旬了,对于老伴,我依旧是第一眼的感觉。

## "大跃进"中当了助教

1958 年全国掀起"大跃进",要十五年赶超英国。我很是激动了一阵子,心想,中国要成为真正的世界强国了!

从春天开始,我们就停了课,整天劳动,都是重体力活儿。6 月份"战海河"(修海河闸门),我是年级党支部书记,党领导一切,自然我也成为年级的指挥。当时的条件真是艰苦,其他的不说,连喝水都十分困难,一望无际的海滩,没有水源。在烈日之下推轱辘车,劳动强度几乎到了极限。得病的人很多,主要是肠胃病,我也在其中,但仍咬紧牙关坚持。虽说这是一次挑战生命极限的考验,但一想到要超英国,要跑步进入共产主义,就有用不完的激情和力量。1958 年的"大跃进"中,我被评为共青团天津市青年社会主义建设积极分子,至今仍保留着奖状。

那年过"共产主义暑假",全体师生参加"大跃进"的各种劳动和活动。8 月中旬一天,我突然接到通知,要我到人事处报到,抽调出来做助教。一时间,我自己都糊涂了,刚读一年级,且半年没有上课,怎么能当助教呢!? 当然,也感到格外兴奋,当助教,在我的"人生设计"中,至多也就是毕业时的追求,竟然提前四年(我们五年制)实现了!真是大跃进呀!不管事情是怎样发生的,既然是组织决定,就顺利地办完了手续。那个时候不讲感恩,也没有打听,为何单把我提前抽调出来、是谁的建议,等等。后来,一些消息传进我的耳朵,慢慢才知晓若干内情。

1958 年,学校计划成倍地扩大招生,但现有教师显然无法应付。学校领导决定,从未毕业的学生中,抽调一些人充实教师队伍。反右之后,官方舆论要工农干部、老革命等,有条件的要进大学、上讲堂。我们的总支书记是工农干部,是反右之后加强党对高校的领导而调入的干部之一,他当过一个大工厂(两千人左右)的厂长和书记,人的确很干练,也很能讲,行政级别好像是十三四级(到十二级就属高级干部了)。他响应党的号召,雄心勃勃,要走上讲台,要开设理论性的"历史科学概论"。正是这位总支书记力主抽调我,大概是看中我有点理论,做过中级组理论教员,可做他讲课的帮手。另外,也有几件事,我无心插柳,竟成了有点小小"知名度"的学生。

有一次,我的发言,很受大家关注。那是 1958 年初夏之际,由"要不要办历史系"的问题所引发,历史系开展"红专大辩论"。全系师生,集中三天进行讨论。讨论中,一派认为,学历史没有用,不如改学其他有用的学科。这种看法,很受一些同学的支持。本来,很多学生报考大学的第一志愿就不是历史系,来到历史系不顺心,正好有这么一次机会,把内心的不顺以"革命不急需历史"的名义发泄出来。辩论进行得相当热烈,我们一年级的同学很难插得上嘴,直到最后一次会,同班同学鼓动我发言,姜学仁给会议主持者写了纸条,特别标明一年级的刘泽华要求发言。三天来,没有一年级同学的声音,会议主持者看到纸条,即刻要我发言。我于是大讲了一通马克思、恩格斯、列宁、斯大林、毛泽东如何重视历史科学等。由于过去当过理论教员,对这些有一定的知识储备,不需要特别准备,就能讲一通,我还对蔑视、轻视历史的一些说法进行了调侃,赢得了颇为热烈的掌声和笑声。高年级的同学对我也刮目相看,原来一年级竟有这么一位也能滔滔不绝讲话之人。我的老师杨生茂先生,五十年之后,一次同我聊天儿,还特别提到这次会上我的发言,老先生的记忆力真是惊人。那时,我与杨先生没有任何接触,他是世界近代史的教授,我还没有听过他的课,估计是那次发言他才知道有我这么个学生。为了给这次辩论做总结，总支书记找了两位同学帮他拟稿，一位是毕业年级的支部书记陈文彬，另一位是我。陈后来被分到中央党校，再后来给一位大人物做过秘书。总之，我的发言给人留下了印象。这类辩论在其他高校也有，印象中复旦大学历史系还出版过一本小册子。

另外，我曾写过一篇批判"个人主义有积极性"的文章，还不短，刊登在《人民南开》上。反右之后，在大学普遍进行社会主义教育运动，其中有一个题目，就是个人主义有没有积极性。一些人认为，个人主义不能全盘否定，既对个人有利，也有利于社会，有积极作用。我对这种观点进行了批判。当时"口诛"者比比皆是，但能写成文章的人却寥寥无几。我的文章在小报上一发，即引起了一些人特别关注，受到称赞。因这篇文章，我被有名气的中文系学生作家、高干生郭驼（他的级别在调干生中是最高的，大概是十二级）找去，邀我参加校通讯组。这个组里人，都是学生中的"笔杆子"。

"红专辩论"之后，掀起集体搞科研的高潮，有很多名目，其中之一是组织数十名师生摘编"马恩列斯论历史科学"和"毛泽东论历史科学"。我作为学生头头参加了组织和领导，而且是主要负责人。"马恩列斯论历史科学"语录摘编提纲初稿是我拟定的。由于我俄文还可以，借了一本俄文小册子，就是《历史唯物主义大纲》，以此为蓝本，加上我的一点理解，增加了"论历史科学的重要性"等题目。对于学生来说，当时能有这点本领的也不多。此事大大提高了我的知名度，高年级的同学，也不把我当成晚辈看待了。黎澍1961年主编的《马克思主义经典作家论历史科学》（铅印的内部征求意见稿），在"前言"里还提到南开辑录的这本"语录"。

我是一年级的支部书记。上一任书记是位1948年入党的老革命，人很好，比我大几岁。他这位老兄为人不争，和气，专心学习。后来他告诉我，他向总支负责人一再推荐我，要我替代他，换个位置，他做宣传委员。我当时不知内情，只知道二班（我是一班）的党员对他有些意见，嫌他不热心支部工作，在一次党员会上，一些人对他提意见，他借机提出改选，我就当上了支部书记。这是1958年春天的事。反右之后，党领导一切，在学生中也一样，于是，我成为年级最大的"官"。当支部书记，自然在政治上要紧跟上级的部署。当时正值社会主义教育之始，搞"红专"大辩论，"拔白旗，插红旗"，"兴无灭资"，贴教师们的大字报，开展史学领域两条道路的斗争，参加体力劳动，改造思想和世界观，等等。对这些运动，我都是积极带头，冲锋陷阵。但有一条，我不在同学之间挑起争斗。当时，高年级纷纷在同学中拔"白旗"。我认为一年级刚来，谁是"白旗"还不明显，不能搞。领导采纳了我的意见。当时，有些比我激进的同学，一再向我提建议，批判某某同学，我不赞成，反复说，领导有规定，一年级不揪"右派"，把此人的建议搁置一边。我们年级毕业三十年聚会时，拟被批的那位同学一再向我提起，说如果不是我的劝阻，当时会倒大霉。当然，在同学中也批了一些观点，如"五个农民也顶不上一个大学生""参加体力劳动是浪费"等，在进行辩论和批驳时，只对观点而不点名批人。由于没有在同学中挑起争斗，我与同学没有留下什么芥蒂。

还有，当时人民出版社以极快速度出版了前后两辑《历史科学中两条道路的斗争》，收录了几所大学写的批判资产阶级教授的大字报，首先是北京大学的，其中也有南开大学的。南开大学大字报的编选人员有教师，也有学生，我是一年级唯一参加者。这说明主事人对我的器重。

总之，学生中我大概属于能讲能写，又红又有理论和实际工作经验的学生，在全校举办的俄文高级班(为从俄文专科读完二年级转来的同学开设的)中学习，不管什么考试，都是五分，应该说属于优等生。抽调我任助教，就学历来说，确实有点不合常理，但从另一个角度看，这似乎也不是太过分。

无论是我们年级，还是高年级的同学，对于我的抽调，固然多投以惊异的眼光，就个人感觉来说，我加入助教、研究生群体后，没有受到过白眼，也没有人低看过我。按当时天津地区工资标准，大学毕业五十六元，第二年增至六十二元，以后就是晋升问题了。1958年毕业生工资降为四十六元，一年后定格为五十六元。我的工资为七十八元，比留校多年的助教们都要高。稍后，我们戏称李义佐为"末代讲师"(1954年毕业，他之后，直到1978年，没有人再晋升。李后任杭州师范学院院长)，他的工资只有七十元，开玩笑时，他常说我们对换一下如何，我则回应是"金不换"！由于我党龄在青年党员中算比较长的，很快我就被指定为支部委员。当时要求入党的人很多，稍后有一位副教授和一位1954年毕业的老助教入党，我是他们的入党介绍人之一。在大家的眼里，我已经不再是个一年级的学生了。

被抽调出来之后，我立即开始为总支书记讲授"历史科学概论"写讲稿。就书记的基础知识而言，可以说是一穷二白，与这门课根本不搭界，但他硬要上讲台。准备这个讲稿，除了我，还有一位刚留校的学长杨圣清。"历史科学概论"这门课，在历史系从来没有开过，也没有听说兄弟院校开过。杨兄来自山西农村，一身土气，很朴实，也很实在。他对我这个学弟，没有一点小看和嫌弃之意，我们俩一见如故，很合得来。任务十分紧迫，五八级新生进来就要开课，离开学上课总共不到两个月的时间。杨兄比我知道得多，但就这门课而言，他也是生手。从哪里入手呢？我们俩面面相觑，摸不到门路，决定还是从读书入手。当时，图书馆门可罗雀，大家都劳动去了。我们俩是稀客，书任我们挑。我们把馆藏有关历史研究法的书一网打尽，共有十几本。最有帮助的是李大钊的《史学原理》、翦伯赞的《历史哲学》和梁启超的《历史研究法》等著作。要突出史学中两个阶级和两条道路的斗争，有关批判胡适和反右斗争中对史学界"右派"的批判文章，更是首先必读的。同学们大多到工厂劳动去了，过"共产主义暑假"，日夜不停地为"大跃进"而奋战，我们俩关在小屋里，也不敢怠慢，夜以继日，拼命读书和写讲稿。两个月里，我着实读了不少书，比如30年代有关中国社会史论战、社会性质论战、古史辨派的一些著作，涉猎了不少，见识为之大增。

我们是讲稿起草人，讲授者是书记。书记还真能讲，教学效果竟然不错，一年级的同学还比较满意，或许他是老资格的工农干部，不能不满意。《人民南开》还有一篇报道予以称赞(不知谁写的，与我和杨圣清无关)。当时，很多人知道讲稿是我与学长杨圣清共同写的，自然对我们的评价不错。也正是从此时开始，我步入了二十年的助教生涯。

我到中山大学进修思想史之际，"反右倾"运动席卷全国，各个单位都抓"右倾机会主义分子"。我返校后才知道，我们系的"右倾"代表是总支副书记魏宏运。他被批得一塌糊涂，其中罪过之一，就是压制青年新生力量，典型一例就是对刘泽华的不信任。其实，我并没有这种感觉，自认为他对我不错；我估计是抽调我时，他有点异议，此时成为整他的一个借口而已。1963年，华北局要给学术带头人写学术小传，魏宏运的小传是我写的。我看了他的档案，其中有 1959 年批判他的记录，有所谓压制青年的种种说法，其中多次出现我的名字。

魏宏运挨了一顿批，但没有给他戴"右倾机会主义分子"帽子，平反之后升为总支书记。适逢 1961 年进行大调整，提前抽调的教师，几乎一律重新回班继续学习，我们年级只有我一个例外。魏宏运不仅没有让我回班重新学习，反而要我暑假之后给新生讲授"中国古代史"，我们年级还未毕业，他这个决定称得上是一桩"冒失"之举吧。由此看来，魏宏运对我不但没有成见，反而应该说是信任过头了。

## 师从杨荣国进修中国思想史

1959 年上半年，我依旧读有关"历史科学概论"方面的书籍和文章，同时接受另一个任务，给总支书记李云飞当文字秘书。李书记要讲哲学，我就给写讲稿。出乎意料的是，他每次讲课，都受到同学的好评，说他有水平。此外，他的各种讲话，也多由我代笔。1959 年新生入学，我问他还讲不讲"历史科学概论"，他没有正面回答我，看来是不讲了。那时，我开始想自己今后方向何在，发现南开历史系没有开过思想史。暑期将近，我冒出一个想法，历史系应该有思想史的课。我同李云飞和魏宏运一提，即获得他们的支持。

我查了一下各校开课的情况，复旦大学有，再有就是中山大学。杨荣国是侯外庐主编的《中国思想通史》的合作者之一，是马克思主义学者。于是，我提出去中山大学，师从杨荣国进修中国思想史，李、魏也都同意。我当即给中山大学和杨荣国先生去信询问，并申请进修。直到 9 月中旬，还没有得到回信，我以为"泡汤"了。正当悲观失望、为自己的出路困惑之时，下旬，我突然接到回复，欢迎我到中山大学进修，10 月初可来报到。

我自是十分高兴，急急忙忙做了点准备，就启程了，先顺路回家看看老母亲，10 月 2 日到达中山大学。没有想到，中山大学还在休国庆假呢。教务处的值班人，看了接纳我的通知书，很感为难，找不到头绪，不知道往哪里安排，但又无可奈何，不能不接收，就让我在行政楼门口等候。我这一通等候，足足等了三四个小时，又饥又渴，坐立不安，不得不来回转悠。中山大学实在太美了,如入仙境。过去认为南开已经很美,相比之下,南开不过是乡村小景。能在这样的环境里学习,是何等诗意。正在遐想,值班人把我的思绪打断,通知我到西南区进修生和研究生宿舍入住,并给我画了张路线示意图。中山大学曲径通幽,湖溪环绕,按图索骥也找不到目标,只能边走边问。好笑的是,碰上的人都说粤语,我一句也听不懂,突然感到进入了"蛮夷"之地。一番辗转后,终于找到宿舍。我的室友是一位陕西来的进修生,我们自然有了共同语言。

10月4日,我到历史系报到。管教务的同志说,"杨老"(他们那里的通称)很忙而且很少来系里,不用专门见了,到课堂上见吧。杨先生那时开宋以后的思想史课,主要是理学史。课间,我向杨先生通报了姓名,看来他似乎不知道有此事,不过他说,欢迎来进修,跟着听课吧。杨先生把他的研究生孙国栋介绍给我,说有事找国栋联系,这就算"入门"了。杨先生一口浓重湖南话,听起来很困难,也很难做笔记。听他课的人有二十几位,是选修课,每周一次,两个小时。

第二次听课时,课间杨先生告诉我,看看他的《中国古代思想史》,不必跟着课程走,按时间顺序依次读原始著作。

来南开的进修生就是听讲和读书,中山大学也是这样。过了一个多月,我积累了一些问题,才第一次"入室"(到他家)请教。杨先生为人很平易,话虽不多,但在关键词处很用力气。他嘱咐我,读书要仔细,一个字也不能放过。他讲起陈寅恪,十分推崇和赞扬,称其聪明过人,记忆力极好,能背《资治通鉴》,他的文章无证不言,学问大得无人能比,嘱我要向陈先生学习。说实话,我当时有点怀疑,《资治通鉴》卷帙浩繁,怎么背呢?后来有文章说,陈寅恪对杨荣国评价甚低,谓其不够教授云云。如果陈先生真的说过这种话,时间应该在1957年以前。而我听到杨先生推崇陈先生是在1959年,批判资产阶级教授的高烧还未退,并且是在《历史研究》刊载金应熙批判陈寅恪文章之后。

杨先生家的居住环境和居住面积,是南开教授无法比拟的。南开教授是那么简朴,历史系的郑天挺先生是一级教授,在天津时单身一人,住的是杨石先校长所住单元中的一间房。1959年,给郑老调房子,我们年轻人去给他搬家,搬后的房子,也只有两小间。两相比较,我私下里颇为我的南开先生们感到遗憾。

大约每隔一个多月,我到杨先生家一次。大概是 1959 年年底的一次,他同我谈到吴晗的《论海瑞》,要我认真读一读,他说结尾处有一段文字十分重要,是一位中央领导加的。他告诫我,写文章不能没有目的,要古今贯通,才能有益。我回去后翻阅了《论海瑞》,文章后边说到真海瑞与假海瑞等,我不知所指是谁,再一次到府上请教,把疑问提出来,杨先生也没有告诉我内情,只是再一次申述文章的重要性。到 1965 年姚文元发表批吴晗的文章时,我还认为既然吴晗的文章是中央领导审阅过的,怎么能乱批呢?一时转不过弯来。

我到杨先生家多半不"空手",而是交一篇读书报告,也可以说是一篇论文初稿吧。那时候,我把主要着眼点放在政治思想,杨先生很支持我的方向。他说思想史太宽泛,并告诉我,他的《中国古代思想史》就侧重政治思想。但他同时指出,中国的政治思想与哲学、伦理道德等紧密联系在一起,很难分开,所以目光还是要宽些为宜。杨先生的点拨,对我以后的研究有很重要的指导性。我写过一篇论荀子的初稿,他看后说,其中重农部分写得不错。后来,我投给《光明日报》,文章发表了。

在中大时,我还旁听过刘节先生的"中国史学史"。此前,曾读过金毓黻的《中国史学史》,听了刘先生的课,我有了另一种感受。刘先生个子不高,但声音洪亮。他的授课,大有居高临下、俯视全局之势,很能引人入胜。刘先生的助教曾庆鉴同志送给我一份油印讲义,我回南开后转送给讲中国史学史的杨翼骧先生。稍后,我读到陶铸发表的公开讲话,说某教授把"大跃进"的"意气风发"污蔑为"意气发疯",并给予严厉批判。周围人窃窃私语,有人说是刘节先生说的,又有说是容庚先生说的。传言还说,容先生是"一头牛",形容敢顶、敢说话。陶铸讲话之后,我们在教研室开会,看到刘先生潇洒超脱,若无其事。刘先生在当时的确是敢说敢做的,1961 年在曲阜开孔子讨论会,瞻仰孔子时,他带头行跪拜礼(此事是我的老师王玉哲先生告诉我的)。1963 年,刘先生提出不能用你来一枪、我回一刀这样的阶级分析论说古人,因此被视为大逆不道。传闻刘先生在"文革"中主动提出要求替陈寅恪先生挨斗,真是一位难得的耿介之士。我到越秀山五层楼参观,有许多青铜大器都是容庚先生捐献的,令人由衷敬佩。此间也拜访过容庚先生,那是同他的研究生一道去的。我见到的容庚先生,也是一副不在乎的态度。"意气发疯"不管是谁说的,这样的言论如果发生在南开,我估计会引起轩然大波。相比之下,我感觉中山大学政治抓得不紧,气氛比较宽松。

与杨先生仅见过几面,到 1960 年 5 月,我查出患有肺结核,就再也没有去过他家。健康透支,应该是患病的主要原因。来广州之前,在天津已经供应紧张,我的口粮定量是三十六斤,还能吃饱。到广州之后,第一个下马威是每月定量成了二十四斤。我当时十分纳闷,广东是鱼米之乡,怎么反而供应更差?也没有深想,仗着一股英雄气,觉得别人过得去,我也行,何况比爬雪山过草地强啊,进修要紧。但一下子减到每天吃八两,我这个大个子,又是农村出来的大肚皮,怎么咬牙都感到饥饿;自己鼓励自己,要挺过去,时间一长,似乎也适应了。几个月不到,体重猛跌十几斤。即使如此,我仍拼命读书,从来没有在午夜 12 点前睡觉,第二天还按时起床,参加晨练;7 点半准时去上课或到图书馆。中山大学图书馆极好,工具书很齐全,摆在周边书架上,可以到书库自己提书,数量不限,教师(包括进修生)有专门的座位,不像学生那样拥挤。那时学生很少穿鞋,几乎都是木屐或光脚。木屐不能进图书馆,门前放着一排排木屐,花花绿绿,别是一番风景。

在中山大学固然也可以治疗,学校提供专门供肺结核患者疗养的小院,我也住了个把月,但营养不行,举目无亲,又不是本校职工,很孤独,病情难以预料,于是决定还是返回南开吧。回来后,我曾致信感谢杨先生的指导,并附诗一首。他回信鼓励我要有信心战胜疾病,同时指出诗意不错,但不合韵。我一辈子既弄不通韵律,也分不清四声,从小就没有童子功,我的启蒙老师只会教我们家乡音,一声和三声常常颠倒,我也没有下功夫改正,虽有诗兴,却只能写点打油诗而已。

我再与杨先生联系,是"文革"后期的事了。

## 第一次讲课与处女作中的蕴意

1960 年 6 月底，我返回南开，很快转到天津工人疗养院结核科进行治疗，时间不长，由大面积的浸润期转为吸收期，到 10 月底出院，回校继续疗养。

大约在此时，学校开始进行调整，1958 年和 1959 年陆续提前抽调出来当教师的同学，都回原班继续学习，还有不少正牌助教调离历史系。此时，具有重要决定权的魏宏运先生只要说一句"你同大家一样回班继续学习"，我没有任何理由说"不"。如果真的让我回班学习，别的不说，我的结核病尚未痊愈，原有的工资要减少一半（此时又恢复了调干助学金），我该怎么办？在那段时间里，我惶惶不可终日。至今我不知道，魏先生出于关照我的身体，还是出于对我德能的判断，没有让我回班继续学习。直到退休之后，我才问起，他的回答竟是如此简单："事实证明留下你没错！"即使仅就我身体状况而言，他能让我留下，便是对我的莫大关爱。

我养病，度荒，同时继续阅读有关先秦两汉的思想史著作。1961 年五六月间，王玉哲先生突然大咯血，六一级进校的古代史授课出现空席。魏宏运先生找到我说，老刘（我似乎没有年轻的时候，始终都被这样称呼），你与孙香兰共同讲授"先秦两汉史"。乍听之下，何止是发怵，简直是有点恐惧。我从来没有想过现在就开课，缺少起码的准备，弄不好砸了锅，就"永世不得翻身"啊。魏先生说话一般都不拐弯抹角，也不长篇大论，只是简单说他看行，要我别紧张，一定能完成任务。

让我上台讲课，可能出于无奈，当时系里缺少先秦史的后备力量。我到中山大学进修的主要是先秦思想史，多少算有点积累吧。既然接受了任务，只有一条路，只能赢不能输。王先生在病中也嘱咐我要有信心，没有问题。我随即投入"实战性"的备课，按教学计划一节一节进行准备，整个暑假没敢休息一天。事前把讲稿背得滚瓜烂熟，哪个地方引证原始资料，哪个地方画出草图，哪个地方多解释几句，哪些字古今音不同，等等，都一一做了准备。万幸，我没有砸锅，同学还比较满意。事后，魏先生说了一些鼓励的话，要我继续努力。

我曾经的同班同学在隔壁听课，我却在这边授课，大概少有前例。转年，我又给高年级讲授恩格斯的《家庭、私有制和国家的起源》一书，因我多次引述摩尔根的《古代社会》，同学们给我起了一个雅号"摩尔根"。这门课并不好讲，但也凑合下来了。

此前，有好几位青年教师没能闯过第一关，或离开了教学岗位，或从南开历史系调走。经过努力，我在教学岗位上终于站稳了脚跟。

在中山大学进修中国思想史时，我的读书方法是，读原著的同时，也读今人的有关研究；比较各种不同的观点，也会激发出一些自己的看法，随即写出来，最后写一篇较为系统的文稿。在中山大学不到一学年，我把先秦诸子通读了一遍，写了近十万字的文稿。

1960年，大饥荒已遍及全国，但对患结核病的人多少有点照顾，每月供应一斤半肉，在结核疗养院的粮食定量也比外边高些，待我一出院，立即坠入饥饿行列。春节，我回到农村老家，所有的人都是面黄肌瘦，很多人浮肿，肿得像菜瓜，妇女全都绝经，孩子们整日哭哭啼啼，叫喊"饿得慌"。公共食堂还在办，家家户户的锅灶都给砸了，还规定不准起火冒烟；村干部派人稽查，发现谁家冒烟，立即来检查，如果发现是做饭，会追究粮食是从哪里来的，甚至要进行批斗。除了饥饿，人们又处于恐惧状态。食堂几乎没有任何真正的粮食供应，地瓜(红薯)就是上等食品，而且量也很少。我熟悉的老人们，多半在此期间离世，是饥饿致死还是老死，或是交加而死，不得而知。

从农村返回学校，我情绪久久不能平静，又不敢说三道四，养病之余，又拾起思想史，以浇心中之块垒。此时检阅往日文稿，见有稿论及孔子的"富民"主张，于是在此基础上写了一篇《论孔子的富民思想》。当时左思右想，会不会引起别人怀疑我借古讽今，转一想，又终于横下心来，管它呢，任凭别人怎么说吧，反正我写的是历史上的孔子，可能引起任何怀疑的文字已经统统删掉了，若日后有人发难，我可以历史和材料对应。稿成之后，我投给了《光明日报》。我与《光明日报》的编辑没有任何联系，不认识任何人，完全是一篇自投稿。出乎意料，没有太长的时间，文章竟然发表了，编辑只删减了一些文字。过了一段时间，我又写了一篇《论荀子的重农思想》，也投给《光明日报》。这两篇稿子，分别在1961年和1962年刊登出来。两篇文章虽然都不长，但周围的人，特别是年轻人，在《光明日报》发表文章是极少的，这自然引起一些人刮目相看，也有一些人表示祝贺。

也在这个时期，《河北日报》发表了我的长文《论墨子的政治思想》。这也是我在中山大学进修时所写，发表前又进行了一些修订。清代晚期以后，对墨子的研究逐渐兴起，到辛亥革命和"五四"以后，对墨子的研究有突飞猛进之势，几乎众口一词，高度赞扬墨子的平等、民主思想，一些人还认定墨子思想是中国最早的社会主义思想。在马克思主义史学家阵营中，吕振羽和杜国庠先生对墨子评价极高。极少的例外是郭沫若，他在《十批判书》中认为墨子主张"天命""非乐"、敬鬼神等，是反文化的落伍者，是历史倒退者。我对墨子的看法，与上述观点不大相同，我认为他代表当时新兴的"士"，而其"尚同"论，诸如"上之所是，亦必是之；上之所非，亦必非之""天子一同天下之义"等，则是君主专制主义，并提出墨子和法家相通。此前也有人持墨子是君主专制主义说。说墨子是专制主义，有没有弦外之音？应该说还是有一点用意的。我不大赞成过分的"集中"，一味地强调"尚同"，用现代的话说，过分强调"集中"，就是专制主义。还有，用"尚同"的办法推行"兼爱"也难行得通。我还写过一篇论老子的文章，也在《河北日报》发表。另外一篇《论董仲舒的政治思想》，发表在《历史教学》(1964年)，主要剖析董仲舒的君主专制主义理论。

我这几篇处女作不是别有用心，但也不能说没有一点点蕴意，搞思想史很难说没有自己的意识在其中。我当时的想法是提倡点什么和警戒点什么。"文革"中说我是影射和攻击"三面红旗"，也把我"抬高"了，当时还没有这种胆识。

历史系年轻人中，我是文章写得比较多的一位。文章多，一方面能被人重视，另一方面也是"名利"思想的证明。在1964年的"四清"运动中，同事集中批判了我的"名利"思想，我也在大会小会上做过多次检查。从那时起，我就不再向报刊投稿，但又认为不能不写作，于是转向"积累"，为写"中国政治思想史"做准备。非常糟糕的是，"文革"初始的一批大字报，把我打懵了，慌慌张张把积累的近二十万字的稿子偷偷地焚烧了。

有这么几篇文章刊发，我在历史系很显眼。教学，我站住了一只脚，这几篇文章出来,证明我的写作能力也还可以,又站住了另一只脚,大大减轻了因学历低带来的压力。

## "半工半读","培养普通劳动者"

1965年上半年,南开大学文科开始试点"半工半读",历史系有两个点:一个在天津重型机械厂,离学校较远,师生都住在工厂宿舍;另一个在第三毛纺厂(简称"三毛"),则离学校不远。

"三毛"的前身是著名企业家宋棐卿创办的东亚毛纺厂,生产"抵羊牌"毛线等。工厂门口有一个抵羊雕塑,栩栩如生。抵羊是"抵制洋货"的谐音和形象比喻,二三十年代抵制洋货,代表民族产业的呼声。"三毛"这个半工半读点,开始只有六四级学生,后来六五级也加入。教师和学生吃在两头,住在学校。我是"三毛"点的领队和支部书记,另还有副队长和副书记。

为什么搞半工半读?上边的说法是"防修反修"的战略举措。大政治背景与毛主席的1964年的春节谈话有关,说当前的教育制度害死人,以学生为敌人,考试搞突然袭击等,只会产生修正主义。当时流传这样一种说法,说大学生"一年土,二年洋,三年不认爹和娘"。为了改变教育脱离工农群众现状,刘少奇多次讲话,主张实行两种教育制度和两种劳动制度,于是大兴半工半读,开始在一些中等专业学校搞,很快在大学也推广开来。

推行半工半读,也不是没有来自师生的阻力。首先涉及大学要培养什么样人的问题。50年代,大学教育的目的说得很清楚,就是要培养专家。1957年反右之后,开始降调,说培养专业人才,毕竟还是要强调业务水准。后来,又提出培养有文化的劳动者。而半工半读,进一步提出要"培养普通劳动者"。此论一出,多数人都想不通,学生更反感,既然培养普通劳动者,还办大学干什么?大学还分什么专业?再说,普通劳动者的标准又是什么?有的学生说,招生时并没有声明要搞半工半读,如果事前声明,我就不会报考南开。还有的学生说,让我们"半工",却不给相应的报酬,这不是剥削吗?记得主管校长在一次报告中针对上述问题说,不想做普通劳动者,本身就是修正主义,就是高人一等,为什么你不能做普通劳动者?恰恰说明提出做普通劳动者正打中要害，是治修正主义的药方；如果不愿意接受，那就请离开南开或退学，话语十分严厉。

我当时是驯服工具，既然两位主席都把半工半读说得那么重要，是反修防修的必由之路，尽管我感到"培养普通劳动者"的提法不符合办大学的本意，我也必须服从两位主席的教导，于是下决心要自己转弯子。我的确反过来想过，是呀，既然劳动者是神圣的，是创造者，我们为什么就不能做普通劳动者？你不接受"普通劳动者"的提法，不恰恰证明你想做异于普通劳动者的精神贵族吗？于是我努力地去做学生的思想工作，反复说今后做什么并不重要，只要有当普通劳动者的精神，你做什么工作都会与劳动人民在一起，都会干一行爱一行，听从组织的安排。现在想起来，真是荒唐，为什么要把普通劳动者作为人的最高精神境界？为什么普通劳动者就比其他劳动者更神圣？这种口号的真实意义不是劳动者，而是普通，可使人变成没有个性的、听从指挥的和随意安排的"螺丝钉"。

要培养普通劳动者，除了政治思想要求，有没有劳动技术标准？我作为试点负责人，反复思考，也向领导汇报，并与其他点的负责人商议，大家一致认为应该有一个标准，应达到三级工的水平。为此，我们固定了工种，明确了师徒关系，并要求逐渐顶岗。经过一年的实践，多数同学都能独立顶岗。

还有，教学质量问题，无疑是最现实的问题。教学时间缩短了一半，教学计划和课程设置势必要做很大的修改。课程几乎减掉了三分之一，课时压缩了一半，而学校要求还要提高教学质量。我的压力很大，也十分犯难，但又感到是党提出的任务，必须完成。全国开始学习解放军，我们也实行半军事化的管理方式，教师的教学方案要预先审查、要试讲，所有教师要同学生一起活动，随时对同学进行辅导。为防止学生分心，自习时间规定集中在一起，把教学参考资料也集中到一间教室。遇到上早班（上午6点至下午两点）和中班（下午两点至晚10点），每天还要挤出两小时进行自习、辅导、课堂讨论等。可以说这是强迫性的学习，把学习视为战斗任务。为了宣传，也为了回击人们对教学质量的质疑，我们还要组织学生写文章，用自身的体验来证明半工半读的优越性。

学生在工厂时间一长，就会发现工人也有许多问题。比如，有的工人怠工，上班时间睡觉，对产品不负责，常出废品；有的班后或班前开会，学习（学毛主席著作）不发言，或者索性打盹；有的满口脏话，甚至打架斗殴；偷毛线和羊毛的，也不乏其人；至于议论领导，抱怨住房和工资待遇，更是家常便饭，有些老工人就说，原来的资本家宋棐卿不错，工资待遇比现在还高。凡此种种，与书上写的工人阶级如何伟大、觉悟如何高相距甚远。于是学生纷纷提出：向工人学什么？这些问题如何解释，我也难说清楚，但又必须坚定地表明，必须向工人阶级学习，进行自我改造。我能说什么呢？回忆起来，大致有如下几点：一是，要从生产方式上看工人阶级的先进性；二是，要从历史与革命的高度认识工人阶级的伟大；三是，要把工人阶级与个别工人的表现区分开来；四是，作为个人，工人也会受资产阶级思想的影响。

说到资产阶级思想的影响，"三毛"正是一个极好的课堂。宋棐卿是天津著名的民族资产阶级的代表人物，刘少奇 1949 年到天津视察，有著名的"剥削有功"的讲话，并对宋棐卿进行过表彰。50 年代初提出"劳资两利"，宋棐卿识时务，工人的工资上调明显，同一个级别，比其他厂要高一两级；公私合营之后，又不能把原来的工资降下来，于是出现了同一级工人，原"东亚"的工资比统一工资高一两级的局面。宋棐卿看清了局势，在社会主义改造以前把资金抽走，远走高飞，到南美另谋出路，给天津留下了一个麻烦的问题。我们对宋棐卿大加批判，说他故意挑拨工人与共产党的关系、收买人心等。

我尽心投入工作，跟班一起劳动。我家老（岳母）少（大女儿出生了）四口住一间十四平方米的房子，下班之后没地方睡觉，开始在同事家的一间小屋睡，但不是长久之计，后来到教学楼办公室就寝。教学楼的上课电铃一个小时一响，也不得安眠，脑子经常昏昏沉沉的。我只能严格要求自己，个人的困难再大也是小事，只能由自己克服。

那时的口号是"革命加拼命"，我努力地按照口号的精神去做。我的正宗任务，是讲授中国古代史，但我力争"能者多劳"，作为多面手，终于派上了用场：政治公共课没有教师，我就来讲政治经济学；俄文教师很少，只能来授课，不能做辅导，我的俄文水平比同学们高些，于是我又来做俄文辅导教师。

两年半工半读,一心防修反修,没有想到,"文革"一来,半工半读原来是刘少奇的"黑货",我也成了推行刘少奇黑货的工具和打手。我原认为,刘少奇是毛主席的接班人,是党的化身,听刘少奇的指示就是听党的指示。一时间,天翻地覆,精神陷入分裂,我苦闷至极,整日昏头昏脑。

## 也曾"红得发紫"

1965 年,我被确定为第三梯队接班人,拟提拔为历史系副主任。我的三十而立,似乎真的要立起来了。这是"文革"中组织部的组织科长在大字报里披露出来的,意在揭发修正主义路线重视我这个"狗崽子"。我仅是一个助教,怎么竟能作为系副主任的预备人选呢?此事充分说明领导对我信任有加,可谓"红得发紫"。后来左志远教授和魏宏运先生都确认实有其事。说是 1965 年,魏宏运在乡下参加"四清",学校组织部拟定了接班人的名单,派左志远去征求魏宏运的意见,得到魏宏运的支持。

大字报还揭露了一件事。1963 年,华北局文教部要求为专家写学术小传,我执笔写过郑天挺、王玉哲、杨志玖、杨翼骧、魏宏运等先生的小传,但根本不知道也有人写了我的小传。写小传的目的,对老先生说是依靠对象,对青年人说是培养对象。把小传都揭发出来,意在证明是修正主义路线。

写我的学术小传是谁提出的,我想与北京大学田余庆先生有某种关系。1963 年,华北局文教部来南开调研时,田余庆先生是作为专家(当时是北大历史系的讲师)一同来校的。我是支部书记,田先生找我谈过几次话,印象中也看过我部分讲稿。1989 年风波过后,我已经被查处,某次会议间的一个夜晚,田先生与戴逸先生同我有过一次长谈,两位史学界大佬对我表示充分的理解和同情,并给予鼓励和安慰,对我无疑是极大的支持。谈话中,田先生说到他 1963 年来南开时对我的印象,当时他曾向校方建议,应把刘泽华列入重点培养对象。前两年,我问及魏宏运先生,他说是由他与滕维藻先生(那时是教务长,"文革"后任校长)定局的。在"文革"前,我的确是比较"红",1963 年被提升为系总支委员,是最年轻的一位。1965 年上半年,学校组织各系负责人到北京参观全军学习毛主席著作展览,也让我同行。

1965 年下半年,大队人马下乡搞"四清",我被指定为系里留守的行政负责人。行政固然没有什么事,但要紧的是有了这个名义。1966 年 3 月,河北省委宣传部召开会议,贯彻《二月提纲》,历史系只派我参加。这是我首次参加高级会议,当时,也感到对我比较重视,积极性很高,几乎是全身心投入。追求"红"不是假的,是认认真真的。1964 年开始兴起的各种大批判,我积极组织青年人参加。特别是史学界围绕历史主义问题的争论,我紧跟阶级斗争说,对历史人物的评价也追随"彻底的阶级分析说",不赞成吴晗的"当时当地的标准"说。对道德继承问题,我同样紧跟"彻底的阶级分析说",不赞成"抽象继承说"。姚文元批判吴晗之始,我有点跟不上,但很快就转变为"紧跟",组织同学们批判"三家村"。

掀起学毛主席著作的运动,我也是紧跟不舍,在教师、学生中组织学习小组。学校组织的一次毛主席著作讲用会,由数学系一位教师讲如何用《矛盾论》指导数学教学,对我影响很大,至今讲用者的身影依然清晰在目。毛主席著作中涉及中国历史的种种论述,我都视为真理,要求师生遵从。在教师中,我没有组织过讲用会。在政治辅导员的具体组织下,学生举行了多次讲用会,其中一位女同学还被选为全校学习毛主席著作的标兵,"文革"初期被校领导安排为校"文革"领导小组的副主任,后来批判"资产阶级反动路线",把这位女同学整得很苦。从大局说,她的"发红",应该说我是早期的推手之一。但要说明一点,她当了副主任之后不久,我就被揪出来了,她在"文革"中的作为与我没有任何关联。

"文革"中批我是修正主义苗子,我很困惑,我这样"紧跟"还不行,还怎么"跟"?这个疑问困扰我多年,疑问与日俱增。1976 年我写的"日记"表明我不想再"跟"了,此为后话。

# "文革"之惑与初醒

## 紧跟"文革史学"与批"三家村"

"文革"从何时开始发动,有种种不同说法。如果找一个较具体的坐标,似乎应从 1962 年 9 月领袖提出阶级斗争"必须年年讲,月月讲,天天讲"为起点。具体背景老百姓当然一无所知,上层其实已经开始进入实战。小说《刘志丹》被定为反党文学,习仲勋遭清洗,由此拉开了文艺界阶级斗争的序幕。接踵而来的,是文艺界的种种批判。史学界似乎慢一拍,但到了 1964 年,也逐渐进入大批判阶段。

当时我是系党总支委员,负责宣传,必须关注史学方面的理论问题。我积极组织青年教师参加 1964 年开始兴起的各种大批判,特别是史学界围绕历史主义问题的争论,关于历史人物评价、道德继承及李秀成评价等问题的争论,我们都组织过貌似学术讨论的争论。这些争论,我都是紧跟彻底的阶级斗争说一派。

1965 年 9 月 22 日,孙达人在《光明日报》"史学"专刊上发表了《应当怎样估价"让步政策"》一文,批评翦伯赞的"让步政策"说,由此引起学术界的广泛关注和热烈讨论。就我的认识而言,我对"让步政策"没有仔细思考过,讲课中没有太多涉及,也没有提出过疑问。印象中马克思主义的经典作家对"让步政策"有过不少论述,比较多的是批判,列宁说让步是"预防革命的反动",这对我影响很大,我讲过"联共(布)党史",记得对 1905 年斯托雷平废除农奴制的评价,似乎就是这样的说法,所以对孙达人的文章大体上还是能接受的,但也提出要"留个天窗",不能一概否定。

当时的争论文章,大都发表在《光明日报》上。起初,讨论还是在学术范围内进行的。到 12 月初,戚本禹在《红旗》杂志上发表《为革命而研究历史》

一文，点名说翦伯赞的观点是反对马克思主义的，是"现实阶级斗争在史学界的反映"，说翦伯赞是"近几年来史学领域两个阶级、两条道路尖锐斗争中资产阶级一方的代表人物"。这样，关于"让步政策"的讨论，就带有了政治批判的味道。大约在同时，又传来毛主席支持孙达人的消息。由于系主要领导下去参加"四清"，我被指定为当时历史系留守的负责人，既要领导在校师生紧跟形势，进行学习，又要在讲课中贯彻大批判精神。天津社会科学联合会举行"让步政策"批判会，我急忙紧跟，对"让步政策"大批特批。我的发言摘要，刊登在《历史教学》1966年第3期。我的发言，连"天窗"也堵死了，可见我是多么紧跟。

1965年冬，姚文元的《评新编历史剧〈海瑞罢官〉》发表。起初，我对姚文元的文章也不是没有疑问。1963年，巩绍英调来南开历史系，他是行政十级高干，听过许多高级领导人的讲话。此前的闲谈中，他曾告诉我，毛主席不止一次地提倡要向海瑞学习。还有更早的1959年秋，我到中山大学进修，当时正赶上"反右倾"。我们普通人并不知道是批彭德怀，恰在此时，《人民日报》发表了吴晗的长文《论海瑞》。杨荣国先生告诉我，文章的结尾处有一段文字十分重要，大意是有真海瑞与假海瑞，右倾机会主义分子是假海瑞，等等，这是一位中央领导人加的，要我认真体会。基于上述经历，我很纳闷，吴晗的《论海瑞》是中央领导人支持的，怎么现在变成反党了呢？另外，把海瑞要徐阶退田与1961年分田到户联系在一起，感到太牵强了。我不是搞明史的，对海瑞的历史不很清楚，也没有时间去进行研究，一段时间内，不知如何应对。

正惶惶不可终日之时，1966年3月上旬，河北省委召开"宣传工作会议"，传达《二月提纲》。因为历史系的主要负责人仍在农村搞"四清"，我便被指派去参加这次会议，当然还有校领导和各文科系的负责人。我是第一次参加这样的高层会议，除了受宠若惊，更主要的是紧张，不知把自己放在什么位置，也不敢主动发言，只有拼命地听和记（会议没有文件）。可是我的手笨，记录能力很差，只好会后赶紧找人对笔记，忙得狼狈不堪。主持会议的是省委负责文教的书记张承先，他在会上讲话，点了河北大学历史系副教授漆侠的名字，除了批评他的"让步政策"论，还说他是反共老手，在抗战时期他曾在山东国民党将领手下供职,与共产党搞摩擦等,要公开进行批判。我当时与漆侠虽然认识,但尚无私交。漆先生的著作很多,是史学界很有名气的中年学者,我很尊敬和仰慕他。点他的名,给我很大的震动,但好在南开大学的著名学者无一人被点名,所以又有莫名的庆幸之感。

我对《二月提纲》由衷地拥护,特别是对学术问题要以理服人等观点,十分赞成。根据学校领导的部署和要求,我尽快做了传达,同时组织政治上可靠的同学,对本系教授们的"资产阶级学术观点"进行摸底和调查:把一些教授的著作借来,分头阅读,寻找有无错误观点,以便知彼知己,为以后开展批判做准备;还组织了批判班子,开展对"三家村"的批判与声讨。当时半工半读还在继续,我便临时加进新内容,一面组织同学与工厂工人一起声讨"三家村",一面把留校的高年级学生组织起来,写大批判文章,把北京市委机关刊物《前线》全搬出来;《前线》的主编是邓拓,有"三家村"的文章,包括社论、评论之类,肯定与他也有关联,想从中找批判题目,也算是绞尽了脑汁。学校有关部门要求一天汇报一次,分析情况,我每天要在工厂、系里和学校办公楼三处跑来跑去,煞是卖力。

大约从 1966 年 4 月起,又掀起了对"三家村"的批判,党委几乎天天抓批判"三家村"的事。我又要紧跟形势,便动员几个中青年教师一起写大批判文章,向报社投稿,除了表示是一种"态度",也要向上级有个交代,如果能刊登出来,表明我们是积极参加战斗的。记得当时经济系有一位教师写了一篇批判稿,《红旗》杂志拟发表,这就成为南开的一件重要事情,在全校教职工大会上,得到党委书记的表扬,作者也上台发言。这篇稿子大概很快就落后了,最终并没有刊出,但由此证明,在报刊上发表批判文章,学校是非常关注的。《光明日报》用豆腐块大的地方摘发了我主持写的批判吴晗文章中的几句话,党委宣传部立即在电话中给予表扬。当时我的压力很大,拼命紧跟,唯恐落后。

到了 5 月份,各单位都举行声讨"三家村"的群众会,历史系无疑应首先冲锋。如何组织批判,都是有分工的,我承担组织发言的任务。在批判"让步政策"论时,王玉哲先生和陈振江曾合写了一篇支持翦伯赞观点的文章,反驳孙达人。他们让我看,我劝他们不要投稿,因为毛主席已经表态支持孙达人。他们认为是学术问题，不妨争论。文章很快在《光明日报》刊出。随着批判的升温，主张"让步政策"论成为政治问题，两位作者都是古代史教研室的，我这个支部书记也就难脱干系。为了"治病救人"，学校党委领导人指示我，要把陈振江解脱出来，因为他既是青年助教，又是预备党员。我们的老办法就是认错和检讨，外加"反戈一击"。这还真的是政治斗争常用的方式。要想把某位"犯错误"的人从"错误"中解脱出来，或为了孤立主要打击对象，就是让"边缘"人先行检讨过关。根据党委负责人的指示，王先生是教授，以后再说，先让陈振江检讨过关，应该说这在当时还是好意。我与陈振江谈话，就是本着上述精神，要他在批判"三家村"的结尾，适当检讨几句自己的错误，当时的形势下他也不能不接受。他在大会上的声讨与检讨，获得与会者热烈鼓掌。6月大字报横行时，没有人贴他的大字报，把矛头都指向了王玉哲教授。

我们在基层狠抓大批判，学校党委又在背后"清查"下属，看看这些人有无问题。在清查过程中，我也被卷进去了。学校从另一渠道调查中国古代史教研室，认为我们是一个宣扬"让步政策"论和"清官"论的窝子。在突出政治的人员看来，问题是严重的，能抓住辫子，是求之不得的事。作为支部书记，我负有不可推卸的责任，于是我被疏远了。5月下旬，系成立"文革"领导小组，组长既不是总支书记魏宏运，也不是副书记李琛，而是一位在历史系蹲点的干部。我不是领导小组成员，只被派为办公室副主任，而且是几位副主任中的最后一位。办公室主任，是一位从事世界史教学的同志，他并非总支委员，仅是支部委员。这与我当红时的情景显然有落差，自己预感到不被信任了。当时虽有压力，但还自信，我认为不会有太大问题，更不会成为被打倒对象。我抱定决心，在运动中提高自己，接受考验。

哪知道，塞翁失马，焉知非福？由于被甩在外层，我因此没有被卷进即将来临的"你死我活"之争。历史系"文革"领导小组内部的特别策划，都没让我参加，我也自觉地不去打听。

## "滚"出革命队伍

1966 年 6 月 1 日，中央人民广播电台播送了北大聂元梓等人的大字报，南开也立即沸腾起来。我当时带领一二年级学生在"三毛"半工半读，学生被要求立即回校参加运动。我说不能自行做主，需请示领导，要同学们听安排。话音未落，便遭到学生的抗议，我再劝仍然无效。本来学生们对半工半读就不满意，一肚子气，此时正好得到爆发的机会。学生一哄而起，拒绝去工厂上班，以极大的热情投入革命。当时校方提出的口号：万箭齐发，没有任何框框，任何人不得压制。我想这也不是学校的意见，而是更上级的部署。

半工半读的同学接触面非常窄。三年级在另外一个工厂，四五年级与一部分老师到农村搞"四清"，平时的时间安排得紧紧的，也没有任何课外的学术活动，他们除了认识一同半工半读的老师，几乎不认识任何其他的教师与系领导。他们要贴大字报，对准谁呢？我是他们的"最大、最直接"的领导，于是便成了挨大字报声讨的主要对象。第一轮的大字报说我压制革命，接下来的则添加了诸多内容。我当时三十一岁，在这个年龄段，我是挨大字报最多的一个。大字报多数没有署名，落款都是革命群众。从内容看，大字报主要出自学生之手，但显然也有提供情况的幕后人；当然，幕后人只能是我的同事。多年过去了，大字报的具体内容已记不太清，但几个方面的事还有印象。

一类是"黑关系"。最使人哭笑不得的是，说我是彭珮云伸向南开的"黑爪牙"。主楼（历史系在二层）的进口处，贴着赫然醒目的大标语，"揪出彭珮云伸向南开的黑爪牙刘泽华"。彭珮云是聂元梓等人大字报点名的"黑帮"之一，我与她连在一起，能不是一大罪状？

说来事出有因。1966 年初春，彭珮云带领北大一些人来南开考察半工半读。作为历史系一个试点的负责人，我在会上向彭做过汇报，会后她又约我单独谈了一次，我还陪着她参观了半工半读的工厂，并与同学进行了交谈。彭珮云是北大的党委副书记，我当时出于对领导的敬畏和崇敬，事后把彭珮云所关注的问题在师生中做了传达。印象中这样的问题主要是：学习质量有否保证？师生的思想有哪些问题，又如何解决？这也是我一直留意和紧抓不舍的问题。聂元梓等人的大字报点了彭珮云的名，革命群众出于极高的政治警惕性，把我也列入彭珮云一伙，是"黑线"上的小爪牙，敦促我交代彭珮云来南开的反革命勾当和阴谋。按当时的形势，我是应该出来胡揭一通，可是我不会；说实在的，就算彭珮云来南开有什么特别的目的，我哪里知道？既然说不清道不明，我只好默不作声，挨大字报轰吧。

更使我感到惊异的是，竟然有大字报敦促我出来揭发邓拓。事情是这样的，1966年暮春的一天，党委副书记翟家骏派人到处找我，后来在一个会议上把我找到，要我立即到他办公室。我一进门，副书记就说邓拓书记（华北局书记）要看看我的讲稿。那时还没有公开批邓拓，我一听是邓拓，心里直紧张。邓拓是大官，又是大史学家和文人，我的讲稿乱糟糟的，怎么拿得出手？我一再推托不行，副书记有些不耐烦，用命令的口气说：没有商量的余地，再乱也得给，这是命令！无可奈何，只好服从。来索取讲稿的是《天津日报》的一位叫李夫的记者。过了几天，稿子退还给我，没有提任何意见。邓拓为什么索要讲稿？至今也不清楚。当时正值批判吴晗高潮，估计是看看有否关于这方面的内容。我讲先秦两汉史，与"海瑞罢官"问题毫无关系。知道这件事的人极少，大概只有党委办公室的秘书们。怎么出现这样的大字报？我十分不解。

比较多的大字报说我是走资派和"三反"分子的红人。开始的大字报是乱箭齐发，没有任何限制，愿意贴谁就贴谁。一开始，我还是系"文革"领导小组属下的办公室副主任，据我所知，当时贴谁的大字报，没有任何布置。大约到6月中旬，一次系"文革"领导小组开会商议，认为应该在乱箭齐发的同时，适当集中火力攻主要目标。梁卓生副教授（教研室主任，大字报不多）提出历史系有"三敌一霸"。"三敌"就是三个敌人：一是郑天挺，"反动学术权威"。郑先生是一级教授，时任南开大学副校长，是吴晗和被点名批判的翦伯赞等历史学家的老朋友，又是胡适的老朋友。二是巩绍英，"革命意志衰退分子"，与吴晗有交往。巩绍英1936年入党，高级干部，曾任过省教育厅厅长等职务；因酷爱历史，弃官从学，主持过50年代中学第一版历史教科书的编纂；因1955年"反胡风""肃反"不积极，被毛主席大批一通，从此屡屡被整;1963年来南开后,拒绝担任实质性的政治与行政工作。三是魏宏运,系总支书记、讲师、走资派。至于"一霸",是指系办公室主任。

这"三敌一霸",多数人认为概括得好,瞄准了主要目标。这一概括,把我也卷进去了,因为"三敌"中竟有两敌是我十分接近的人,即巩绍英和魏宏运,大家公认我被他俩看重和重用,是他们的亲信。我本来已经挨了不少大字报,而现在把目标集中在他们身上,我自然就是他们的走卒和黑线人物了。

我当时的精神几乎处于分裂状态,自己也说不清自己站在哪里。过去,我既然受他们器重,"红得发紫",这个时候把我与他们连在一起,不能说没有道理。虽然我也认为他们有这样与那样的问题,但说他们是敌人,我还不能认可。我甚至想到,即使是敌人,那也只能到运动后期才能定案。我与巩绍英一直保持联系,常常在晚上偷偷摸摸地过话儿。他要我写他的大字报,摆脱被动,可我就是写不出来。6月中旬,魏宏运从农村"四清"返回学校、来到历史系时,我当众与他握手,由此又招来一批大字报。多少年后,汤纲教授(后调复旦大学)提起此事,以此为例说我这个人很迂腐,不知保护自己。我当时的想法是,既然没有给人家定性,就不能把他们看作敌人。可是,革命群众对我的期望还是蛮大的,不停地敦促我"反戈一击",揭出他们"三反"(反党、反社会主义、反革命修正主义)的证据,端出他们的阴谋来。我被弄懵了。也许真是"一丘之貉",我横竖就是写不出使革命群众认可的大字报,虽也写过几张,但没有实质内容,反而又招来一通轰击:假揭发,真包庇!

判断当时的大字报是否是革命的,一是看把谁揪出来了,二是看"上纲上线"是否打中了要害,泛泛的大字报不会引起人们的注意。对魏宏运、巩绍英,有两张轰动性大字报。贴魏宏运的大字报,一开始就不少,但都无关痛痒。有一位共事的总支委员,第一个写了一张很简短的大字报,标题是"魏宏运是历史系走资本主义道路的当权派",在当时的环境下十分到位,引人注目。由于打中要害,这位同事一下子就成了革命的领导干部。贴巩绍英最轰动的大字报,是经他提议留校的助教写的。巩绍英来校后,给六四级毕业生讲授过古代政治思想史。他没有任何老干部、高级干部的架子,很平易近人,又是单身在天津,时常到同学宿舍话长短,学生也常到他家闲聊,这在老教师中是无前例的,特别受同学欢迎。他从中挑选了一位得意弟子,留校做他的助教。运动初始,这位助教首先把巩绍英揭发出未,说他是"三反分子",与吴晗是一伙儿。巩绍英来南开前,曾任中华书局副总编,主持《历史小丛书》,吴晗是主编,自然有交往。这位助教的大字报一出来,立即引起轰动,原来历史系还有这样的黑帮分子。该大字报赢得革命群众的喝彩和支持,揭发者也成了运动的积极分子。

反动学术权威和走资派的关系网,是不能怀疑的,我也不怀疑,既然大家都认可,那么把我放在其中,似乎也有道理。一方面,我不停地问自己,我为什么被走资派看中?我肯定有问题。另一方面,我又感到委屈,自我辩解,我不是他们的死党,也不是他们的走卒和工具,我们之间没有私谋,同他们只是工作关系。但我既不能否认过去他们对我的器重,也无法说清楚与他们仅仅是工作关系,而我又横竖写不出有爆炸性的大字报,所以把我排除革命队伍之外,似乎也不无道理。

第二类大字报是批判我借古讽今。我曾写过几篇文章,这时一下子全变成反党的黑话。比如1962年前后,我在《光明日报》发表了《论孔子的富民思想》和《荀子的重农思想》两文,在《河北日报》发表了《论墨子的政治思想及其专制主义》等文章,此时都成为影射党的政策、攻击"三面红旗"的黑话。鼓吹孔子的"富民",显然是发泄对三年困难时期的不满;推崇荀子的重农,矛头指向人民公社;借说墨子的专制主义,是攻击社会主义。我还有一篇文章论董仲舒,文中对"独尊儒术"有过议论,此时也变成反对和影射"用毛泽东思想统一全国思想"。按照姚文元批判吴晗的逻辑,我是没有辩解余地的。海瑞要徐阶"退田",是鼓吹搞"自留地",我此时鼓吹"富民""重农",难道不是针对"三面红旗"和"困难时期"吗?有关孔子、荀子、墨子的文章,是我在中山大学进修时写的读书心得,后来抽出其中的一部分投稿。就实而论,我也不能说完全没有寓意,但本意不是攻击什么,而是想提倡一点什么。我不认识《光明日报》的任何一位编辑,又是生手,这些稿子完全是自投稿,他们竟然采用了,编辑是否有某种意图,我不知道。我现在猜测,不能排除编辑有点什么倾向,因为当时知识分子是不敢讲话的,也很少写文章,恰好来了我这个冒失鬼。

另外，1965年孙达人批判"让步政策"论，得到毛主席肯定和表扬，我开始不知道，讨论时我说过，要给"让步政策""留个天窗"，这时也成了一大罪状。后来我知道了主席的指示，赶快转弯、猛跟，也参加到狠批的行列。1966年初，《历史教学》还摘发了我的发言，但已经晚了，成为无法弥补的"天窗"论修正主义。

上述种种，在当时说我是反革命修正主义的走卒，大体也说得通。

第三类是对"三面红旗"有动摇的言论等。1958年我对"三面红旗"有过激情，但实践的后果竟是那样糟糕。我多少有点"马后炮"，认为得不偿失，走过了头。内心是不那么赞成的，但也没有太露骨的反对言论，我自知深浅，有点疑惑，也不敢说，也许在不自觉的情况下，有所流露，也未可知。所以，从1964年"四清"以来，不断有人给我提这个问题，说我不坚定，要我检查。有人揭发我说过"生产关系超越了生产力水平"等。我横下一条心，就是不认账，盖因越检查，越说不清楚。此时又来了，一些人贴出大字报，敦促我交代反对"三面红旗"的罪行。

第四类是突出业务，反对突出政治。其实，我没有反对过突出政治，只是认为政治要落实在业务上。这类话也不是我的发明，但我讲得比较多。在半工半读时，拼命抓业务，上早班回来，让同学休息到吃晚饭，晚上要加班，布置学生看书、讨论，星期天也要同学加点学习，我多半临场督促或参加讨论。我是支部书记，对思想教育和教师的思想改造，反而管得不多，主要靠专职政工人员，此时都成了问题。

第五类是对学生有偏爱。当时贴魏宏运等系领导的大字报，有很多关乎阶级路线的事，我没有这个问题，因为六四、六五届没有一个剥削阶级出身的同学。那时，学生要求入党的很多，谁先入党，谁似乎就是被重视，排在后边的就有意见。学生中也有论资排辈的问题，比如谁先入团、谁当学生干部，等等，也有"争先恐后"的问题。对学生入党的事，我实在管得不多，有专职辅导员，不过我是支部书记，在学生的印象中，凡事都由我拍板决定。至于说对学习好的学生有偏爱，那也谈不上，顶多是自然流露，哪有教师不喜欢爱学习、学习好的学生呢？

学生对我有气，我想与下边两个问题也有某种关系。

一是不停地向同学说教，要做普通劳动者，引起同学的反感；另一个就是学习质量问题。除了拼命抓学习，我还不得不昧着良心编瞎话，比如帮助学生写文章，刊登在刊物上自吹自擂；学校搞半工半读试点展览，自然也是瞎话一大堆。当时我自己也明白，但这是政治任务，不能不说谎！

学生对半工半读一肚子气，要撒气，对准我也是自然的。但需要说明的是，没有一位同学敢公开批评半工半读。

还有我出身是富农，属于"狗崽子"，不少大字报都与我的出身挂钩。

大字报是神圣的，在大字报面前，一切权利都丧失殆尽，既不能招架，更不能还手，只有束手待毙。这种情况是怎么形成的？我年届八十，至今也说不清，大字报怎么就有那样的神威？大字报怎么就成了定罪状的依据？想来想去，我想应该是由聂元梓等人的大字报引发的，因这张大字报被赋予了神性和绝对性！沿着聂元梓等人大字报的方向走，就是革命的，就具有神圣性。在众多大字报面前，我已经摇摇欲坠，在接着而来的一次辩论会上，一个小纸条顷刻间把我打瘫在地。

1966年6月26日，历史系有一次革命大辩论。因为对一位系领导，大家认识不同，形成两大派，双方进行交锋。

总支书记魏宏运是"走资派"，垮台了。副书记李琛不知何因被调到图书馆去参加运动，这一下子把学生惹翻了。李琛是校党委原书记（时任河北省政协副主席）的夫人，负责学生工作，她像大妈一样，很热心帮助同学解决生活中的问题，与不少学生关系很好；但她对知识分子又比较左，贴大字报说魏宏运是走资派的那位同志，是团总支书记，也是总支委员，他和李琛的看法相近，与魏宏运常常有争执。此时，有一些同学贴出大字报，要求李琛回系领导运动，甚至说李琛是"革命妈妈"，得到不少人支持。党委调离李琛的命令受到挑战，历史系"文革"领导小组也难以继续工作，一下子乱了套。学校即刻派来工作组，进行调理。工作组首先是支持党委的决定，也支持系"文革"领导小组。来系后，工作组的第一项行动，就是组织一群依靠对象写了一张大字报，揭发李琛是历史反革命，把当年李琛加入"三青团"的团证号都公布出来了，显然是公布了档案。令人不可思议的是，带头写大字报的，又是首先给魏宏运戴上走资派帽子的那位团总支书记。人们知道他素常与李琛关系好,怎么来了一个一百八十度的大转弯呢?打倒正、副书记的大字报都是由他带头,人们普遍认为其中有阴谋,引起很多群众的激愤,对立情绪更加突出,形成两大派,于是有了6月26日的大辩论。

当时人们非常守纪律,依照通知,都准时到会,被贴大字报的人也都来了。会议开始前,有人提议,要把"牛鬼蛇神"驱除出去,确保是革命派之间的辩论。提议获得热烈掌声,达成共识。问题是,谁是"牛鬼蛇神"?正式开会前,负责维持秩序的,是与我关系很好的杨圣清,他是助教,因出身好,是教师中的负责人。不知何因,让他出面维持整个会议秩序。杨圣清为人很温和,他不会也没有权力确定谁是"牛鬼蛇神",于是他让大家写条子,写上谁是"牛鬼蛇神"。条子纷纷递上,首当其冲的是"三敌一霸",接下来,按条子一个一个往外轰。轰出二十人之后,我耳边响起了惊雷之声:修正主义分子刘泽华滚出去!说时迟,那时快,既然那么多人都是按条子的命令滚出去的,我怎敢不服从。我很无颜面,离开座位向外走,但不知是何原因,我竟回头来了一个苦笑。没想到,这一苦笑又招来不少大字报,说我态度不老实,这算是文明的,厉害的说我露出了"狰狞的嘴脸"。至今我仍然想不清楚,怎么一个小纸条就能有那么大的权威?小纸条不就是一个人写的吗?怎么就能给一个人定性?被轰出去的人,怎么就承认自己是"牛鬼蛇神"?就乖乖地听令于一张小小的纸条?或许这就是革命形势的神威吧。

我被逐出会场,除了说不清的沮丧,脑子一片空白,整个身体都麻木了。回到家里,我见到刚两岁的女儿,不停地亲着她的小脸,眼泪止不住地往下淌。女儿边给我擦眼泪边说:爸爸不哭,不哭。我能向孩子说什么呢?我只有亲着她的小脸,纾解内心的苦痛。中午,我妻子回来,她当时随工作组在数学系参加运动,问了我的情况,然后她劝我说:现在是群众运动,到后期才会有正式结论,你能有多少事,将来检查检查就是了。周围的人,有多少比你有名望的,都在被轰。你看王梓坤的大字报,也不比你少,还有胡国定,都被斗争了。工作组不赞成,但也没有办法制止。现在是群众运动,别往心里去,吃饭吧。有了妻子的安慰,我精神立即松快了许多。后来知道,在运动中寻短见的,有不少是由于同时遭受到"家庭革命"的内击,精神崩溃了。我有这样一位坚强豁达的妻子,是我一生的大幸。

的确，像王梓坤、胡国定这样"又红又专"的人，都不能幸免。王梓坤是我的邻居，南开著名的青年数学家，根红苗正，是又红又专的典型(后来曾任北京师范大学校长、科学院院士。与我的交往甚笃，他称我们之间是"管鲍之交")。胡国定是地下党老党员，也是又红又专的数学家(后曾任南开大学副校长)。他们都挨批、挨斗，我与他们相比，算不了什么。我不知道，这算不算"阿Q精神"，但不这样"精神胜利"一下，又能怎样？

那时还有一种信念，就是毛主席教导的，要相信群众，要相信党，要经得起考验。历次运动经验也告诉我，要挺得住。一位延安时期的老革命，曾向我传授：每次运动开始，你有想象不到的紧张，但运动结束时，你也会有想象不到的松快；凡是运动来了，要沉住气，要紧跟，但对人要慎重，尽量不要伤人。这条经验对我十分有用。我挨大字报，自己认作是接受党和群众的考验；我贴别人的大字报，有两条原则，一是在我之"下"和与我"齐平"的人，一律不贴，不打"横炮"；二是对在我之上者，尽量说事，不戴"帽子"。"帽子"是政策问题，弄不好会伤人，不好收场。就是对所谓的"三敌一霸"，我也没有用过"反动学术权威""黑帮""走资派"之类的大帽子。后来，我同周围人的人事关系比较融洽，与此有很大关系。

从"红得发紫"一下子变成革命的对象，昔日的朋友几乎都断绝了往来，革命群众更是怒目而视，自觉脸面全无，虽然还没有被打入"牛鬼蛇神"行列，但也从革命群众队伍中"滚"出去了。这的确是一次特殊的锻炼。

## 贬入"中间组"

被革命群众轰出来之后，我就不能再回到革命群众队伍之中去了，可是，又不知自己该归向何方。此时，正值彻底取缔任何形式的"剥削"关系，一律不准雇保姆。保姆不敢来了，幼儿园也闹革命，不收小孩儿。我的女儿刚过两岁，没有人照顾。我妻子当时是党委工作人员，随工作组到数学系参加运动，忙得不可开交。革命大辩论后，群众分成两派，领导班子每况愈下，自顾不暇，也把我撂在一边。好像没有地方可去，只有女儿需要我，我正好在家看孩子。

我或许是"文革"中最早的"无政府主义分子"或"逍遥分子",时间大约有一个多月。系领导后来发现我很少到系里去,便通知我到办公室。这些人与我都很熟,他们似乎也没有把我的问题看得那么重,但碍于那么多的大字报,也不能过分宽容,于是通知我到"中间组"学习。

　　"中间组"是介于革命群众与"牛鬼蛇神"之间的一个组别。这些人中,有的是出身不好,又有些大字报;有的是有点历史问题,但不是很严重,如参加过"三青团"等;有的是挨大字报不多的教授,总之还没有划入敌我矛盾。"中间组"的人,不能写大字报,不能参加群众的辩论,但每天要来学习,有时可以给革命群众抄写大字报。"中间组"的人,在革命群众面前很无颜面,也没有具体事,比较松散。我正好落得"悠闲",每天晃一趟,找机会就回家看孩子。

　　那时,我女儿真是可怜,我们夫妻时间错不开时,就把她锁在家中,给她准备一杯水、两块糖和几块饼干,把所有可能引起伤害的东西都挪开,一再叮嘱不要摔着。当时她还不到两岁半。我每次抽空赶回家时,她多半可怜兮兮地趴在桌子上,小脸紧贴窗户玻璃上,等着爸爸妈妈回来。看到她这个样子,我的心都要碎了;她扑到我怀里时,总要拼命地亲我,我多半要流下心酸的眼泪。我内心发出了强烈的不满,革命怎么这样严酷,连小小的孩子都不得安宁!

　　以前,我家请的保姆,是一位东亚毛纺厂老工人的妻子,她有九个孩子,最小的比我女儿大一岁多,出于生活窘迫,她不得不出来做保姆。她带孩子有经验,极其细致耐心,也有很强的爱心。我们很同情理解她的困境,尽可能予以照顾,只要我们早回家,就让她早点走,所以她与我们关系很好。后来,我们不敢继续请她来家,她也不敢来,因为她丈夫也挨了大字报。她丈夫是一位老工人,近于文盲,老实巴交的好人。过去工人群体中,有很多这样那样会道门之类的团体,他参加过什么会道门,这时也成为追查的问题。我与妻子没把这当成什么事,但挨了大字报,就是问题。我们商议,是否把女儿全托到她家,他们家商议后也同意,把我女儿称为她家的"小十",女儿受到她全家人的疼爱。尽管保姆(孩子称她为"娘娘")和她的家人都极好,但她家实在太贫穷,十几口人挤在一间屋里,分上下铺,更谈不上卫生。

每个星期日女儿回来,她的被褥和小毛巾等都是脏兮兮的。我们实在不忍心。怎么办?靠当保姆吃饭的人,没有工作难以度日,急于找雇主,管它呢,我们偷偷另找了一位保姆,对外说是亲戚。我们大概是重新请保姆最早的人之一,不过有点秘密性,叮嘱尽量少出门,免得引人注意。反"剥削"固然高尚,可是被"剥削"者也丢了饭碗,陷入困境,这算什么革命,革了谁的命?

我在"中间组"的时间约有半年之久。上午,我们在一个小屋里学习、讨论,很少有人发言,大多是组长念完报纸上的重要文章,就面面相觑地呆坐着,有时组长说一番就结束了。我们很孤立,没有人理睬,平时的老相识,现在都变成了路人,最客气的就是见面使个眼色而已。记得秋后跟随革命师生去河北霸县(今霸州市)劳动,第一天是耕地,全由人拉犁,我大概用力过猛,拉到半截,大吐不止,心慌得厉害,浑身出虚汗,蹲在地上起不来。一起拉犁的人,都看在眼里,他们都是我过去的同事和教过的学生,但没有一个人过来问一声,好像什么事也没有发生。过了一会儿,领队的只说了一句,能拉还来拉吧!我顿时感到无边凄凉,从头到脚,不停地战栗,咬了咬牙,又拉上套。

八九月以后,学校形势发生了巨大变化:造反派起来了,他们集中力量向党委开炮,批判资产阶级反动路线。学校党委日渐萎缩,往日的威风一落千丈。面对这种局面,我只能旁观,但内心一直不平静,最大的问题是,对整个运动不能理解。这叫什么革命,乱糟糟的,也没有个政策。党的十一中全会公布了"十六条",知道上边斗争很厉害,但是什么问题,一无所知。说运动是斗"走资派",可什么是"走资派",不清楚。又说多数是犯错误的好人云云,更是云山雾罩。至于什么是"资反路线",我也弄不清,不都是毛主席号召的吗?什么是无产阶级革命路线,更是糊涂。反正我已经靠边站了,加上自己又是富农出身,不敢多说一句话。唯一支撑自己信念的,是毛主席的一句话:相信群众,相信党,等待运动后期落实政策。

中央的事太神秘和神圣了,我想也不敢想。在校内,我的心一直还在维护党委那一边,尽管我已经被驱除出革命队伍,但基本上还是反右的思维方式。造反派要打倒校党委、市委,那共产党的基层不就完蛋了?我想,总会有一天中央会发话的。可是,形势与我的估计相反,造反派声势一天比一天大,毛主席的指示和"两报一刊"社论,都是支持造反的。我的思维完全处于混乱状态,苦闷呀,苦闷,又没有人能给予任何开导。

"牛鬼蛇神"原来归党委系统管,现在党委已是泥菩萨过河,自身难保。"牛鬼蛇神"和"中间组"这些人就被晾在一边,没有人过问。可我们还是规规矩矩按时来学习,下午则出去看大字报或回家。后来两派争斗得越来越激烈,更顾不上我们了,于是我们成了最早的"逍遥派"。那段时间,造反的也好,保守的也好,几乎都去大串联,学校变成了一座空城。到了11月,冯承柏、郑克晟与我商议,我们何不去北京见见世面呢?议了多日,也不敢行动。到11月底,我们仨才壮起了胆子,商定骑自行车去北京。一早出发,刚出天津,迎面刮起了西北风。风越刮越猛,黄尘滚滚,广阔的大地,除了我们仨,渺无人踪。时过中午才到杨村,屈指一算,不过三十公里。稍事休息,吃了点东西,接着赶路。风越刮越大,三人的距离拉开了,老冯在前,我居中,老郑殿后。我光顾拼命骑车,后衣架上的衣物,也不知何时掉落地上。幸好,路上除了我们仨人,别无他人,掉下来的东西,由老郑拾起。老冯到了蔡村(指示路标),回头不见我们,他停下来,等我和老郑赶来。已是下午4点,太阳已经大西斜了,原定当天赶到北京,各找住宿,现在肯定不能到达了,一算才不过五十多公里,离北京还远着呢(京津相距一百三十公里)。怎么办?我们的身份不好,不敢找住宿的地方,怕人家查问。三人决定,立即打道回府。回头正是顺风,不过两个小时,就到家了。这是"文革"中我唯一的一次"串联"。

"文革"前我是总支委员,负责理论与宣传。因为工作上的关系,与学校党委和行政机关的不少中层领导都认识,加之我妻子在党委组织部工作,因她的关系也认识一些人。"文革"一来,行政楼的人事关系,发生了剧烈变化,原有的派系矛盾,借着"文革"爆发出来。我虽然不搭界,但有些很熟悉的顶头上司,转眼之间成了黑帮,另外一些人是"文革"初期的中坚,稍后又有一些人成为造反者,真是天翻地覆啊!我不敢与任何人往来。到1966年底、1967年初,在乱糟糟的情况下,我胆子反倒大了一些。革命派夺权之后,有一批人因执行资产阶级反动路线被打倒,其中有很多是工农干部。造反派要他们写检查、交代问题。他们被打蒙了,原来是出口成章的大领导,一时连检查也不会写了;那些工农出身的干部,大部分都是执行资产阶级反动路线的人,他们更不会写检查。我的倾向依然是"老保"。我妻子是资反路线的小走卒，与他们中的多人很熟悉，我也认识。此时，他们提出要我帮助代写检查。开始为一位捉刀，后来他们也有串联，第二位、第三位接踵而来，凡是要我帮忙的，我都痛快地答应。写这种东西很简单，就是抄报纸上的相关文章。他们的检查，根本就不涉及运动初期被打倒的人和事，造反派也是把那些被打倒的人视为"牛鬼蛇神"，所以检查只是对造反派的态度和立场问题。

最有意思的是，我竟然给天津大学党委书记苏庄代笔，反复写过检查。南开大学与天津大学毗邻，中间没有任何隔离设施。我常去天津大学看大字报，或无目的转悠，看过不少有关苏庄的大字报。我与苏庄根本不认识，但与他的夫人认识。他的夫人叫王宣，是南开大学党委统战部部长，过去我向她汇报过工作，有几面交往。"文革"初起，王宣作为工作组组长被派到数学系领导运动，我妻子是她的随员，对她的印象很好。她很反感不负责任地乱贴大字报，尤其不赞成给挨斗的人戴高帽等野蛮行为，可当时的调子是不能压制群众的革命积极性，她也不敢公开制止，只是私下与我妻子唠叨、叹息。她不理解运动怎么这么搞。在1943年的延安"抢救运动"中，她被整得死去活来，硬是咬住牙关，挺过来了。苏庄是30年代初北京师范大学的毕业生，很早就参加了中共，在济南一中教过书，我的老师杨志玖、杨翼骧教授都是他的学生。他后来到了延安，"抢救运动"中也被整得一塌糊涂。之后，王宣与苏庄结为连理。苏庄一直在教育界任职，做过东北一个省的教育厅厅长，在教育部任过司长，50年代后期任西安交通大学党委副书记，"文革"前两个月刚刚调到天津大学任党委书记。一上任就遇上"文革"，因执行"资反路线"和修正主义教育路线，他被造反派打倒。

我看了有关他的大字报，认为没有实质性内容。我弄不清楚造反派为什么对他那么狠，从8月开始就斗个不止。由于有王宣这层关系，我很同情苏庄这位老革命。1967年初，我出于同情，匿名给他写了一封信，提了几条应对局面的建议。过了一些天，我妻子在路上遇到王宣，顺便问了一句，收到一封信吗？王说收到过，一再感谢写信人。当听说是我写的，她立即激动地抓住我妻子的手，眼里含着泪，不停地说，天下有知己啊！苏庄那时被轮番进行武斗和文斗，把一个年过六十的人折腾得死去活来，本来是笔杆子出身,这时几乎写不成句子。王宣向我妻子提出,要我帮助写检查,我妻子当即表示同意。我不敢到他家,夜幕降临,便与王宣在体育场边散步边叙述情况,理清思路,由她的两位上初中的女儿来回送信。

我前前后后给苏庄写过几次检查。苏庄没有历史问题,来天津大学时间不长,没多少问题,造反派想打倒也难,后来把他扔在一边没人管了,老先生也可自由行动了,这时我们才第一次见面。我们两家成了好朋友。王宣1943年在"抢救运动"中,因四川党问题曾挨过整,后查清没有问题,早有结论。"工宣队、军宣队"进驻后这事又被翻腾出来,王宣再次受到审查、批判,在被审查过程中发现她患喉癌,已是晚期,于1969年末去世。苏庄不久后被解放,重新安排到天津外语学院主持工作。"四人帮"垮台后,他又回西安交通大学任党委书记。他的两个女儿留在天津工作,与我们常有往来。苏庄几次来天津,总约我们见见面,无话不说,那时他已七十多岁,思维还很敏捷,也很开放,对往日的"左",既有自我反思,也有深层认识和批判。每谈及往事,他唏嘘不已。

通过为人代写检查,我与工农干部接触颇多,他们普遍抱怨,我们都是按照最高领袖的教导办事,他老人家说,阶级斗争要天天讲,要批判资产阶级,要结束资产阶级知识分子统治学校的局面;又整天讲,一切行动听指挥,下级服从上级。而运动轰然起来,要横扫一切"牛鬼蛇神","牛鬼蛇神"在哪里?能不在老人家说的统治学校的资产阶级知识分子中吗?我们怎么办?哪里知道是"领着孙子整儿子,难道孙子更可靠"?哪里知道你们上边有分歧?把我们调到学校来,本来就是受罪呀,在基层干得好好的,硬要我们来占领上层建筑,谁愿意来啊?他们的疑问多多,检查也是应付而已。几位老干部后来也都离开了南开大学,找到适合他们的岗位。他们到大学工作,实在是难为他们了。

上述这几位老同志多已作古,健在的也都九十多岁了。逢年过节互致问候,祝他们长寿百岁!

## "周恩来黑党"成员与入"牛棚"

1967年初,全国到处都在夺权。南开大学的造反派也夺了权,到处写的是"红色恐怖万岁"!我住在校门口,对着窗子有个高音喇叭,一天播送几次劫夫谱曲的"钟山风雨起苍黄,百万雄师过大江……",以往听着很豪迈,现在一听,真是毛骨悚然,各式各样的"勒令"不绝于耳。

当时,我仍不能理解这是为什么,完全处于被动状态,只能无可奈何地看热闹和等待命运的安排。有时也很气愤,我曾多次匿名给中央"文革"领导小组写信,斥责他们把天下搞乱了。寄信又害怕追查,所以不敢在附近邮筒发,要到很远的地方投递。不写信,心里憋得慌;写了,又害怕追查,心情很乱。

我万万没有想到,2月的一天,声震全校的高音喇叭,传来了对我的勒令,要我次日晚七时到历史系资料室,接受革命群众的审查,届时不到,砸烂狗头!发生了什么事?从"文革"开始,我就被驱逐出革命队伍,什么事也没有参与,百思不得其解。但这是革命派的勒令,我不敢抗拒,也没有丝毫要违抗的心理准备。只要打出革命和革命群众的旗号,我都会听从,何况是已经夺了权的造反派!第二天,在我家门缝下我见到一张小纸条,上边写的也是要我准时到上述地点交代问题(这张小纸条夹在老学生证里,最近清理杂物,发现保存完好)。

次日,我准时到达,一看只有三个人,并排而坐,要我坐在他们对面,摆出审判的架势。三人目光严厉,上来先拍桌子,大声训斥道,刘泽华,要老实交代你的反革命罪行!资产阶级反动路线包庇了你,现在到清算的时候了。我们有证据,现在就看你的态度了!我心想,我的问题,大字报都揭出来了,而且多是不实之词,我没有参加任何活动,哪里来的"反革命罪行"?我给中央"文革"领导小组的信,难道他们知道了?不可能,查信应该是公安局的事,而那时整个机关都乱套了。我那些信,虽然对当时的局势不满,但没有恶毒攻击的语言,当即就把此事排除了。清算运动初期的那些大字报?也不可能,比我更大的"牛鬼蛇神"都没有管,怎么会首先对准我呢?我真不知底

98

里,还有什么事?

一时间,我也不知从哪里来了一股横劲,像一只走投无路的羊向狼反扑一样,毫不示弱,大声反驳道,你们胡来!任凭你们调查,我愿奉陪到底!就实而言,我不是勇敢抗拒,而是"逍遥"了半年,什么事也没有做,哪来的"反革命罪行"?自己心中有底。我的死硬态度,他们始料未及。硬对硬,陷入僵局,无法收场,最后,三人命令我到"牛鬼蛇神"队劳动,接受改造。

我满腹疑惑,一身沉重。世道会向何处去?我这样的人,怎么也成了"牛鬼蛇神"?怎么会落到这般田地?面对着妻子女儿,我抽噎起来,说不清是委屈还是悔恨。妻子因是执行资产阶级反动路线工作组的成员,也遭到造反派的冲击,陪着领导游街。她能理解我,并安慰我,我们没有做任何事,怕什么?最后总得有事实吧,没有不会变成有,劳改的这么多人,劳改就劳改!四两拨千斤,经她这么一说,我也就放松了。头一天与审判我的人顶得很硬,就当时的情况,我完全可以拒绝,可以逃跑,可是第二天,我还是乖乖地到"牛鬼蛇神"管理组报到,成为年龄最少的"小牛"之一。那些"老牛"们不知发生了什么事,问我,你怎么也来了?我不知所对。我还自以为与他们不同,他们是真正的"牛鬼蛇神",我属于毛主席说的,自己人打自己人,属于"误会"这一类!在休息时,"老牛"们三三两两,一起有说有笑,我则远避一旁,同他们保持一点距离。但"牛鬼蛇神"管理人员不那么看,而是一视同仁,每天站队挨训斥。人啊!就是一张脸,把事情一看透,就没有什么负担了,横下一条心,由它去吧,看你们如何处理我?

看管我们的红卫兵叫"闻糠贵",这不是他的真名,而是一个诨名。他们班另一位同学,诨名叫"猪紧张"(谐音)。这样,"闻糠贵"与"猪紧张",就对应起来,他们的真名,倒忘记了。"闻糠贵"确有几分浑劲,每天几乎都有新招,戏弄和惩罚我们这帮"牛鬼蛇神"。惩治谁,就让谁先出列,客气的,背一段毛主席语录,不会要罚站;稍严厉的,则一通训斥;再严厉的,就要掌脸了。我还走运,没有被惩治过。

往日我很少去医院,这时我想到了泡病号!没有病,也要找点病。早春时节,不时刮起寒风,在风中劳动,一凉一热,时不时感到有些腰疼,于是我请假跑医院。看了几次,不见好转,医生给我照了X光片,发现腰椎增生,多少有些S变形。那时没有病还找病，有了医院诊断证明，也就有了充分的理由，把医生要我休息的证明信一交，干脆不去劳动了，天天到医院去按摩、理疗，管理人员拿我也没有办法。我敢泡病号，但不敢反抗，更不敢逃跑，有不少勇敢的人，这么做了，我想到妻子女儿，不能给他们惹麻烦。过去讲历史，在奴隶制下，有家室的奴隶，比较好管理，自己的体验也证明了这一点。

时间一久，我才知道，是王文郁这位讲师背后捅了我一刀。他与我同在一个教研室，年近四十。他与我的交往很多，是一墙之隔的邻居，他的爱人是校医院的医生，他们结合还是我与妻子介绍的。此人一向紧跟，我是支部书记时，自然也紧跟我，有事无事都要找我，甚至连无法见诸文字的私密怪事，都向我绘声绘色说个底朝天。我知道这个人比较偏激，言行有些怪异，同他来往，虽有些戒心，但仍认为他靠拢组织，是个积极分子。每次对群众进行政治排队，因他出身不错，都是左派。"文革"初期，他猛揭自己的老师，又成了左派。造反派夺权之后，这位老兄对我有一个令人震惊的长篇揭发，是导致我入"牛棚"的重要证据。当然，新当权者中有一位头头，对我很有看法，有了这位的凿凿之言，正好是整我的机会。然而在一段时间内，竟然没有一个人向我透风，包括我往日的知己朋友，由此也可以看到，当时情况是何等严酷！过了一段时间，没有查出任何问题，这才有人告诉我事情的经过。

造反派夺权没几天，这位老兄大概要向革命派献礼，于是拿我做祭品。其惊人之论，主要有以下几点：

一、当时有一股反周潮流，他说周恩来有个"黑党"，我是其成员之一，历史系，还有一位姓张的。张几乎没有挨大字报，所以对张没有大影响。这位王兄，便把我"发展"为周恩来"黑党"的成员。在反周思潮中，这真是个大罪！

二、说我是保守派的幕后高参，至今我也不知从何说起。当时的保守派，也把我视为"修正主义"苗子，没有任何往来，我怎么会是黑高参？可是这位说得有鼻子有眼，某日某时某某来找，密谈多少时间，何时离去，不知姓名的，则描绘身材长相如何。我家门与他家门在墙角的两边，他每天长时间在门后窥测。

这些事有点影子。那时来我家的人是有些，但不是找我的，是找我妻子的。我妻子在党委组织部工作，对干部的历史情况无疑是熟悉的。当时兴起革命群众审查干部历史问题,可是党委已经瘫痪,即使不瘫痪,也不能让人随便去查档案,于是就找在组织部工作的人员,让他们提供线索。我妻子的组织性很强,绝对不提供任何情况,于是有些人反复来做工作,软硬兼施,她始终不露一字,后来赢得人们的好评。

三、说我是个阴谋杀人分子,要害死他。我进了"中间组"后,往来虽渐少,但我一如既往。因他家不生炉火,每天仍让保姆给他烧壶开水送过去;遇到我家改善生活,如蒸包子、包饺子等,经常由小女儿给王伯伯送去。谁知友情一下子变成"下毒"的机会,他说我在水中、食物里放有毒药;怕我暗杀他,夜里他都枕着菜刀睡觉。

这些天方夜谭式胡说八道,竟然使造反派的头面人物十分激动和亢奋,振臂高呼:"毛主席万岁! 揪出刘泽华是毛主席革命路线的胜利!"

可以一时激动,但从哪里取证呢?这也确使新掌权的革命派为难。拖了几个月,毫无进展,我倒不紧不慢,时不时地向新领导要"罪证"。与我关系不错的人,经过一段时间之后,也敦促新领导公布"罪证",否则应该恢复人家的自由。我这样的人,对造反派来说,算不上什么有分量的人物,但在历史系小范围内,也是一个难咽的酸果。专案组的调查一无所获,大约到 5 月底,不得不把我"解放"了,让我回到革命队伍中。经历这件事,我倒有一点收获:把事情暴露出来,是解决问题的最好办法。

这里附带说几句后话。王文郁讲师没有打着狐狸,反而惹来一身臊。他没有捞到什么好处,人们反而躲他远远的,生怕被他乱咬一口。后来"工宣队、军宣队"进校清理阶级队伍,不知怎么把他扯进去了。于是他又乱咬一通,把本系女老师黄若迟乱咬一番。他与黄的关系原本不错,他曾说过,黄像水晶一样洁净、光亮,不知这时犯了什么神经,把狗血喷向黄若迟,同时也说自己是特务,还有手枪,有同伙等。"工宣队、军宣队"兴高采烈,庆祝挖出了埋藏如此深的敌人。根据他提供的线索,四处外调,然而使人失望的是却是一场空。这是什么人,是故意开无产阶级专政的玩笑吗?还是他的神经出了问题?人们议论纷纷,几乎所有人都更加警惕,与他疏远。没有多久,他被下放到农村落户劳动。

几年之后,到 70 年代中期,他最后一个从农村返回学校。我在古代史教研室任主任。大家都知道我们之间那一段特殊的历史瓜葛，领导不好开口与我谈。我想了想，总应让他有碗饭吃，他原是古代史的教师，我现在是小头头，他与我是个人关系问题，让不让他到古代史，是个政策问题，我只能以后者为准，主动接纳了他，安排了工作。他多次向我赔礼道歉，又多次要到我家向我妻子和孩子道歉，我妻子很坚决，绝不接受。我不计前嫌的做法，赢得了同仁们的赞许。我有时还有些怜悯，认为这何尝不是我们的制度和政策培育的怪胎，能汲取教训比什么都好。然而，有点不可思议的是，在后来"两个凡是"时期，这位老兄警惕性又来了，向中央写信，诬告我反对华主席。当时有一个政治规定：谁反对华主席就打倒谁！这位真是往死里整人！我对"两个凡是"，的确不太赞成，但对华主席是蛮尊敬的，至今我仍认为，华国锋做了一件大好事，功不可没。这封信转回学校，又转到系党总支。党总支副书记胡占彩同我谈话，核对有否反华主席的事。这次我很坚决：我们两个不能共事了；我提议，或者我另找出路，或请他另谋高枝！领导们就把他调离了。从这以后，我再也没有同他说过一句话。走对面，我也不睬一眼。我真不明白，他有丧心病狂陷害人的嗜好，还是我们的体制培育出来的特需品种？这是一个小小的谜。

话说回来，他陷害别人，并没有因此为自己捞到任何好处，也够可悲的。他也吃了不少苦头，又该怨谁呢？

## 卷入两派之争与在劫难逃

"文革"伊始，我从革命群众队伍中被踢了出去，自然无缘参加任何派别和群众组织。南开大学有多少革命群众组织，似乎没有人做过统计，从当时的海报上看，各类组织多如牛毛；到1967年初，形成了两大派，一派是夺权的造反派，另一派是由保守派转化出来的，人数很少。

对两派的历史，我都不甚清楚，只知一个大致轮廓。造反派称"卫东"，是保卫毛泽东的简称。发起人是周荣鑫的女儿，周荣鑫是国务院秘书长，女儿叫周少华，是经济系的学生。正是这个周少华，率先提出批判党委和党委书记臧伯平的资产阶级反动路线。据说周荣鑫与臧伯平很熟，周少华常常到臧家,臧伯伯长、臧伯伯短,此时突然翻脸,不知有什么故事。她一上来,就把矛头对准了臧伯平,当然也反天津市委。这一派的势力,与当时的造反浪潮相符,声势越来越大,后来成为南开造反派的主力。1966年底,不知何故,周荣鑫在报纸上不见其名了,周少华也销声匿迹,但这不影响造反派的大势。

毛主席8月18日接见红卫兵之后,南开成立了保校党委、保党委书记臧伯平、保市委的"八一八"红卫兵。这一派开始势力很大,相对其他学校,坚持的时间也最长。主要是打倒臧伯平的材料不太有力,说臧伯平是叛徒,一查档案,不是;说他执行修正主义路线,他1964年才来南开,且不说现在的认识,就当时来说,似乎根据也不足。不知是上头的指令,还是臧伯平的主意,1964年和1965年招收的学生,几乎是清一色的"红五类",历史系招收的学生,没有一个出身于剥削阶级。后来接连不断地搞"四清",搞阶级教育,又大学毛著,大搞半工半读,还说他是修正主义者,我作为圈外人都很难接受。怎么才算不"修"呢?运动一起来,学校提出万箭齐发,任何人不准压制大字报,揪出那么多"牛鬼蛇神",还不够"革命"?红卫兵真卖力保他,但终究还是被打倒了。没过几年,老干部陆续被起用,臧伯平被调到天津大学当了一把手,1977年又调回南开当书记兼校长,后来又调教育部任副部长。"文革"期间,他被打瞎一只眼睛,打断几根肋骨,折腾得死去活来。

"八一八"红卫兵随着夺权被冲垮了,其中一部分仍不服造反派,成立了自己的"八一八红色造反团",人数虽然很少,但承继了原来"八一八"红卫兵抓出震惊全国的"六十一人叛徒集团"的战绩,从而得到中央"文革"领导小组的肯定。中央"文革"领导小组、周总理,还有毛主席的批示,都肯定了南开"八一八"是革命组织,因为他们在抓叛徒上有赫赫战功,给打倒刘少奇提供了一份"铁证"。

南开两派,都被中央"文革"领导小组认定为革命组织,但互相之间形同水火,内战无止无休。大约在1967年5月下旬,我被解放后,没有加入任何组织,也没有任何积极性,便随同夺权的造反派活动。应该说,造反派中有些人,此时对我也很不错,教师中的负责人立即吸收我参加大批判组。记得当时正赶上大批刘少奇的《论共产党员的修养》,要我执笔写批判文章,我推辞说，自己一时还不熟悉，与革命群众长时间隔离，一切都很生硫，先让我参加活动，待我与大家熟悉之后再写。负责人倒也很通达，就让我在大批判组挂个名，先与大家一起活动。

回想起来，我真有些自不量力，一回到革命队伍中，就以革命群众自居，遇事就发表自己的看法。一方面，我要站起来紧跟毛主席，闹革命；另一方面，经过"牛棚"的锻炼，脸皮也厚了，造反派把我关进"牛棚"，又不得不放，说明我没有什么问题，腰杆儿反而硬起来了，当然对造反派的态度也发生了相当改变。当初，他们只有几个人，冒着那么大的危险造反，最后竟然夺了权，也很不易呀，我也有深深的敬意，纠正了我运动初期的反右的大思路。

掌权的"卫东"造反派，当时经常讨论两个问题：一是如何消灭少数的对立面；一是下一步如何接着造反。当时天津已经军管，我感到，他们对天津市的军管很怀疑，多有批评，有时还很激烈，斥责军管支持了保守派，没有执行毛主席的革命路线等。

我承认运动初期的反右思维错了，可我仍然是老思维，既然军管是中央的决定，而军队是维持局面的唯一力量，那么，我直观上认为应当支持军管，尽管没有任何有关军管是支持保守派还是支持造反派的根据。社会已经失序，不能再乱了。如果把军管否定了，局势岂不是会更乱？

我和少数派没有任何瓜葛和往来，与他们前身——"八一八"红卫兵也没有任何往来。可是，每当造反的掌权者鼓动，要彻底摧垮少数派，我还是老思维，认为要听中央的，既然中央"文革"领导小组都肯定了他们，怎么还不承认他们也是革命派呢？开始我只是听，后来我就不甘寂寞了，每每站出来为少数派辩护，主张应联合他们，而不是消灭他们。我的发言，不知由谁传到少数派那里，他们的人很少，到处寻求知音，于是，少数派的同学便来我家访问，欢迎到他们那里坐坐。为了表示我对两派一视同仁，上午我跟掌权的多数派活动，下午到少数派那里转悠一下，在当时两派严重对立的形势下，这几乎是没有先例的。

掌权的多数派，经过艰苦卓绝的斗争，由几个人变成掌权的多数，此时正意气风发，踌躇满志，唯我独左，唯我独尊，容不得任何人稍有冒犯，经常对少数派拳打脚踢，血案不断，自以为不能义取者，只能力胜。对我这样一个"幺蛾子"，又是刚刚被解放的"牛鬼蛇神"，更是不能容忍，大会、小会不点名地说我们队伍中有"奸细"，是"两面派"，等等。我听后，感到派性的严重性，有点害怕，意识到可能引起麻烦。我妻子劝我安静点吧，别招惹是非，刚刚获得解放，过点平静的日子吧。

我经过"考验"，开始有点"胆子"了，虽然不大，却认定自己是对的。我既然已经表明了态度，主张双方联合，骑在了虎背，如果我停止到少数派那里去，旁观者会说我是胆小鬼，也显得我太怯懦。我当时的言论有一条主线，就是劝双方互相承认，自认为符合革命派要联合起来的"最高指示"，何况我没有挑动"派性"，能把我怎么样？掌权的多数派，一方面不点名地讨伐我，另一方面又有学生和教师中的负责人找我谈话，说要搞"三结合"了，希望我能参加进来。"文革"前的负责人，当时还处于被打倒的状态，造反派要争取干部，蜀中无大将，廖化成先锋，我曾经是总支委员和支部书记，便被视为"干部"。当时，我仍说不清什么样人才算走资本主义道路的当权派，但有一条我很明确，为了避免成为走资派，首先不要当权。因此，我不为多数派的好言所动，也不想被结合，依然两边活动。

两派斗争的形势越来越严峻，武斗开始升级。多数派人多势众，少数派自然吃亏的时候多。1967年8月初，发生了一起比较大的武斗，气氛很紧张。少数派的两位同学气喘吁吁地来到我家，说多数派要"除奸"，要打你，正在集合人，你必须立即离开，劝我立即到北京躲躲。我毫无准备，害怕挨打，连洗漱用具也没有带，便跟着同学急忙上了一辆正要去北京的汽车，匆匆跑了。随后，多数派来了一群人，扑了个空，撂下话：便宜了他！我这一跑，自然就公开站到多数派的对立面，卷入了两派斗争。

到了北京，在黄寺附近的总政军乐团住了下来。那里有一个少数派的大批判组，正好有我一位老同学于兴洲，还有几位我教过的学生，我就加入了他们的写作班子，一同写大批判文章，力求在《人民日报》或《光明日报》上发表，这是给一派抹金的大事。于兴洲是教党史的，手很快，又聪慧，由他主笔，我做助手，合写了一篇纪念秋收起义的文章，投给《人民日报》，很快打出了清样，原以为能发表，谁知等啊等，秋收都过去了，也没有消息。当时，全国武斗升级，《人民日报》编辑担心引起鼓动武斗的副作用，那篇稿子终未发表，我们自然很是遗憾。天气转凉，正好毛主席发出革命大联合的号召，我便回到学校。

返校之后，少数派让我参加系里的"大联合"谈判，因为我是历史系少数派最大的干部（其实我不是干部）。多数派提出按人数出代表，少数派主张对等原则，来回谈了几次，根本谈不拢。后来，我建议少数派人可以少，但有否决权。多数派的代表叫刘克华（人们开玩笑说是我的哥哥），原是北大历史系副主任，因解决夫妻多年分居，调来南开。刘克华老兄很客气，他说，就个人来说，我主张由你主持联合组，但现在不是这种局面，只能按多数少数来定。我回答说，正常情况应是这样，但现在是两派，给少数派一个否决权应该可以吧。我的建议遭到两派的拒绝。

两派的大头头也搞过谈判，但很快就谈破裂了，主要是多数派不承认少数派是革命的。少数派中没有中层（处级）以上的干部，教师也不多，我多少就有点显眼。有一次，要我参加与一位校级领导干部张玉的对话。张玉原来是团市委书记，"文革"前夕，南开拟成立政治部，由张玉任主任，还未正式上任，"文革"暴风即起，他未卷入。此时，他成为多数派公开要结合的领导干部。我出了一个主意，不要谈别的，就问张玉一句话，问他承认不承认少数派是革命派。张的态度很和蔼，但不管怎么说，就是不说这句话。多数派对少数派的态度，于此可见一斑。

两派的互相批判和对骂越来越加码，两派的活动空间也分开了。少数派仅占领了原第一教学楼（危楼）和一块弹丸之地，学生们都从集体宿舍被赶了出来，集中在这座楼里。少数派中工人相对多些，他们有技术、有材料，楼门和楼梯都装上了铁门，白天有人看守，夜间上锁。少数派在校内成了笼中困兽。我虽是少数派的人，去那里的次数不多，偶尔去看看，也总讲些促联合的话。我反复说，我们是少数派，联合不要坚持人数对等，如能实行协商一致就可以了。我的发言，常常受到讥笑，于是有人给我起了一个雅号，叫"老机"（右倾机会主义分子）。

"最高指示"号召联合，南开两派的对立却日益激化。多数派时不时地围攻少数派的孤楼，有时还断水断电，还多次以火伴攻。双方的广播火气越来越旺，形成你死我活之势。少数派的教师和干部很少，多数派对这些人实行掏窝的办法进行毒打,吓得这些人四处躲藏。我也不例外,跟着我的老同学跑到河北大学(那时在天津)主楼,在半地下室躲藏起来。当时已经进入隆冬时节,吃饭、取暖都有问题。我家住在离校门口附近的北村,白天我还能潜入家中猫起来,偶尔也到孤楼里看看同学。这时几乎什么缓和的话都不能说,年轻人脸色铁青,阴沉沉的,似乎都做出了牺牲的准备。有一次,正碰上小规模的武斗刚刚结束,不经意间,我发现一位同学受伤趴在地上,上去一看,竟是我教过的学生穆福田,血染透了棉衣,从后背渗出来。我和几位同学急忙把他抬起来往校门口跑,拦了一辆汽车,送往医院,到医院已经不省人事,经急救才苏醒过来。他是被人从背后用长矛刺了一枪,差一点刺伤肺部。多少年来,这位同学一直念叨我的救命之恩。

到 12 月 17 日夜,终于发生了大规模武斗,据说有上千人攻打这座孤楼,投掷燃烧物,引起烈火。多数派正准备总攻之时,天兵降临南开,大批的解放军野战部队跑步进入学校,径直奔向少数派的危楼,以迅雷之势,将多数派驱散,孤楼得救。

解放军虽已进驻,但多数派怒气未消,仍连续抄家。12 月 19 日夜,一阵急促的敲门声把我妻子和三岁的女儿惊醒。他们破门而入,约有六七个人,手持长矛、铁条,用长矛在地上猛戳,气势汹汹,巡视一圈,就问:"刘泽华呢?"

我妻子回答:"他不在,出门了。"

"他整我们的黑材料,我们要搜查!"

"他整你们什么黑材料?你们是人所共知的革命造反派,怎么会有黑材料?"

一个人很凶气地说:"你少来这一套!"边说边用手推我的妻子。

我妻子生气地说:"我怀孕在身,你们不要碰我!"

这人说:"怀孕怎么啦?革命高于一切,不许你说话!"

旁边一人马上说:"她怀孕,谁也不许动。我们是来抄黑材料的。请你出去,我们要搜查。"

我妻子说:"我女儿发高烧,我不能离开她。"

这人又说:"不行,你必须听命,我们搜查完就走。"

无奈,我妻子只好站到冰冷的走廊里,听着女儿带着颤抖的哭腔,喊着

"妈妈,我要妈妈……"

一个搜查者粗野地上去,要拽盖在女儿身上的被子,幸好被另一位立即制止:"不要动孩子的被子。"(这些话都是三岁的女儿后来告诉我们的)。

我家只有一张桌子、两个书架和一个立柜,又不设锁,搜查很容易。翻腾一阵子,临走撂下话,便宜了刘泽华,他在,非打断他的狗腿不可!没有打着人,把我们家的一批照片撕碎,撒了一地,也算出了气。

抄家者在楼道里出出进进,用蚊帐、床单往外兜东西,正当高潮之时,解放军的巡逻队走过来,吓得他们仓皇撤退,楼道内外,书籍散落一地,屋内更是满地的衣物和书籍,书桌抽屉被拉开,被翻得乱七八糟。三位解放军很快来到现场,问我妻子是怎么回事,妻子向他们介绍了情况后,负责的一位气愤地怒骂:"这简直是土匪!"并安慰我妻子说:"现场不要动,由我们看着,你安心休息吧,但不要关灯。"转天早晨大概5点钟,天已经蒙蒙亮,我妻子才把灯关了。谁知不到两分钟,又响起了急促的敲门声。我妻子以为抄家的又回来了,开门一看,原来是解放军战士。他们问:"大嫂,看见灯关了,以为家里又出事了。"我妻子感动得流下眼泪。这样的数九寒冬,这些小战士眼睁睁地盯着我们家的窗户,保卫着我妻子和孩子,真是亲人解放军!

第二天一早,我妻子把我家被抄的情况告诉了办公室的同志,消息一下子传开了,来慰问的人络绎不绝,还有多数派"三结合"的领导干部和造反总部的成员,都来表示慰问。我妻子一直跟着多数派活动,另外也有往日的人情因素,更与解放军进驻有关。有人提醒,看看少了什么东西,我妻子翻了一下抽屉:存折不见了,俄文版《毛主席语录》没有了,几十枚毛主席像章找不到了,还有两支英雄牌金笔也不翼而飞。我女儿一听,伤心大哭说:"那是我的像章,偷毛主席的像章,是坏蛋!"妻子冷笑道:"他们抄的黑材料竟包括《毛主席语录》和像章!"这时,有人说赶快到银行挂失,一位同事骑车到天大储蓄所,出纳员说:"刚有个学生模样的人取走了三十元。"这个青年人,还算不错,手下留情,竟给留下二十几元。我们那时经济很拮据,几乎月月紧紧巴巴,一无剩余,我们仅有这五十几元做备急之用。这件事引起了很大反响,舆论沸沸扬扬。当时打人是常事,是英雄行为,是革命性的标志,即使打死,也多不在法律追究之列;但偷人家的钱,在道德上无法解释。"文革"是"狠斗私字一闪念"的彻底的道德革命呀！进驻的解放军指挥部,提出要追查。掌权的多数派也自知理亏,给他们抹了黑,也下令追查。过了两天,偷钱的人来到我家,把钱归还,并赔礼道歉。我妻子对他讲:"你缺钱,可以借。这不是革命行动,是趁机抢劫。以后走上社会,是很危险的。你还年轻,要切记!"这个年轻人一再点头称是,满面通红,灰溜溜地离开我家。抄走的书,只记得有《史记》《汉书》还回来,另外一些书,显然被"爱书"的人自己留下了。

由偷钱者得知,抄我家的是三年级学生,我与他们没有任何接触,一个都不认识,何以那么仇视我?至今也未搞清楚。如果没人指点,怎么上来就会摸到我家?我从来没有追问过这件事。但我相信,有点良心的人是会自惭的。如果不自惭,那一定是一位坚定的特殊的"革命者"。

为什么掌权的多数派对我那么讨厌呢?我想,这与"有了权就有了一切"的思想关系很大,对"革命的掌权者"是不能怀疑的,也不能容忍脱离,更绝对不能挑战,我犯了大忌。那个时期,我把派性和党性看成是对立的……对我这样有离心的人,只能实行"专政",这符合当时的思维逻辑。另外,可能与一些人过高估计了我的活动能力有关,他们误认为,我是摇羽毛扇的人物,其实我哪有那样的本领。后来"工宣队、军宣队"进校,清理所谓"派性"事件,没有一点事与我沾边。

毛主席说,好人打好人是误会!倡导通过打人辨别好坏,真是一大政治发明。"文革"中有那么多"打",直至打死而后明好坏,无疑是更上一层楼!不过,这次不仅仅是要进行革命的"打",还夹杂着见不得人的"偷"。

据说抄我家,是南开抄家的殿尾之作,此后出现了大逍遥,再也没有发生类似的事件。

事后分析自己是在劫难逃的,在历史系,我是少数派中年龄最长的,又当过"官"(总支委员),是少数派中唯一的"狗崽子",其他人都是年轻的红五类,不瞄准我又瞄准谁呢?

## 毕业分配，"线"为标准

1967年12月，大武斗被军队制止。此后，两派基本都消停下来。往日高音喇叭的互相对骂、煽动、挑衅，闹得人们不得安宁的气氛，也相对和缓了许多，从此也开始了全校的大逍遥。1968年3月，我的小女儿出生了，我们夫妇俩几乎把全部精力都投入到照料小女儿的身上，倒也有说不尽的快乐。妻子怀上小女儿之后，我就到处躲藏，先是1967年夏秋时节在北京，12月大武斗前后在河北大学半地下室读闲书消磨时日，其间妻子拖着身孕，带着三岁大的大女儿步行去看我。女儿走不动，妈妈想背她，她懂事地不让妈妈背。在冰冷的教室里见到爸爸，她扑上来要我抱抱。

转眼到了1968年初夏，北京下来通知，要对六六届的毕业生进行分配。他们已经拖后两年了，要求毕业的心情十分迫切。上边的精神是：凡是分成两派的地方，要成立联合分配小组，否则不能进行分配。多数派无奈，只好找少数派联合。经过双方协商，成立了联合分配小组，多数派出两人，少数派出一人，但必须是教师或干部。我随少数派活动，又因我是原来的总支委员，工龄、党龄最长，他们推我参加。我再三推托，无奈推不掉，只好硬着头皮参加。多数派推举的两位也是原来的总支委员，过去我们相处得还不错，现在却要代表各自的派别来讨论问题。一开始就遇到谁是召集人的争议。少数派的毕业学生很少，只有七个人，让我去争当召集人，显然不妥。我说服少数派，召集人只能由多数派出。我还建议，不实行少数服从多数，而是采取协商一致原则，一人不同意，便不能形成决议。但多数派学生坚持要实行少数服从多数，于是少数派拒绝参加，分配无法进行。经过多次争论，多数派最后还是采纳了我的意见。

这个年级1961年入学，本应1966年毕业。我给他们讲授过中国古代史，认识他们每个人。不过，在"文革"时期，师生关系被彻底打碎了，而且是学生革老师的命。我讲课时，有几位出身好，但成绩不太好，"文革"初期狠狠贴过我的大字报，因我是富农出身，说我是"阶级报复"。这次分配我又来了，为了给我一个下马威，多数派的头头和几位对我有成见的学生，集体找我谈了一次话,警告我要贯彻阶级路线,不准借机报复,我只能诺诺称是。

"文革"的这两年,两派打得一塌糊涂。毕业分配来了,两派借机整对方的情绪固然很浓,但又有分配中的利益新问题。一是阶级出身的矛盾;二是头头与一般群众的矛盾;三是学习好与学习稍差之间的矛盾;四是学生来自不同地区之间的矛盾。

分配方案一公布,立即炸了营。总的精神是"四个面向",即面向基层、面向农村、面向边疆、面向工矿,其中有黑龙江饶河县一个名额。饶河位于东北边陲,乌苏里江中下游,与苏联远东地区隔江相望,不通铁路,真可谓偏僻。此外,有齐齐哈尔的,有鸡西煤矿的,有到农村中学的,也有到学部(后来社科院)的,还有留校的。面对这个分配方案,我们三个人感到十分棘手。

多数派的头头气势很盛,要左右分配方案。与我共事的两位成员比较软,受头头们的操纵。初议,把出身不好的都分到边远单位,少数派没有出身不好的,但从单位看,对少数派几个人多少也有些不公。对这个方案,我开始没有明确提出异议,但很犹豫,提议先放一放,再考虑一下。几天没有表示同意,我于是便成了焦点,学生成群结队来我家施压,高呼口号:"刘泽华反对阶级路线!""刘泽华不许挑动派性!""刘泽华要向造反派低头!"我一时也不知如何是好,提不出相对应的方案。那几个边远的单位,究竟应该谁去呢?怎么就没有一位唱高调的头头?想起我们年级 1962 年分配时,最难的是去新疆的三个名额,系领导最后决定一律由党员去,使整个分配得以顺利进行。正在我进退维谷之时,少数派的一位"豪杰"——王一华横空出世,他表示去最艰苦的地方——饶河。当时中苏关系剑拔弩张,大有一触即发之势,谁也不愿意去这个地方。现在好了,这位同学出身贫农,又是革命干部家庭,有了这张王牌,就可以说点道理了。我在一次集会上,以非常坚决的口气讲,什么是阶级路线?阶级路线就是革命路线!头头要带头执行毛主席的革命路线,带头到最艰苦的地方去!王一华为我们树立了榜样,头头们要向他学习!我这几句话一下子把气氛扭转过来,赢得多数同学的支持,闹得最凶的几个头头,一下子像秋后经霜的蚂蚱,全蔫了。

可是,这几个人鬼主意挺多,立即从医院开来证明,说自己有心脏病、关节炎等,不能去高寒地区。我与另两位同志商妥,现开的诊断,不足为凭,要以已有的病历为证。这一下，他们又傻眼了。我提议，没有人愿去的齐齐哈尔，多数派的头头要带头去一个。此时，他们态度全变，一个个向我求情，苦诉自己确实有困难。我也不是诚心与他们为难，但一定要有一位头头带头去，这一点不能退，具体谁去，让他们自己商议。起初闹得最凶的几位头头，发生分裂，你攻我，我攻你。多数人也纷纷提议，头头要带头！在上下的压力下，多数派的主要头头，只好表示自己去，也算是一条好汉，但气势已经全没有了！全靠王一华的豪壮之举，我才能说几句压住阵脚的话，否则，不知道这次分配会是一种什么样的结局。

分配中贯彻了阶级路线，出身最好的被分到人们最羡慕的单位，如大学、科学院的学部等，往下依次是单位越差，出身也就越差。最可怜的是几位出身剥削阶级的同学，其中有一位女同学姓陈，出身也说不上是资产阶级，算个小业主吧，但当时被划入资产阶级，她的恋人恰好是一位贫农出身的红五类，是少数派的，名字叫苏义申。鸡西煤矿要两个名额，把资产阶级出身的女孩分到鸡西煤矿，似乎形成一致意见，另一个名额由谁充当，成为难题。想来想去，负责分配的三人取得一致看法，设法动员女孩的恋人一同去，因为他是少数派，动员的责任就落在我头上。其实他早已做好准备，我同他一说，他立马回应，不要说了，我与她一同去。他知道，不可能把恋人带到好单位，只能是他随着恋人走，真是"生命诚可贵，爱情价更高"啊，一条不打折扣的男子汉！苏义申人很好，也能干，时间不长，便提拔为矿附属学校校长，后又提拔为矿党委组织部长，干得有声有色。不幸的是，苏义申英年早逝，着实令人叹息。其他出身不好的，都被分配到了农村学校。

还有一个去承德的名额，没有一人报名。派谁呢，一位在两派之间来回动摇的同学，没有人给予支持，就让他去吧。他是福建人，一听分到承德，气得要命，向我哭诉说，你们分配，就像美国对待黑人一样，歧视不加入派别的人！我无言以对。这句话深深嵌入我的脑海，当时景象，至今依然呈现在眼前。

这次分配，让我体会到，高呼革命口号最响的，可能恰是最怕真革命的。我也深深感到，人啊人，是现实的。回想起来，参加分配的三个人固然有失，既说不上按德分配，更说不上按才分配，出身"好坏"是第一位的。在那个时代，不如此，似乎也难。回想起来，总有良心上的不安，但如果再回到那个年代，我又能有什么不同的作为呢？

## 难结抢占老师住房的账与"活人展览"

1968 年的上半年，是在逍遥中度过的。我的二女儿春天出生，因两派恶斗，托儿所停办，大女儿也无处可去，所以整日忙于照顾两个女儿。印象是 8 月份的一天，突然之间，"解放军与工人毛泽东思想宣传队"（简称"工宣队、军宣队"）浩浩荡荡开入学校，数目比学生与教师的总和都多。两派都被这一气势压住了，"工宣队、军宣队"的一号通令一发，大家都乖乖地在指定地点集合，听从"工宣队、军宣队"的指挥和安排。我在派别里是最普通的一员，什么职务也没有，自然也没有任何应该交代的问题。

接着是消除派性、清理阶级队伍、整党。根据政治表现，把人分成五等，组成了五种学习班：第一等叫"忠"字学习班，都是根红苗正、积极参加革命的青年；第二等叫"立新功"学习班，也属根红苗正，可能表现不如第一等；第三等叫"斗私批修"学习班，是些有问题而不严重的；第四等叫"坦白从宽"学习班，是有问题需交代的；第五等叫"抗拒从严"学习班，初定为敌我矛盾的。第四和第五等，包括运动初期所有被揪出来的"走资派"和"牛鬼蛇神"，而且更扩大了打击面。这些人都被隔离监禁起来，集中在大教室里，睡在水泥地上，由"工宣队、军宣队"和第一、第二类人严加看管，比监牢还严酷。

我在第三等，既不是依靠对象，也不是打击对象。我自己没有什么事可说，整其他人的事也摊不到我身上，最为轻松，充当看客而已。但 1969 年春，进行党员重新登记，我被甩在后边，给了点教训。

重新登记，必须面对群众，要群众通过才行。根据每个党员的情况，分批进行。开始，个人都要写申请，随后做自我鉴定和检查。我第一次自我评定，被认为不深刻，没有认识到自身问题的严重性，已经滑到"修正主义"的泥坑，当然还有出身富农的问题，不予通过，还必须做第二次检查，于是把我推到第二批。第二批倒也无所谓，我已经被"火烧"得发糊了，问题是，如再通不过，就要打入第三批，那问题就严重了。从大家的评议看，关键是不是"变修"了,我横竖不愿承认自己"变修",承认了这一条,以后就会成为辫子,有说不完的麻烦。那几天,真是绞尽脑汁,我尽量往"变修"上靠,但就是不给自己戴帽子。深刻检查自己的问题,出在突出业务、轻政治上,政治上又有折中主义的毛病,有变修的"危险";再就是检查个人主义,写文章有名利思想。对自己是不是资产阶级知识分子,我含糊其辞,但承认是资产阶级世界观,其主要表现是,对无产阶级专政条件下的继续革命,观念很淡薄,"文革"中落伍了。检查后,我又遭到一通批判,但最终放我过了关。

"工宣队、军宣队"进校后的大事很多,"清理阶级队伍"和"揭批查"中的残酷打击,屡屡发生,也死了一些人,我只是耳闻,具体情况知之甚少。这里不做叙述,仅记几件我亲历或亲闻的事。

### 事件一:推选系"革委会"成员

"工宣队、军宣队"进校不久,要成立系"革委会",教师要出一位。两派都推自己的"铁杆"人物,争得不可开交。但多数派头头们,也有一个无法洗清、被死死抓住的"道德问题",就是他们有组织有计划地搞过一次"平分住房"。大约是 1967 年,历史系造反派把教授的住房进行了一次重新分配,大致是把教授们统统扫地出门,分给很小的居室,有的教授被两次扫地出门。造反派们则分别占据原来教授的房子,像当年平分地主土地一样。这次运动以消灭资产阶级法权为由,理直气壮,轰轰烈烈,不少人兴高采烈迁入新居。历史系造反派此举,在全校掀起"抢房"热潮,影响很大。当时就有批评斥责之声。他们颇为牛气地说,我们不分占,别人也要占;与其让别人占,不如我们占。造反派掌权,有权就有一切,持异议者也无可奈何。少数派有无抢房者,我不清楚,但历史系的少数派没有这种事。"工宣队、军宣队"进校后,造反派独揽权力的局面一下子化为泡影。这件事成为少数派攻击多数派的把柄。

把这个问题摆到桌面上,抢房者不能不面临道德的拷问,就这一条,想进系"革委会"的人就很难应对。1978 年,"文革"后新建造的第一批住宅楼,大部分老教授优先迁居新房,但每每忆及被自己授业的学生抢房、扫地出门,老教授们始终不能平静,甚至抱憾终身。有多位老先生直到晚年还伤心地同我谈及此事，我总是劝他们，那是"革命"，是发动"革命"的人造成的，原谅具体肇事者吧。老先生们不说别的，总是责怪自己是如何教育学生的，别人抢占另论，自己教过的学生来抢占，体面全无！当然也不理解，自己的学生竟会如此无情。

说起来，"文革"打的旗号，是最彻底的道德革命，是"斗私批修"，是"大公无私"，这与"土地改革"旗帜截然不同，抢分教授房子与"革命"和"道德"有何关联？"文革"从逻辑上可以打死人，因革命是"暴烈的行动"，是一个阶级推翻另一个阶级的统治，是夺权，是你死我活的斗争。但是逻辑上，革命不能与私抢房子相通。"文革"是纯洁的灵魂革命，是"狠斗私字一闪念"。这类突破了道德底线的人，如果一直拥有权力，谁也奈何不了，但一旦有了"公议"的机会，他们怎么也绕不过去，怎么也无法从历史中抹掉，怎么也难以让人理解和谅解！由此也可见，腐败作为一种权力的恶性，往往披着革命的外衣。这里要说明一点，抓这个问题并不是为被扫地出门的老先生们鸣不平，而是争斗的需要。

夺权派在抢房问题上难以解脱，头头们难进领导班子。但少数派，也依然难于加入领导班子。少数派的教师与干部，加在一起，总共才七人，教师仅三人。要选一名教师，我出身富农，自然不在应选之列，这是当时绝对的法则。另外两人，都是"文革"前夕刚留下的助教，"文革"中都参与了资产阶级反动路线，在教师中缺少支持者，也很难上台。几个人找我，问我的意见。我提出要从"中间"突破，他们不解其意。我分析了两派推举的人选情况，多数派推举的人，因抢房固然不行，但少数派也没有合适的人选；我建议，从多数派中找一位观点持中的人，这类人占相当数量，此时正是他们显示作用的时候。我反复同少数派头头讲，要懂得分化对方，要出奇制胜。最后，他们同意了我的建议。我推荐了一位老同学，出身也好，运动初期是保守派，后来随大流加入造反派，在教师中有一定的威信。少数派接受了我的建议，这一提名打乱了多数派的方阵，很顺利地被"工宣队、军宣队"接纳。这位老同学比较深沉、稳重，有见解，善于团结人，后来步步高升，再后来当了市委常委。

115

### 事件二：活人标本展览

"工宣队、军宣队"进校时间不长，筹办了一次"历史系两条路线斗争展览会"，所有的人，都得去接受教育。我一进展厅，看到在图片旁边站着几个人，一看就知道都是所谓的"牛鬼蛇神"，我以为是现场批斗，等讲解员点破，才明白是"活人标本展览"。当时说不上来是一种什么心情。这几个人虽都有这样或那样的所谓历史问题，但还没有定性为敌人，怎么能这样对待呢？就是定成敌我矛盾，也不能这样干啊！我当时没有什么人道不人道的观念，只觉得这是不符合政策的胡来。不过，在当时阶级斗争之弦绷得那么紧的情况下，只要有人提出搞活人标本展览，就很难阻挡，否则就会被视为"右倾"。

### 事件三：恐怖战术

清理阶级队伍搞得很残酷，第四和第五类学习班是被专政对象，一个一个被审查，除了动武，什么法都用了。记得一次会议，主持者面色铁青，以带有几分恐怖的声音宣布：现已查明，会场上有反革命分子（也没有说是历史反革命还是现行反革命），限三分钟内出来交代，算是自首，超过时间，就要当场揪出来示众，接下来是读秒。会场一片寂静，能感受到人们的心跳和不平静的呼吸。时间一到，再吼一次：最后一次机会，赶快自首！会场上仍没有人作声。主持者即刻宣布：把隐藏的历史反革命分子揪出来示众！我转眼一看，原来是陈楠！一位瘦弱、矮小、斯文的女讲师，她曾给我们上过世界古代史。我顿时生疑，她怎么会是历史反革命？

陈楠的父亲，是原北京大学教授陈雪屏，到台湾后任过台湾地区最高领导人的"资政"。陈的丈夫是"右派"，社会关系比较复杂，但她是一位极其恬静的人，待人和蔼，上大学时患过严重的骨结核，落了个半残疾，佝偻着腰。她哪里有精力去搞政治？关于她的这段历史，我们都知道。我同陈楠老师接触很多，在我们学习世界古代史时，就常向她请教。后来我留校，又常在一起学习、交谈。我对陈先生的印象极好，1960年我患肺病时，她对我很关心。饥饿时期，给肺病患者特供一点肉，每次我都请她帮我炖好。陈先生很会做菜，味道极美，给我留下无尽的回味。我从心里感激她，根本不相信她有任何问题。接着左审查、右审查,结果是屁事也没有。我十分尊敬我这位老师,在以后的日子里,每逢节日一定前去问安,后来同她的丈夫交往更多,成为知心的朋友。

### 事件四:"老革命"拒不承认是"资产阶级知识分子"

巩绍英 1936 年参加共产党,枪林弹雨,九死一生。东北激战时期,他曾任过四平市委书记、辽宁教育厅厅长等,是高级干部。革命群众硬说他是革命意志衰退分子,不仅是资产阶级世界观,而且应属于资产阶级知识分子。他横竖不承认自己是资产阶级知识分子,为此顶起牛来,党员重新登记时,硬是不让过关,拖到第三批。

革命群众有"最高指示"为依据,1955 年"肃反"时,他曾遭到毛主席的严词批评和斥责。当时他是人民教育出版社的副总编辑,同时任教育部党组成员,负责编写中学历史教科书。"肃反"来了,他又被任命为出版社的肃反领导小组组长。他对揪胡风分子与"肃反"的做法有保留,特别是涉及他的下属,很"不认真";他认为这些下属没有什么问题,如此大张旗鼓,花费那么多时间,实在是"庸人自扰"。这句话犯了大忌,加之他还说过,编教材,我不睡觉也愿意,对这些事(指"肃反")我没有兴趣。他的言行被整成材料上报;毛主席看后有一段批语,大意是:这样的老干部如此不重视阶级斗争,不重视政治,不能信任,不能做领导工作。

有了这样的批语,一系列倒霉事接踵而至:撤销职务,下放劳动。"大跃进"时他正在河南下放,亲历了那么多胡作非为的事,又管不住自己的嘴,多有批评。庐山会议批彭德怀后,也把他批了一通,还好,没有戴"右倾机会主义"的帽子。"七千人大会"后,给他平了反。巩绍英是东北人,不愿当亡国奴,十五岁孤身来到北京,随后赶上"一二·九"运动,成为积极分子。1936 年到山西加入"牺盟会",并参加了共产党。十八岁任县委书记,开展抗日斗争。他从小酷爱文史,记忆力极好,马背上仍苦读文史书籍。1949 年以后,不愿当官,宁愿做一介平民,以从事历史研究。

1963 年,巩绍英来到南开,没有教授的职衔,名义是"教员"。教员的身份,可高可低,高的如教授,他是十级老干部,在大家眼里比一般教授要高。

在突出政治时期,领导出于好意,希望他出来兼任一点政治职务,被他婉言拒绝了。最后实在无法逃脱,他兼任了南开大学图书馆馆长,条件是挂个名,一个星期上两天班,管点大事,不参与日常工作,更不参加学校的行政会议。他到图书馆,首先对馆藏进行调查,发现有很多缺项,于是提出"填平补齐"的购书方针,同时要收购一点珍本作镇馆之宝:由他批准,花了两千多元购买了明版《历代名臣奏议》。1965年开展反浪费,他成了"典型",又是崇尚"封资修"的铁证。附带说一句,现在,这部明版书,真正成了南开大学图书馆的镇馆之宝!馆内的一位版本目录和美术史老专家,被外行视如"敝屣",而巩绍英则视之为珍宝,给予尊重和重用。他还重用了几位有专长的业务人才,这些人在"文革"中都遭到程度不同的冲击。

当时把这些事集中在一起,革命群众有充分理由,认定他是革命意志衰退分子,是党内资产阶级的代理人。他横竖不承认,僵持不下,难以收场。大家知道我与巩绍英关系密切,于是找我做巩的工作。我刚刚检查了自己的折中主义,此时,我的折中主义又来了,建议双方都让一步:巩绍英承认进城后受资产阶级思想的影响,有个人主义;而负责党员重新登记的头头,也不要硬让巩绍英承认是资产阶级知识分子和资产阶级世界观,这样的老党员、老革命,硬是不让他登记,也说不过去。拖了多日之后,他才勉勉强强过关。后来,我曾写过一篇较长的巩绍英传记,刊在《南开人物志》上。


**最后一件事:李何林高呼"打倒李何林"**

1969年初夏开始,一批大的"牛鬼蛇神",经查证,没有历史问题的,逐个落实政策,予以解放。其中有影响的,一般要开全校大会,先批判一通,然后做自我检查,最后宣布解放。李何林是著名学者、中文系主任、鲁迅研究专家,参加过南昌起义,在文艺评论界很有影响,以耿直著称。他自我检查至结尾处,突然振臂高呼:"打倒李何林!"台下为之一震,会场哗然,怎么回事呢?他接着又喊:"打倒昨日的李何林,迎来今日的李何林!"台下报以热烈的掌声和笑声!

还有一个小插曲,印象很深。那时掀起"忠"字化高潮,红海洋铺天盖地,人人都要"一日忠字化"。"一日忠字化"有一项程序:每天都要举行"早请示，晚汇报"。大家手举红宝书，祝福毛主席万寿无疆。有一次，"工宣队、军宣队"领着大家做晚汇报，汇报完之后，说了一句："您老人家还有什么指示？我们一定照办！"弄得我们下边的人"扑哧"笑了起来。这一笑，招来了一顿训斥："笑什么？毛主席就在我们身边，他老人家就看着我们，请他老人家指示，有什么可笑的？你们笑，就是不忠的表现！"大家只能默不作声。

顺带叙说一事。80年代，我曾策划撰写多本"文革"社会生活系列书，其中一本就是"忠字化运动"。1989年风波使计划泡汤了，现在想起来很是遗憾。

## 我在"毛泽东思想一分为二"面前

"文革"期间，四个"伟大"喊得震天响，我不敢有什么异议，不过，对陶铸说的"太阳里也有黑点"，私下里认为是很有道理的。对林彪说的"句句是真理""一句顶一万句"一类的话，我想不需要"上智"，都能感觉出拍马屁的味道，但那时是绝对不能提出异议的。老百姓天天要唱一首歌，其中一句就是："毛泽东思想是革命的宝，谁要是反对他，谁就是我们的敌人。"在那种情况下，人们仅有的一点才智，已经不是用来判断是非曲直，而是用来思考如何保护自己，免遭不虞之祸。

虽然对林彪的话感到不顺耳，可我绝对不敢去触犯，更谈不上公开反对。自我解释，这是政治家们的语言和政治需要。"文革"把毛泽东推到了顶峰，但到了顶峰，也就该出问题了，这是无法逃脱的规律，而辩证法又指明了人们分析这种现象的路径。过去的很多错事，上下一致的打、吓、瞒、哄、骗，还真的有效果，比如大饥荒饿死那么多人，竟然不了了之，"三面红旗"依然高高飘扬，彭大将军依然被视为大逆不道。造反派反这个反那个，看来毫无禁忌，但竟然没有一个造反派为彭大将军申冤，相反倒是最革命的造反派充当了置彭德怀于死地的打手。"文革"中的老老少少，都是吃过"三面红旗"苦头的人，可是竟然都还高举着它，横扫天下。凡是对"三面红旗"发疑或批评的人，都在劫难逃。远的不说，南开大学经济系一位青年教师徐振芳同志，当时从理论上论述了价值规律与社会主义再认识，批评了"公社化"、全国大饥荒与饿死人等，并致信中央，要党主席毛泽东做检查，谢罪天下。这一下子惹了大祸,被打成反革命修正主义分子,"文革"一来再重新算账,被整得死去活来。由此可知,当时对毛泽东思想是不能分析的,对毛泽东思想除了无限崇拜,是不能提出任何疑问的。

可是,"文革"中乱七八糟的事,就摆在人们眼前,让人们开始怀疑毛泽东思想的绝对正确。辩证法告诉人们,无论什么都是可以分析的,毛泽东也一再说,一分为二是普遍规律。1964年他同日本物理学家谈话时,讲一分为二是无限的。他很肯定庄子说的话:"一尺之棰,日取其半,万世不竭。"当把毛泽东思想推到极限的时候,也就是人们开始生疑的时候,于是人们发出疑问:"毛泽东思想能一分为二吗?"我想当时很多人,对这个问题心中是有数的,但聪明人没有敢说的,只有不要命的"冒失鬼"才敢较真。

大约是在1969年前后,我的学生刘培庚(六五级)竟公开放言:"毛泽东思想也要一分为二。"他是辽宁丹东人,根红苗正,又是中共预备党员,此言一出,立刻乌云压身,大会批,小会斗,停止他的工作("工宣队、军宣队"进校,他在机关报《工农战报》当编辑),停止党员登记。周围没有人敢与他交往,往日的朋友,最多只敢和他对望一眼,孤独、苦闷、憋气,几乎要让人发疯。

他在苦恼至极时来找我。原来我们属于一派,他入党介绍人也是我,因那时学生中没有正式党员,几位入党的都是我和政治辅导员共同做介绍人,我又给他们年级教过中国古代史,不只熟悉,心也相知相通。他问我,在哲学上他的观点是否有问题?这一问,立刻让我胆战心惊,面对我的学生,该怎么说呢?一时不知如何回答是好。无论从哲学上或事实上,我心里是赞成他的观点的,可我不敢给予公开支持。面对自己的学生,又不能说官话,也不能说太违心的话,但也不敢说真话!再三思索之后,我做了这样的回答:一分为二既然是普遍的规律,适用于任何现象,从哲学观点上说没有错。可我就是不点明"毛泽东思想也应一分为二"这句话。我虽然很相信这位学生,但那时的"逼供信"整死了不少人,也逼得不少人神经错乱,瞎咬一通,我不能不有所戒备,所以我只说哲学道理,绝不说这几个字。

接下来,我对他说,在目前形势下说这种话不适宜,会让人抓住把柄。他问我怎么办,我再三掂量后,建议他不要在理论上纠缠,只说受了怀疑思潮的影响,没有深思,政治上幼稚;对别人的批判不要顶,态度要温顺。你是学生,又不是头头,没有任何职务,也没有干过任何出格的事,估计批·通也就完了,不至于戴什么帽子。我又叮嘱他,千万不要往下说一分为二的具体内容,不管怎么压和诱导,都不要说,一旦开口,就无法收拾。刘培庚真的照此应对,折腾了一段时间,他毕竟是个青年学生,放了他一马,最后还是给了一碗饭吃,发配到偏远的农村,当了一名中学教师。

二十年过去了,80年代中期,突然一天刘培庚来到我家,他带给我一件礼物,是岫山玉雕的喜鹊登梅。我说,你来看我非常高兴,但我有自己的规矩,不能收你这个玉雕。他说,给我平反了,现任某党校的教育长,总算是个喜事吧。二十年来,我一直念念不忘老师的恩情,我这点心意,老师不能不收吧!他说起往事,勾起了我的回忆,沉淀在脑海里的一幕幕渐渐地显露出来。他一再说:您是当时唯一能理解和给予我支持的人。他还说,那件事情之后,自己成了瘟神:离开学校时,没有一个人来送行,只有老师您到车站来送我,并鼓励我要坚强。车开动了,您还久久伫立在车站目送我,我止不住地流下了眼泪。

回想起来,我很惭愧,与其说我伸出了同情之手,不如说我怯懦、圆滑和世故。

## 对"抓革命,促生产"生疑

党员重新登记之后,师生分批到工厂劳动锻炼。我跟随一个班到纺织第三配件厂劳动。这个厂子不大,一百多人,厂房也很狭小,主要是加工纺锭,没有像样的机器。老师傅不多,多数是年轻人。我被分配去学钳工,跟一位老师傅。老师傅五十左右,比我大十几岁。

钳工车间很小,有一间教室那么大,有两个手工台面,一台磨床,多半都是手工活。我学的是用刮刀刮平钢板,开始很难刮到"肉"(术语,刮一个极小的鱼鳞片),稍微用力,就会划出一个道子,费劲而无效。干活要站着,且猫着腰,第一天下来,腰酸,腿痛,胳膊麻。由于有长期劳动的基础,年龄也不大,几天之后就适应了,刀也能剔下"肉"来,一个星期后,就能进行粗加工。师傅很高兴。

那时候，人们之间都保留一定的距离，有点戒备心，以免说话不合时宜，让对方抓住辫子，一汇报，弄不好就成为阶级斗争新动向。所以我挂在嘴边上的一句话就是：向工人师傅学习，接受再教育。可这位师傅，总爱回答一句：不要这么说，我识不了几个字，与你们差远了。他还总说：你们有文化，知道得多，多给我们讲讲。时间一长，互相更熟悉了，两人谈话也逐渐随便起来。

师傅对我说：现在多数人不好好干活，你看看那些年轻人，有几个认真干的？请假的，迟到的，来了也磨磨蹭蹭，不出力。也难怪他们，闹革命以来，奖金没有了，不少人都结婚生子，多是三级工，一个月不到四十元，怎么会有积极性？现在老说大话，有什么用？

几位老师傅对造反派很看不惯。此后我到过六七个厂子，老师傅多是"老保"（所谓的"保皇派"）。三配件厂的造反派头头，就是驻我们系里的头头。说起这位头头，老师傅总是嗤之以鼻，说他是个二流子，造反起家，当上厂里"革委会"主任，多数人很烦他，没人听他的，在厂子里待不下去，才去你们那里的。

这个头头姓田，经常是空话、大话、错话连篇，的确是一个夸夸其谈、瞎诈唬的高人。有人给他起了一个绰号——"田鸡"（蛤蟆）。我们惹不起他，都躲着走。

三配件厂附近有好几个工厂，工宣队成员多来自这些厂。我们除了在三配件厂劳动，也轮流到这几个厂劳动，领队的都是学生，我是一个小分队的副组长。劳动之外，想为工人做点事，学生们"敢想敢干"，征得各工厂的支持，办起了"工人业余大学"。抽调了二十名工人，每个星期上三天课，我们劳动三天，都是半工半读。附近有所小学，还未复课，借了一间教室，作为讲堂。开学那天张灯结彩，鞭炮齐鸣，一大群人围观，好不热闹。这些工人多少有点文化，能读报纸。业余大学讲了些什么，已记不清，只记得讲过毛主席诗词和路线斗争史。

下厂劳动，陆陆续续贯穿到1976年唐山大地震，粗算一下，我去过近二十个大小工厂。下厂真正的劳动几乎谈不上，多半是走马观景，不过所观的景，在我眼里都是败景，令人失望。工厂的普遍情况是"凑合"，磨洋工、缺勤现象很普遍,疲疲沓沓,效率很低。越批经济挂帅、物质刺激,效率和责任心就越差。我由此萌生对"抓革命,促生产"的怀疑。我在 1976 年 1 月 10 日的"日记"中写道:

> 十年来不抓生产,谁抓生产,谁解决实际问题,谁就是唯生产力论,就是修正主义,就打倒谁。政治要第一,但不能代替生产。抓生产,第一靠政治,但又必须有适当的适合现阶段的物质方法。理想主义同现实主义相结合才是活生生的马列主义。

3 月 10 日"日记"又发出疑问:"我们的生产率如此之低,原因在哪里?十年徘徊。"20 日在"日记"中回答了这个问题:

> 基本路线我看有三个大问题没有包括:一是没有防"左"的内容;二是只讲不断革命而不讲阶段论;三是没有讲建设、生产同政治的关系。为什么出现一批一批的"左倾"空谈家,口头极左而行动另一套的两面派,其根源出于此。为什么多年来生产上不去,其源盖出于此。为什么出现了政治决定一切的唯心主义,其源盖出于此。

在 4 月 8 日的"日记"中我写道:

> 这条路线已经成为生产力发展的障碍,生产上不去,物价上涨,生活下降,工资如此之低,引起了人民的普遍不满,这是产生这次运动的经济基础。

下厂对我思想影响最大的,就是怀疑"抓革命,促生产"这个大口号,很多问题由此而生。我知道这是严重的政治问题,在不同场合常说些调侃话,但不敢直说。

## "半拉子"批判周扬

在工厂游荡了几个月,到秋收时节,我又被安排去农村参加秋收。正要出发,突然接到通知,让我到天津市"革委会"文教组报到,这完全出乎我的意料,至今也不知是哪位老兄推荐的。大概与风传我能写有关。到文教组后,我方知是让参加大批判组,写批判文章,成员全是从各高校抽来的,有十几位。批谁呢?我们受市主要领导人之一的王曼恬领导,王是毛主席的亲戚,当时是市革委会文教组组长,后来又升为副主任(打倒"四人帮"后自杀)。王曼恬让我们批"三反"分子、作家方纪的小说《来访者》。

方纪原是市委宣传部副部长,参加过延安文艺座谈会,那时的罪名之一是反对毛主席的"讲话",拒绝出席毛主席接见与合影(其实是信息不畅,错过了机会),这无疑是滔天大罪。他的《来访者》,是他接待群众来访后写的实录性小说。大致情节是,一名浪荡公子式大学生,迷上了天津曲艺团的一位唱"时调"的女演员,迷得死去活来,穷追不已,终于同居。领导发现后,女演员被处分,他被治安拘留,放出后仍不死心,精神恍惚,屡屡上访申诉。该小说被译成英文在英国刊出,被姚文元批过。王曼恬部署要再批判,开始找了三个人,一位是吴火,还有一位天津美院来的某君,再就是我。我不是搞文学的,只能做配角,参加讨论。

第一位主笔是吴火。吴火原是市委宣传部文艺处处长,也是文联的负责人之一,方纪的老下级,"文革"伊始也被"火烧"过,但没有大问题,属于"一批二用"干部。吴火原是王曼恬的同事,级别差不多,职务上还略高一点,是"文革"前有名的笔杆子,与王曼恬的关系也不错。吴写了一个初稿,印象是从文学的角度,用弗洛伊德性心理理论进行批评。王曼恬看后,很不满意,把我们几个召到她家里,认为没有突出政治,狠批了一顿。

批评吴火之后,就换了主笔,由某君主笔,我依然是配角,是帮忙还是帮闲,似乎都说不上。文章的具体内容,已经记不清楚,反正是突出政治,扣了一大堆人性论、反党、反社会主义、反延安文艺座谈会之类的帽子。这次获得通过,文章在《天津日报》发表。

正在此时,各大报刊转发了上海革委会大批判组的一篇文章,批判周扬肯定法国启蒙思想家的观点,记得关键词是:不是启蒙,而是蒙蔽。周扬是毛主席点名要打倒的阎王之一,我们当然也要批。这次要我执笔,把我难坏了。上海的文章为批周扬,把法国的启蒙思想家统统否定了,还扯上车尔尼雪夫斯基。我很不以为然,认为违背马克思、列宁等革命导师的有关论述。我写的稿子,既要批周扬,又想给法国启蒙家留下历史地位。我的思路,得到当时几位同伴的支持,结果怎么写都不顺,负担很重。我把初稿先请《天津日报》编辑王佩娟女士看看和指正。王是南开中文系毕业的,曾是我家的邻居,两家熟悉,多有往来,她女儿比我女儿大一岁,她女儿穿小了的衣服送给我女儿,两家友情深厚。她看后,一方面赞成我的观点,一方面又劝我把稿子收起来。她说,你这样写,岂不是与上海唱反调,这怎么行?现在我们都向上海看齐,你这个稿子,我都不敢往编辑部里拿,同时建议我也不要再给别人看,还是放弃吧。

我接受了王佩娟的劝告。正好此时,我们大批判组的任务改变了,不是以写批判文章为主了,因为市革委会有一个直属的大批判组,不能另搞一套。一个革委会下面机构的大批判组,要以自己独立的名义发表文章,实际上是很难的,要经过严格的审查,层层上报。文教组设了大批判组,与其他平行的机构,是否也要仿效?我们的大批判组虽没有改名,但任务转向,其后就是到各校了解群众大批判的情况,向领导汇报,属于行政性的杂事。我写的文章就此作罢,对我是个大解脱。

我们没事得找点事。当时要批判"黑影片",让下边批判,下边说,没有看过影片,怎么批呢?于是请示王曼恬,可否放映一些"黑"片,让大家批判。她同意了。这一放映,可不得了,受到下边各个单位的热烈响应。当时,只能在电影公司小放映室播放,可容纳二百人左右。各个单位争相向我们要票,我们成了热门人物,走后门的纷至沓来。好在票由组长掌握,省了我们许多应酬事。我们具体工作人员,只负责按规定发票,放映时把门收票,维持秩序。当然,我们也捞到每场必看的便宜。印象中前后放映了近十部,有《五更寒》《早春二月》《东进序曲》《林家铺子》等。我平常很少看电影,这些片子大部分没有看过,这一来倒大开了我的眼界。就实而论,我看后,还真不知道这些影片有哪些问题。上面很快发现，放映后，哪里有什么批判，无异于放毒，随即叫停。

批判组有一位是从音乐学院来的，叫王东路，是1949年以前参加革命的老同志。他酷爱音乐，后来到音乐学院学习、留校，从事音乐史教学与研究。歌曲《东方红》是我们最敬重的、神圣的革命歌曲，有一天他兴致来了，问我，知道《东方红》的来历吗？我说，我哪里知道？他说，《东方红》原是陕北的嘎调(情调)，后来改编而成现在这个样子，接着他唱起原来的调子，让我颇为惊奇。他话头一转，什么是糟粕？怎么确定？腐朽可以化为神奇，什么都批判、否定，行吗？当然他嘱咐我，这是我们俩之间的说话，到此为止，不要外传。我很佩服王东路的见识和勇气。

大批判组的办公室里，堆放着原来戏曲研究室的一批书，戏曲方面的多，也有不少西方名著，多半属于"封资修"之类。我们停止写批判文章后，多晃来晃去，正好乘机饱读了一些书。

我能到市革委会文教组下的大批判组，在人们眼里是件很招人羡慕的事，一下子变成被信任的人，离开了"臭老九"的行列。当时正赶上所谓林彪"一号命令"大疏散，南开大学几乎全部都疏散到太行山脚下的河北完县(今顺平县)。有孩子的家庭很犯难，必须疏散的，不得不把孩子托付给他人。我妻子跟大队一同疏散，我们的两个女儿，一个五岁半，一个一岁半，得幸由我照管。当然也十分狼狈，我一早把大女儿送到幼儿园，把小女儿送到托儿户，下班后的第一件事，就是接孩子。当时最怕开会拖时间，更怕孩子患病。然而，正值隆冬，两个娃娃轮流闹病，没有办法，只好请假。正好也没有什么硬任务，顶头领导也还通情达理，准我回家照顾女儿。我还是幸运的。

当时市革委会文教组，与市委政策研究室在一个院。政策研究室是市委的智囊、书记的心腹。我的两个同学在研究室，我多次去那里闲聊，并认识了主任李鸿安。李原是河北大学哲学系的讲师。还有一位姓樊的(名字想不起来了)，来自北大法律系，也是一位讲师。在私下闲聊中，让我感到十分惊讶的是，他们竟是那样与当时的种种政策不合拍。特别是老樊，怪话连篇，没有哪项政策、措施、行动不受他调侃的。在我感觉中，他们比我还"右"。老樊有点结巴，他的调侃，智慧而幽默，又难于上纲上线，常常给我以极大的启发。智囊们竟然是"两面人",其内心是何等纠结！市领导被划成"四人帮"一派后,这个智囊当然被打散了。李鸿安被闲置起来,后来我与李鸿安有长时间互相问候；老樊也见过几次面,南开刚组建法律系,我建议他来南开,他说另有出路,之后就失去了联系。

转眼到了1970年春天,我运交华盖,又扯进一个大案里,被押送遣返回校。

## "五一六"嫌疑分子

1970年春天,作为工作人员,我又被下放参加劳动,地点是市委书记们的大院,任务是整治树木,种植花草。

市委书记们的大院是禁地,有多道全副武装的门卫把守。我从来没有想过会进入这方神秘而神圣的禁地。进去后的第一印象是森严,里边层层岗哨,不能越雷池一步；第二个印象是豪华、气派和幽雅,在绿林丛中藏着一座座别墅。原市委书记被打倒,他住过的别墅没人住,就成了我们临时的休息场所。一进别墅,让我辈没有见过场面的人大开眼界,房间那么多,办公室有教室那么大,地下室有车库。还有一座更大的别墅,我们不能进,据说是更大的官员居住的。我很好奇,从外边数那座别墅的窗户,竟有六七十个,真让我吃惊。对比老百姓的住房,真是天差地别。当时我心想,说他们变修了,当官做老爷,不能说没有道理,尽管我对打倒他们并不完全认同。

一天我们正在休息,批判组的军代表突然来到我身边,一改平时的和颜悦色,满脸铁青,厉声说道："你立即回校,现在就走,我送你！"我真不知发生了什么事情,很是紧张。在路上,我与军代表一前一后,没有话说。我的脑海却波浪滚滚,思绪万千。当时南开大学不断出现"反革命标语",被列入全市性的大案,可能也引起北京高层的关注,全校无一例外地被审查、被怀疑,一个一个地"过筛子",空气十分紧张。我猜想,是否怀疑到我头上？是否有人揭发我有什么反动言论？

贴反革命标语,我没有；反动思想我是有的,如果有人揭发,可能会有些麻烦。但我自揣,除了1968年夏曾同我的哥哥议论过毛泽东、林彪和江青,有一些不敬的言论,特别是对江青,有些攻击性言语,对周围的人我没有讲过。我哥哥是四川省一个偏远县的书记,他绝对不会揭发我。当然同妻子也说过一些,她就在我身边,我们相知相持,更不会从背后给我一刀。对其他人,也可能说过一些牢骚话,但绝没有明目张胆的"恶攻"性的反动言论,我还知道点深浅。当即下决心,不管任何人揭发,一概不承认。

军代表把我"押送"到学校,直奔行政楼,把我交给了学校专案组。专案组负责人是位胖胖的"工宣队、军宣队",听说是干部,姓高。他冷冷地瞪了我一眼,只说一句话:"你回系参加运动,有问题要主动交代!"

熟悉我的人,都知道我被借调到市革委会文教组,这在当时是受重视的标志。现在灰头土脸地被打发回来,人们嘴上不说什么,但都投以怀疑的眼光,冷冰冰的。当时师生混合编组,整日开会,侦破轰动全市的一个反革命大案。4月18日,有人在大礼堂门口发现一张贴在墙上的传单,署名"中国共产党非常委员会",是用剪下来的印刷字拼凑而成的。据说矛头直指"最高"与"文革",呼吁挽救党。我所在小组的所有人,对我这个不速之客,用异样的眼光上下打量,没有一个人问长问短,尽管我们都认识,甚至很熟悉,乃至是往日的朋友。我自己也知趣,不主动与人打招呼,悄悄地坐在后边。刚刚坐稳,组长突然问话:"刘泽华,4月18日白天和晚上你干什么啦?有谁证明?"在我来之前,所有的人都已为自己做了说明和提供了证人。我来得晚,所以上来就先让我交代。我当时有点负气,也有点故意捣乱,便说,那天白天去上班,晚上我女儿(六岁)可以作证,还有我的房子可以作证!听者扑嗤笑了。我的妻子在学校农场劳动,也参加清查运动,她不在家住。我说完后,他们也没有纠缠,很快进入了"画像"议题。这个议题,在我来之前已经进行多日。

所谓"画像",就是依据介绍的案情,猜测应该是一个什么样的人,但不许点名。我听大家的发言,有点像推理侦探小说。"画像"有几个扑朔迷离的影子:一是走资派,被斗过;二是与西北有往来,因为发现字体与纸张是西北某大学小报的;三是对"文革"有不满情绪的;四是住得离礼堂不太远。听了几次会,我突然大悟,"画像"原来对准的是魏宏运!魏宏运是历史系的总支书记,被解放的走资派,是西安人,他家离发案处很近。魏宏运被办了学习班,时隔不久,破案了,压根儿不是南开人,又听说被枪毙了,魏宏运才得以解脱。南开人统统被过了一次"筛子"!

"画像"虽然对准的不是我,我内心反而更别扭。究竟怀疑我什么呢?管它呢,走一步说一步吧。时间一长,传出怀疑我是"五一六"分子。我听后,又气愤,又好笑,让他们审查去吧。这一审查就是四年,直到1973年,以八个字结案:"事出有因,查无实据。"事情是怎么一回事呢?

1967年9月7日,新华社播发姚文元《评陶铸的两本书》(《人民日报》次日发表),公开提出了批判"反革命组织""五一六"的问题。毛泽东为此文加写了一段话:"这个反动组织,不敢公开见人,几个月来在北京藏在地下,他们的成员和领袖,大部分现在还不太清楚,他们只在夜深人静时派人出来贴传单,写标语。对这类人物,广大群众正在调查研究,不久就可以弄明白。"此后不久,就开始抓"五一六"分子,听说北京公安部门抓了一批。那个时候两派对垒,互相抓,南开也有传某某是"五一六"分子的风声,而且都是历史系的人,过了一阵子又不见动静了。1970年初开始,在全国到处掀起揪"五一六"分子大运动,天津市为此成立了专案组。

我怎么也被拖进去了呢?原来北京"学部"(中国社科院前身)有个"五一六"大头目,叫洪涛,是我十多年前做团工作时的小上级,但1957年以后,我们没有任何联系,更没有见过面。他被逮捕后,由于逼供很凶,胡乱咬,把我拉进去了,而且还说是他发展的。这个材料转到天津,就发生了从市革委会文教组把我押送回校的事。说起来,我真是侥幸,据说1966年洪涛曾来南开鼓动造反,也曾想找我见见面,不知是什么原因,他没有找到我。但他的秘书是历史系的毕业生,我曾给他们这个班做过辅导员,互相认识。"文革"中他常来南开,不知怎么那么巧,在路上遇到过两三次,只是寒暄几句,随即捎话,说洪涛向我问好,当然我也请他代为问好。洪涛被抓后,该秘书也被审查,他的同学是南开历史系领头的造反派,也成了"五一六"嫌疑分子。洪涛咬我之事,是事后俞辛焞同志(后为研究中日关系史的著名教授)告诉我的。俞曾是市"五一六"专案组工作人员,他说只有那么一个口供,没有任何具体内容;要不要审查你,也很犹豫,但最后还是决定,疑罪从有,先查再说。

南开大学的"五一六"嫌疑分子,除了我,没有不办学习班的,即专案审查,实行二十四小时监管,夜间也亮着灯,吃饭、去厕所都有看护。事后被审查者说,享受了"特别高干待遇"。在大学还算文明,没有动酷刑,但轮班"熬鹰"(不让睡觉)是常有的,整得也很苦。我却是唯一的例外,既没有给我办学习班,也没有找我谈话,只是任何政治上的事情再也不让我参加,不露声色地把我挂起来。

清查"五一六"高潮过去之后,在政治上仍不让我沾边,不过在业务上还使用我。1971年,工农兵上大学时,让我率先讲课,同时又任命我为中国史教研室副主任,管业务,但不能管政治。与其他"五一六"嫌疑分子相比,对我是特殊优待了。为什么会这样优待我呢?其实原因很简单,我实在没有任何可以审查的,作为"五一六"嫌疑分子,大抵都参加了一些重要的活动,比如是激进的造反派,群众组织的头头,抓叛徒,审查走资派,参加专案组,冲击党政军要害部门等之类,可我什么都没有参加,实在无处下手进行审查。我相信,他们没有一位认定我与"五一六"有关联,但有那个大口供在,审查"五一六"的大案还在进行中,只好把我与政治隔离,这也是无可奈何的事。

怀疑我是"五一六"分子,事后看,对我帮了大忙,一是不让我参加任何政治性的工作。当时翻来覆去地整人,今天整这个,明天整那个,今天这个运动,明天那个运动,而我都没有资格参与,少了许多得罪人的事和人事纠葛。二是只允许我干业务,正好我把主要精力用于编写教材,这为后来的业务吃香,做了某些积累。对我的怀疑,实在是不幸之幸。

全国揪出多少"五一六"分子,我不知道,据说整了一千万,抓了三百五十万,是"文革"中整人最多的冤案。这个数字太惊人,待考。可悲的是,压根儿就没有这个所谓的全国性组织,无产阶级司令部与子虚乌有先生血战一场!有人说,这是"卸磨杀驴",借口整治造反派。前边说到的那位洪涛,被判了十七年徒刑,妻离子散;刑满之后再申诉,据说重做结论:"文革"中有严重错误,但不应判刑,予以平反。洪涛原是面目姣好,英俊洒脱,公认的美男子。出狱时,满头白发,佝偻着腰,面黄肌瘦,孑然一身,连个落脚处都没有,令人唏嘘。

## 被"下放"：服从还是抗议？

1970 年夏天，开始教职工"下放"。第一批是有"严重问题"的，第二批大概是"靠不住"的。这两批都是连锅端，收回住房，迁走户口，到农村安家落户。"工宣队、军宣队"敲锣打鼓，欢送被下放者去接受贫下中农再教育，同时要我们暂时留下的人去送行。我怀着惴惴不安的心，不敢看他们一眼。他们是走了，我呢？因为已知道怀疑我是"五一六"分子，有几分兔死狐悲之感。

时隔不久，8 月的一天，我们有十几个人被召到办公室，宣布我们的去向。我被下放到学校农场，一同去的还有魏宏运、李义佐。另一些人下放到化工厂，到化工厂比到农场待遇高一级。农场、化工厂在学校的西边，每天上下班，不用转户口，虽然同样是长期的，但比起下放农村，无疑是一种优待。还有为数不多的依靠力量，也就是光荣的革命派，留在学校"继续革命"，接着搞专案。此外，还有特殊的一类，就是教授们，不管他们有什么问题，一律不下放，大概出于"要养起来"的特殊的知识分子政策，或因他们都是六十岁左右的老人了，下放可能会带来更多的问题，内情不得而知。

在历史系范围内，被下放者都老老实实听从指挥，没有人敢出来表示异议，更不要说抗议了。我自然也是这样，耷拉着脑袋，很晦气地回到家里。但是，内心里却愤愤不平，我有什么问题？"五一六"嫌疑分子肯定是冤案，自己比谁都有底；运动初期的大字报，能成为划成另类的依据？自认为也是不可能的。"文革"中我没有参与任何实质性活动，更没有犯禁行为，凭什么把我下放？突然冒出一个念头：我要抗议！然而，稍微冷静一想，又觉得如此行事，多少有点危险，弄不好，可能被扣上"不服从分配，抗拒下放政策"的大帽子，反而可能加重处理。想想也挺可怕，真的要把我下放到农村，我能抗拒吗？而且当时下放的，也有不少出身好的党员，甚至还有根红苗正的老党员，他们都乖乖地服从了，我又能怎么样？心一下又凉了，去农场比上不足，比下有余，罢了，还是服从了吧。我乖乖地准备到农场劳动的行装，可是心中又总是憋闷得厉害，总觉得自己一向是左派，心中仍然不平。不经意一次在路上遇到魏宏运与李义佐，闲谈几句，他们也与我一样憋气，于是三人商定，一起去抗议。

一天上午，我们来到办公室，找到系革委会的头头，按照事前商量好的，由我来说。我说，既然我们不合格，历史系不要我们了，我们也不给历史系添负担。我们有两点要求：一，把我们的问题弄清楚，给我们一个结论，不该不清不楚地让我们背着包袱生活下去；二，弄清楚了，我们与历史系一刀两断，今后的出路由我们自己找，自己的事自己解决，不再找历史系。

我们提的问题不涉及下放政策，更不含有对毛主席指示有什么不满，仅仅把问题局限在历史系的范围内。这是商妥的策略，不能让上头抓住我们的把柄。我说完之后，负责人一下子怔住了，看来她不知如何回答。静静地，谁也不说话，都有点尴尬。持续了好几分钟，负责人开口了：你们提的问题和要求，我不能给予回答，我们要研究并请示上级。你们等信儿吧，有了结果，我会立即通知你们。我们一声不吭，鱼贯而出。出了办公室，我们三个人细声地交谈，为什么头头不敢正面回应我们的问题，看来有难处。

我们三人，在历史系范围内多少有点"影响"。魏宏运是老地下党员，老讲师，南开现代史的创建者，50年代初就是历史系党的负责人，"文革"初期遭到严重冲击，一度被打倒，但整来整去，无非是重业务、重专家之类的所谓修正主义路线错误，其他则干干净净；"工宣队、军宣队"进校之后，再经过清理阶级队伍和斗批改的审查，没有发现新的问题，已经落实政策，属于犯有修正主义错误、改了就好的干部。就实而论，且不说政治，魏宏运是业务带头人，现代史不能没有他。李义佐是近代史唯一的讲师（当时没有教授），没有任何问题，可能仅仅因出身资产阶级而被下放。至于我，虽然没有他们两人那么有分量，但也算一身清白。

回家之后，再冷静一想，对知识分子要实行再改造、再教育，容不得提出异议，估计我们的抗议不会被理睬。我做好了思想准备，如果不理睬，我还得服从指挥，去农场劳动。没过两天，突然要我去办公室，一看，老魏、老李也来了。负责人和颜悦色地说：经过研究和请示，你们三人不下放了，今后好好工作。我们一时不知说什么好，忙感谢组织的决定，并表示一定做好工作！

我妻子被通知调到化工厂厂部工作，她不是下放，是工作调动。她出身地主,大概也不宜在学校革委会工作,但由于她人缘好,也没有太受亏待,依然是在工厂革委会的办公室,负责人事方面的事。

在我的经历中,这是第一次与领导较真儿,竟然还达到了目的。但回想起来,实在不无唐突和莽撞。魏宏运是老革命,又是老讲师,出路没有太大的问题;李义佐是讲师,也不会有多少问题。我凭什么?仅仅是个助教,而且没有大学学历,与历史系一刀两断,自谋出路,出路在哪里?哪里会要搞历史的?那个时候,哪有自谋出路的?又有哪个单位会接受我?

在南开,像我们这样提出抗议的,我没有听到第二起。全国又有多少?那个年代,这真的是胆大妄为之举了。

## 边拉练边批判

1970 年冬末,突然进行"千里拉练"动员,说是备战训练,是否是由中苏关系紧张而来,我没有去细究当时的档案或记录。头一年,1969 年,因林彪的"一号命令",南开大学紧急疏散到河北完县腰山村。这次还是去完县腰山村,来回路程近千里,号称"千里拉练"。

1964 年,根据上级部署,各大机关与学校就开始搞三线建设。南开大学由河北省安排,选定完县腰山村作为备战疏散点。完县在保定西侧,太行山脚下。腰山村有一个地主的庄园没有平分,作为当地机关使用,此时划归南开。"文革"前就有部分系科开始轮流在腰山办学。

拉练的过程一直伴随着大批判,批修正主义,批怕苦怕累思想。我正当壮年,尽管开始几天也很累,但很快就适应了,对一般性的批判,更无所谓。苦的是那些五十岁以上的老先生。这次拉练毫无人性,规定六十岁以下、没有特殊病症者一律参加,听说中文系更是左之又左,朱维之教授已经六十有六,还被迫充入行伍。在历史上,战国时期穷兵黩武,以民众为奴隶,曾有过六十从戎的规定。眼下是和平时期,为了所谓改造,竟要六十多岁的学人硬上"前线",其残酷也可谓史无前例了。

拉练按军队编制,一个系为一个连,下设排、班。我被任命为副班长,可麻烦就出在我们这个班。首先是老年人问题。我们班有三位年过五十五岁的教授。王玉哲先生最为年长,虚岁六十,老先生1961年曾患过肺结核,后经治疗、保养,恢复得还不错。在征途上度过生日,为表扬老先生一不怕苦二不怕死的精神,行军中还有一段报道,用喇叭广播出来。回想起来,这与其说是表扬,不如说是催命,在这种虚假战阵里,折腾六十岁的老人,直视生命如草芥。

回忆起来更感心寒的,是杨志玖先生。杨先生虽然比王先生小两岁,但他的健康状况很差,身体瘦弱,腰弯得厉害,走路有点前倾,身高不过一米六几,体重估计超不过五十公斤。杨先生因何腰弯,他自己似乎也不知道,按说当年教授享受高干医疗待遇,检查一下不应该有任何困难。我被劳改时,出现腰痛现象,到医院跑几趟,就给做了X光检查,发现有S弯曲,我就泡病号,管理"牛鬼蛇神"的人,也不能不让我休息。看来杨先生对自己的健康太不在意。多年之后,大约到了他近八十高寿时,腰完全直不起来了,常犯腰痛,才去检查。医生看了X光片后,十分惊异,整个腰椎叠压在一起,而且扭曲。医生连连说,这么严重的脊椎变形,神经、血管从哪里沟通?一般会引起下身瘫痪的,您老怎么还能走动?病到这种程度不是短时期形成的,应该说,从年轻时就有了,几十年的积累,才可能到这种程度。先生命大,到人瑞之年(九十岁),才驾鹤西去。杨先生出身贫寒,大概不曾看重自己的健康。王先生与杨先生是北大和西南联大的同学,谈到往事,王先生说起过杨先生当年是出了名的弱不禁风,以至于有些同学们甚至背后瞎议论,以为杨先生不会活过三四十岁。当杨先生与王先生一同走在长寿之途时,王先生总说,当年那些同学们的预测都是荒唐、藐视生命的。

拉练的时候,杨先生腰椎病已是很严重了,完全有理由不参加。可他自己不申明,我们也不知道问一声,更不要说深切关怀了。那时人人自危,而在革命、改造面前,个人安危没有任何价值,要的就是进行脱胎换骨式改造。革命高于一切,一不怕苦,二不怕死,要求人人以死为底码进行改造,即使有点疼痛,又何足惜!拉练的第一天,就赶上刮大西北风,我们少壮都弯下腰顶风走,眼看着杨先生步履维艰,摇摇欲倒,可是老先生硬是紧跟,但未达宿营地就落伍了。第二天更是艰难,不长时间他就被甩在后边,我是副班长,放慢速度,等着先生赶上来,我把他的行李拿过来背上,先生连说谢谢。我没有一点承谢的自豪感，只有说不出的凄凉，内心深深地不明白，怎么就非要身体这样的老先生来参加拉练？

此后一天比一天艰难，几位少壮轮流替杨先生背行李，他依然落伍。记得有一天，副连长（1965年毕业留校的政工人员）一面替他背着行李，一面对他进行思想再教育，说什么，你目前这种状况是怎么造成的？就是长期养尊处优，变修了，弄得脚不能走、肩不能担，要从中吸取教训，彻底改造啊。杨先生无言以对，只是间断地蹦出一个字，对。副连长对我说，一要帮，二要思想从严。我听后从心里觉得残酷，让这么大岁数的老先生拉练符合政策吗？什么是政策，往死里整人就是政策？这位副连长与我的关系不错，我便回应说，算了吧，杨先生真的是身体不行，脚又起了血泡，这是实际问题，不能过分要求。我建议让杨先生上收容车，我们也减少一点负担。还好，这位副连长老弟采纳了我的建议，他又向上级反映，经批准，杨先生就每天坐收容车，免除了步行之苦。

晚年的杨先生与我除了师生关系，还有更多的忘年交之情谊，他的家事、心事、苦闷，等等，都与我交谈。我会定时去看望他老人家，偶尔间隔拖得长了一点，老人家会打来电话，要我去他家聊天儿。

拉练中对魏宏运的批判是重头，这要从拉练前的整党说起。拉练是突如其来的，此前正进行所谓的整党，大约也是源自伟大领袖关于"整党、建党"的战略部署。我们是一个支部，谁是书记，已记不清了。除了党员，还有非党人士参加，帮助整党。党员登记都过关了，也不知话头从哪里说起，都不认真，嘻嘻哈哈的，还说些牢骚和风凉话。初夏时发掘"现行反革命"分子，魏宏运曾遭怀疑，甚至接受面对面审查，后来，查出张贴反革命传单的是校外人员，魏宏运被冤枉，当然有气。他在党员会上批评胡乱怀疑、违反政策等。当时对我"五一六"分子的怀疑仍未解除，我虽不便明说，但也不满，趁机附和几句。没有想到，党外革命群众贴出了一张大字报，题目还记得，"这算什么整党？"，把我们嘻嘻哈哈、不认真，大批一通，同时点了魏宏运的名。"工宣队、军宣队"正好借革命大字报，提出反击"右倾翻案风"，魏宏运又成了主要批判对象。反击刚刚起头，就转向拉练，于是在拉练中增加了一项内容，继续批判魏宏运。

说实在的,批判也没有什么实际内容,主要批魏宏运对群众运动的态度。魏宏运正好与我是一个班,我虽是副班长,不管政治,但如何组织批判的准备会,也让我参加。这个时候不是运动初期,已经是"老油子"了,我转身就向魏宏运通风报信,又要批你什么啦,要有个准备。有时,我也给他提出建议,还有点印象的,是让他"摆肉头阵",沉默以待。在去的路上,几乎天天晚饭后都要批一通,魏宏运多半不发言。发言的就是那么几个积极分子,党员们多是哼哼哈哈,敷衍以对,后来也批不下去,到达目的地后,让贫农忆苦思甜,进行阶级教育,批魏宏运的会,也就不了了之。

## 批判翦伯赞与忏悔

1968 年,传达毛主席讲话,对翦伯赞等要"一批二用""养起来",这在大学产生了很大的影响。以此为例,南开大学对教授们开始落实政策,但不久,又听说翦伯赞自杀了,是顽固不化的"背叛"行为。

"文革"初起,翦伯赞是重要的批判靶子。不知是否因为他的自杀,1970年又开展新一轮批判翦伯赞的"让步政策"论,这次是由署名北大历史系批判组的文章发起的。

对"让步政策"论第二轮批判,我们历史系当然要紧跟,1971 年春组织了批判班子,指定由我负责,参加者有王玉哲教授、冯尔康和汤纲同志。要王先生参加,显然是为落实知识分子政策,即团结老先生。王先生曾著文反对孙达人的观点,认为有"让步政策"存在,"文革"开始遭到猛烈批判,在当时的环境里,他不能不做检查。这次批判"让步政策"论,就是表明对犯了错误而能改正的老先生,要落实执行"一批二用"的政策。我考虑到王先生的实际情况,只请他参加小组讨论,没有让他执笔,因为写这类东西实在是为难他。

如何批判,我提议从理论上入手,政治问题可以联系,但我们不掌握材料,不宜说得太多。当时的批判文章,多是从政治上入手,说翦伯赞配合刘少奇的投降主义路线等。写作班子中有比我更左的,仍坚持从政治上批判,不同意我的意见。我这个人多少会打点"太极拳",建议道,咱们边写边议边调整,要有依据,重在说道理。经过多次商量,题目定为"人民群众是历史的创造者",副标题是"批判翦伯赞的'让步政策'论"。同时商定,分头写出初稿后,共同商改,最后由我来统稿。稿子很快就写出来了,经过商讨,最后由我定稿。我尽量把政治上的狠话软化一些,有执笔者在背后批评我"专了无产阶级的政"。我当时想,管它呢,只要文章能发出来,这些激烈的议论就没有意义了。

文章投给谁呢?有点犯愁。先给《光明日报》,但迟迟没有回信。去信询问,编辑的回答模棱两可。系领导交给的任务,完成不了,有点难为情,我于是找到《天津日报》的一位相识的编辑,请她帮助,尽量发表。发这类的批判文章也不容易,要请示宣传部,还要请市革委会大批判组过目。由于我在市革委会文教组待过,认识市革委会大批判组的组长,我请他关照。不知是哪里起了作用,文章很快就在1971年5月13日《天津日报》上发表了。

文章引起北京大学历史系有关人员的注意。不久,我接到北大历史系的邀请信,要我参加在北大举行的一次批判"让步政策"论的会议。这本是出风头和表示紧跟的好机会,按说应该积极赴会,但我转念一想,决定不去。我的想法是,这篇文章是以集体名义发的,我一去,就把自己亮出来了。就实而论,我对当时许多大批判一直难于完全认同,这篇文章是奉命写的,虽然不能说不投入,但也感到政治"上纲上线"那部分有点过分,这一部分虽不是我执笔,但我是定稿人,脱不了干系。另一方面,在心底,我对翦伯赞仍有同情和敬意。他已经自杀了,还穷追猛打,实在太残酷了。过去我读过他不少文章,有思想、有文采,很感敬佩。特别是他那本《历史哲学》,对我影响很大,1958年历史系开设历史科学概论课,指定我与杨圣清两人给主讲者写讲稿,我大部分是抄他的这本书。对他的许多观点,我是赞成的,因此我不愿意走到前台再说什么,于是就耍滑头,请汤纲同志去参加。汤纲回来捎话,会议主持者张仁忠、范达人特地向我问好,大概知道我是召集人和主笔吧。范达人是后来"梁效"的主笔之一,红极一时,打倒"四人帮"后被严厉审查;80年代曾给我来信,相约联手搞"比较史学",我以不懂外语谢绝。

很快,上海人民出版社就出版了《"让步政策"再批判》论文集,陕西人民出版社也出版了相关的批判文集,把我们的文章都收入了,在当时有一定的影响。

首位批评翦伯赞"让步政策"论的孙达人，在"文革"中当上了陕西省副省长，他一直认定自己与翦伯赞之间是学术之争，文章中没有给翦伯赞扣政治帽子，至于被政治利用，与自己无关。他似乎不是中共党员，在副省长的位置很久，直到80年代，年过六十后退休，陕西省在西湖给他安排了高级住所，同时到杭州大学任教授。我们没有见过面，此时他给我来信，希望我到杭州一游，还寄来他的文章，让我指正云云，看来他把我视为可以交流的同路人。那个时候，我已全力转向政治思想史，婉谢了他的盛情。

1978年下半年，翦伯赞获得平反，正是他自杀十周年，北大历史系学生会要搞纪念，给我来信，希望我写几句话。我感到十分内疚和惭愧，回了一封信，大意是我写过批判翦老的文章，我无颜面写纪念文字，待我把自己的恶行公之于世后，有机会再写。那篇文章虽不是署我的名，是领导布置的任务，像很多写过大批判文章的学人那样，似乎可以隐瞒了事，但我于心难安。90年代出版了一本《史学家自述》，其中有我一篇，特地记上了这一笔，真诚地向翦伯赞先生致歉、悔罪。当然，我也知道，忏悔了，虽然于心稍安，但曾经的恶言恶语，则永远留给了历史。

近期在网上看到范达人的自述文字，他说："名为批判翦伯赞，实际上是批陈伯达，因为陈伯达早在翦伯赞之前就提出'让步政策'的理论。"原来如此！我们哪里知道？真是跟着瞎起哄。有人说我是"风派"，就"文革"中的实情而言，这种说法也不无道理，毛主席和无产阶级司令部刮起来的"风"，我敢不跟吗？不过，有时也跟不上，或自以为跟，却走上了另一条路，历史往往开我的玩笑。

## "他不懂什么是历史"

1971年，历史系开始接纳工农兵学员，学生不叫"学生"，叫"学员"，以示与过去的学生有别。学员的口号是："上大学，管大学，改造大学。"学员是无产阶级革命接班人，教师都是资产阶级知识分子或资产阶级世界观有待改造的对象，但授课者又必须是这些人，局面相当尴尬。

当时的教师能被指派上课，无疑是一种荣光，起码表明没有什么"历史问题"，"文革"中也没有大的"尾巴"问题，所以才能得到领导信任。"领导信任"在当时是一个十分严肃的问题，因为所有人的命运，都掌控在领导者手中，这些"惊弓之鸟"，只能唯唯诺诺，当时流行的口头语是"听喝儿"。谁能上台讲课，固然是幸事，但面对无产阶级革命接班人，又都有几分忐忑或恐惧。

我当时是教研室的小头头，说明我已经得到领导的信任，安排谁上课，我有一定的决定权。当时想，既然我基本属于被信任的，就应该尽量让其他老师来讲，让更多的人感受到被信任。第一单元的课是"历史科学的重要性"，这种课有点理论性，大家都不作声，也不愿冒险，后来领导指定由我开讲。就实而论，我倒没有什么胆怯的地方，心想，我入党时，你们这些学员不过是几岁的娃娃，或者压根儿还没有出生，我资格比你们老得多，内在的"阿Q"气十足。课前，我到他们中间问寒问暖、聊天儿，也顺便摸摸底，得知他们历史知识根底很浅，更没有人懂什么是历史科学之类的问题。我问他们读过哪些马列主义著作，多数只说读过毛选，我再问，读过哪些篇，有没有通读过四卷？没有一人回应。我接着问，读过马列的什么著作？个别的说读过《共产党宣言》，再问还读过什么，没有一个人吭声。我心里就有底了。

由于还在"文革"中，授课之始，学校领导一大帮人来听课，校革委会卢主任（转业的军级干部）来了，教务处长来了，还有他们周围的笔杆子，系里的"工宣队、军宣队"头头等，一群人坐在后边，有两三排之多。讲完后，让大家讨论，工农兵学员们异口同声地说收获很大。除了卢主任，所有头头都发了言，给予很高的评价。最后请卢主任做总结和指示。他一开口，调门与大家相差一百八十度，当头给我泼了一瓢冷水，最重的一句话是："你们都说好，我看他就不懂什么是历史！"在场的人一下子都愣了，教务处长（也是"工宣队、军宣队"的）尤为尴尬，因为他刚做了充分肯定的发言。课堂一片沉闷，面面相觑，都不作声，发过言的人，没有转弯的余地。

在这种局势下，我倒反而不那么紧张了，心里想，我讲的都有马恩列斯毛的理论依据，引经据典，你卢主任能讲出哪些新道理来？别吓唬人！当时心里虽在想，不能白受他"冷水"浇头，但又不敢正面反驳和较真，便表了个态：我的理论水平很低，讲得不好，希望卢主任能给些具体的指示；我该如何讲,哪些地方错了,对经典著作的理解有什么错?请指出来,我好改正。我不是真承认有什么错,而是将他的军!他支支吾吾,一句也未作答,最后只好说,我下边还有安排,以后再说,起身离去。散会后,我追着教务处长,一定请卢主任给提出具体改进意见,不然无法往下讲。他表示一定请示,回头再告诉我。第二天处长告诉我,我问卢主任啦,他不是冲着你个人来的,只因为刚开课,不能随便表扬,要敲敲知识分子的尾巴!

这位卢主任,还有很多笑话。他到化学系高分子研究所视察,竟批评为什么要叫"高分子",知识分子就是脱离群众,什么都是"高""高",把"高"改成"低"不行吗?化学系教师告诉他,有"低分子",弄了他一个大红脸。还有一次,他到数学系听课,质问教师,为什么总用洋符号,不能改成中文吗?类似的事例不少,搞得大家哭笑不得,人称"鲁(鲁莽)大爷"。这类事传来传去,他也很难在南开混下去了,后来到市里当了一个不大不小的领导。他的秘书是我的老同学,我问,怎么"鲁大爷"总瞎说呢?老同学说,这个人其实挺不错的,他检讨说自己是个大老粗,上级交代的任务,是打打知识分子的气焰,闹了笑话,很后悔。

在当时的气氛下,教师们不愿与这些"工宣队、军宣队"成员纠缠,因为"秀才遇到兵,有理说不清",能躲就躲,不吭声,自己做自己的。也有一部分"工宣队、军宣队"成员,受教师们的欢迎,他们不主动管事,当有事找他们时,放手让教师们自己做主,于是出现了"无为而治"的局面,教师们自由自在,自觉地做了不少事。

## 一句话的启蒙

从我加入共产党起,就以消灭剥削、消灭资本主义为主义。社会主义改造完成之后,所谓的资本主义的自发势力一直在地下涌动;大饥荒时期,在政策上也曾一度允许"三自一包"和农村集市贸易的存在。但是,随着1963年开展的社会主义教育运动和"四清"运动,"三自一包"被取消,集市贸易又被禁止。到了"文革",强行割资本主义尾巴,尾巴便都夹在肚皮下,称为"黑市场"。我一直保持着"纯洁性",不与任何"黑市场"发生利益关系。

1973年初春,我带领七二级学生,到南开战备基地完县腰山村半工半读。与学校相比,那真是一个世外桃源。一群学生,十几位教师,不搞任何政治活动,除了春种、浇水,就是在一处大院里静静地讲读,或举行各种体育比赛。耕读世界,其乐也融融。假日,师生一起到附近山上游览古刹、庙宇遗址,还有唐朝宰相张说的读书堂等,诸多古迹,都一一看过了。这些地方几乎寸草不生,大大小小石基、柱础,整齐地裸露在山间,一些残缺的石碑,经过长年的风化,漫漶不可辨识,而周边是光秃秃的巨石。我颇觉怪异,怀疑此处当年理应是林深木茂,不然怎么会选择这种地方诵经读书呢?是什么使太行山区变得如此破败苍老,面目全非?是纷乱的战火,还是人类的蚕食?

某周日,我们步行到满城县中山王墓去参观。陵墓不是考古有意发掘,是1967年军队修筑工事时偶然发现的。那时天下大乱,郭沫若来看了一下,把文物收走,遗址就没人管了。陵墓就建在号曰"陵山"的主峰东坡,爬上去一看,心里不禁一惊,这么重要的古迹,竟是狼藉一片,只剩下空洞洞的巨大石窟,片石不留,片瓦无存。山脚下有地名曰"守陵村",村民说我们世世代代就是守陵人,但为谁守陵?一无所知。如此不肖子孙,竟把中山王墓的建筑石料偷运出来,建造自家的房舍或垒猪圈。也不只守陵村,周围村庄均有参与。师生们齐恨道,败家子!一声叹息而已,又怪得了谁?举国破"四旧",村民不过是变"废"为"宝"。

到6月中旬,我们拉练返校,横穿河北,从完县经保定、白洋淀地区回天津。沿途走过,看到自发的资本主义很是活跃,"尾巴"晃来晃去,好像也没有人出来以刀割之。与农民闲聊,我问,不是有政策不允许这类活动吗?农民悉数了他们公社的苦楚,一位青年突然冒出一句:"社会主义不够,资本主义补!"

这句话深深打动了我,开启了我的再思,把我多年来积累的疑问提到一个新的理论视角。是啊,为什么"社会主义不够"?为什么要由"资本主义补"?

"不够",这是中国的一个长期存在的历史问题,于是有理想,有革命。社会主义革命曾承诺解决"不够"的难题,也是我追随的目的。但自从"社会主义改造"完成之后,"不够"的问题越来越严重,公社化竟然饿死很多人。"三自一包"救了数亿人的生命,转眼又成"罪恶"。"文革"发展到极致,"宁要社会主义的草,不要资本主义的苗",我听后很反感,把"草"和"苗"冠上社会性质,实在是风马牛不相及的荒唐。记得当时还有过一篇报道农村革命人物事迹的文章,引用一句俚语:"花钱买笼屉,不蒸馒头,蒸(争)口气。"把资本主义尾巴说成是"馒头",把坚持社会主义说成"气"。我一听也很反感,怎么如此不伦不类的比喻?不要"馒头",靠"气"就能充饥?我看到了农民与市民们对自发资本主义的欢迎和参与,但我没有"资本主义补"的观念和意识。

对于社会主义的"不够",我们这把年纪的普通人都深有体验。也是70年代初,我一次路过保定,去了一家饭馆吃饭。饭刚上来,就有一群乞食者伸过手来,同时出示盖着村政府红印的出身证明,都是贫下中农。我问这是怎么回事,答曰:我们没有吃的,但地主富农不能出来讨饭,那是给社会主义抹黑。我感到万分惊讶,天呀,乞讨都要凭成分,乞讨竟然成了社会主义的"特权"!

"不够"的原因在哪里?我们多次到农村接受贫下中农再教育,"出工不出力","龙多不治水",对诸种怪现状,也多有见识;也调查过农民的可悲境况,一个工不值一张邮票(八分),更有年终不仅分不到红,反而需要倒补集体。凡此种种,我仅仅与农村干部的水平和违法乱纪挂钩,从来没有与"社会主义"的"问题"连在一起。现在,倒是貌似无知的农民,一针见血地回答了这个问题:"不够",源于"一大二公"的"社会主义"。

这使我想到古人曾说过的一句话:"公作则迟,私作则速。"迟、速就是效率问题,早在两千多年前,古人把问题说得很清楚了,为什么我们还要硬搞"公作"?农民们为什么对"三自一包"那么钟爱?我们为什么不顺从农民的"自发的资本主义势力",而一定要强加改造?这些问题,困扰了我好几年,经过农民兄弟的点醒,我才逐渐清晰起来,形成了这样的认识:当时通行的那种"社会主义",是造成"不够"的根源;反过来,能"补""不够"的"资本主义",未必不是一条路。多年来,把"资本主义自发势力"看成罪根,为什么不把它看成历史过程中的自然与必然?为什么说是"黑市","黑"字是谁给加上的?

农民的这句话,对我是又一次大启蒙。此前的启蒙,是那个惊天动地的

"工程纪要"。"纪要"的启蒙,限于政治和政策;而这句话的启蒙,直指社会道路问题,因而更加深刻。

## 牵线杨荣国来津做批孔报告

大约 1973 年 6 月初,突然接到从上海发给我的电报,电文很简单:杨荣国先生想到南开访问。没头没尾,也不知是谁发来的。

1959 年至 1960 年间,我到中山大学师从杨荣国先生进修中国思想史,因病中途而退。回来后,我写过感谢信,先生也给过我回复。后来我还去信问过安,他可能很忙,就没有回信。再往后,我也失礼,因此中断了联系。1972 年 5 月,南开大学组织了一个到各高校的访问(取经)团,我有幸参加。我们来到中山大学取经,当晚我就前往先生家拜望。当时他处于被打倒状态,被驱逐出原来的别墅,住在中山大学最差的小平房里。我一进门,先通报姓名,他迟疑了片刻,不知是忘了我,还是有其他的疑问。看上去,先生不仅老了许多,而且反应也迟钝了些。随后他让我坐下,出乎意料的是,他第一句话竟然说:"我犯了错误,正在检查。"事前我知道他卷入了两派之争,忙安慰他,您没有大事,今天革委会主任接待我们,还说到您,很快就会解放。他怔了一会儿,似乎有点意外。他很拘谨,目光迟滞,似乎满腹心思。我不好再说什么,就告退了。我猜测他想来南开的电报,大概与我前往问安有某种关联。

杨荣国先生对孔子一向持批评观点,说孔子是奴隶主代言人。这一看法形成很早,在 40 年代就写过文章,50 年代初出版《中国古代思想史》,对孔子的看法依然如故。与他持相似看法的人不在少数,但不知何因,毛主席在"文革"前的一次讲话中,就十分肯定杨荣国的意见,"批林批孔"时又重复表彰杨荣国。由于毛主席的肯定,加上"批林批孔"的兴起,杨荣国名声大噪。

杨荣国要来南开,我个人无法接待,立即把电报转送给党委书记朱自强。朱书记也感到事关重大,又立即上报市革委会,自然也引起市领导的重视。市革委会派人向我询问杨先生在上海的情况,我说,除了电报,其他一无所知。还是市革委会的办事人员有办法,他们打听到杨荣国住在锦江饭店,这一下子更引起市革委会的高度关注,锦江饭店,是规格的标志,于是让我回信,转达市委意见,表示欢迎,并负责接待和安排等。没有想到,我很快又接到杨荣国随从的来电,说日程有变,要先到河南、山东,何时能来天津,一时定不下来。事情就此放下。

转眼间到了9月,我忽然接到杨荣国随从自沈阳的来电,说要来天津。1973年8月7日,杨荣国在《人民日报》发表了长文《孔子——顽固地维护奴隶制度的思想家》,在全国影响很大。据后来有关文章披露,此文经毛主席审批,肯定有政治用意。市委领导是否知道底细,我不得而知,但的确更重视了,专门成立了接待组。市委的工作人员都不认识杨荣国,于是让我到市革委会一间客房里暂住,准备随时做向导,到车站迎接。

杨荣国先生是半夜到达天津站的,两辆接站的车一直开到月台,说明待遇不一般。随即一行人来到睦南道一座别墅,车径直开到小楼门前。一进客厅,第一感觉是神秘。陈设高雅,古色古香,客厅宽敞,一应俱全,服务人员奉前侍后。我心想,这是什么地方?以前还真不知道。稍事休息、盥洗,我们又被引到一个很别致的小餐厅吃夜宵。杨荣国被安排在一套很大的居室.我与他的随从也随后被引到相当不错的房间休息。后来听说,这是专门接待高级领导的寓所。

第二天,杨荣国给全市干部做了批孔的报告,由市委书记解学恭主持。晚上在住所由解学恭宴请,美味佳肴,印象颇深。参加晚宴的有十几位,我自然叨陪末座。从解学恭开始,依次向杨先生敬酒,我显得呆头呆脑。突然解学恭指着我说:"你怎么不给老师敬酒?"我从来没见过这种场面,身处卑位,哪里知道自己该不该敬酒,一时很尴尬,我急忙起身致歉并敬酒。

次日,杨荣国又给南开职工做了一次批孔报告,由党委书记朱自强主持。我依然是陪从,站在幕后等候。

当时我也多少有些疑问,问杨先生,您有什么现实的针对性吗?我不敢往上想,只问是否针对郭沫若。杨先生当即说,我谁都没有针对,只是"批林批孔";郭沫若在重庆时,我们把他尊为老师,我怎么能批我的老师呢?!

临别时,市委送给杨荣国一张比较大的杨柳青年画,还有一点细物,具体是什么东西,就不知道了。

结束天津之行后，我随车送杨先生去北京，但开始并不知道他具体要去哪里。出乎意料的是，他去的竟是北京大学"梁效"所在地。其后的事，我就一无所知了。

打倒"四人帮"后，天津要清除杨荣国的影响，市委宣传部一位处长来到我家，要我写批判杨荣国的文章，并明示，要揭发杨荣国意在反对周总理。我说，政治内幕我一无所知，他连批郭沫若都不承认，怎么写呢？我拒绝了。听说广东批得很凶，杨荣国拒绝承认反周总理的指控，一直"顶牛"，直到他死。又过了好多年，中山大学要出版杨荣国纪念集，约我写纪念文章。适逢我在域外女儿家，等我返乡之后，才看到约稿信，时间早已错过了。

学者无意中被卷进政治，或被政治家利用，这是中国由来已久的传统。毛主席肯定过的学者中，杨荣国和任继愈，还有天津的杨柳桥，这三位我都认识，他们三位在不同时期都因此而大红大紫。杨柳桥原本不是国家职工，是无业的知识分子，生活无着，有时靠街道救济，后来给安排了工作，还当上了全国人大代表。他一直怀念毛主席。

在那个时代，能得到伟大领袖的表扬，无疑是无上的荣光，令人艳羡，但不管怎样大红大紫，一介书生，毕竟是受制于人而已。荣辱悲喜，只有冷暖自知。

## 因我评秦始皇文章，《学报》化为纸浆

1971年林彪事件之后，即开始"批林批孔"，到1973年又花样翻新，发展为"评法批儒"。群氓如我辈，蚁动追随。怎么从"批林批孔"演化为"评法批儒"的？内幕至今不很清楚。当时只知道林彪引述过孔子的话语，又把毛比作秦始皇，于是对儒家、秦始皇的态度，就要与林彪相反。林彪骂毛是秦始皇，我们也就只能歌颂秦始皇。所谓重评，就是歌颂；而歌颂秦始皇，就是歌颂毛主席。

我评秦始皇大致沿着三条线：一是颂扬秦始皇的统一与开创之功；二是批儒生主张搞封建制的复古、复辟；三是适当地从阶级分析上说秦始皇的残暴、苛政。后一点，讲得比较淡。当时，我曾在不同场合讲过多次。在讲

演稿的基础上,我写了一篇《论秦始皇的历史作用》,适逢《南开大学学报》复刊,文章被《学报》要去。为这篇文章,负责《学报》的学校领导,还请了多位大教授帮助审稿,有滕维藻、吴廷璆等,大家认为还可以,于是刊登在1973年复刊的第一期上,印了八千册。《学报》正准备发行,没想到,风云突变,突然传来上头的指示,说林彪"右的不能再有了",指挥棒于是乎从批林彪的"极左"转为批"极右",紧接着又兴起"评法批儒",还听说有"劝君少骂秦始皇"的"最高指示"。秦始皇已经成为一个特殊的代称,对秦始皇是不能进行一点点批评的。

原来批林彪的"极左",一下子转向批"极右",在这个大背景下,1973年末,针对批"极左"中有否定"文革"的趋势,出现了新一轮的反回潮。正当此时,《学报》刚刚印出尚未发行,我竟懵里懵懂成为反回潮的靶子。学校行政楼的大字报向我开火,不仅批评我对秦始皇的看法有政治性错误,由我主持编写的《中国古代史稿》也有批评秦始皇残暴之语,还说了几句孔子的好话,也被捎上了。1972年,学校召开教材编写经验交流会,我有个发言,专门讲要实行百家争鸣。那个时候批林彪的"极左",这是"文革"以来在南开大学公众场合重讲百家争鸣的第一声,反响很大。在反回潮中,我也被扣上"反对意识形态领域无产阶级专政"的帽子。

后来知道,大字报是教务处主管文科的几位熟人写的,其中主要是我的一位老同学执笔。重提百家争鸣,固然是我的思想,但到学校大会上介绍经验,恰恰是这位老同学力主和推荐的。我又成了错误倾向的典型,不仅在校内被贴了一批大字报,学校一位领导,在全市的有关会议上,把我的事作为错误倾向的例证汇报,并且上了红头文件,又登在《天津日报》上。好在只说事,没有点我的名。学校领导对我也很关注,党委书记朱自强找我谈话,对我进行批评帮助,说我缺乏政治敏感,觉悟低,要我做检查。开始我还抗辩了几句,但书记很耐心地晓以利害,态度十分温和,一片特殊的爱心,我也只能乖乖就范,做了检查。检查文字刊于内部铅印的《中国古代史稿》下册"后记"中。全文抄录如下:

这本《中国古代史稿》(试用教材),基本上是在去年5月份以前写就的。由于我们马列主义、毛泽东思想水平很低,路线觉悟又不高,加之历史知识的贫乏,所以,稿中肯定会存在一些不妥之处。最近我们对上册初步做了一下检查,发现在论述儒法斗争和对一些历史人物的评价等问题上存在着原则的错误。过去不少同志曾向我们提出了宝贵的批评和建议,谨向这些同志致以衷心的谢意。希望读者今后继续提出批评和指正,以便我们进一步修改。

看日期,"后记"写于1974年1月。如此谦卑的检讨,既不能说完全诚意,也不能说毫无诚意。林彪的垮台,虽使我吃了一副清醒剂,但他有关"最高指示"的名言——"理解的要执行,不理解的也要执行,在执行中加深理解",依然是有效的。"检讨",是当时人们的一种生存条件,也是一种生存艺术。检讨的确是"过关"的妙术,我这次检讨就是一个例证。现在看来,检讨并不可怕,可怕的是把它作为生存的条件和生存的艺术(应该叫"伎俩")。假作真时真亦假,真作假时假亦真。真假不分,何言善美! 当时玩真弄假,骗术公行,每每忆起,不禁汗颜,如何人哉?

批人的态度上,学校领导与贴大字报的革命者还是有别的。他们都是挨过斗的,迫于形势,不得不批我,但不是成心要整我。党委书记一面批评,一面保护;负责《学报》的副书记、副校长娄平,一句也没有批评我,只下令把新印的八千份《学报》一本不留,送到造纸厂化为纸浆,以免留下把柄和证据。为避开反回潮的风头,1974年春节过后,我被安排到农村劳动,事情就这样过去了。

1977年,开始清算"四人帮"的影响,党委书记朱自强又被牵连进去。"文革"初期他就被打倒了,后来解放老干部,他重新走上工作岗位,到南开大学任书记。"文革"中的反反复复,南开出了好几桩紧跟"四人帮"的事情,他当时的位置,令他很难做到不紧跟。此时他又不能不做检查。在面向全校进行检讨时,他把对我的批评作为一个例子;我坐在台下,感到很难过。在我看来,当初朱自强书记的批评,也是出于无奈,而且是保护性的,我完全能理解和谅解。检讨之后不久,他就调离南开,稍后任市政协副主席,是个闲差。他曾支持我们编写教材,当我们编写的《中国古代史》在1979年出版之后，我立即到他家里敬送一套，以表谢意。他可能感到意外，再次说起往事。我请他不要说了，我都能理解。又过了两年，他因心脏病离世，闻讯后，我到府上向他夫人致哀。火化那天，我带着沉重的心情去送别。每每想起朱书记，我始终心存感激，把当年他对我的批评视作一种特殊的保护。

## "法家著作注释出版规划会"与上"黑名单"

1974年春节一过，我就下放到农村劳动锻炼，劳动点在武清后河淤，是学大寨的先进典型。大队土地平整得很好，社员收入比附近村要高，当时正盖标准社员居住房。我们这些人都去过很多村庄，纷纷发出疑问，单靠农业，怎么能有这样的高收入，怎么能盖卧砖到顶的房子？时间稍长一点，发现他们有个机械加工厂，社员们也悄悄告诉我们，这是他们的秘密，不准向外透露，陈永贵来视察时，就把工厂封闭，绝对不让他和上级知道。那时农村是不准搞工厂的，认为是资本主义。他们的队长很勇敢，硬是偷偷摸摸干起资本主义的营生，真让人佩服。

5月的一天，我们正在田里劳动，突然高音喇叭厉声大喊："刘泽华立即回队部！"我不知发生了什么事情，赶忙回到队部，负责人说，接到学校通知，让你携装立即返校，正好有车。在返回的路上，我惴惴不安，是不是后院着火啦？在教研室范围内，我时不时地发点怪论，有些是诙谐性的政治调侃，难道有人揭发了？总之心中有点不踏实。

原来是另有重用。由姚文元提议，毛主席批准，要召开"法家著作注释出版规划会"，天津要为会议做准备，注释一篇法家的著作，作为样本提交给会议，由市委宣传部一位处长负责，召集了四五位专业人员参加，其中有郑天挺先生、杨柳桥先生。杨柳桥因主张老子是唯心主义，毛主席两次在谈话中表扬他这位"少数派"，因为当时学界多数人认为老子是唯物主义。我们注释的是荀子的《天论》。到了6月，我被指定作为天津代表之一到北京去参加会议，对此我多少有点意外。天津有六位出席，由宣传部副部长陶正熠带队，成员有两名工人，一位来自东站，五十多岁的老工人，东站是江青的"点"；另一位来自国棉二厂，是位青年女工。还有一位农民，来自小靳庄，民兵队长，小靳庄也是江青的"点"。专业人员有杨柳桥和我。杨柳桥当时是无业市民，已经过六十岁了，古文不错。

7月5日，会议在北京前门饭店召开，规模不大，有十几个省市参加，所谓正式"代表"，有五六十位。著名的学者不多，能记起来的有中山大学的杨荣国、厦门大学的傅衣凌、北京师范大学的郭豫衡、复旦大学的杨宽，还有十几位讲师、助教，其他的是行政领导与工农兵。不过在印象里，会议工作人员中，有很多是北京活跃的中青年学者，都是笔杆子，后来不少成为大名家。会议开始由李琦主持，李琦当时是国务院文教组副组长，曾任周总理的秘书。他传达了姚文元给毛主席的报告和毛主席的批示，接着就让大家务虚、学习、讨论、领会。

会议分几个小组，天津、广东、福建是一个组。会期长达一个多月，人们都很谨慎，几乎互不往来。尤其是与上海的代表，几乎没有接触。上海的代表很神秘，领队是赫赫有名的朱永嘉，他们从不在大会上发言，在会场上也很少见上海的人影，我知道他们的名字，但没有说过一句话。

在我印象中，坐镇会议的是庄邛。庄邛原是北京大学哲学系教师，冯友兰在《中国哲学史新编》"前言"中，提到庄邛是他的助手，此时是迟群的秘书之类的角色。庄邛身材修长，一米八以上，比我高一截，看起来文质彬彬，很随和。

会议的主调是用儒法斗争重新改写历史，儒法斗争贯彻古今，也表现在共产党内。与会者多数跟着跑，杨荣国做过报告，内容与他在天津的讲演差不多，我也没有听出有特别的政治含义。冯友兰先生不是会议出席者，是"梁效"写作班子的顾问，在会上有过一次长篇发言。老先生很激动，赋诗歌颂，大意是，东汉有白虎观会议，这次会议是新时期的白虎观会议，只是反其道而行之。唐长孺是史学界的名家，在中华书局标点"二十四史"，也被请来讲魏晋南北朝隋唐时期的儒法斗争。后来听他的弟子朱雷先生同我讲，唐先生为此懊悔不及，是一生的学术大谬，临终都不能原谅自己。当时还听说，有些名家因没能出席这次会议，感到被漠视，很失落，可见当时学人心态。

我在政治上十分愚钝，不解会议主持者的政治意图。其实，稍前的 1974

年 6 月 18 日,《人民日报》社论《在斗争中培养理论队伍》已经提出:"两千年来的儒法斗争,一直影响到现在,继续到现在,还会影响到今后。"后来有文章披露,这是根据江青 1974 年 6 月 14 日在人民大会堂举行的"批林批孔"座谈会上的讲话精神写的。江青还明确提出,要批"现代的儒"。我当时没有留意这篇社论,即使读过,也未引起警惕,更不知道是江青的讲话。我傻乎乎地还在理论和历史事实上说事,对上述说法在大会、小会、私谈中均持异见。实际上,我并不反对"评法批儒",只是从历史角度看问题。我仍然强调阶级斗争是历史的主线,儒法斗争在先秦反映为阶级斗争,而且主要是两个剥削阶级(奴隶主与封建主)之间的斗争,他们之间的斗争与他们和劳动人民之间的斗争,是两股道上跑的车,汉代盐铁会议以后,就没有明显的儒法斗争,更何谈近代、当代、党内?

有一次,我在大会上发言,依然沿着这个思路讲,迟群听得不耐烦,打断我的话,问:"你是哪里来的?"我回答是天津的。他说:"少讲点,尽快结束!"我很不客气地回敬一句:"应该让我讲完!"然后全部讲完了事。我不认识迟群,会后有人告诉我,你怎么敢顶迟群?我一怔,但我也有点"牛"劲,我说我没有错,我说的是马克思主义的基本常识和基本的历史事实。我说的老一套和基本事实,竟成为"反潮流",中国的事情有多怪。

前门饭店门前就是大街,晚饭之后没有地方可去,大家就在这里晃悠、漫步、闲聊,其中有一位 N 姓熟人,与他聊天儿的机会比较多。他开始是会议工作人员,开了半截成为正式代表。我的一些在会上不便说的看法,有时与他讲。这位老兄便把我的言论报告给庄邝,大概庄邝是为了核实和进一步了解我的看法,先后两次把我叫到他的办公室,说起来是聊天儿,给人感觉还有交朋友的意味,很客气,很亲切,谈到一些看法,也很耐心听我絮叨,始终也没有反驳过我,或指出我的"错误",所以给我留下的印象很好。我哪里知道他们在整我的材料!

会议结束前一天,除了毛主席、周总理、叶剑英,全体在京政治局委员,在大会堂接见了与会者,包括邓小平在内。江青最为活跃,她走到每个人面前亲切握手。其他人都招手。只有邓小平很特别,鱼贯而入时,他毫无表情,也不招手,一屁股就坐在沙发上。江青、张春桥等有长篇讲话。江青开头问,今天是几号？自问自答，今天是 8 月 7 日，历史上有"八七会议"，今天我们也是"八七会议"，要斗修正主义，要批儒，等等。乍听之下，我大吃一惊，我们是什么人，怎么联系上了"八七会议"？真感到不伦不类。江青、张春桥讲话时，李先念等人偶尔插话，而邓小平则不理不睬。接见结束时，大家鼓掌，邓小平好像发呆，告别时也不招手，扬长而去。

关于这次会议，《人民教育》编辑部、《历史研究》编辑部所写的《"四人帮"的尊法丑剧的幕前幕后》一文（刊《历史研究》1978 年第 8 期）做了详细披露。文章说道：

> ……不少同志，不顾"四人帮"的高压政策和迟群的淫威，同他们针锋相对地进行了斗争。
>
> ……
>
> 在尖锐的革命挑战面前，"四人帮"和迟群恨之入骨，极端恐慌。他们一面虚伪地表示可以允许"百家争鸣"，一面则大搞见不得人的特务活动。在迟群和那个心腹的直接策划下，派人以走访、听会为名，广泛搜集与会同志的动态和反映，整成黑材料，名之曰《情况反映》，径直单线密送迟群，上报姚文元。他们给这些革命同志按上了一顶顶帽子，什么"对主席和中央领导同志有关指示及社论精神理解不够"，什么"思想跟不上形势"，叫嚷"应注意分析思想动向，掌握其中的斗争"。这种语言所包含的杀机，已经很清楚了。这个黑材料，从 7 月 6 日到 9 日，连续上报三期。7 月 16 日的第 4 期，又详细列举了一位同志发表上述言论的时间、地点，显然是罗织"罪证"，准备整人。……

文中说的"一位同志"竟然是我。1978 年《历史研究》与《人民教育》编辑部联合写文章，对这次会议进行清理时，发现整了我的专门材料。《历史研究》编辑部曾邀我到北京小住数日，由副主编李学昆先生接待，让我看了会议档案和这些"黑材料"，并约我写批判文章。我还真写了一篇，由于我实在不知会议内幕，说不到点子上，只好作罢。

"一位同志"虽然说的是我，其实还有一些不认同会议主旨的人。中山大学的李锦全先生,与我的看法大致相同,在整的专项材料中,也有李锦全的言论。天津领队、宣传部副部长陶正熠,也不支持儒法斗争贯彻到党内的说法,但他说得很有技巧,说有儒法斗争的成分,而不是路线问题。陶正熠比我大十岁左右,才思敏捷,能言善论,很有才气。他的记录速度令人惊奇,江青等人的讲话一字不漏,连标点都有,字迹还很清秀。接见后,大家核对记录,陶的记录成为标准文字。没有想到,打倒"四人帮"后,天津领导班子大换血,不知什么原因,把他也裹进去了,撤销了副部长职务,赋闲在家。他的独生女在美国,再后听说,他到美国探亲并留居在那里。"文革"初期,他因是所谓"万(第一书记万晓塘)张(第二书记张淮三)反党集团"的亲信、智囊、大秘之类的著名秀才,曾被踢到一边,下放劳改,后来解放重新启用,这次是第二次被甩到一边。他的聪明,主要用于"紧跟",听上头的,领导出了问题,他也难免。

## 《中国古代史》问世

1979 年,人民出版社出版了由我牵头编撰的《中国古代史》,上、下册,约一百万字,这是"文革"后出版的第一部中国古代史大学教材,可能也是整个史学界出版的第一部系统的、成活的教材。所谓系统,是就其完整性而言,它包含古代史的方方面面;所谓成活,是没有因急剧的政治变动而作废或终止发行。

那时多个院校都编了教材,据我所知,多数没有出版。即便出版了,也因书中的政治问题或大量的"文革"化观点、语言,都回收成了废纸。我们这部《中国古代史》,一下子就印了十万册,被许多大学用作教材,时间不长,又加印了五万册。1979 年以后入学的多届大学生,因使用此书而对我多少有点印象。这本教材的借阅率是很高的,我曾到过一些大学图书馆,发现这本书被翻阅得破破烂烂,几乎没有完整的页码。直到今天,该书仍被学生们借阅。特别是考研究生,很多学子认为除观点有些过时,该书叙事条理清晰,准确而又简练,仍便于应试。

编撰这部教材,前前后后用了近七年的时间,经历了中国历史上一个极富戏剧性、令人眼花缭乱的时期。我们编著这部书,与那个时代休戚相关,深深打着时代的烙印,反映了那个时代一群史学工作者的经历。我作为主持者,做点回忆,或许能从一个侧面表明一点心路。

**(1)我怎么成了教材编撰的主持者?**

南开大学历史系古代史人才济济,名家以郑天挺先生为首,其后有王玉哲、杨志玖、杨翼骧诸先生,再下还有几位讲师。而我在助教中也不是资格最老的,怎么竟成了主持者呢?

历史系1971年开始招收工农兵学员,没有可用教材。由于当时许多通史著作的作者被打倒、被批判,不能把他们的著作列出来,让革命接班人阅读。没有教材是一个大问题,于是提出编新教材,系领导(主任是魏宏运,总支书记是军代表任洪林)决定,由我来承担主持编写古代史的任务。

由我主持编写,说来有点蹊跷,但当时的局势似乎也只能如此。突出政治,表现在组织和人事上,就是突出党员,而在历史系,我的党龄属于长的,"文革"前我还是总支委员、支部书记。1970年虽说还是"五一六"嫌疑分子,但丝毫证据没有,估计头头们压根儿也不相信,我居然在"文革"中几乎没有参加任何活动。既然有一位"五一六"分子咬了我一口,"五一六"案还在审查中,在政治上把我挂起来,也算合乎情理,让我做些业务方面的工作,应该说还是一种信任。当时古代史的人员,要么属于"一批二用"的"资产阶级知识分子",要么不是党员,是党员的,又比我年轻得多,党龄不够长。于是,由我来主持,似乎是不二选择。

**(2)三易其稿**

这部稿子前后经过三次修改。

第一稿在1973年写出,先油印,随即内部铅印,分上、下册,六十余万字,印了三千套,不少学校和单位前来购买,很快告罄。这本内部铅印稿,又被人民出版社看中,出版社刚刚恢复业务,苦于没有人投稿,他们便到大学搜罗,看了我们的铅印稿,认为有修改的基础,便约定要我们进一步修改,由他们出版。负责编辑和组稿的是吕一方先生,她是南开的老学生,1951年毕业,被分到人民出版社,是诸位老先生的学生、我们的师姐,一下子就成了熟人和朋友。那时没有书面合同之类的契约,也没有稿费,只是口头约定。

第二稿,1974年下半年到1976年进行修订。当时全国风行与工农兵合作编书,搞所谓"联合编写组",我们也不能不卷进风中,我们去的是天津站。1976年,移回学校,我以修改稿子为名,向主管编写教材的副校长娄平汇报编写进度与问题,希望能离开历史系,找个清静地方。娄平副校长很支持,立即向图书馆要了一间办公室,我们便躲进小屋一统,堂而皇之地不参加系里的各种活动。当时正值"反右倾回潮"的高潮,接着又是清查"四五事件"(1976年北京发生的所谓"反革命"大事件),如此等等,我们都躲开了,直到唐山大地震为止,两年里磨磨蹭蹭,全稿扩充到近百万字。

打倒"四人帮"之后,形势大变,我们重新检阅了一遍稿子,除了儒法斗争需要修改,其他问题不是太大,人民出版社编辑也认为有修改的基础,他们催促尽快修改和出版。于是,1977年进行了第三次修改。由于唐山大地震对天津影响太大,学校禁止到教学楼上班,我们都住地震棚,难于开展工作。当时出版社苦于稿荒,作者在原单位受政治活动干扰又大,他们一旦发现有合适的稿子,常常把作者请到出版社来住,进行修改、定稿。我们编写人员也被请到人民出版社居住,开始六个人住一间大办公室,紧靠他们的资料室,核对材料很方便,后来移住到新盖的招待所,两人一室,前后达半年之久。人民出版社与人民文学出版社在一幢楼里,两个出版社都有一群作者,吃饭时挤得一塌糊涂。


### (3)如何组织人员

现在想起来,其间不少苦乐,今天的人可能无法理解。当时人们的思想很矛盾,一方面不愿意涉及文字之事,避免以文招祸;另一方面,教材编写这类事,又是一个敏感的问题,参加与否,往往与政治信任度连在一起,如果政治上不被信任,可能有诸多麻烦在后边等着,所以又都希望能参加。

我是组织者,也可以说是领导者,人员如何安排和使用,由我决定。反复考虑后决定,除了郑天挺先生,古代史留校人员一律参加。当时郑先生还没有完全落实政策,似乎有什么历史问题尚待结论。另外,郑先生已经七十多岁,也不宜承担具体写作任务,但开会讨论编写事宜,多请他参加。1974年第二次修改时,有几位从农村下放回来,我把他们也都吸纳进来,同时对写作任务做了适当调整。此时有一位工农兵学员刚毕业留校,"掺沙子"进来的,我也给他安排了写作任务。令我特别感动的是冯尔康同志,当时明清部分的人员集中,难于调配,冯尔康同志主动提出写东汉部分。参加写作的有九人,另请傅同钦同志负责插图,总共有十位同志参加。在写作任务的分配上,或许有欠缺的地方,但所有古代史的人员都参加了。我当时的想法是,要团结所有古代史的人,落实知识分子政策,一视同仁,具体分工如下:

王玉哲:原始社会、奴隶社会到春秋

刘泽华:战国、秦、西汉

冯尔康:东汉

孙立群:三国

杨翼骧:魏晋南北朝

杨志玖:隋唐、宋、辽、金

郑克晟:元

汤纲:明

南炳文:清

傅同钦:插图


### (4)《对处理若干历史问题的初步意见》

"文革"把一切几乎都推翻了,"最高指示"是"史学要革命",见诸报端的一统舆论是:"要把资产阶级占领的史学阵地夺回来","要重新改写历史",批判"封资修",等等。对上述口号和纲领性的观念,我们,至少是我,主观上是紧跟的。其他人是否都赞成,心里怎么想,我不清楚,明面上没有人提出异议。

真要写书,从哪里入手,此时我想到翦伯赞当年编写《中国史纲要》,有过一个《对处理若干历史问题的初步意见》,于是我仿效,也搞了一个《关于编写〈中国古代史〉若干问题的初步意见》。当时明面上批判翦伯赞,但对他的那份"意见",感到有不少可取之处,有启发和参考意义。当时的主旨是突出"以阶级斗争为纲",经过大家讨论,形成了一个油印稿。后来这个油印稿在《南开学报》1977 年第 1 期上发表。之所以刊出,是为了批判"四人帮",《学报》编辑特地加了"编者按",意在说明我们是抵制"四人帮"的"评法批儒",批判"四人帮""大肆鼓吹阶级调和论和英雄创造历史等反动唯心史观"。

其实,我们仅仅是在"评法批儒"方面没有走得那么远、那么彻底,没有贯彻"用儒法斗争重新改写历史"而已,对当时的大思潮说不上有什么抵制。随着 1978 年后开始的思想解放,就个人来说,我的观念发生了很大的变化。


### (5)提倡百家争鸣

"文革"后实行的是"在意识形态领域实行全面的无产阶级专政",不再提百家争鸣。在编写教材过程中,我感到,如果没有一点自由的空间,大家都不发言,事事听我在那里"捭阖",大家没有积极性,只是"听喝儿",是根本无法进行编写的。如何能使大家说话呢?我想到了百家争鸣这个被尘封的方针,大家还信不信百家争鸣,姑且不论,但我必须从这里入手来引导大家积极思维,同时我一再保证,如果出了问题,由我一人承担,与大家无关。当时全校普遍在编教材,1972 年,我在全校编写教材经验交流会上,做了贯彻百家争鸣的经验介绍。"文革"开始之后只讲"专政",报章上根本见不到百家争鸣的字眼,我以此为题介绍经验,引起全校强烈反响,校档案馆至今保留着我的发言摘要。

我当时理解的百家争鸣,是有严格限定的。

第一,对敌人只能批判,不在百家争鸣之列。那么谁是"敌人"?敌人说的都是"敌话"?比如翦伯赞被点名批判,又自杀,是否就是敌人?他说过的话都属反动?在我心中一直有疑问,我主持写过批判他的"让步政策"论,把他列入刘少奇一帮,但我对他的《对处理历史问题的若干初步意见》感到又有可取之处;我明面上说必须批判他,但内心又有相通之处,真是无奈复可悲!我在发言中说,不能与翦伯赞争鸣,但如果是人民持与他相同的看法,则属于可以争鸣的问题,我特地举出"让步政策",我直指翦伯赞有其政治目的,是属于批判对象,但如果"人民"也有持"让步政策"论的看法,则是认识问题,应属于可以争鸣的范围。这就是最高领袖所说的要区分敌我两类矛盾吧。现在看来,是多么滑稽和诡辩,但在当时,却是一种稍有点胆色的见解。

第二,凡是领袖有过明确论述和指示的,必须绝对贯彻和执行,不能争鸣。

有了上述两条,还怎么开展百家争鸣呢?但是久违了的百家争鸣这个词,毕竟被提出来了,由是在1973年反回潮时,我又遭到不少大字报,说是复辟,背离了"全面专政"的理论与方针。贴大字报最凶的,竟是提议和决定我去介绍经验的教务处诸位仁兄。后来我们的书出来了,我就一本也不送给他们。

在一片专政声中,即使这样的百家争鸣,也多少创造了一点相对宽松的小环境和气氛。当时不少学校都在编教材,北京师范大学集中了多所师范院校编写《中国古代史》,1973年我们到他们那里去取经,举行座谈。何兹全先生在一篇忆郑天挺先生的文章中,提到对这次座谈会的印象,他说:"南开的同志都敢说话,他们都是思想解放、心态舒畅的。"后来我与何先生交往渐多,他一再对我说,诸位老先生对你评价不错,说你是个"开明的好领导"。其实我能领导什么?无非就是不搞和少搞那时通行的那一套,不搞什么路线分析之类的活动,也不搞什么特别的政治活动,远离政治话题。分工之后,各自回家写作去。参加编写的汤纲同志,家属在上海,我就瞒着领导做主,允许他长期回上海,应名去工厂搞"三结合",没有人管,自由自在。这就是我的所谓领导方式。在当时一片政治挂帅声中,我的方式的确有点放任和无为。就实而论,这比较符合知识分子的性格和口味,仅此而已。

### (6)关于农民起义与"让步政策"及"反攻倒算"

当时许多颠三倒四的教导,使人眼花缭乱,确实让人难以跟从。稍微冷静后,我也试着想想能否有自己的主见,走出"让步政策"论和"反攻倒算"的思考,可以作为当时在学术上自主意识萌芽的一个例证。

前边提到的《人民日报》社论"夺取资产阶级霸占的史学阵地",其中一段说:"他们(引者按,指史学界的资产阶级权威)叫嚷反动统治阶级的所谓'让步政策'是历史发展的动力,把劳动人民和农民战争的伟大作用一笔抹杀。他们歌颂的,只是那些骑在人民头上的帝王将相。他们是史学界里的'保皇党'。"过去带有公式性的做法是,农民起义之后必有"让步政策";孙达人批判"让步政策"论和这篇社论之后,又有一个新的公式,即农民起义之后必有"反攻倒算"。如果查一下当时编写的教材(内部铅印或油印本),这几乎是一个通例,我们写的教材,自然也不例外。

以往的古代史,都把大规模的导致改朝换代的农民起义放到一个朝代的末尾来写,而郭沫若主编的《中国史稿》却别出心裁,把这类农民起义置于新王朝的开始,俗说"农民起义打头"。这种改动有深意在,那就是强调农民起义的开创之功,但曾遭到翦伯赞的批评。"史绍宾"("史学哨兵"的谐音)著文,对翦伯赞进行过猛烈回击。"史绍宾"是革命派,很有势头。(希望"史绍宾"先生能露出真面目!)

农民起义作为新王朝的打头,很难说清楚历史的连续性;如果接着农民起义而来的都是"反攻倒算",许多新王朝的政策也难以说清楚。我们写教材时,我就想出一个办法,即把大规模的、引起改朝换代的农民起义单独列一章,既不附属在一个王朝的末尾,又不以它打头。我的理由是:农民起义时期,社会矛盾和社会关系既不同于前朝,也不同于后朝,而是一个特殊时期:第一,这个时期的社会矛盾与前朝有重大变化,是农民与地主社会地位的起伏和转化时期;第二,与后来的王朝相比,社会关系与社会矛盾的地位也不相同,后朝重建了封建秩序;第三,这个时期农民有诸多创造。

新王朝的开始用"恢复封建秩序"作标题,这个标题相对"反攻倒算"的大标题而言,有更多的空间来论述新王朝的制度和政策,但我们也不敢一点也不讲"反攻倒算",只是采取了尽量弱化的策略,全书只有两处在子目中标出,其他只在行文中提一句。当然,更避免讲"让步政策"。这里以写"西汉"一章为例来说明当时的思路:

楚汉之争

(子目 略)

西汉的政治

一、刘邦恢复和重建封建秩序的各项政策与措施

(一)恢复和健全封建国家机器,加强地主阶级专政

恢复和健全封建国家机器,重建赋税徭役制度

收集地主阶级人才,充实各级封建政权

恢复地主的爵位和田宅

(二)铲除异姓王,分封同姓王、功臣侯和迁豪

(子目　略)

(三)恢复农业生产的各项措施

(子目　略)

　　文中只字不提"让步政策"和"反攻倒算",尽量就事说事。关于恢复"封建秩序",我并不是把它纳入"反攻倒算"之中。1979 年,我在《论刘邦》①一文中有如下论述:

　　继农民起义之后,"恢复封建秩序"是不可避免的唯一的前途……封建的生产关系是当时唯一能使生产得以进行的形式……恢复封建秩序更是不可避免的……秦末农民起义和楚汉战争结束后,社会的主要矛盾是恢复封建秩序,以保证生产的恢复,使社会的存在得以延续;但又不能因此否定农民继续反抗的合理性。既要看到农民起义之后恢复封建秩序的必然性及其合理性,但也应看到由于这种必然性中产生的阶级对抗内容……

　　农民大规模起义失败后,恢复封建秩序首先代表了地主阶级的利益,而在一定条件下也不同程度地符合农民的利益,这个条件取决于统治者所采取的政策是否适合于生产力恢复和发展……

　　农民起义失败后,恢复封建秩序这一必然性是当时历史发展的主要趋向。新统治者概无例外地要实行恢复封建秩序的政策。刘邦

---

① 《南开学报》,1979 年第 4 期。

"恢复"政策的高明处就在于他从当时社会实际出发,选择了一条既代表地主阶级利益,利于加强刘氏政权,又能为多数农民接受或不超过农民负担能力的政策。

我之所以不谈"让步政策"和"反攻倒算",理由如下:

经过农民起义打击和战乱,新的统治者同旧的王朝所处的环境有很大的差别。"让步政策"论所说的让步,通常都是比较税收的数量。离开生产条件、劳动生产率等具体条件是很难判断这种数量的含义的。如果以绝对量为标准,那么能否在整个封建社会找出一个最高量,其他所有低于最高量的都叫让步呢?"让步政策"论也承认新统治者当务之急是"恢复封建秩序",正像"反攻倒算"论所指出,怎么把"恢复"叫作"让步"呢?另外,新统治者采取什么政策还有许多偶然因素,翦伯赞同志在《对处理若干历史问题的初步意见》一文中就指出,不是每一次农民战争之后都有让步的。

"用反攻倒算"来看刘邦这类新统治者对农民的政策同样也是不科学的。这里的问题在于推翻秦王朝以后,原农民起义领袖如刘邦等能否避免转化为封建统治者呢?起义者及广大农民能否另辟一条非封建化的道路呢?把刘邦这类新统治者的政策概括为"反攻倒算",实际上是以农民领袖可以不转化,农民可以另走一条非封建主义的道路为前提的。很显然,这是一种主观主义的方法。

"让步政策"论是离开具体历史条件的形式主义比较,"反攻倒算"论是离开了历史规律的主观主义的比较。

在 1975 和 1976 年修改《中国古代史》时,我避开"让步政策"和"反攻倒算",内心的理由大抵如上,当时还不能说得太白,但意思获得多数人的赞成。不过也有同志认为,还是要表示贯彻"最高指示"为妥,我也不勉强,由执笔人自行选择,于是出现不同的体例。明代部分最为明显,子目就有"倒算"的字眼,求同存异,也是"合众"的一种妥协方式。

放到今天看,从广义上说,在不同的历史环境下,矛盾的双方既互有"让步",也有"反攻",其作用也是多样的,要具体分析。

### (7)儒法斗争问题

这个问题是最费脑子的一件事。写第一稿时正值"批林批孔",紧跟批孔,"孔子"一节是我写的,应该说是一批到底,只是稍稍肯定了他的教学方法。对秦始皇,则用足了笔墨给予肯定,但也提到几句关于他的残暴。没有想到,在1973年底"反右倾回潮"中,挨了一批大字报,我不得不进行检查,事情也就过去了。写第二稿时,正赶上"评法批儒"的高潮,又是在"用儒法斗争重新改写历史"的大浪潮中。我虽然内心是拒绝的,但政治形势也不能违抗。于是,我沿着传统思路,强调以阶级斗争为主线,儒法斗争要在阶级斗争为主线的大原则下来处理。儒法是统治阶级内部的政治路线斗争,不是历史的主体。至于哪些人是儒家或法家,斗争又如何,由执笔者自己裁定。由于强调了阶级斗争,儒法斗争讲得不多,没有成为主线,"文革"后修改,没有费很多事。

### (8)下工厂写工人联合写作

翻开那时的文章,有许多署名"某某单位与某某工厂联合写作组",这是知识分子下工厂劳动锻炼、向工农兵学习和接受改造的一种方式,也是工农兵占领上层建筑的一种途径。在这种大潮下,我们也同样赶风头,下工厂,与工人联合编写教材。

我们写第一稿时,是在书房里"闭门写作"。1974年修改时,要求与工人联合,我们选择了天津站,因为"工宣队、军宣队"的负责人吕师傅来自天津站。车站派了三位工人参加,有一位识字不多的老工人,有两位刚刚参加工作的女青年,刚初中毕业。我们与工人相处得蛮融洽,熟悉之后,他们一再说,现在时兴"三结合",可我们哪知道什么是中国古代史,能写什么,你们不要难为我们了。说实在的,我当时心中有数,这是一种花架子,给人看的,当然在某种意义上也是知识分子自我保护的一种外罩,所以也就不请他们执笔。

车站领导挺照顾我们,给了一间办公室,每个星期有两天坐在一起,名义是讨论我们写的稿子,更多的时间是闲聊。我们以下厂为借口,基本不参加学校内的任何活动,躲个清静,这里成了我们的避风港。1975年"反击右倾翻案风",我们就躲在这里,几乎不参加学校的有关活动,成为运动的死角。

1976年唐山大地震,把我们与工人的联合震散了,但我们与几位工人,还有长时间往来。有一位是售票员,那时车票很紧张,我们没少麻烦她,走后门买票。

### (9)署名与排名次

1978年书要付印,那时已经逐渐恢复了著作的个人署名。我们编写教材的整个过程中,从来没有提到署名问题,这时诸位中年同志提出应署名,以示个人责任。此时,也恢复了稿酬,也有稿酬分配问题。

如何署名,首先是排名问题。另外,当时还是"两个凡是"盛行时期,只要有"最高指示"的,都是政治问题,诸如"让步政策""评法批儒""清官",以及民族关系、对外关系等问题,如果出了问题,谁是首当者?我作为组织者,有义不容辞的责任,于是多数同仁推举,我列为首席。但我也有顾虑:一是这样一来,我的老师就得排在我后面,可能会引起议论,说我不尊重老师等,给自己带来恶名;但是,请哪位老先生居前呢?他们没有组织编写之事,也不应让他们承担日后可能出现的麻烦,想来想去,只能由我担当。二是九位作者如何排序,也是一个难题,处理不好,会引起矛盾和麻烦,于是我在会上表示,"陈平分肉",公与不公在我一人,同志之间不要生疑。我作为首席作者,可能给我带来名誉,也可能引来麻烦,如出问题,责任由我承担。我考虑多种因素,由我一人做主排定了名次,当与不当,都是我的责任。至于分稿酬,完全依据字数,我作为首席作者,不多拿一分钱。因此,作者之间没有发生任何争执和不快。

回想起来,我主持古代史教研室有七八年的时间,由于大环境的影响,在人心如此分离的情况下,老中青教师能较为平和地合作,写出这样一部教材,应该说诸位没有虚度时日,总算完成了一件事。诸位老少先生,对我关照和爱护有加,1978年,几乎一致推举或支持我破格晋升为副教授。特别是我老师辈,如果有一位出来反对,可能就会有障碍。直到今天,我没有向任何一位先生表示过特别的致意。我的老师都先后过世了,同龄人里也有人先走了,每每想到他们,令我无限感怀和悲伤。而健在的诸位,至今都是我的挚友。1980 年,我因健康原因,辞去教研室主任的职务,成了一名普通教师。

# 学做公民

## 破格晋升副教授

我出身于文盲之家，又没有受过系统教育，能当上教授，实属历史的"误会"，如读过我前面的自述，相信不会认为是我的矫情。

也是在"文革"期间，与学生一起劳动，李喜所同学(后来是知名的中国近代史教授)问我：您想当教授吗？我竟然脱口而出：做梦都想！当时只是戏言，以后的饭碗在哪里，都是个未知数，哪里会奢想教授。没有想到这对李喜所却产生了深刻影响，他当了教授之后，多次对我说起此事，其实我早已忘得一干二净。说起来有点怪，当年的戏言，竟"一语成谶"。1978年，恢复职称评定，大出乎意料，我由助教破格晋升为副教授。

这次破格晋升者，除了我，其他人选都有很强的学术背景。张光寅先生和王梓坤先生，都是留苏的研究生，并取得副博士学位，有着显著的科研成果，由讲师晋升为教授。由助教晋升副教授的，李正名是留美生，后为院士。张友伦是留苏生，毕业于列宁格勒大学历史系。张先生后来转向美国史研究，成绩卓著，曾任美国史研究会会长。

与上边四位相比，我是一个土生土长的又没有大学学历的"土货"。缘何把我选上？谁是推荐者和决定者？至今没有打听过，我猜测，校领导与系领导当有共识吧。魏宏运先生时任系主任，应该起了重要作用，还有已故的几位南开史学大家，如郑天挺、王玉哲、杨志玖、杨翼骧诸位先生，也一定是助我的恩人。

我推测，我之所以入选，不外两方面原因：一是所谓的"德"，当时主要看在"文革"中的表现。如果我在"文革"中有恶言、恶行，有招人恨的地方，肯定是通不过的。王梓坤、张光寅、张友伦、李正名诸先生都是远离"文革"

的人，清清白白。我与他们还有区别，我多少参与过派别之争，竟至被对立面抄过家，扬言要打断我的腿，以致我在外漂泊数月。我是少数派，此派在教师中原有三位，此时，另两位助教已经离开南开，仅剩下我一个。时间是一位公正的裁判员，会把真相逐渐显露出来。人们了解到，我没有挑动过派性，也没有参加过任何遭非议的事件，更没有整过任何人。如果在"文革"中有民愤或有令人生厌的事，那时正搞清查"文革"中"三种人"，只要有一封检举信，就不会让我晋升，更谈不上破格晋升。

专业上，我说不上有特别的地方。那时和现在不一样，现在申请副教授或教授者，都能拿出成堆、成摞的文章和著作，而我们那个时代，写文章的人很少，大环境险恶，文祸频发，人人自危，于是慎于动笔，或干脆封笔。相对说来，我似乎胆大一点，"文革"前有几篇小文章，打倒"四人帮"后，也写了多篇批判文章，在史学界有一点点影响。由我主持撰写的《中国古代史》，1979 年正式出版，是"文革"后出版的第一部中国古代史教材，全书上百万字，发行十五万册，被很多大学采用。我是组织者，写得也最多，被列为第一作者，从而声名鹊起。我想这与破格晋升副教授有极大关系。

破格晋升副教授时，我已经四十四岁，这个年龄任副教授，今天看起来会让人笑掉牙，可是在那时，还算令人艳羡的新鲜事，比我年长的许多学长，还留在助教的位子上。令我感到欣慰的是，当时的学长们都还未晋升，却几乎全都支持我破格晋升，没有他们的支持、理解和默认，我是不可能破格的，在此谨向我的学长们致以敬意和谢意！

我的人生之路，的确充满意外，正因为意外，我不曾为一己之事求过人，更没有请托过。我既不知恩从何来，所以也无从报当事人之恩。三十年之后，我才反身去了解一些事情的经过，此时已过古稀之年，有恩于我的人，大多已经谢世，因而对他们，我没有当面说过道谢的话。恩存我心，吾师知我，思之不无愧悔！反过来说，由于没有请托过、求过情，心理上没有任何负担，倒也坦荡荡，强化了自主意识。

我经历中充满了"意外"，能不是历史的"误会"吗？但话说回来，大约"意外"之中有"意"在，"误会"之中有"会"机。所谓有"意"在，我清楚地知道自己资质平庸，所以从未敢懈怠，一直在努力学习和追求，我的一位老学生说我有自虐症,大体不错,即使病中我也不敢停止思索;所谓"会"机,就是这些机会都是我跋涉途中的驿站,我只是埋头走路,没有刻意关注驿站的位置,驿站与我不期而遇。当然促成这些"意外"的实现,不只是我个人的因素,还应感谢领导的垂爱和恩师们的教育、提携与帮助,于是"意外"和"误会"竟转化成"意会"了。

另有一事印象深刻。1983年初,学校小范围晋升若干名教授,我正好外出,回来之后得知教研室主任冯尔康同志联合几位老先生共同推荐我晋升教授。我对冯尔康与诸位老师十分感激,更深深佩服冯尔康同志的大气大度,他当时也是副教授,但他没有为自己申请。那时我只是一名没有任何兼职的普通教师,仅为系学术委员会的成员。学术委员会开会时,我正式向委员会提出谢绝推荐。当时的想法很简单,我已经被破格晋升一次,这次虽不是破格,但也不是普遍性申请,而是个别晋升,自我评估,比起几位同龄人,我没有什么过人之处,如果我晋升,他们不晋升,我负担反而更重。事后人事处长张凤云对我说,你怎么这么傻?我们调查了,这次由副教授晋升教授的,你的论文是最多的,你要是接受诸位先生的推荐,在我们看来肯定能通过。我说,我的专著明年可以出版,明年再申请,晚一年也无妨。

没有想到,稍后政策有变,冻结晋升,我也随之被"冻结"起来了。直到1985年末解冻之后,我与多位同龄人一起,晋升为教授。此时,我心安理得。

## 当市人大代表,讲了些真话惹麻烦

1977年至1983年,我连续当了天津市第八和第九两届人民代表。第八届是打倒"四人帮"之后换届的。当时,天津主政的主要领导者,还是"文革"时期的领导人。我缘何当上了人民代表?至今也不太清楚。当时还是助教,除了任教研室主任,我没有任何其他行政职务,身为中共党员,与统战对象毫不沾边。据我所知,代表都是由党的系统决定的,当选只是形式,所以私下里我戏称为"派(指派)表"。南开大学地处南开区,我是南开区选出的代表。南开区人民代表大会怎么会选举我?我既不是知名人物,也不是任何模范。当通知我当选为天津市人民代表时,我都懵了。

事后有人说,是因为我有"反潮流"的义举,所以被指定为代表。所谓反潮流,说起来有点蹊跷,在"文革""评法批儒"运动中,我只不过是没有跟得那么紧。毛主席指示搞"评法批儒""评《水浒》""反回潮"等,我的确不买账,但也说不上明显地唱对台戏,只是不理睬而已。这在当时可能就算是敢于"顶风"的了。矮子里拔将军,于是我就成了"代表"。顶风,集中表现在我主持编写的《中国古代史》一书中,没有按照"用儒法斗争重新改写历史",而是坚持阶级斗争说,其实也够左的。

第一次参加人大代表会时,政协也一同开会。文艺界一些被批判过的人物都出席了,还有关牧村,当时是政协委员。那时,开会要劳动一天,记得在工地上,广播里介绍关牧村和她的现场独唱,她独特优美的歌声给我留下极深的印象。另外,至今记得的是,我同一些代表的辩论。市革委会主任解学恭(老革命,后被定为"四人帮"一派,罢黜中央委员、开除出党)在《政府工作报告》中,大谈受"文革"的鼓舞,全员劳动生产率提高了多少多少。在代表审议时,因我到过很多工厂、参加过劳动,看到的情形是,缺席率高,磨洋工的多,废品率也很高,怎会有全员劳动生产率的提高呢?由此我放肆唱反调,明确表示不认同。刚说罢,立即遭到天津五一手表厂厂长的反对,说我是对"文革"中工人阶级积极性的歪曲,接着又有一些来自工业领域的代表对我提出反驳。说实在的,同人家辩论,我并没有第一手的统计资料,所以,只能说,这是我的观感,作为参考吧。事后,会议工作人员(与我相识)对我说,你真敢讲话,你说的是真的,但《政府工作报告》只能那么写。

第八届不到两年就换届,因为天津市的领导层大换血,原来的头头们属于"四人帮"线上的。1979年换届,我依然被指定为代表。在与南开区代表们见面时,介绍我是破格提升为副教授,有突出贡献,我没有说一句话,只向代表们鞠了个躬,就当上了第九届市人民代表。

代表们每年开一次会。开会前,对《政府工作报告》的内容,事前一无所知。大概是1981年的一次会上,我提了一个建议,谁知招来了批判。那个时期,提出干部要"四化",即革命化、知识化、年轻化和专业化。我认为,这四化还不够,应加上"任期化"和"责任化"。另外,针对《政府工作报告》中反复引用邓小平和陈云的指示,我建议,这是《政府工作报告》,人民代表大会是权力机构,不应把领导人的指示写进去,以免给人不良印象,以为"人代会"不是权力性会议,而是贯彻性会议。

没想到,这一下子捅了马蜂窝。第二天,会议一开始,南开区代表团团长,姓张,还有副团长、天津大学校长李曙森便郑重提出,我们代表团有人与中央唱反调,是大是大非问题,要辩论清楚;紧接着,就批我提出的建议。会议气氛一下子变得紧张起来。我毫不示弱,进一步阐述我的看法。多数人面面相觑,不表意见。僵持之中,天津大学的张建侯先生起而发言,他完全支持我的建议。张先生是民盟的负责人,团长对他比较客气,这才和缓地说,大家的看法不同,可以求同存异。我们的争论,引起了会议工作人员的关注。胡启立市长的秘书来到我们代表团,听取双方的看法。他的身份虽然特殊,但不是代表,没有发言权。会后,他对我说,你的意见没有错。

我对代表团的张团长无限上纲很反感,怎么就不能讨论和提出建议?第二天,我借口身体不适,拒绝参加会议。会议秘书组派专人来到我家,征求意见。我说,这样上纲,无法讨论,请你等一下,我写成书面意见,如果会议能发简报,我就接着参加会议;如果不发,参加会议,也没有什么意义。我一口气写了七八条建议,但还是没有发简报,我就不再出席了。

南开大学的代表还有娄平同志。他是1936年参加革命的老同志,时任南开大学副校长。会上争论激烈时,批评我的人曾请娄平同志发表意见,他婉言拒绝了。事后,娄平对我说,你的意见没有问题,只是说早了一点,现在不到时候。

这次会议之后,我给人大常委会写了一封信,大意是:我不知道怎样当的代表,也不知怎样代表人民;我感到这样的会实在没有意义。当然信发出后,没有人理睬我。到届之后,我自然下台了,这对我也是个解脱。事后想起这件事,我感到自己的所作所为,确实有点唐突。其实,我可以继续参加会议发表议论,即使白说也得说,能说胜于不说嘛。

记得在一次人大代表会议上,一位作家在发言中大批时称"工人作家"的蒋子龙,说蒋是"四人帮"的吹鼓手,对这样的人要整肃云云。当时,我并不认识蒋子龙,也没有读过他的小说,但我认为,在这种会议上,说一位不在场的人,实在没有道理,应总结那个时代的问题,不要斤斤计较于个人。

可能蒋子龙听说了我的发言，后来，他不止一次地到我家来聊天儿，出了新书，也曾多次签名送我。

## 涨工资没"感恩"

1978年上半年普调工资，根据上级指示，要开会让大家表示一下态度，意思是感谢华主席、感谢中央的关怀等。我是教研室主任，又是支部书记，在统一规定的时间，把诸位召集到一起，请大家表态。

没有想到人事处长翁勉毅也来听会。我与翁相识，但接触不多，耳闻他比较僵化，或者说比较左。他来听会，我倒也不在意。会一开始，我说明旨意，请诸位发表看法。出乎意外，大家面面相觑，都不发言，与过去的气氛不大一样，大概与翁参加有关吧。

我有点冒失，就点名请老冯（冯尔康，后成为著名的历史学家）说几句。老冯倒也痛快，上来就说："这么多年不涨工资，现只涨这么一点点（一级，就是几块钱），还需要谢恩吗？"老冯的直率，既让我吃惊，又感到说得好，一下把会议的气氛挑起来。那时，还不能对"文革"说三道四，更不能说领导的不是。接下来，诸位的发言便把矛头对准"四人帮"，说这帮人不管人们的死活云云。大家都有下厂劳动的经历，都知道工人们为工资有一肚子气，大家就这样山南海北，扯了一通，始终没有一位表示要感谢谁的。翁把脸拉下来，显得很不高兴。我也没有请翁讲话。

我看差不多了，临散会，说了几句，今天大家的发言都很实在，国外涨工资都要闹的，这么多年，我们没有涨工资，大家能体谅国家的困难，安安稳稳，尽心做事。我相信，今后工资还会陆续涨的，有盼头，咱们好好工作。散会！

人们陆续走出，老翁稳坐不动，我也不好离开。此时翁很严肃地说，老刘，今天会的方向有问题，没有感谢的，都是发牢骚，这怎么行？你怎么主持会的？

我一听，倒也不感到意外，当即回应，大家说的都是实话，有什么问题？难道说假话才对？

翁说，是的，大家说的是实情，但这次普调具有特殊意义，是中央下了最大的决心，是华主席的巨大关怀，怎么你们就没有感谢呢？而且是一边倒，发了那么多牢骚。

我回应说，大家不是在批判"四人帮"吗，怎么都是牢骚呢？你想想，我们都是过来人，拿我来说，我的工资是1956年定的，又没有犯过错误，二十多年没有涨过工资，这正常吗？在哪个国家有这样的情况？不要责怪大家，不要事事让大家感恩。工资是劳动报酬，一般说来，工资多半低于劳动创造的价值，所以，在外国，都是靠争才能涨工资，我们的制度与他们不同，可以另说，但这么多年不涨工资，涨一点点，就让大家感恩，不合乎情理。

翁听后，很不高兴地说，看来你比他们走得更远，我们的看法有根本性分歧，是原则问题。明天你到我的办公室来，要好好谈谈，弄清是非。

我一听有点严重了，不紧不慢地说，老翁，别把什么都上纲，没有那么严重，这里面涉及一大堆理论问题，能一下子说清楚吗？我不会去你的办公室，那不是传唤吗？请谅解，到此为止，求同存异吧！

没有想到，第二天，我们俩又在路上相遇。他先开口，老刘，我向领导汇报了，很重视，可能要找你谈话。

我随即应话，领导重视，那很好，我等着！

这一等，石沉大海，看来领导是知道群众实情的。

说到这里，又想起与冯尔康有关的另一件事。此事涉及如何对待《党章》问题。老冯"文革"前就提出加入共产党，那时我是支部书记。"文革"前几年，越来越强调阶级路线和出身，老冯的出身多少有点问题，就被搁置起来。其实，我的出身也有问题，只是我1953年就入了党，那时也讲出身，但没有后来那么强调和严格。老冯应该说也是紧跟党的，与我也没有多大差别，工作很认真，任劳任怨，如果以我为标准，完全具备入党资格。老冯没能入党，我总有一种责任在心头。1979年前后，我主动向老冯提出，你还有入党的意愿吗？在我个人，也是为了却一个责任。老冯当即表示，从来没有打消入党的念头，但都这么大岁数了，又担心碰钉子。我请他提出，好接着办。他很快又写了一次"申请书"。当时的政治形势使不少知识分子重新恢复了信心，我不是只对老冯一位如此，对过去提出要求入党的多位先生，特别是老先生,我都主动询问他们的意向,都是为了却自己的责任。

老冯提出申请之后,我就召开支部会,支部所有党员都认为老冯很好,应该接纳他入党。按照《党章》程序,事情办得很顺利,支部全体党员都投了赞成票。我接着就上报总支,没有想到出了麻烦。当时有个什么内部条条,规定要先由总支审定、报学校党委组织部同意,由组织部派人先谈话,而后才能讨论和接纳党员。根据这个条条,我们支部的决议无效,得重新来。

我问总支书记:我们违反《党章》吗?内部条条又没有公布,是《党章》为上,还是内部条条为上?现在是什么时候啦,老冯在南开工作二十多年了,又不是不了解,又没有特殊问题。事已至此,就过去吧。

总支书记是"工宣队、军宣队"留下来的一位连级干部,文化水平不高,但这位同志有自知之明,知道自己不是专业人员,遇事极好商量,至少对我提出的事,多半持"无为"态度,无论什么事,一说就行。这件事却让他很为难,他不能违反上级要求啊!

我说,你把责任推到我身上,同时向组织部转达我的意见,刘泽华不知情,他自己认为符合《党章》,就这么做了。如果组织部不同意,请他们直接找我。

总支书记多少显露出难色,他怎么敢向组织部说呢,于是劝我依组织部的意见,重新让冯尔康按条条再走一遍,以此表示遵从了条条的规定,也尊重了组织部的权威。

我一听便有点火,我说,是《党章》为上,还是内部条条的规定为上?我不服从。接着我提出两点:一是依据《党章》,宣布支部通过的决议无效;二是撤掉我的支部书记,或者我提出辞职,但需有正式文字留作档案。然后,你们愿意怎么做就怎么做。

我这几句话,一下子把总支书记夹在中间,他确实很为难。我建议他,再把我的意见反映上去。

组织部的部长与我比较熟,我当时是一个小小的风头人物,比如我是天津市人代会的代表,又是刚刚破格晋升的副教授。我想,他也不能因此把我撤掉。冯尔康知道后,也拒绝再次申请。僵局拖了个把月,学校最后还是承认了支部的决议,接受冯尔康加入共产党。

上边说的两件事,多少也反映了我的自主意识在增长。遇到事情,我也还敢于说理。

## 谢绝信任,不当"工具"

1978 年秋,市委派工作组进驻南开大学,进行清查工作。工作组的权威很大,党委实际上被边缘化了。工作组组长是王金鼎同志。王曾于 50 年代前期为南开大学党总支书记,后调任为天津市委文教部长。"文革"初期,王是被当时市委揪出来的"黑线人物"。后来,市委主要负责人又被造反派以反党集团之罪打倒(当然是中央"文革"的旨意)。再后来,解放干部,王到天津师范学院任第一把手。因他关注历史问题,曾是《历史教学》杂志领导,"评法批儒"时,杂志的老编辑吉敦瑜,拉着我去拜访他,向他请教。他很谨慎、稳重,给我留下很好的印象,我们也就相识了。

王金鼎带领工作组来南开后,对我很倚重。南开负责清查的人,对我也很重视。我是一个平头成员,竟被吸纳参加清查组,还参加过清查组的核心会议。有一次,王金鼎在王梓坤的宿舍,找王梓坤和我谈话,征求我们的看法。我们广泛议论了南开"文革"的很多事,王梓坤突然提出,应该清查"六十一人叛徒集团"是怎么搞出来的,这是个大冤案,抓"叛徒"是从南开发起的,上上下下涉及很多人,应下功夫弄清楚。在过去闲聊中,他提过这个问题,引发了我的再思,回想当初听中央有关"叛徒"大案定性文件时,有张闻天的自我检查,承认是经过他同意的,把责任揽了起来。但是,这么大的事,难道是张一人就能做主?还有,既然是张批准的,就应该有组织的责任;另一方面,那些人写的各式各样的"反共启事",又该如何看?是组织采取的一种策略?他们个人是否有一定的责任?这些复杂的问题纠缠在一起,一直使我处于混沌状态。朋友间的窃窃私语无所谓,王梓坤正式的提议,令我大吃一惊,除了震惊,也受到极大启发!我虽然一时还理不顺,但由衷佩服王梓坤的胆识。我当时附和了几句,也提出一些疑问,大意是应该把事情弄清楚。王梓坤的提议,一下把王金鼎吓住了,忙说这个问题我们不能动,得听中央的。我们的任务,主要是整顿南开大学范围内的领导班子,平反冤假错案,清理违法分子。

说到"文革"后期南开的几位主要领导人,我与他们都有一点点交往,真不知道该如何去准确评判他们。

工作组来之前的党委书记朱自强,原是华北局的宣传部长,"文革"初期被打倒,1973年替换"工宣队、军宣队"头头来南开当书记,正赶上"评法批儒"和"反右倾回潮",他不跟行吗?我在评价孔子和秦始皇时,有不符合"时调"的问题,他找我谈话,批评我犯了政治性错误。打倒"四人帮"后,追究他紧跟的错误,他在全校大会上的检查中曾特别向我道歉。我能理解朱自强书记,在那样的政治气候下,他大抵还称得上是个不错的领导。

接替朱自强的是臧伯平。臧1963年下半年调来南开,接替高仰云任书记,"文革"一来,执行了所谓的资产阶级反动路线,弄出了一个"何(锡麟)娄(平)黑帮"。何、娄都是副书记、副校长。何在臧来之前已调走,缘何此时又把何、娄拉在一起?高仰云1958年任书记后的种种极左做法,何、娄提出过不同意见,因此形成对立的两派。据说,河北省委总的倾向是支持高仰云。前几年,娄平的儿子陶江教授编辑《娄平纪念文集》时,他告诉我,曾看过华北局档案,抛出娄平,是华北局会议决定的。臧抛出何、娄,是有大背景的,所以,"文革"初期批判何、娄,总是批他们如何反对高仰云。揪出"何娄黑帮",涉及一大批干部,同时又揪出一大批教授,臧的积怨自然很多。臧被造反派打倒后,打瞎了一只眼,打断了几根肋骨,也真是另一种"报应"吧。臧后来重新工作,到天津大学任书记;重回南开后,不久找我谈话,询问对他回南开的看法。我直言说了三点:一是不应回南开;二是不宜兼任校长,杨(石先)校长德高望重,被安排为副校长不合适;三是任命滕维藻为教务处长也不妥,滕先生原任过副教务长。臧说,这是市委的意见,我也不愿意回来接任校长,但市委不采纳,我不能不服从啊。至于任命滕为教务处长一事,只是过渡。滕也有人反对,傅筑夫教授(全国经济史权威)就表示,如起用滕,他就离开南开。果然,傅后来到北京经济学院任教去了。臧伯平离开南开后,任教育部副部长。

副书记、副校长娄平更是倒霉。他1936年前参加共产党,是北京中学的地下学生运动领袖之一;1959年被打成"右倾机会主义分子";"文革"初期被打成"南开黑帮"的首领;"工宣队、军宣队"入主学校后,又一次被打倒,还升级为什么"特务"。我当时听后,感觉比推理侦探小说还离奇!最后什么事也没有。被解放后他仍任副校长、副书记,主管文科。我们编写教材,他很支持。1974年我写的"评秦始皇"刊于《学报》①,尚未发行,被发现有"问题",朱自强书记对我进行了批评,娄平那时主管《学报》,没说一句话,把《学报》统统送造纸厂销毁,不留一本,以免给人留下证据,我十分感激。可是"评《水浒》"时,他却写起文章紧跟。打倒"四人帮"后,南开发生了所谓"《政治经济学》案"和"《学报》案"。经济系编写的《政治经济学》,有批邓的内容,邓复出之前,一直内部发行,邓一复出,就成了政治问题。《学报》在揪出"四人帮"之后刊发的文章中,还引述姚文元的话,也成了政治问题。编写教材的人和《学报》编辑,一时压力很大。这些文科的事,都在娄主管之内。这两件事,要追究责任,娄被停职检查。令人敬佩的是,娄把全部责任揽在自己头上,坚持不让追究具体编写人和《学报》编辑的责任。我写过对娄平的回忆,十分敬佩他的"老右倾",还欣赏他说过的一句话:"1959年的'反右倾'是'卸磨杀驴'。"后来,娄自谦说,自己不过是"小左反大左",真是肺腑之言啊。

对娄平的处理,我很不以为然。他被停职后,我立即到他家,表示安慰和理解,还对那些主张进行公开批判的人提出异议,一再说,批什么,批邓的时候,我们站出来反对了吗?对上述这类事,有认识就不要追究了。

臧伯平正在位上,虽然一些人的气远未消,但在我看来,这次清查,无论如何不应把臧作为对象。我不顾当时的气氛,向工作组和清查办公室主任滕维藻当面提出了我的建议,却没有被采纳,于是,决定退出。

退出后,我到北京找了一个僻静的地方,撰写《论秦始皇的功过是非》一文。最高领袖多次自称是"马克思加秦始皇",因而秦始皇已成为一个特殊的符号,我写文章的寓意也是很清楚的。这篇文章很快在《历史研究》上发表。

我感激工作组和南开清查办公室诸位负责人对我的信任。办公室主任滕维藻教授(后任南开大学校长),对我的退出表示完全理解和谅解。这是

---

① 即《南开学报》。

刘健清教授转告的，老刘当时也在清查办公室，后任党委宣传部长，是我的老学长和老朋友。

事后回想，我把问题看得过于简单。我的想法，在当时根本行不通，也不利于清除"文革"的影响，但就我不愿意做"工具"这一点而言，表明我的独立自主意识在增长。

直到现在，我仍常想，"文革"一发起，教育系统每个单位的"运动"，表现方式尽管有诸多不同，但是，有没有一个单位，上下一起，拒绝揪黑帮？拒绝揪斗知识分子？有没有一个领导者，拒绝抛出黑帮？（来不及抛出就被打倒者，不在我提的问题之列）如果有，那才是值得发掘和珍重的。囿于所见所闻，直到现在，我没有看到一例报道，这才是真正的悲剧。

## 选任系主任

1984年，老系主任魏宏运先生到届，当时民主风盛刮，大家要求继任者应由民主选举而定。我因健康原因，从1981年以后，除了兼任学术委员会委员，辞掉了一切职务。我当时忙于撰写《中国政治思想史》，先秦卷已出版，正准备写第二卷，对行政事务没有兴趣。

此前，魏先生也多次邀我出任系副主任，协助他工作，都被我婉言谢绝。校方也有起用我的想法，党委书记曾找我谈话，希望我出来担任一方面的行政领导工作，也被我谢绝了。其后，党委组织部长王柏龄同志又专门来家动员。为此，我给党委主要领导写了一封信。信的内容，我仍有清晰记忆，主要说了三点：一是我的身体难于承担重任，当时心跳过缓，时常头晕，不能正常工作；二是我没有大面积工作经验，让我主持一方面工作，难以胜任，恐贻误事业；三是我的性格有时过于固执、坚持己见，也不适宜做领导工作。我的信被校领导采纳，放弃了拟议中的安排。

总之，我压根儿就没有参加竞选的念头。无论选上谁，我都会支持。这次选举，表面说是自由选举，实际上领导层还是先内定了人选。对拟定的人选，我也没有意见，但有些教师对内定的不满意，要我出来竞选。我表示不同意，可是一些人仍不放弃找个竞争者，一再劝说我出来。临到选举前几天,总支副书记来动员我,他与其他人动员方式不同,采用了激将法。他说,上边是内定了某某,认为你有自由化倾向,不让你干,你难道就认账吗？

据我所知,"反精神污染"之后,学校某些领导确实对我别有看法。1979年我写的《关于历史发展动力问题》一文,在1983年"反精神污染"时,被刘大年在《人民日报》一篇反史学界精神污染的长文中,不点名地批了一通,说否定阶级斗争是根本动力,连一点马克思主义常识也没有。此事被一些人张扬,说我挨批了。又如,我在课堂上对"基本原则"有过调侃,被人汇报上去。还有,就是说我与一些有所谓"自由化"倾向的同学有过密交往,等等。什么是"自由化",至今我也弄不清楚,但我一直认为自己没有出格。对某些钦定的"主义",我可能不尽认同,但对人类很久以来的社会主义理想,直到现在,也没有简单地放弃。80年代,我是在"大社会主义"范围内进行思索的人。"大"就是要突破某些人硬性规定的所谓社会主义,因此被一些领导以"自由化"为由把我视为另类。

动员者如此一番反激,我真的逆反起来,即刻表示:那就参选试试,如果选上,我就干。这位仁兄把我的态度传播出去,选举那一天,几乎全体出席。让我感到意外的是,事前并没有候选人,由大家漫无边际自由投票。结果,我竟然得了近百分之八十的选票。这反而令我措手不及,主持者让我讲话,一时语塞,不知从哪里说起,只说了几句:要改革,要实行民主,要鼓励学术个性,要有更大的自由选择空间。接下来是"选民"们自由发言,只记得冯承柏教授有句话印象极深,从中国历史看,搞改革的都没有好下场！我回答,是这样,但我仍要试着改。选举结果完全违背了学校某些领导的旨意,意外地在学校产生了轰动效应。

我当了系主任的第一件事,就是向上级有关部门声明,我不是所谓的中层干部,开中层会议,我不参加;发给中层干部津贴,我也不领,一直存放在系会计那里。直到我被罢免,办公室主任一再劝说,我才领出来,捐赠给系政治文化资料室(是专门收集"文革"资料的,后被解散)。我确实有别于其他中层干部,只参加教学与科研相关的会。当然,领导还是把我列入了中层,这是体制问题。主持中层干部会的领导,常常问替我出席会议的同志,为什么刘泽华不来？这事虽有点扎眼,也就糊里糊涂过去了。

176

任期三年,1988 年届满,我表示不再续任,但两位令我一向敬重的老师——杨志玖教授和王玉哲教授,分别劝我不能退,只要大家拥护,要接着留任。组织部下来做民意调查,召开了全体教授会。据说出席的人很全,除有一位中途退席,与会者一致同意我留任。于是,上级说不再举行选举,命我再连任一届。

## "如何做公民"

行文至此,我想起在 1978 年同日本朋友菱沼达也教授的一段对话。当时,我们正兴高采烈地批判"四人帮"。他为我们高兴的同时,问道:"当时你们都做了些什么?你们有责任吗?"我一时不知如何回答。他接着问:"你们是公民吗?"我突然惊醒了。我默默地自问:"是啊,我是公民吗?我为《宪法》的尊严做了些什么?"菱沼先生是位农牧学家,30 年代为反对日本军国主义坐过牢;70 年代退休后,继续批判军国主义,呼唤年轻一代不要忘记历史。老人到日本一乡间自办小报,每周一期,骑着自行车,免费发送到户。他自称,这是一个公民应做之事。

我是公民吗?多年来,这个问题我一直思索不止。1986 年,李喜所教授发起组织"天津青年史学会",邀我做名义会长,并在成立会上发言。我决定讲"如何做公民"。谈话中,有一段涉及公民和政治组织的关系。我的大思路是,公民与政治组织,是相互自由选择的关系。流行很久的一种观念说,共产党员是"特殊材料"制成的。什么叫特殊材料?众说纷纭。如果是指特定的信仰和坚定的决心,无疑是可以的。但有一点,这个特殊材料,加入什么组织,是个人的选择,符合该组织的条件,加入是很正常的事。从公民角度看,无所谓光荣与否,反过来讲,退出也没有什么不光彩。加入与退出,都应该是个人自主的选择,这才是一个公民的行为。

万万没有想到,我的这些说法被汇报上去,于是传出刘某人是天津的某某某,煽动人们"退党"云云。我听后,深深感到批评者的观念是何等陈旧,离公民观念还有相当的距离。

于是,我想到应该开设一门"公民文化"课。那时阿尔蒙德的《公民文化》这部书尚未有中译本，但这个词已经频现。1986年前后，在一次校长召集的研究课程设置问题会议上，大家对政治必修课议论纷纷，比如效果不如意等。我提出，无论学生，还是教师和干部，公民观念都有待提高，应该压缩出一些学时，开设一门公民文化课。此言一出，立即遭到校长的反诘："老刘，你怎么搞的，我们不都是公民吗？还开什么公民文化课？"

我回应："校长，看来您对公民问题看得太简单了，这是个大的历史问题。回想我们以往的这些年，我们是公民吗？您是公民，我可不是。我是驯服工具，是'听喝儿'的，基本上没有公民意识，现在恰恰应该进行公民意识的教育。"

校长以命令的口气说："老刘，不管怎么说，政治课你不能动。"

我也不好再说下去，不让开公民文化课，那就另想途径。此后，在我的推动下，历史系曾陆续开设了"文革"课与人权课。

也在这个时候，我与思想解放的青年讲师潘荣（李新的研究生）曾策划创办一份《公民报》。可是，向主管部门稍露意向，便被断然否决，我们也只好作罢。

## 开设"文革"史、人权史

在任系主任期间，我开设了几门全国历史系属第一的课程。

### (1)开设"文革"史

80年代中后期，"文革"史还是一个禁区，我知道这是个敏感领域。当时，国内出版了严家其、高皋合著的《"文化大革命"十年史》，既然能出书，我认定也能开课。对严家其、高皋的基本观点，我并不完全认同。"文革"是有权力之争的，却更是中国历史进程中的一次特别浓缩，只有着眼中国历史进程的全部，才能揭示"文革"这个怪异历史现象的本质。我私下曾说过，中国史，任何段落都可以压缩，甚至简略，只有"文革"史是不能简略的。

所以，我决定开设"文革"史这门课。有的同志善意相告，最好请示一下，免得以后有人追查，带来麻烦。我说，不要请示，一请示反而难办成。系主任有权决定开什么课,有人追查,我负责。事情就这样定下来了。我想到请左志远同志主讲,他是现代史副教授,为人很实在,在学问上也坚持忠于历史事实。我同他谈,一切由我负责。这是新课,按规定,加倍计算教学量。他想了几天,最后接受了这项任务。1987 年开始讲授,大受学生们的欢迎,选课的人数爆满,后来又向外系开放。

左志远先生一直开设此课。他退休后,又有一位青年教师接着讲,但时间不长就停了。我问其原因,答曰:"没有饭吃。"因为有关"文革"的研究成果,没有刊物敢刊登,职称晋升都要看论文。这是一个实际问题,直到 2009 年,这门课才又恢复,据说听课者依旧爆满。


### (2)开设人权史

1986 年,美国天普大学教授斯维德勒来中国访学,他去过十六个著名单位,包括中国社科院和各著名大学的哲学系,最后来南开哲学系。他每到一处都提出讲人权,但都遭拒绝。已记不清缘何,与我有一次交谈,说起此事,他很诧异,不理解中国为何不让讲人权。我一听,也颇为纳闷,在我意识中,人权是马克思主义的应有之义。我当即回应,怎么不能讲?请你来历史系讲,我来主持。

记得他讲了人权发展的三个阶段:争生存权,争政治权,争环境权。我感到他讲得很好,都是历史中的大问题,真是备受启发。特别是把环境权看得那么重要,这对我更有启发。尽管我也知道一点点西方有很多"绿党"之类的组织,但认为环境权是人权新时期的大事,是历史的大事,这是我闻所未闻的。

此后,历史系决定开设人权史。我请专攻美国史的陆镜生教授担当此任。经过一段时间准备,1988 年,南开历史系在全国第一个开设了人权史课程。后来,陆镜生教授出版了《美国人权史》一书。

1989 年 5 月,在华沙召开国际人权会议,斯维德勒教授是会议的积极参与者,邀我参加,我以不会英语婉拒。他与会议主持者商定,可以配备一名翻译,费用由会议主办方全部负责,并说中国只请你一人,因为你是中国第一位支持讲人权的。邀请信寄来,还要报上级批准,教育部倒是同意了,但又说要同外交部协商,最终被拒绝了,理由是,这种会不能由教授去参加,要去,也得由外交部派员出席。从当时大环境说,流行的观念是把人权视为资产阶级的范畴,社会主义讲的是阶级性,没有普遍性的人权。

### (3)开设双语课

用双语授课,1949年以前,并不稀奇,但在此后,特别是1952年院系调整之后,双语授课随之停止。到80年代,我重新提出用双语授课,在观念上还是有阻力,无非是说崇洋,对此,我用几句话就顶回去了,特别是我仅仅略通俄语,不过关,反而更有发言权。困难的是教师和学生的水平问题。我虽极力鼓励,但有水平且响应者,只有冯承柏、陆镜生和王敦书三位先生。双语课开设了一两次,终因学生接受能力太差,只好作罢。

近年来,不少学生的英文接受能力,和以往相比有显著提高。2010年,芝加哥大学汉学家艾恺教授到历史系用英文发表演讲。开讲之始,艾恺教授说,刘泽华教授到芝加哥大学讲演用中文,我到南开只能用英文,这样才对等。这好似一种善意的挑战。让我感到意外的是,同学们鼓掌表示欢迎。满堂同学不仅能听,还能用英文提问、交谈。我虽然一句也不懂,但看到这种场面,由衷感到欣慰。我即席谈起往事:我到芝大用中文演讲,听众只有二十几人,而今天,我们的学生能用英文交流,远比你们懂中文的多得多!学生们报以热烈掌声。

### (4)开设电脑课

1986年,美籍华人教师关文彬先生赠送我系一台电脑。当时电脑是稀奇的宝贝,只有理科系有几台,都置于专门的恒温房间内使用。历史系的同仁们出国访问者很少,绝大多数没有见过,颇感稀罕。关先生介绍说,可以用它来进行文字处理和资料检索。那个时候,还没有检索中文资料的软件,似乎中文输入法也没有,只能在英文状态下使用。只有孤零零的这一台,怎么发挥作用呢?我想,何不请关先生开设一门"计算机与资料检索"课?征得关先生的同意,开设了这门课。一切从零开始。选课的人并不多,因为必须有一定英文水平,又得会英文打字,当时具备这两个条件的人很少。但有一位"老学生"学得不错,这就是冯承柏教授。由此开始,他迷上了电脑。后来,他在任学校图书馆馆长期间,成为建设南开大学图书馆数字化的重要推手,也是天津图书界数字化的首席专家。

以上四门课,据我所知,在全国高校历史系范围都是第一。

1985年,刘健清先生提出开设国民党史,我同样予以支持。据闻,这在全国高校中也是最早开先河之举。听课者爆满,反应极为热烈。

也是1985年,青年教师潘荣向我提出,不应该回避国民党在抗日战争中的正面抗战及其作用和意义,不能掩盖这个问题。当时有习惯上的禁忌,但又说不清来自何方,经反复思索,我感到这是涉及历史真实的大问题,决定支持。由我出面主持,潘荣做了一次大胆讲演,听众反应极其强烈。同学们如梦初醒,开阔了视野。学生们说,原来还有这样多的大事,从来不曾被提起,我们的历史学真是有点开玩笑啊。

## 学术"三个一"

1985至1986这两年,学校兴起创收热潮。文科中文系创收最为突出,当时教师工资一般都在七八十元,他们的创收差不多能翻番。校长多次在会议上表扬中文系,并点名历史系落后了。我认真思索这个问题,创收是历史系的生命线,还是学术是生命线?熊掌和鱼,两者是否能兼得?

历史系也不是没有一点创收,当时办进修班、硕士生班、在职硕士生班,也有一些收入。投入的力量已经很大,如果再扩大,势必会影响教学与科研,特别是研究很难进展。我考虑的一个问题很简单,时间是个常数,用于这方面就会影响另一面;从长远来说,学术是历史系的生命线,如果学术上不去,终究要落后,甚至垮下来。但创收的风吹得很盛,我也难以简单站在对立面。基于上述两点,我提出,愿意搞创收的,可以多分成,但下一轮职称晋升,创收不算数;职称晋升主要看研究成果和教学效果,请诸位自己选择在哪方面下功夫。我的用意是希望同仁们能排除干扰,潜心从事教学和研究。我发表的论文和著作相对多些,根据自身的经验,稿酬虽然有限,但也能有所补益。系里有一点点小收入,为鼓励同仁发表论文,我决定将这点钱主要用于鼓励研究和发表论文。针对当时情况,我提出要力争"三个一",即一门课、一本书和一门外语(这主要针对年轻人)。

提出"一门课",主要是针对选修课太少,几门基础课占用了多半学时,学生没有自由选择的空间,教师们也都盯着几门基础课,整个系的学术空间很窄。我提出,副教授必须开一门选修课,讲师也可以开设;要求每门课都有自己的特点。相应地,教学计划进行了较大调整,压缩基础课时,增加选修课。在短短一两年内,历史系就开设了二十多门选修课,只要有五位学生选修就行。这一改,大大改变了历史系的课程结构。对老师来讲,可以充分发挥他们的长处,或培养自己的长处;对同学来讲,扩大了知识的眼界和自由度。

"一本书"是针对当时有一本学术著作的人很少。此前的大环境,不停地大批判,文祸频生,使人慑于笔耕。"文革"后,环境虽有很大变化,但著文是个积累的过程,所以,80年代中期,不要说青年,就是中年这一层,有几篇文章的教师也不多,有著作者更是寥寥无几。在我看来,新时期没有几篇有系统的文章或著作,怎么能当教授?从历史上看,多数的学者都是靠著作支撑的。就南开历史系的情况而言,缺少著作和大块文章,是致命的弱点。与其他著名院校历史学科相比,我们的缺陷就更为突出。我强调"一本书"(包括大块文章),就是要改变这种局面。

过去大批特批过丁玲的"一本书主义",我重新拾起丁玲的"一本书主义"。对此,有些人很不以为然,说这不是提倡名利思想吗?对,我就是主张个人要有点名利思想,不妨碍别人的名利,有何不可?有人说某某教授(有具体名,此处省略)就没有什么著作,不是也可以当教授吗?我说对,某某先生尽管没有专门的著作,但他有绝学,会四五种外语。谁会四五种外语?我立即提议他晋升教授。发疑者哑然无语。一肚子学问,转化成文字,就能留下遗产;不著书立说,让学问跟随生命最终一起消失,这难道有益吗?提倡"一本书",既形成一种压力,更有鼓励作用。

我反复强调,"一门课"和"一本书"都要有"姓",即有你自己的独创或有自己的特点,有自己的学术个性,别人不能取代。用后来通行的话,就是原创性。为了鼓励"一门课"和"一本书",系里仅有的一点自主经费都用于此，数量少得可怜，只有象征意义。

我之所以强调一门外语，是与北大历史系比较，我们的语种少，水平又不高。当时只有英语、日语、俄语、朝鲜语，全系能进行学术口译的只有几个人，其他语种基本没有。对一个学科来说，语种显然太少，离整体性的高水平也显然有距离。我鼓励要有人学德语、法语，还有国内少数民族语言等。我多次强调，如果我们有七八种语言，能"四会"（听、说、读、写），整体水平就能提高一大块。为提高教师的外语水平，特别开设了提高班；有的教师去学习某种少数民族语言，也大力支持。为此，系财务也给予一定数额的学习费用。

提出"三个一"的目的，是鼓励潜心做学问。我反复强调，从长远看，谁在学术上积累多一些，谁的日子就好过一些；今后的职称晋升，主要看教学与研究成果，而这些都不是能临时凑出来的，临时抱佛脚无用；用更多的精力搞创收，可解生活上的燃眉之急，但无补于今后的职称晋升；如果有人不看重今后的职称晋升，那是你的选择。还有，只要不用历史系的名义，收入全归自己；如果用历史系名义，动用人员不多，创收大头，也归创收者。把事情都讲清楚，今后谁都不要后悔，不要抱怨。

这样一说，绝大多数教师心静下来了，沉心于学问。提出"三个一"，端正了方向。提出"三个一"，也与1985年大面积的职称晋升有很大关系。我接手系主任后，冻结三年多的职称晋升解冻了。有十几位教龄近三十年的教师，面临晋升副教授问题。他们多是五十岁上下，与我同龄。三十年里，他们响应号召，参加数不清的各种运动，最后又卷入"文革"，以致下放劳动。面对晋升副教授，他们既缺乏论著，教学也不多。既然是晋升，不能不考虑专业水平，但更沉重的是"人道"问题。我只能绞尽脑汁，向校方要求增加名额。我的确想出了好几种鬼主意，迫使校方不得不给我们增加名额。主管副校长拿出各系晋升比例表让我看，他说，你们的副教授晋升比例，比其他系科高一倍还多，叫我怎么应付别的系的攀比呢？我据理力争说，我们是老系科，积压的人才多，晋升之后，可以输出。就这样费尽心机，还是有几位没能如愿晋升。面对他们老泪纵横，我也感到十分沉重和无奈，觉得对不起几位同龄人。由此，我想到只有提出"三个一"之类的要求，以后的职称晋升才有所遵循。

## 历史系"身价"倍增

1986 年,教育部评重点学科,南开历史学科评上了三个,与北大相埒,在史学界很抢眼,当然也在全校引起震动。小小的历史系,竟然一下子评上三个重点学科,偌大的经济学院,也才只有三个。其他文科一个也没有。全校文理加在一起,总共也才有十二个。

南开历史学科,原来在人的印象中是非常平庸的科系,没有"山头",没有"深渊",教职工总数也不过百。当时,历史学科被称为"夕阳学科",不被人看重,门前冷落车马稀,学生大多是二三志愿进来的。平淡的历史学科,突然冒出三个重点学科,不能不引起人们刮目相看,原来历史学科山不高却有卧虎,渊不深却有蛟龙!

说起来,能评上三个重点学科,其中有两个还真是玄玄乎乎的。世界地区国别史是稳拿的,因为有杨生茂先生为首的美国史、吴廷璆先生为首的日本史,两位老先生之后有整齐的梯队,是国内公认领先的,所以在第一轮评审中就顺利通过了。我们申报的中国古代史与近现代史,都落马了。当时历史研究所与历史系已经分家,地区国别史在历史所,那就是说,历史系与重点学科绝缘了。我身为历史系主任,如热锅上的蚂蚁,坐卧不安。

杨生茂先生是教育部历史学科评审组的成员,南开历史学科独此一人。我首先去找杨先生,询问评议情况。他说还有希望,还有第二轮评审。杨先生是位遵守纪律的人,教育部规定不准向外透露评议情况,他就不便与我多说,只能说一点形势。先生说,中国古代史搁浅有两个因素,一是名额限制,二是一票之差。如果能增加一个名额,我们的中国古代史顺理成章,没有问题,当然,一票之差也还有变数。如果评委不同意增加名额,事情也难办;如果把票投给其他院校,也可能会有麻烦。先生建议要"上"(指行政)"下"(指评委)疏通;同时还告诉我,已经被通过的中国近现代史,都是以近代为主,没有以现代为主的。先生还如实地说,评委由于"隔行",对各校的真正学术功底,也未必有深切了解,投票难免有误差。经先生这么一说,如拨云见日,我心中有了底数。

依据杨先生的点拨,我找到教育部的有关负责人,介绍南开古代史与已经通过的四家院校的各自特点:北京大学突出的是中世纪政治研究;中国人民大学的特点是清史;武汉大学的特点是魏晋隋唐史;北京师范大学的特点是史学史。我说我们南开的特点是通史。中国古代史这么长,不能没有通史啊,因此希望增加一个名额。负责人感到有道理,表示可以考虑。

杨先生出席第二轮会议时,我请先生把南开中国古代史诸位先生的著作带到会议上,请评委审查。第二轮,南开中国古代史顺利通过。事后,杨先生告诉我,他在会上并没有说太多的话,把著作带到会议上,只说了一句话:请诸位审查南开古代史的学术成果!教育部同意中国古代史增加一个名额。面对南开同仁的著作,评委们没有再说什么,关就算过了。那时与现在不大一样,现在著作成堆成摞。那时人们的著作还不多,即便是教材,也是很有分量。(据说现在写的教材不算成果,莫名其妙!)

在第二轮,我们近现代史仍然没有通过,主要原因是现代史跛足。与其他院校相比,南开历史学科的中国现代史还是比较强的。我们向教育部有关负责人反复申述。稍后,教育部有关司局也接受了我们的意见,我又给近现代史的几位评委写信,请求支援。南开的中国近现代史,是第三轮被评上的。据我所知,这次没有再开会,是教育部有关负责人用电话征求意见通过的。

这样,经过三轮评议,我们系有了三个重点学科,名声大噪。最初,我也没有想到重点学科会有多大影响,后来逐渐显露出重点学科的意义和作用。教育部后来的各种立项,均与是否有重点学科密切相关。其后,南开历史学科孕育出一批成果,涌现出一批新人。老先生相继退休后,后继者能继续蒸蒸日上,与重点学科建设有密切关系。

1995年第二次重点学科评议的情况,这里也顺带说几句。我居于中国古代史第一带头人的地位,当时压力很大,生怕有什么闪失,以致南开历史学科栽在我手里。出乎意料的是,我们竟取得了中国古代史学科榜首的地位和声誉。在南开,这是唯一一个学科被列为榜首。这次评议,实行量化评分制,南开古代史靠众力,得到八十五分的好成绩。按规定,只有过八十分者,第一轮才能通过,中国古代史只有我们南开达到了要求,北大竟落在了后边。当然，我有自知之明，北大只不过是一时的落后，仍是南开古代史的学术诤友。我一直说，南开是北大的小弟，无天时地利之优势，学术潜力也不如北大。还有其他相近的院校，也是我们的强劲对手，千万不要因一次评比领先而骄傲，我们要始终保持虚心的态度。

## 劝校长收回成命

1986 年，历史系发生了一件事，使校长很为难。

事情由一桩学生恋爱事件引起。那时，学校学生工作部到历史系调查，了解到一位男生与其女友分手，另有所爱，在同学中有点议论。于是，学工部就写了一份报告给校长，说这样的学生道德品质如何如何不好、大家有反映云云，不宜录取为研究生。校长没有进一步调查和了解情况，就写了一段批文，大意是这样的学生不宜录取，请历史系执行。

校长的批文和报告原文转到历史系，我是系主任，要我同意并执行。我一看报告原文，上面没有历史系相关部门的意见，也没有历史系任何人的签字。怎么回事呢？我就把做学生工作的同志找来，问他们知道这件事吗？回答是知道对此有些议论，但议论也有不同，更没有什么不当的证据，学工部写的报告我们不知道。根据以上情况，我给校长打电话说不能执行你的批示，请收回成命。校长竟一时语塞。

过了一天，校长来电话，用恳求的语气说："老刘啊，你看我刚上任，如你不执行，我今后还怎么说话呢？"

我说："校长啊，不能这样看问题。学工部的程序有问题，如果允许他们越过基层单位，直接提出处分学生，这还了得？他们提出建议可以，但必须经过基层组织核实情况，有确凿的违规证据，并有基层附议和签字，否则就是越权行事。你应指出学工部这样的做法不对，今后不能这样做！学生之间恋爱的事，常有变化，不可能一言定终身，那还有恋爱自由吗？自由恋爱中就应该包括自由选择，是牵手还是分手，别人不应该干涉。"校长无言以对。我还劝校长，类似这种关乎学生前途的事，务请慎重！校长还好，终于接受了我的建议，不再坚持自己的批示。

我非常不赞成一种流俗,就是对成年人谈恋爱的事横加议论,评判是非,上纲上线,更反对行政干涉。"自由的一对一",既包括"合",也包括"分",又包含双方都有自主选择的自由。试想,结婚多年、有儿有女的夫妻,都有离异的权利,为什么对自由恋爱期间的自由选择要横加干预呢?对这种流俗,不应支持,而是应该纠正。

这里说一点往事。不知出于什么考虑,"文革"之后的南开校规规定,如果学生婚前有同居关系,要取消学籍。80年代初,郑天挺先生的一位研究生,有婚前同居的事,后来要分手,女方来学校举报,学校则勒令该生退学。此时郑先生已病故,学生找我帮助说情。我当时的观念是,不提倡婚前同居,但也无须禁止。"文革"前我曾给同学讲过恩格斯的《家庭、私有制和国家的起源》,恩格斯在结语部分专门讲述了情爱自由必然性问题(原话我记不清了),给同学们的流俗观念以极大冲击。婚前同居在历史上和许多民族都是常见的现象,特别是近代以来自由的婚前同居更视为正常的事。这位同学说他们的同居是自愿的,女方也没有提出是性侵。据此我找到系主管学生工作的副书记,我认为校规不合理,"自由的一对一"的事,单纯处罚一方且这么重,太过分了,建议给个批评,教育一下就够了,不要取消学籍。我还提到,在50年代,这类事都不算犯规,我们年级有好几位婚前同居,有的还怀孕、生小孩,当时都没有给予处分;相反,系负责学生工作的总支副书记是位"老大妈"(近五十,又胖,学生有此称呼),她不仅没有批评,反而帮助生小孩的同学找产后安身之处,是何等的讲人情啊!我以这些50年代的老例建言:这样的事情,"文革"前都能予以理解和接受,怎么现在可以严于"文革"前呢?建议学校不要管这么多事。这位副书记说,我做不了主,要请示一下。请示的结果是:不行,必须执行校规!最终,我无力改变这种不通人情的规定,那位研究生被取消了研究生资格,勒令退学。那时的研究生很少,能考上的都是很有潜力的,后来多数成为历史专业的骨干。就这么一点事,断送了这位学生的前程。据说,后来修正的校规,把上述条文取消了。

话说回来,有的事,我又处理得很坚决。一位教师很有才气和活动能力,讲课也很出色,但举止不雅,对女同学动手动脚,总想占女生的便宜,有性侵行为。负责学生工作的人向我反映,我提出,请受欺负的学生出具证明,我就处理。有五位同学作证,在系负责人的会议上,我提出这个人有违师德,应解除他的教师资格。与会诸位同意我的意见,上报师资处通过。我出面对他进行了严厉批评,通知解除了他的教师资格,但也还得给碗饭吃,分配他去从事资料工作,如不同意,可提出上诉,或自己另谋出路。在事实和证据面前,他不得不老老实实接受决定。我给他布置一项任务,把系史整理出来。后来这个人任务完成得还不错。

总之,成年人"自由的一对一"恋爱,第三者无须过问。

## 不宜因隐私问题影响职称晋升

1988年,学校学术委员会评议讨论晋升教授问题。东方艺术系有两位候选人,但只能一人晋升,宁宗一是候选人之一。

宁宗一是很有名气的文学史专家,曾有过一段不幸的婚史。离婚后,宁与一位年轻女子谈恋爱,因为年龄相差比较大,承受不住舆论的压力,双双自杀。殉情未成,原本是不幸中之大幸,却成为一个把柄,他的职称晋升也就拖下来了。他原在中文系,这件事发生了,也难以在中文系继续教书。正在为饭碗犯愁时,范曾创建了东方艺术系,东方艺术系也正需要宁宗一这样的人才,便把宁请到东方艺术系。

"文革"中自杀,被视为"自绝于人民",是一种背叛行为;如是党员,还要开除党籍。当时虽已不再是"文革"时代,但自杀仍被视为是一种不能容许的行为,总感觉有点背叛的意味。宁宗一自杀未遂后,据他说,中文系没有人来过,只有历史系的冯尔康和刘泽华来看过他。我是去看过他,但不是去安慰和谅解,而是痛骂了他一通,我说他是个胆小鬼,找个年轻媳妇有什么不可,那么多伟人不是有先例吗?不像个男子汉!

当时,我是校学术委员会成员。晋升教授事前,我并不了解宁宗一是竞争者之一,到了职称晋升会上才知晓。开始我也没有想谈什么,自由投票就是了。没有想到,书记和校长前后相继发言,虽没点名,但差不多都能明白所指何人。大意是,晋升教授要注意政治和道德表现,有的人自杀,在群众中产生很不好的影响,投票应该注意云云。我一听,这是冲着宁宗一来的。

我即席发言，与书记、校长有很长一段对话和争论。当时怎么说的，已经记不清了，但大致有如下几点：

其一，关于隐私权问题。我说，自杀是一种隐私权，只要确定是自杀，就无可厚非。我们要尊重隐私权，其中包括自杀。要改变把自杀视为"自绝于人民"的观念。历史上有很多著名的人物是自杀的，对他们除了惋惜，没有什么可谴责的。为什么对一般人就不能宽容呢？

其二，与年轻的女子恋爱、结婚，只要是合乎《婚姻法》规定，双方自愿，没有道德问题。历史上有那么多男士娶年轻女士为妻，均视为正常，甚至讴歌，为什么宁宗一就不可以，就是伤风化？人们随便议论，固无不可，但不能以俗见为准，更不能视为道德问题。

其三，对教师的要求，是否应是"道德模范"？我认为，这种要求是不恰当的。教师不能超越道德底线，能成为模范固然很好，但不是必备条件。如果要求教师都是道德模范，那么模范标准是什么？这一刀切在哪里，谁能说清楚？宁宗一可能不是道德楷模，但也没有超越底线，娶个年轻媳妇算什么问题？

我与书记、校长对话、互诘近半个小时，其他人作壁上观，但也都有自己的判断。最后投票，多数人支持宁宗一晋升教授。一场争论就这样结束了。

宁宗一的确是南开的一个宝贝。他业务一流，能言善辩，倾倒不少少男少女；不过，他的热闹事，也常使人津津乐道，尽管如此，没有一件事是违反法律的。他的这次婚姻，维系的时间不长，此后又被一位更年轻的女子爱慕，相差四十岁，生了儿子，有一段很惬意的生活。但过古稀后，他又离异了，现在年过八旬，与幼子相依为命，生活得依然潇洒。前些年，宁宗一大作《教书人手记》撰就，命我作序，我欣然接受，率尔成篇，也不知是否写出了这位老朋友的"真精神"没有，权当人生的一点纪念吧。

## 争自己的权益

1990年，学校任命了新的历史系主任。他上任伊始，就在会上说我不是承继刘泽华，一切从头开始。也好，就一切从头开始吧。几乎所有的会议，我都不参加,首先是各种各样的清查会议,绝不出席。但有一次会议,讨论学科建设,我参加了。会议中间,发下一个学术带头人名单,我看到中国古代史的名单里,把我给取消了,只剩下几位老先生。

我当即向主持会议的新主任提出质问。我说我作为学术带头人,是1986年申请重点学科时,经学术委员会讨论通过的,被学校认可上报,并批准了重点学科。现在,你们列出的学科带头人名单把我取消了,是谁做的决定? 请明示!

我这一问,把新主任问住了。他略作迟疑,说怎么搞的,怎么把你给遗漏了?

我补了一句,历史能割断,但是,是不是割断得快了一些? 至少现在还不到时候吧?

他无奈地说,我让他们补上。

我接着说,不是让他们补上,请你补上。

他倒是很痛快,立即在会上声明,这个名单遗漏了刘泽华,我宣布填上。

事情是怎么发生的,我不知内情,也不想去追问,但可以肯定,不是谁的疏忽,大概以为我不会吱声,或不敢吱声;如此这般,就能不动声色地把我排除在学术带头人之外。

1989年,评博士生导师,我是被校学位委员会通过的上报到教育部的候选人之一,由于我被清查,学校把我的资格给取消了。我被清查不久,吉林大学的一位教授来南开,他是我们编纂《中国历史大词典·战国卷》的编委,彼此很熟悉。他又是我校书记温希凡的老同学,来到南开,当然会受到温的接待。他对我说,温这个人很有心计,当年因他父亲一点历史问题,能把其父扭送到派出所,他能保你吗? 但他在最后处理时,并不会太左。现在把你的博士生导师资格给抹了,我敢保证,以后,他会把博士生导师的帽子送给你。果如这位教授所说,1992年,新一轮评博士生导师,学校头头们并没有忘记我。

此时,对我的结论也有了,给予"免于处分"的处分。一天,校党委副书记王荫庭来到敝舍,话长话短后,提出新一轮评博士生导师的事。

王说:"老刘呀,你看今年评博士生导师,你有何意见?"

我回答说："我能有什么意见呢？该评的就评吧。"

王接着说："老兄啊，你是否能提出申请呢？"

我直言不讳说："我为什么要写申请呀？'免于处分'是什么意思？剥夺我资格在'免于处分'之中吗？学校学位委员会上次就通过了，这次还评什么？"

王说："别纠缠老账啦，往前走吧！"

我说："老王啊，博士生导师我可以不要，但这个案我会继续提出，宣布对我'免于处分'那天，你在场，我不接受，也拒绝签字。但是，我要追问什么叫'免于处分'？"

一时僵持，王荫庭说过几天我们再议。

据我所知，王荫庭与博士生导师评选工作没有关系，他压根儿就不管这方面的事，显然是受命而来。

过了几天，王荫庭又来到敝舍，说："不是让你重新申请，我来找你，事情就清楚了。老兄，别争论了，把问题解决了，难道不好吗？你这两年又写了不少文章，把这些文章填上，不就行了？"

看着王荫庭如此诚心，我能再说什么呢？我由衷佩服王荫庭的工作方式。

我填了表之后，还有一项程序，历史系的老先生们（都是博士生导师）组成一个小组，要听取申请者自述并进行评审。我去不去呢？心里很矛盾，都是我的老师，拒不出席，怎么说呢？三言两语也说不清，犹豫之后，我还是去了。别人都带着成堆的著作进行展示，我片纸未带，只带着一张嘴来了。

我刚要说，杨生茂先生就把我打断了，说："你不要说了，我们都知道。我们要向你学习！"

我一时反应不过来，"哎呀"了一声，接着说，在座的都是我的老师啊，怎么向我学习呢，我怎么承受呢！

没等我再往下说，杨志玖先生说，老刘（他一向这样称呼我）上次就应该是，没有什么需要再议的了。

杨志玖先生说这话，我倒不感到意外，他一直非常关心和同情我。我们有深切的交往。

接下来王玉哲先生说："就这样吧，没有必要说了。"王先生是我的业师，他的心，我自然更了解。

吴廷璆先生主持会议，他重复了杨生茂先生向刘泽华学习那句话，接着宣布，请下一位来吧。我印象里，总共也就是两三分钟，便过去了。

　　被批准为博士生导师后，我毫不掩饰地提出了我应该享受的权益。按当时的规定，我们这一批博士生导师，是学校自主评审的，通称"新博导"，此前的称"老博导"，两者待遇不一样。我抓住"免于处分"这四个字，提出我应享受老博导的待遇。

　　最先遇到的是医疗待遇。此时的书记换成洪国起，我给洪写了一封信。我提出，我应该享受医疗"优一"待遇。所谓优一，当时是对校领导、院士和老博导的一种待遇，有专门的医生、诊室，报销比例也要高些，还有一些特供的药物等，新博导享受是"优二"待遇。这个问题很快就解决了，是派党委组织部的部长张静来办理的，这种事归组织部管。

　　按规定，老博导是七十岁退休，新博导改为六十五岁退休。2000年，我六十五岁，人事处下发退休名单，其中有我的名字。我当即给洪国起书记和侯自新校长写了一封信，内容主要有以下几点：我从来不接受所谓的"免于处分"的处分；就"免于处分"来说，罢免我的系主任和剥夺我的博士生导师资格是不能成立的；我应该享受老博导的待遇，七十岁退休；如果你们认为我的意见不当，请给予书面回答；如果坚持让我六十五岁退休，我将提出上诉。

　　信邮寄出后，常务副校长王文俊很快来到我家。王文俊是我的老相识，开始是随便聊天儿，说到正题，他说："我们这一届任期还有三年，这三年没有问题，你不退休。再往后，不是我们能说了算的，到时再说。人事处的通知，你不要管它，由我们来处理。"

　　2005年，我已到七十岁，那时我在美国女儿处，我给历史学院的院长李治安和书记门莲凤致信，我不恋栈，该退休了。他们当时已经知道要进行新的评级，在他们及诸位年轻朋友支持下，要我再延聘一年，到2006年。这年评级，我被评为二级教授，而文科不设一级教授。评上二级教授后一个月，我正式办了退休手续。

　　后来，又嚷嚷南开要做评一级教授的试点，历史学院当权的诸位年轻朋友，在一次聚餐时告诉我，你虽然退休，但不影响评一级教授。我猜测，是比我年轻的人无法平衡，我便成了一个平衡点。时过境迁，我已退休，当即表示,要评一级教授,我也不会参加的。

以上这些说起来有点俗,但我在体制内,不争,一切顺从也未必就是豁达和有自主意识。

这里我感谢老少师友们,他们给我的支持比事情本身更珍贵!

## 由某先生特殊时期之事说公民的自主

F先生是当下国内乃至国际最著名的艺术家和文化人之一,不说别的,对南开贡献颇多。

F因某种事有一段曲折,归国时,教育部门高层下达了诸多禁条。从行政上说,学校自然要贯彻,所在系科更不敢例外。我与魏宏运、冯尔康、宁宗一,还有老校长滕维藻,对禁条都不以为然。我们的看法很简单,既然同意F回国,是公民,就应该欢迎F归来。所以,我们举办了一系列民间欢迎活动。宁宗一、冯尔康和我等事前得到信息,三人议定,同往机场迎接。正赶上我要参加《中华文化通志》编委会会议,无法前往。宁宗一、冯尔康等南开诸人去北京机场迎接,早晨在校门口乘车出发,就有某部门的专车跟在后面,行车到大羊坊(是进入北京市的京津快速线的入口处),遇阻,不让前行,停留了一段时间,上来带对讲机(BB机)的武装人员,然后,车子得以前行,并且直接开进机场贵宾接待厅。F直接进入贵宾厅。冯尔康对他说,你回国有七个小时的时差,需要好好休息,对不熟识的人避免接触为好,因为上面规定F不得接见记者,不好对F明说,以此让F注意自己的言行。

F回校后,F的老师们与老同学、老朋友,连续设宴为F洗尘。一次我们一群人大摇大摆,穿梭而行,公务执勤人员眼睁睁看着,无法干涉。这一群人,有点半开"玩笑",热情伸手与各执勤人员握手致意,弄得执勤人员颇有几分尴尬,但似乎也很放松和开心。老校长滕维藻不好公开出面,于是设家宴为F接风。

在后来一段时间里,F不能在本系讲课,我们不理睬有关禁令,请F回历史系任教。第一次讲演,打出"欢迎F先生回母系执教"的大字横幅,讲演后,由杨志玖教授点评。杨先生说:"我为有F这样的学生而骄傲,他现在的学识已远在我之上……"下边一片长久热烈的掌声。后来,博物馆专业设艺术史方向,请F任硕士生导师;不久又设博士点,又聘任F为博士生导师,培养了一批硕士和博士。1996年,历史系诸位同仁,又提议组建"东方文化研究院",为F搭个更大的施展才能的平台,也获得F自己的积极响应和支持。遗憾的是,"上头"不给力,制造麻烦,计划未能实现。回想起来,这真是南开的一大损失啊!上述这些事,前后的系主任是朱凤瀚和张国刚,都是尽心支持,并提供工作条件。我将F的有关情况,向中国文化书院院长汤一介先生介绍,汤先生即刻做出决定,聘请F为中国文化书院导师。汤先生显示了一种大气和识才的风范!对汤先生此举,我感到格外欣慰。

我们的所作所为,都得到老校长滕维藻的支持。我曾奉滕校长之命,为滕校长起草致一位文教方面顶尖级领导的一封信,建议对F先生解禁。当时地方大吏为此信曾造访滕校长,并表示看法相同,只是难应对上面的旨意云云。滕校长已仙逝,但我还保留着这封信的文本。我想这该是长者爱护后学的一项义举,是爱护人才的一种风范!

我们的所为没有别的原因,就是不认同"内部禁令",我们的行为都属公民的正当权利,不理睬那些不合理的做法。

## 用收藏诠释思想

收藏古董,也许说不上,我只是偶尔玩玩。玩古董,一般要有三个条件:一是有钱,二是有闲,三是有趣。说到钱,在只靠工资吃饭的时候,我每时每刻都是紧巴巴的,就这一点而言,再便宜的东西,也不能问津。80年代,有了稿费,日子多少有些宽松,但主要是用来买书,我还无力他顾。另外,那正是我当红的时候,每天人来人往,日程排得满满的,写文章无时无休,即使有点闲心,也无闲时。我从事中国古代史的教学与研究,不能说对古器物一点兴趣也没有,但由于钱紧和无闲,只能搁置,还排不上日程。

一个偶然的机会,多少改变了我以前的生活规律,这就是因"风波"事件撤了我的职,把我彻底从政治和行政的琐事中解脱出来。时间有了。钱嘛,说不上富有,但多少有些闲余。人总是要找一点兴趣,放松一下精神,于是想到了古玩。玩什么呢？一辈子缺钱，就玩钱吧！其实还是有业务目的的。过去讲历史对金融涉及的极少，现代的生活告诉我们，金融是社会的血脉。中国古代的商业与交换相当活跃，金融也相当活跃。别的不说，早在战国时期，就有人提出以商治国，这在《管子》一书中的《轻重篇》中有十分精彩的论述。作者提出，国家只要操纵货币，玩尽"轻重"之术（即回笼与发放货币），即使免除税收，国可安，君可富。我对《管子》中的《轻重篇》特别留意，在写《中国政治思想史》时，专立了一章，讲如何操纵物价和垄断货币以求大利。可是，我对当时的货币知之甚少。

90 年代初，天津市沈阳道古物市场，还不容许进行公开的古钱买卖，卖主怕抓住挨罚，不敢把古钱放在明处。每问有否古钱，他们多半要瞟视周围，看有否稽查。因此，成交时，多半是在匆匆忙忙中进行的，好像做贼似的。后来放开了，再也没人干涉，于是满街都是古钱。我开始阅读有关古钱的各种书籍，学校图书馆的有关藏书，几乎被我翻遍，相关文章也读了许多，增长了不少知识。在收集过程中，我逐渐把目标集中在"半两"和"王莽钱"上。说起来，我还真有若干枚颇为珍贵的品种。我没有去过专门的古币市场，在杂摊上要想找到珍品，实在极难，像沙里淘金。如果摊贩略懂古币，他会把稀见品挑出来，单独要价；如果不懂，一大堆钱混在一起，你只能一一挑选，很费工夫。有些摊贩不卖挑，你若挑，他先提价，比如按堆、按串卖，一枚一元；要挑，可能一枚两元或更多。有一次，我在一大串钱中发现一枚铁质"大泉五十"，我不露声色，按事前说好的价钱付费。我付费之后，摊主发现卖漏了，发出嘘唏声，显得后悔不已。又一次，我在一个摊位上以极便宜的价格，淘得一枚"王莽十布"中的"中布六百"。当我又一次去逛市场时，摊主看到我，叫苦不迭，不停地说："卖错了，卖错了，赔大了！"我也笑答："对不起，我也上过不少当。"记者刘武曾写过一文《教授与钱》，写的是我，颇风趣。

我大约玩了两年钱，便改玩铜镜。铜镜是青铜大器之后青铜器新的高峰，含有丰富的科技和文化内容，另一层意思是自己也照照镜子。当然也是先读书，随后买了几面，细细品味纹饰、铜质、铜锈、品相特点等。玩铜镜的弯路，比玩古币要少些，一开始就瞄准先秦与秦汉时期的。过了一段时间，感到这样收藏，有些底气不足。铜镜的价位，当时虽然不太高，但一面有点品相的，也要上百元或几百元。一般玩古玩的人，有进有出，以玩养玩。我呢，只有进没有出，自然没有后劲。于是，我进一步调整收藏路数，把目光集中在目前著录中不见或少见的纹饰上，这要求我要非常熟悉著录情况，而且要印在脑子里，在市场上的一瞬间能做出判断。说实在的，做到这一步谈何容易，因为我的记忆力不太好，即使看过图录，过后多半就忘了。

由于财力限制，我收集的镜子，从数量上说不算多，但有些纹饰是著录中所未见的，可谓孤品或罕见品。李学勤先生曾多次鉴赏过我的藏品，有一面西汉的草叶兽纹镜，他曾著文给予高度评价，认为其纹饰属匠心之作，美轮无比，实属罕见。有此一面，我心已足矣！

我收藏的铜镜，尽管品相大多一般，也不是大型的，可多数的纹饰都有特色，在考古上有相当的价值。收藏的数量也有限，但唐以前各个时期的都有，也算成系列。唐以后的，也有几面别品，其中有一面"大宣年制"，我没有查到中国历史上有"大宣"年号，包括农民起义年号和周边国家的年号。是不是宗教的？另立年号，是绝对要杀头的！这是一个"谜"，有待破解。还有吴三桂的"昭武通宝"镜，也是少见的。

跑到市场，常常不能遵守自定的收藏范围，看到一些自以为合意的，我便顺手购入，颇为杂乱。比如，我收藏了一批地契和文书。其中有辛亥革命太原起义的《子夜宣言》，可谓孤品，至少是二级文物。历史系王先明教授专文评述了《子夜宣言》的历史价值。有雍正时期户部出售的"监生文凭"（交一百两银子）；有清代的"典卖人契"；有"乡试试卷"，"殿试试卷"故宫很多，但地方性乡试试卷很难得；有清后期的"合会"契约、民间融资契约，也不多见；有清后期中等人家的"析产契"，也很少见；有康熙以下历朝，以迄20世纪50年代初各个不同时期的"地契"，虽缺少洪宪期间的正式"契约"，但有洪宪时的契纸，为民国所用，很是奇特。有若干份"地契"表明的税收量，"斗"之下依次竟达十位数，以"粒"计，出奇精细。另外，还有几片"贝叶经"，偶然得之，自己无法鉴定。

我还收有一些别的有意思的小东西。我是闲来乱玩，但这点小东西都有相当的文化意义，开阔了我的眼界。我已表示，在适当的时候，捐赠给南开大学博物馆。来自社会,回归社会吧。

## 获"南开大学荣誉教授"称号

2013 年,南开大学特设"荣誉教授"称号,出乎意外,我的名字竟忝列其中。当时我在异乡女儿家,得此信息,不胜惊讶与感慨。

获得"荣誉教授"的人数很少,都是退休有年、德高望重的老教授,而且他们学有开拓之功,是学界公认的权威。校长在致辞中,说这是南开的最高荣誉。

事过之后,我给领导写了一封信,感谢学校的关爱,也做了自我评价,其中有两段文字摘录于下:

> 去年人事处处长苏静和栋梁(历史学院院长)都及时告诉了我获荣誉教授之称,我感恩母校的培养和诸位的关爱。这是一个荣誉,更是一种担当。
>
> 我是一个"多事"的人,不大"听话",也有一些不合主流的"异说"。我主攻中国政治思想史,不能不涉及诸多理论,我对某些权威的思想与理论进行过质疑、批评和修正,我想你们对我的《我在"文革"中的思想经历》(《炎黄春秋》刊稿)一文引起的议论也会有所耳闻。我所持的"王权支配社会"和"王权主义"观念,与发扬传统的主流派、国学派、新儒学等有过激烈的争论。我在 20 世纪 80 年代写的《争鸣,除对象不宜有前提》《史家面前无定论》等都是有针对性的。这几年不断有人从不同角度说到"南开学派""刘泽华学派"(我个人不赞成,但是人家要说我也没有办法制止),今年《文史哲》第 4 期发表四万字的长文《论中国政治思想研究中的王权主义学派》,评南开一群人。经过三十年的努力,在政治思想研究方面南开的确已有相当的积累,我们一堆人出版了近三十部著作,可称得上是国内的重镇,我被视为领头人。评论褒贬都有,有人说我是僵化的"马克思主义",有人说我坚持得对,有人说我是"虚无主义"、是传统文化的"全盘否定论者",也有

人把我说成是离开了"共识"历史唯物论的"异端"。其实我不认为自己是另类,充其量我是个小小"修正"者。我过去在文章多次说过,没有适当的"修正"就会僵化。这些××(书记)或许知道得多些,××(校长)同志不知是否有所闻?

这次获得殊荣,显示的应是诸位的宽容和大度。我建议应该把"提倡什么"与"宽容什么"作为不同的两个问题来对待。就文科而言,一定要有更大的包容气魄,要给怀疑精神以更大的空间,要有长远眼光。

我的水平高低另论,但有一点很自信,我有自己的学术个性。个性不是一味出奇,故意与他人不同,而是首先有自己的逻辑,并在广泛占有资料的基础上,找出最具典型的、覆盖性比较大的资料做证据。这两者互为条件、互相支持。

王权主义和王权支配社会,是我的基本学术理念。三十多年来"咬定青山不放松",一直在这个领域进行开拓。在我看来,这是一个巨大的领域,也值得穷尽心力进行开拓。早有朋友劝我,老在这个问题上纠缠,是否有必要?可否转移一下视线?我答曰:"我所做的,不过是全豹之一斑,如果老天假我以时日和精力,我会继续进行开拓。"

我所研究的这一问题,视野所及,并非仅局限于中国古代史,在观念上也有相当大的覆盖性,涉及"泛王权主义""泛王权支配社会"。

正因为有自己的学术个性,我的文章在国内的转载率相比较而言较高,几乎每篇都被转载或有摘要发在报刊,因此也招来不少评论;在国外,也引起一些学人的关注。1987年出版的《中国传统政治思想反思》,不久就被韩国学者译成韩文,在韩国出版;前几年,又出版了第二个译本。我与葛荃、张分田等合著的三卷本《中国政治思想史》(1996年由浙江人民出版社出版),被韩国学者张弦根教授译成韩文出版。张弦根教授是研究中国政治思想史的专家,至今我们没有见过面。他在信中告诉我,他比较了近十种中国政治思想史的著作。萧公权的《中国政治思想史》,是公认的中国政治思想史中的经典著作,张教授特别说明,在比较之后,还是选择了我们的著作。我说这一点,绝对没有比优劣的意思,萧先生是我非常敬重的老前辈,是那一代的学界翘楚,他的著作是中国政治思想史研究的里程碑,是我们后辈永远学习的范本。我的意思,是借此说明我们有自己的学术个性。这些年,我还有近十篇文章被译成英文,在学界多少也有点影响。

2012 年 3 月上旬,在以色列希伯来大学举办了关于中国政治思想史的学术研讨会,这是在中国大陆以外,首次由外国汉学家们举办的讨论中国政治思想史的国际会议。会议由希伯来大学亚非研究院院长尤锐教授主持。尤锐教授通晓八九种语言,是国际汉学界的新锐。参加者多数来自国际著名大学东亚系,都是当红的汉学家。我是唯一受邀的中国与会者,会议安排我第一个发言,主题是"从'天王圣明'说思想权威"。我的发言,引起了与会者的兴趣和关注。在会议休息中间,几位教授提议把我的几篇论文集中一下,请比利时鲁汶大学主办的《当代中国思想》刊出。该刊是西方颇有影响的一个学术刊物,主编戴卡琳教授当即表示支持,但需同编委们(国际性的)商议后才能确定。过了一段时间,编委们同意为我出版一个专辑,题为"刘泽华与中国王权主义的研究",刊于 2013 至 2014 年之际的冬/春季刊。

下编 我对若干历史问题的思考

"文革"以前，我没有独立的学术观念和见解，当时大的思想路数就是定型化范围内的"加减"法。那时，既想从事点研究，又怕犯错误，所以，久而久之形成了一种思维模式，我称之为"防御性思维"。防御的基本功就是，凡是论述一个问题，都要设法找到所谓的理论依据，即马恩列斯毛的语录，如此就算有了"防御工事"，也就有了安稳感。

　　这类现象，不是我独有的，是那个时代整个的风气，随便翻翻那个时期的文章，不管争论的双方何等激烈，几乎都是这个路数。我们查查"以论带史"和"论从史出"两大派之争，"以论带史"之"论"，与"论从史出"之"论"，应该说都在理论依据大范围之内。我不是说两者争论没有意义，但其理论指导只能是同一个。即使如此，仍然不行，"论从史出"仍有弱化"论"的危险，结果"以论带史"在"文革"中达到绝对的统治地位，因为这更符合"意识形态领域的全面专政"的政治需求。如何才能实现全面专政呢？其中的问题很繁杂，要之，不外两点：

　　其一，理论上绝对"以阶级斗争为纲"，天天讲、月月讲、年年讲；

　　其二，"纲"在谁手里？在最高领袖手里，句句是真理，领袖就是真理的化身。

　　所谓的"文革"思维，大抵就是如此。

　　1976年我在"日记"中发出过怀疑：

　　　　什么是真理，真理在哪里？这个问题本来可以说清楚，现在难了。
　　　　真理在舌头上，
　　　　真理在眼神，
　　　　真理在笔头上，
　　　　真理在情之所至，
　　　　真理在锦绣囊中，
　　　　真理在指挥棒梢！
　　　　昨天那样说是真理，今天这样说是真理，真理同真理对着干。

　　　　九亿人的国，真理只能由一人定，这不是咄咄怪事！

九亿人口的国家，一切都要一人定音、拍板，成为"最高指示"，就是上帝下凡也不行。

　　把权威神化，党就变成了一姓的庙堂。


　　"日记"中还说过重话："真理死亡了。新的真理埋在土中，正在发芽！""造出来的真理是赝品，是不受用的！"

　　"真理死亡了"，应该说标志着我在逐渐觉醒，挣脱了神的桎梏，也渐渐萌生了自我主体意识。

　　我这个人从总体上说，并没有离开马克思主义，但有一点重要的转变，也就是在这个时候我有了这样的理念，"马克思主义在我心中"，这是"上帝在我心中"的一种演化。对我而言，其意义也大体相似。

　　写"日记"时，我年已过四十岁，是不是正合"四十而不惑"？也许多少有那么点意思。但是，马克思主义怎么就能到了我心中？对我来说，依然是路漫漫其修远。又过了十年，我才逐渐悟到"王权支配社会"这一理念。

　　"王权支配社会"，对我而言，既是一种历史事实的判断，同时又是自己的方法论和认识论。对众多的历史现象，我都是以此为观察起点，包括"泛王权支配社会"。"泛王权"是我的谜底。成也萧何，败也萧何！

　　时不我予，一转眼就进入了老年。由于资质和基础双缺，能为者无几，而稍可自慰的是，我尽了心力，没有偷懒。

　　我按问题梳理我的学术理念的发展过程，引文比较多，目的是为了实证，为学术史提供点资料；也为批评者提供些靶子——批评者着实不少，遗憾的是"错把杭州当汴州"。

# 从"文革"中走出来

## 以"文革"的思维方式批判"四人帮"

一种说法,"文革"时期没有史学。此言大错特错!应该说,"文革"史学极其发达,"文革"自有一代史学!试想想,我们那么多的史学家写了那么多的文章(多化名或集体署名),当时领风骚的很多人,后来又是我们史学界的领军人物,怎么能把"文革"史学一笔勾销呢?!

1966年6月3日,《人民日报》社论《夺取资产阶级霸占的史学阵地》横空出世,社论把史学提到"文革"首当其冲的地位,有着极大的权威性。这篇社论无疑有大背景,但出自哪位史学家之手,至今没有人站出来认领,尚待有兴趣者进行考证。又如《人民日报》1966年10月23日发表了署名"晋群新"的《〈历史研究〉是资产阶级史学的反动堡垒》一文,打击了一大片,批判了一系列观点,影响很大,肯定出自史学界行家里手,遗憾的是至今也没有人站出来认领。这类的文章多多,是史学界的一大奇观,形成一套体系,怎么能说"文革"无史学呢?有关的先生应该主动反思,以免有朝一日被人考证出来,怪寒碜的。

至于我自己,"文革"之前和"文革"前期,我都是最高领袖的信徒,对其著作及能听到的指示视若神明,与己意有差距时,立即检讨,赶忙纠正。我前半生的学术经历是从属于政治的,不仅唯"圣人"是从,次一级的"贤人"也是要紧跟的。当然,这种紧跟很是辛苦,也伴随着一定的纠结,尤其是"文革"后期,疑问愈多,纠结愈甚,还出现过可笑的错位现象。而我的一点自主性,也就在紧跟、生疑之中渐渐萌生了。这些,我在上编中已有讲述。

然而,获得比较完全的自主性,谈何容易!最高领袖去世,四个家伙一朝倾覆,乍看上去,万象更新,人们也确有解放之感,可是,思想解放的春天却远未来临,当时轰轰烈烈的揭批"四人帮",便极好地表明了思想解放何等不易。

1976年10月6日,抓捕"四人帮"。大约几天之后,我就从小道消息听到了。当时非常兴奋,我首先跑到魏宏运家,他也激动得不得了,随即举办家宴共饮。此后我与朋友们多次开怀畅饮,又载歌载舞,连续参加群众游行,兴奋了好一阵子。

时间不长,得到上边的通知,要开展对"四人帮"的批判。从1976年底到1978年,我与合作者陆续写了如下六篇文章:

其一,《史学领域的复辟纲领——批江青的"法家爱人民"说》(《南开学报》,1976年6期)

其二,《颠覆无产阶级专政的反革命策略——评"四人帮"的"清君侧"》(《南开学报》,1977年2期)

其三,《关于先秦儒法斗争的特点和作用——批判"儒法斗争为纲"和儒法斗争"你死我活"论》(《南开学报》1977年6期,署名:南谷众;又载《光明日报》,1978年2月2日)

其四,《批判"四人帮"在评法批儒中的阶级调和论》(《光明日报》,1977年2月22日)

其五,《"四人帮"在史学领域招摇的一面霸旗——评罗思鼎〈论秦汉之际的阶级斗争〉》(《历史研究》,1977年第2期,与王连升合作)

其六,《繁荣学术必须发扬文化民主——从吴晗同志的冤案谈起》(《光明日报》,1979年1月21日)

这些文章有一个非常明确的思路:高举毛主席的旗帜,而后才是批判"四人帮",把毛主席与"四人帮"严格区分开来。这些文章的思维方式,应该说与"四人帮"基本是一致的,文风也大体相近。

现在想起来,当时的思想与思维未免荒唐可笑,但是似乎也只能是这个样子了,其间的悲剧意味,尤当深思。

# 打破"阶级划分"铁律的尝试——战国时期阶层、身份研究

## (1)问题的提出

"文革"之前,阶级分析和阶级划分已经十分粗鲁和僵化,到了"文革"期间,此风更呈登峰造极之势,远非用粗鲁和僵化可以描述。翻看当时的著作,阶级分析和阶级划分的铁律充斥其中,诸如奴隶主和奴隶阶级之间的对抗,地主阶级与农民阶级之间的对立,等等。

随着思想逐渐放开和批判"四人帮"的展开,我对硬邦邦的阶级划分发生了疑问,1977年萌生了一个念头,应该重新研究历史上的阶级划分问题,当时也不可能有大的突破,但有一个粗线条的想法,即应该如实地研究历史上实际的阶层与身份问题,由此再概括为阶级。我当时任古代史教研室主任,把上述想法通报给诸位同仁,立即获得他们积极响应和支持。当时,我们手头并没有现成的文章,要新起炉灶,商议半年之内拿出一批文章。随后,我找到《南开学报》主要负责人刘健清同志,讲述了我们的想法,立即得到他的支持,表示可以开设专栏发表有关文章。

1978年《学报》第2期开设了"阶级研究"专栏,当时的条件下,这些文章总要与批判"四人帮"挂钩,编者按语中说的就是这些。明面上这么说,实际上,我们是研究古代社会的阶层和身份。第一篇发表的是我的《论战国时期"授田"制下的"公民"》一文,其后同仁的文章有十余篇。

蔡少卿教授对此有一段论述:"南开大学历史系是率先进行社会史研究的倡导和推动单位。早在70年代末,为了从禁锢的学术思想中走出来,历史系同仁自觉地开始从事等级、群体和身份的研究。基于这种认识,1983年与《历史研究》编辑部共同召开了'中国地主阶级学术讨论会',在会上冯尔康教授提出开展社会史研究,此次会议在史学界引起了广泛关注。杨志玖教授1984年在《中国古代地主阶级研究论集》的序言中,总结了南开同仁们的认识,明确提出,忽视古代复杂的等级身份,'简单地归类为地主和

农民两大阶级，并不能真正搞清问题’。……"①蔡先生把我们"从事等级、群体和身份的研究"视为社会史研究的滥觞，他的观点是有道理的。

本来应该继续组稿，把专栏办下去，但《学报》到外边组稿不便，而内部的稿子又供不上，我也没有充分尽到组织者的责任，加上又承担了一些新的任务，也就顾不上了，专栏自然就停止了，但我的研究并没有完全中断，抽空写了几篇有关战国时期的阶层和身份的文章。

此前，我们常常用演绎法去说历史。所谓演绎法，就是依据经典著作和领袖的论说，以及史学界大人物的观点，并以此为大前提去勾画历史：唯上唯圣，不敢越雷池半步。

这几篇文章，我认为还是实实在在的考证性的文字，所有的判断都是以史料为依据，几乎没有空言，也很少先引证所谓的"理论依据"。三十年过去了，回头看这些考证性的文字，我依然感到是靠得住的。

回忆往事，最大的遗憾，是我没能坚持下来。


### (2)战国时期阶层、身份研究

战国时期，各国的各种资源都由国君控制和支配，所有战国的论著都有论说，所以就没有再去着笔专文论述，其实这是应该深究的一个大问题。关于战国的阶层，我写了如下几篇：

> 《战国时期的食邑与封君述考》
> 《战国大夫辨析》
> 《战国时期的"士"》
> 《论战国时期"授田"制下的"公民"》
> 《战国时期的奴隶仆役札记》

值得说明的是，我曾努力收集战国时期奴隶仆役的名称，达四十七种之多，并一一做了概述。这些奴隶仆役名称，最初是为《中国历史大辞典》写

---

① 蔡少卿、孙江：《回顾与前瞻——关于社会史研究的几个问题》，《历史研究》，1989 年第 3 期。

208

的条目,后来集中收入《洗耳斋文稿》,遗憾的是没有形成文章,进行总体性的论述。我的大体判断是:战国不是奴隶社会,但奴隶广泛存在,对社会成员具有威慑意义,特别是下层劳动者时时有变成奴隶的威胁,这对挤压他们的生活空间、压低他们生活水平具有直接的作用。[①]

这些文章的写作过程中,我发现了一个重要问题,即权力对社会阶层的构建与控制。以此为基础,我对中国历史认识发生了一次大的转折。其后,我又写了两篇文章:《论中国封建地主产生与再生道路及其生态特点》和《从春秋战国封建主的形成看政治的决定作用》。这两篇文章提出了"政治权力(王权)支配社会"的判断,具体说来就是:封建地主的主要成员是政治权力分配的产物,而不是土地买卖等经济运动的产物;封建国家-贵族-官僚地主不是"地租地产化",而是"权力地产化"。

这个发现,引起我对中国古代社会许多问题的再认识,此留待后边专题叙说。

### (3)追忆"中国地主阶级讨论会"

1983 年,《历史研究》编辑部、南开大学历史系和云南大学历史系三家联合,共同主办了有史以来第一次"中国地主阶级学术讨论会"。会议由庞朴、我和谢本书组成领导小组。此时此刻开地主阶级讨论会是很扎眼的事,引起种种猜测,最突出的议论是方向有问题,有为地主阶级翻案的嫌疑。的确,有若干论文提出,应重新评价不同时期地主阶级的历史作用,应对封建社会上升时期的地主予以历史肯定,他们在组织生产上有过积极意义;对南北朝时期的世家大族,尤其应予以特别评价,他们在战乱时期能组织起来自保,进行生产,其作用是不应低估的。这显然与以往把世家大族说得腐朽、糜烂有着很大的区别。

我向会议提交的论文是《论中国封建地主产生与再生道路及其生态特点》,由于我提出封建地主产生与再生道路主要是政治因素,从而遭到不少批评,说我是杜林暴力论的翻版,早已被恩格斯批判,违背了马克思主义的

---

[①] 刘泽华:《洗耳斋文稿》,中华书局,2003 年。

基本理论,是理论原则问题。由于有上边几篇考证文章做底,我避开理论争论,请批评者拿出史料来反驳。这一招果然有效,他们无言以对。

这次会议开得不凑巧,正赶上"反精神污染"之始。不开吧,与会者已经来了;开吧,又有怀疑之声,怎么竟然要讨论地主阶级?会议开幕由庞朴致辞,为了回应对会议的怀疑,特地说明,研究地主是胡乔木提出来的,这才稳住了阵脚。由此可见,学术研究空间是何等狭小,又多么需要政治权威压阵!

多位名家出席了会议,对研究中的极左现象进行了反思。由于分三个组,信息不是太通,我把会议上的意见进行综合,对会议做了总结,使出席者有个总体了解,大家反应不错。

这次会议,南开负责学术方面的事宜,整理了一份此前的论文目录,又对此前的研究成果进行了综述。会后,南开同仁继续对地主问题进行了一些研究,由我和冯尔康同志主持,把大家的论文集中起来,由南开大学出版社出版了《中国古代地主阶级研究论集》,这是有史以来第一次出版这样的论文集。

应该说,史学界对地主阶级问题的研究,直到现在,依然是很薄弱的,其中最大的理论难题,是如何看待经济组织与剥削和压迫的关系问题。下边述及"历史认识论"部分,我会有所论述。

## 冲击"文革"桎梏,名噪一时的三篇文章

2011年7月7日,《南方周末》发表《中共正修改的历史评价》长文,文中说道:"改革开放以来,'险学'逐渐转变为显学。1978年和1979年,《历史研究》杂志曾发表包括《砸碎枷锁 解放史学》《打破党史禁区》在内的一系列文章,引发强烈反响。也正是从那时开始,党史研究开始从政治宣传、路线斗争的枷锁中解放出来,重回学术的广阔天地。"

《砸碎枷锁 解放史学》便是我写的。粉碎"四人帮"后的一段时间,"文革"依然是不可触碰的禁区。1978年开展的真理标准大讨论,一步步揭开面纱,才开始触及"文革"的源头。《砸碎枷锁 解放史学》写于1978年初,就是想触动史学领域中的源头问题,但该文仅仅是明扬暗批,用羞羞答答的方

式冲一下禁区。其后,我又写了《关于历史发展的动力问题》一文,直接针对阶级斗争论,并引起了史学界的大争论;同时还写了《论秦始皇的是非功过》,除了把秦始皇还给历史,多少也有意重新评价"马克思加秦始皇"的"秦始皇"。这三篇文章,对打碎枷锁、解放史学,应该说都有一定的影响。

这三篇文章,有两篇在《历史研究》刊出,其中两篇还在"全国历史学规划会议"(筹备,1978 年 6 月初)和"全国史学规划会议"(1979 年 3 月底)上做过大会发言,更直接地扩大了影响。

值得特别表白的是,我的探索,获得了黎澍先生的宝贵支持。如果没有黎先生的支持,不知会是什么样的结果。

有关这三篇文章的情况,下面略作介绍。

### (1)关于《砸碎枷锁 解放史学》一文

1978 年春,我接到中国社会科学院历史研究所的特邀信,邀我参加"全国历史学规划会议(筹备)",这个会议于 6 月初在天津宾馆举行。我为什么会是特邀代表,当时并不清楚,后来才知道与我在 1974 年"法家著作注释出版规划会"上的"反潮流"有关。会议开始后,知道特邀代表很少,"年轻"人中除了我,就我所知,还有李泽厚。

开会前,大约在 4 月中旬左右,一个星期日,校值班室一位同志跑来,要我接北京来的长途电话(我住的地方离行政楼很近,值班的人又认识)。我有点纳闷儿,谁会给我打电话?一接电话,竟是丁伟志先生,我们认识,那时他是《历史研究》的副主编,主编是黎澍先生。他先问我接到开会通知否,我说接到了。闲聊几句之后,他接着说,希望我在大会上做个批判"四人帮"的发言,不知是否有成稿。我感到很突然,停顿了一下,说有一篇文章,题目是"砸碎枷锁 解放史学",不知是否对路?他当即表示,这个题目很好,能把稿子寄来吗?我说可以,随后即把稿子寄去。他看过后告诉我,内容不错,用这个稿子就可以。

这次会议参加的人很多,有各地史学界的著名学者和各大学历史系、省社科院的负责人等。那个时候是华国锋主政,各行各业都要制定快速发展计划,这次的"全国历史学规划会议(筹备)"就是社会科学发展计划的组成部分。在我印象里,这次会议并没有讨论史学发展规划问题,而是一个落实政策会和务虚会。所谓落实政策,就是把在"文革"中被打倒和批判的反动学术权威们,除了毛主席点过名的,除了公认"反动"和有"历史问题"的,几乎都请来出席会议。出席者主要是老先生,像我这样的年轻人很少。会议上这些老先生劫后重逢,互相祝贺和道安,喜笑颜开,成为会议一景。当时还不能重新认识"文革",更不能对毛主席提出质疑。会议主持者是怎么考虑的,我不知道,但会上和会下,都强烈感到会议对深受"文革"批判和冲击的老先生具有解放意义,着实令人兴奋。所谓务虚,就是批判"四人帮"。会上发言的主要是老先生,每人限三十分钟。印象比较深的是一位上海的老先生,在会上大谈他如何抵制"四人帮",时间超过很多,拖拖沓沓,被主持者几次打断,后来知道此公曾向"四人帮"写过效忠信。

我在大会也做了发言,就是上文述及的《砸碎枷锁 解放史学》。主持会议的是黎澍先生,此前我没有见过他,只知大名。轮到我发言时,他先把我叫到他的座位前,小声对我说,放开讲,不受时间限制。我本来有点压力,那时还是一个小助教,从来没有见过这种场面,更没有在这么多的教授面前说过话,他这一句话使我立即轻松了许多。我的稿子比较长,为了控制在半小时内,事先我压缩了许多。黎澍先生要我放开讲,但我也没有临时进行调整的本领,大体还是按事先准备的讲,只是稍微详细了一些,印象中大概用了四十多分钟。我的发言,在会议上引起了较大的反响,因为这个题目就有震动性。现在看,离真正打破枷锁还有十万八千里,但在当时,在官方举办的会议上,应该说还是有所突破的。随后,丁伟志先生向我提议在《历史研究》发表,这对我来说是求之不得的,欣然同意。这篇稿子几乎没有做任何改动,只是在行文中由编辑同志多加了些针对"四人帮"的字眼,读起来比较生硬,这完全可以理解,免得找麻烦。稿子在《历史研究》8月号全文刊出。

《砸碎枷锁 解放史学》这篇文章不是应邀而写的,完全出于自己的选择。1977年以前,人们忙着从政治上批判"四人帮",我也是积极分子。但"文革"中的"史学革命"理论,以及此间形成的禁区,并没有受到太多触动,因为有毛主席的"最高指示"在。我感到不触及这些问题,依然是在毛主席的框框中打转转,很受局限。我认定,应该重新审视"史学革命"理论和"文革"

中形成的禁区，于是1977年冬即着手写这篇文章。我对毛主席的"文革"理论和实践，应该说已有了比较清醒而朴素的认识，我基本上是否定的，这在我的1976年"日记"中已有提纲挈领式批判。《炎黄春秋》2011年第9期刊载了我的回忆文章《我在"文革"中的思想历程》，其中有几段"日记"摘录，可做参考。

但是，当时的形势正是"两个凡是"时期，我不能，也不敢在公开的文字中点出毛主席，相反，还要摆出高举毛泽东思想旗帜的架势，夹缝里做文章，文字如何表达，自然是非常费劲。整个行文中，凡是涉及"最高指示"，或触及敏感的地方，或有可能引起别人怀疑的地方，都要加上高举毛主席旗帜的字眼，硬是把毛主席与"四人帮"分开。其实明眼人都知道，我提出的问题，都是针对"最高指示"和有关"教导"的，"四人帮"云云，不过是加油添醋或具体化而已。天可怜见，我既要举毛主席的旗帜，又要批他提出的论题，文章不能不写得七扭八歪，上下跳跃，许多地方简直不成逻辑。可就是这样，还是有些人议论说，此人意在否定"文革"。

文章分三部分：

第一部分批"史学革命"论。1966年6月2日，《人民日报》发表了倾动全国的"第一张马克思主义的大字报"，6月3日发表了《夺取资产阶级霸占的史学阵地》的社论，传达了毛主席的有关指示，因此，"史学革命"在整个"文革"中一直具有神圣意义。我写本文之前，学界写了不少批"四人帮"的文章，但基本没有涉及"史学革命"这个本体问题。所以，我认定要打碎枷锁、解放史学，首先要打破对"史学革命"的迷信和恐惧。

文章一开头就说："'史学革命'这个口号，由于'四人帮'及其同伙的歪曲和篡改，已经失去了它本来的革命意义，成为这伙反革命黑帮在史学领域推行文化专制主义的反动思想武器。"论述中虽然保留了"史学要革命"这个口号，但在实际论述中，把"文革"中进行的所谓"史学革命"基本否定了。"文革派"把"十七年文艺黑线专政论"引进史学领域，提出了"重新改写历史"与"把无产阶级领导权重新夺回来"。这是有"最高指示"的，毛主席对郭沫若、范文澜、翦伯赞等都有过严厉批评，说他们只会搞帝王将相等，因此说史学界"黑线专政""重新改写历史"是得到了尚方宝剑的。我针锋相对提出史学领域不存在"黑线专政"问题,历史已经重新改写了;"史学革命"是讲理的问题,从来不是"夺权"问题,"只能采取民主的办法,摆事实、讲道理,以理服人"。

第二部分批判"四人帮"的"法西斯文化专制主义"。主要围绕以下问题展开,一是他们以反对资产阶级自由化为名取消了百家争鸣。二是以"意识形态领域实行无产阶级专政"为名把学术政治化,置异己于死地。文章花了很长的文字论述政治与学术的区分;重新提出久违了的百家争鸣,马克思主义内部也有不同的流派;打破"批判"恐惧症,要有反批评的自由;分清两类矛盾,保护人民;即使有修正主义观点的人也不都是坏人、敌人等。

第三部分提出打破禁区和禁条。文章主要说到三方面的禁区和禁条:一是对孔、孟、儒的禁忌,我提出对孔、孟应自由评论,更不能见儒就否定;二是摒弃历史类比,如要把秦始皇等还给历史、自由认识;三是打破对人物评价"神化"与"鬼化"的定势,评价人物应就事论事,不能因晚节不保,就一切皆坏。这几点,在当时可以说具有突破性意义。

就实而论,我对毛泽东应该说已有了基本判断。但是,当时"两个凡是"时期的形势如此,我个人也还没有从根本上对毛泽东与"文革"有更深入的理性认识,因此既要把两者分开,又要打碎枷锁、解放史学,是根本做不到的。我的文章的价值,主要在于提出了这个问题,在当时也还真的起到了一点打碎枷锁、解放史学的作用。回想起来,尽管不如意,但我毕竟为清算所谓的"史学革命"尽了一点力。

黎澍先生是那个时期体制内思想解放的先行者之一,而在史学界可以说是领军人物之一。他能看上我的文章,支持我的观点,从一个方面也说明我的文章在当时还是有一定冲击力的,特别是让我在大会上尽情发言,确实更加强了冲击力。对我个人而言,这也有点小的轰动效应,使很多人知道了我这个小人物。

### (2)关于《关于历史发展的动力问题》一文

70年代末和80年代初,史学界和哲学界开展了关于历史发展动力问题的大讨论,对史学及其以后的发展产生了重大影响。

蒋大椿在其《当代中国史学思潮与马克思主义历史观的发展》①一文中,对这场讨论做了这样评述:"由于解放思想、实事求是思想路线的重新提倡,伴随着实践是检验真理标准问题的讨论,史学界开展了历史发展动力问题的大讨论,同时还有学者对文明历史的内容进行了探讨。这是继对'四人帮'阴谋史学的政治批判之后,在学术领域对阶级斗争史观的批判和否定,以求恢复和重新认识唯物史观。"

王学典在《近五十年中国历史学》②一文中的评述如下:"从1950年代初期开始强调的'阶级斗争是历史发展的唯一或真正动力'这一观念预设,在1979年受到激烈挑战,由此展开了一场牵动整个学术界的'历史动力问题论战'。挑战的一方由对'阶级斗争动力'的质疑发展到对'暴力革命'的反思,再由对'暴力革命'的反思发展到对历史发展非正常道路的检讨,并由此导致了对'改良主义''保守主义'在历史上地位的重新估计。谁都能看到,放弃'阶级斗争动力观'的预设,将引发对整个人类文明史的改写。"

瞿林东在其《中国史学的理论遗产》一书"自序"中也有类似评语:"20世纪70年代末至80年代初,在新的历史条件下,中国史学界逐步展开了关于历史学领域的理论问题的讨论。这个讨论,是从'历史发展动力'问题开始而不断扩大范围的。到了80年代中后期,关于理论问题的讨论走向高潮,可以看作是中国史学界出现了'理论热'的表现。"

上述三位都是研究史学史和史学理论的专家,他们的评判是有分量的。但稍感遗憾的是,他们都没有叙述这场讨论是如何引发的,也没有介绍起始文章。我不能不毛遂自荐。引起这场争论的起始文章之一,是我与王连升同志合写的《关于历史发展的动力问题》一文。现把写作与出笼情况做些介绍。

揪出"四人帮"后,我已写出了多篇批判"四人帮"的文章,刊于《历史研究》《光明日报》等报刊。1978年夏季的一日,我突然发现,虽然批判"四人帮",但我的思维方式、路数、文风、语言,与"四人帮"没有什么太大的差别,

---

① 《历史研究》,2001年第4期。

② 《历史研究》,2004年第1期。

只不过把矛头对准"四人帮"而已。我开始冷静反思,问题的症结到底在哪里?想来想去,感到问题出在阶级斗争理论上。这个理论,诸如"以阶级斗争为纲""阶级斗争要年年讲,月月讲,日日讲""阶级斗争一抓就灵""阶级斗争是历史发展的唯一动力",等等,我在痛苦的思考中,对它萌生了疑问。这是一个天大的问题,众所周知,此前,这一理论是极其神圣的,是革命的生命线,关系到对全部历史的再认识,更关系到"文革"的理论基础。经历告诉我,谁敢对这一神圣观念发疑,谁就倒霉,有多少人因触犯它而陷入囹圄!但"文革"的灾难给我以勇气,在痛定思痛之时,我深深感到必须对这一理论进行反思。当时还是"两个凡是"的时代,人们的怒气发向了"四人帮",体制内的人在理论思维上并没有太大改变,大家还在张扬阶级斗争理论,坚持无产阶级继续革命的理论,很少有人(至少体制内的人是这样)向这一神圣理论捷出质疑。当我对这一理论生疑时,我自然是胆战心惊,不仅有"砍旗"的问题,还有与整个路线发生冲突的危险,弄不好会给自己带来说不尽的麻烦。

因此,如何提出问题,很费心机,我首先想到的是如何防御。过去我都是处于防御性思维状态,首先想想自己挨批怎么应付,怎么找到"理论依据"做盾牌。想来想去,我还是只能用"打着红旗、修正红旗"之策,另外只局限在历史教学与研究方面,不涉及政治路线。1978年后半年,我与王连升同志全力以赴写出了《关于历史发展的动力问题》一文。我们依据马克思、恩格斯有关生产力是历史发展的根本动力说,来修正流行的阶级斗争是历史发展动力说,并对阶级斗争做了诸多限制,使其降到次要地位。

在第一部分"问题的提出"中,我们引述了马克思、恩格斯有关生产是一切社会活动基础的论述后,提出如下的问题:"回顾我国史学界以往的研究与教学,我们认为存在着一个普遍倾向,即重视阶级斗争这一理论的研究和应用,而忽视关于生产斗争在历史发展中的最终决定作用的阐发,甚至有本末倒置的现象。如有的同志把阶级斗争看作是推动生产力发展的根本动力就是明证。因此我们认为,完整地准确地领会和运用马克思主义关于历史发展动力问题的论述,纠正我国史学界多年来存在的这种偏向,是进一步提高历史研究和教学水平的关键之一。为此,我们愿意提出一些不成熟的意见,以期引起人们对这个问题的重视。"熟悉的人一看就清楚,我们的理论矛头对准的是什么。

文章的第二部分论述了"生产斗争是历史发展的最终动力"。文中讨论了如下一些问题:其一,关于生产力与社会性质的关系问题;其二,关于生产力与革命性质的关系问题;其三,关于生产力的发展同一个社会形态发展的阶段性问题;其四,关于生产力与社会发展不平衡问题;其五,生产力对上层建筑也同样具有直接的最后的决定作用。

讨论上述最后一个问题,特别强调了以下的看法:"我们认为在上层建筑中,有的是由生产关系决定的;有的是由生产力决定的,如尚未被运用于生产实践的自然科学思想;还有的则是由生产力和生产关系分别决定着它们的不同侧面,如教育、卫生、语言、文学艺术、管理企业的规章制度、某些思想,乃至国家机器的某些部门等。"

在这一部分,我们大胆地提出上层建筑的非阶级性的一面,尤其是教育,相当部分是由生产力直接决定的。我们的结论:"上层建筑同阶级性并不是必然地连在一起的,有的有阶级性,有的则无阶级性。"我们的这种看法,对"文革"有直接的逆反性,同时对历来的观点和至今占主导地位的观念也有明显的相悖性,同伟大领袖的教导更是相左。上层建筑属于阶级性是由来已久的定论,没有人敢触动,特别是提到教育和国家,更是敏感和犯禁的话语。

这部分接下来还论述了生产力发展与社会分工的经济体系的关系,与人际交往的关系,以及与家庭、生活方式和生活习惯的关系,与人的思维能力的关系等,在这些关系中都有生产力的直接的决定性作用。

列举上述诸问题,重在说明生产力的直接作用,并由此论证这些领域的非阶级性一面。

我们的结论是:"生产斗争是一种普照的光,是历史的根本动力,是一切历史变革的终极原因。"

第三部分论述的是"生产斗争与阶级斗争的关系"。在这部分的结尾处有如下一段论述:"无产阶级为夺取政权而进行的斗争,目的是为了解放生产力;无产阶级掌握了政权之后所进行的斗争则必须保证生产力的迅速发展。如果在某个时期所进行的阶级斗争,没有促进生产力的发展,没有能逐步提高人民的物质与文化生活水平,没有促进毛泽东同志所说的生动活泼那种政治局面的实现,那么人们就有理由提出问题:这种斗争是无产阶级的斗争吗？或者方针政策是正确的吗？"这里应该说把锋芒直接指向了"文革"。文章接着还批驳了"庸俗阶级斗争论"。

第四部分是"历史研究中存在的问题与建议",又进一步把问题明确化:

> 在过去很长一段时间里,阶级斗争成了历史发展的唯一动因,一切都要从这里做出最后的说明。这十几年来编写的许多历史书籍,纲是阶级斗争,目还是阶级斗争。阶级斗争的地位真是扬扬赫赫,生产斗争则几乎完全变成为附属物。

我们认为历史学领域出现的这种偏向, 已严重地影响了史学研究的发展。

稿子写成之后寄给哪家刊物呢？那时的刊物还很少,但我们商定一定要投给北京的,于是 1978 年深秋作为自投稿寄给《教学与研究》杂志。时间不长,得到王思治同志的来信,这是我与王思治同志相交之始。他支持我们的大思路,认为立意极为重要,并提出了一些修改建议。稿子上还有其他审稿者的批语,都予以支持,要我们尽快修改。大约在年底,我们把修改稿寄上。正当此时,"全国历史学规划会议筹备处"发来征稿启事,我们应征,将此稿也寄给会议筹备处。时隔不久,会议筹备处来信,采纳了我们的稿子,并邀我做大会发言。1979 年 3 月底 4 月初,"规划会议"在成都召开,各省市都有人出席,人数达几百人。原本让我在开幕式上发言,但由于我乘坐的从西安到成都的飞机,因天气延迟起飞,当时无法与会议联系,南开先到的几位先生和会议主持者很惦记,生怕飞机出事,因为前一天北京许多人乘坐的飞机起飞后出现漏油事故,在天上盘旋多时又降落下来,引起会议的不安。所以我一到会场,很多人来询问情况,熟悉的人直说以为你们掉到秦岭里去了。

我到会后,又发生了一些戏剧性的情节。秘书处的负责人(一位女同志,历史研究所科研处处长),一会儿通知我在大会上发言,可没过几个小时,又通知我不发言;隔了几个小时,竟然又通知说,还是要在大会上发言。秘书处已经把我们的稿子排印出来,一会儿说要收回,一会儿却又说不收了,由此可推测出会议主持者的犹疑心态。当然这里有更大的背景,使会议主持者难做决断。前几天,北京的大人物发表了坚持这个、坚持那个的宏论,传到会议上来,搞得人心惶惶,不知底数。我佩服会议主持者的胆量,最后仍决定要我在大会上发言,不限时间,说完说透。我的发言,无疑引起了与会者的关注和议论,有些人以为我有什么背景,反复地向我询问底细。我越说是自己的意见,人们越怀疑,因为这个问题太大了,怎么会是你刘泽华个人的意见?与会议几乎同时,《教学与研究》也在第2期(4月份)刊发了本文,并加了编者按:

> 本文作者认为,社会历史发展的根本动力是生产斗争或生产活动,并论述了生产斗争和阶级斗争的关系、生产力如何直接作用于上层建筑的某些领域等问题。所有这些问题,是很有意义的,需要认真深入地研究,从理论与实践的结合上完整地准确地领会马克思主义的有关论述。我们希望哲学和史学工作者进一步探讨这些问题。

在这次会议上,戴逸和王戎笙先生从不同的角度也论述了这个问题。戴逸先生的发言刊登在《历史研究》同年第8期上,王戎笙先生也有一篇发言,题目是"只有农民战争才是封建社会发展的真正动力吗?",后来刊登在《历史研究》同年第4期上。他们的发言也都很有分量。这样,我们的文章与王戎笙文章和戴逸先生的大会发言稿,便成为史学界关于历史动力问题大讨论的起始文章。

这里我还要说点我的推测。会议安排我们三个人发言,都是对准神圣的阶级斗争绝对化观念的。我们三个人没有任何横向联系,在此以前,我也不认识王戎笙先生。显然,我们的发言是会议主持者精心安排的结果。谁是操盘手,我不清楚,但我猜想肯定会有黎澍先生,因为在我发言之后,丁伟志先生即刻要我的稿子,希望在《历史研究》上发表。当然,会议主持者也不是黎澍先生一人，我想会议诸位主持者都是重要的支持者。

我们三人在会议上集中论述这个问题，其影响比我们单篇发文无疑要大得多，所以会议之后，史学界开展了关于历史发展动力的大讨论。可以毫不夸张地说，这是继"五朵金花"之后，迄今为止，参加人数最多的一次专题性学术争鸣。各地和许多高校举行了专门的学术讨论，各种刊物发表了上百篇文章，发表了各种意见和看法，可谓少见的一次真正的百家争鸣。中共中央党校出版社把这次讨论文章集结为《关于历史发展动力问题讨论集》公开出版。在争鸣中，对我们的意见有支持的，也有许多批评，我的印象，坚持阶级斗争说的(也都稍有修正)似乎更多些。

回想起来，有两点我们感到十分宽慰：其一是这次讨论打破了对阶级斗争绝对化的崇拜和盲从；其二是上层建筑与阶级性不能画等号，不能都用阶级分析看待上层建筑现象。上层建筑，包括国家机器也都不能简单纳入阶级性的框框，而是都有社会性，即超阶级性。至少从反思"文革"而言，我们冲决了僵硬的牢固的堤坝，至于水往何处流，就不是我们能预测的了。

现在看，我们的文章还有浓重的教条八股气，不过在那个时代还是相当"冒犯"的，直到1983年"反精神污染"时，还遭到史学界一位大人物的斥责，说我们没有一点马克思主义的常识，但也还相当宽容，没有点名。我还记得，当时正赶上天津社科著作评奖，我们还自以为是地申报了，以为能引起史学界大争论的文章，总应该给一定的地位吧，结果连历史系都没有过关，就被评审者否定了。据说审议者认为，文章的方向把握不定，这样的文章不能推荐！

这篇文章，记录了我缓慢而艰难地从教条主义束缚中向外蠕动出来的印迹，在史学界也产生了抛砖引玉的效果，为打破僵局出了一点力。历史地看，我们做了能做的事！

### (3)关于《论秦始皇的是非功过》一文

到了1978年，对"文革"的质疑已逐渐成为一股社会思潮，我也深深感到需要再评秦始皇，从政治上和理论上把秦始皇还给历史，打破评秦始皇的禁区，同时也包含对自称"马克思加秦始皇"者的再认识。前文述及的那篇《砸碎枷锁 解放史学》，写于 1977 年底至 1978 年春，其中有一小节，就是专门谈打破秦始皇的"禁区"问题，只是毕竟不是专论此问题，太过简略。从当时史学界的情况看，对秦始皇的看法依然是畏畏缩缩，甚至还是一个不敢正视的问题。于是 1978 年秋，我与王连升合作，着手撰写《论秦始皇的是非功过》一文，意在进一步打碎枷锁、解放史学，同时也有含蓄的再评价的用心。

这篇文章，作为自投稿投给《历史研究》。此前不久，《历史研究》曾发表过一篇很长的评秦始皇的文章，我们又接着来投稿，因为我们与这篇大文章有不同的思路，所以被《历史研究》采用。我们的文章发表后，一次与庞朴先生见面，他告诉我，稿子由他审定，很费心思，由于当时毛主席依然居于神位，生怕惹出是非，再三掂量后，请主编黎澍先生裁定。黎澍是一位很有胆识的学者，他决定尽快发表。于是在《历史研究》1979 年第 2 期(4 月)刊出，离我们投稿时间总共只有四个月，当时是双月刊啊！

此稿刊出，果然引起不少议论，在当时的形势下，无疑是一篇令人侧目的文字。有几位认识的朋友对我讲，你敢把矛头指向"文革"，了不得，要准备挨批呀！果真，我很快就收到一批读者来信，其中最尖锐的声讨是"居心叵测，意在砍旗"，"狼子之心，昭然若揭"，并向我们叫阵："有胆量，敢把毛主席名字点出来吗？"过来的人都知道，当时所谓的"砍旗"，是罪大恶极的犯罪行为，因为在政治上极端强调要"高举毛泽东的伟大旗帜"，要坚持"两个凡是"。如此形势之下，我们的文章的确有点冒天下之大不韪。

文章分四节。

第一节的标题是"关于秦统一中国的主要原因问题"，论述了秦始皇的统一，根本不是如主流观点所宣称的，"顺应了人民的要求"，"适应生产力的发展"，而是武力争夺社会资源的结果。

第二节的标题是"从社会实际效果来检验秦始皇政策、措施的意义"，在一一分析了秦始皇的政策后，得出结论：

　　……封建的统一比封建的战乱有可能为经济文化的发展提供一个相对稳定的政治环境；但封建的统一的中央集权也可能为统治者

胡作非为、阻碍经济文化的发展提供了强有力的工具。因此封建的统一同经济文化的发展之间并没有直接的必然的逻辑关系。秦始皇统一中国比扰扰攘攘的战国是个进步，但统一之后，由于秦始皇统得过死，凭借极权强行搞了那么多违背历史发展规律和超越当时人民负担能力的活动，反而窒息了社会经济、文化的发展，使广大农民丧失了起码的生活条件。因此，对统一要进行具体分析。

第三节的题目是"从英雄到孤家寡人"。

第四节是"法家与秦胜秦亡的关系"。在具体论述后，结论是："秦始皇依靠法家所取得的胜利，绝不能代替他依靠法家所犯下的罪恶！"

文章最后又说：

> 秦始皇在中国历史上是一个功大过亦大的人物，集中在他身上的矛盾重重交错。怎样在复杂的矛盾变化中陈述他的功过是非，是我们远未解决的一个问题。……

上述种种论述，在当时的特殊环境下，很容易让人有现实感和针对性，说影射也不无道理。用历史来影射现实，是中国史学的一个重要传统，尽管批"四人帮"时一再声讨影射史学，其实，何止当时有影射？中国古往今来不是一贯盛行影射吗？在传统里，影射是一种思维方式。在言论不自由的情况下，影射是一种不可缺少的表达方式。这是一种具有规律性的现象。

我们文章的作用，有两点应该是明显的：一是把秦始皇还给了历史，成为自由认识的对象，完全可以与毛主席的评价唱对台戏；二是在当时的思想环境下，对重新认识和评价"文革"起了敲边鼓的作用。毛主席以秦始皇自况，那么对秦始皇的批评，自然就有相应的客观效应，这是特殊环境中的一种特殊的思想文化现象。

## 从"观念思维"定式中走出来的尝试
## ——撰写《先秦政治思想史》

随着自主意识的萌生,我试图从传统的思维定式中走出来。在我撰写《先秦政治思想史》时(1979—1983),有成型的社会形态和阶级的定位,有唯物和唯心两大阵营的区划,有政治是阶级利益集中表现的铁律,有彻底的阶级分析方法的通则,等等,此前我也曾信奉不疑。1983 年的"反精神污染",又重新举起阶级斗争的巨斧,指向刚刚起步的思想解放。面对这种形势,一方面深深感到思维定式的僵化,另一方面想走出来,既有余悸未消的胆怯,又有眼界和知识的局限,但我还是尝试从思维定式中走出来。

撰写《先秦政治思想史》,可以说是我摆脱思维定式的一次尝试。1984年,该书由南开大学出版社出版。著名先秦史专家沈长云曾给予很高评价,称它"在先秦思想史研究中独树一帜"。①是否树起来了,我也说不清,但我的确是照着这个方向做了点努力,现把我当时的思路略做介绍。

### (1)我为什么要研究中国政治思想史?

1949 年以前,政治思想史的著作还是比较多的,这与当时很多高等院校设有政治系有极大关联。1952 年院系大调整之后,政治系基本被取消,中国政治思想史的研究也随之被边缘化,只在哲学史、思想史中多少有一点点关涉。据我所知,只有极少数几位还默默坚守在这个领域,且主要在近现代史范围,集中在中国人民大学,由何干之主持,接续了香火,功莫大焉!

60 年代初,我初涉中国思想史时,读梁启超《先秦政治思想史》。他在"序言"中说:"所谓'百家言'者,盖罔不归宿于政治。"这句话对我影响很大,由此想到,研究历史不研究思想史是极大缺憾,而研究思想史不关注政治思想,则无所归。我后来又读到章太炎在《国学概论》中说:"周时诸学者已好谈政治,差不多在任何书上都见他们的政治主张。……中国人多以全力着眼政治。"钱穆当时是被批判的代表人物,但他说的,中国的士人以政

---

① 沈长云:《先秦史研究的百年回顾与前瞻》,《历史研究》,2000 年第 4 期。

治为宗教,对我也很有启发。张奚若说"中国没有值得研究的政治思想"①,这是以西方为标准而导致的否定,是违反历史事实的。

不研究政治思想史,则很难解析中国历史,因为中国历史进程中政治思想的作用太突出了。我在1987年出版的《中国传统政治思想反思》"前言"中说:"政治思想是传统思想的主干和归宿。不研究政治思想就很难说触及中国传统思想的灵魂,也很难说清楚社会种种问题。"

"文革"是中国历史的一次浓缩性再现,其中有太浓的封建主义因素,特别是在思想上尤为突出。为了清理"文革"中的封建主义,必须回头分析一下封建主义的文化精神是如何形成的,这成为我研究中国政治思想史的强烈驱动力。历史上的专制(封建)主义与现代的专制主义,确实有着内在联系,因此只要说起古代的专制主义,很容易使人联想到现代的专制主义。且不说"一切历史都是思想史"的提法是否准确,研究思想史,如果缺乏古今贯通的视野,肯定就缺少了思想。由于研究者本人是有思想的,因此不可避免地要把自己的思想带进认识过程,这是不可避免的事实,想摆脱也不可能。所以我坦率地说,我的研究有我的价值取向在其中。但我又自信,我是根据历史资料来确保我的结论不是天马行空般肆意发挥。

反思"文革"和专制主义的影响,可以说是一种使命的驱动,这就需要重新核检中国的政治观念。

### (2)对若干历史理论的探索

我只就涉及本书思路的几个问题,略做简述。

### ①关于政治思想既有阶级性,又有社会性(超阶级性)的问题

1979年,我曾著文,对当时占主导地位的绝对化阶级斗争说,提出过质疑和修正,但整个学术形势并未有明显改观,阶级定性依然是确定政治的基本进路和基本观念。写政治思想史如何处理这个问题,成为我最费周折的难题。

---

① 萧公权:《中国政治思想史》之傅杰"本书说明",辽宁教育出版社,1998年。

古今中外的学者给"政治"下过很多定义,各种说法差异很大。我写书时只知道有两大派:一种是非马克思主义的,他们都不从阶级性入手,如有人认为政治即国家事务,有人认为是与公共权力有关的现象,有人认为是人与人之间的权力关系,还有一些人试图通过一系列关系的综合考察来多层次、多角度地界定这个概念。相应的,对政治思想看法也如是。这些观点基本上都是 1949 年以前的事。另一派是马克思主义派,认定政治属于上层建筑范畴,政治是阶级关系的集中表现,政治思想更是阶级意志的集中表现,这是当时的主流观念。

1985 年,我写作《中国政治思想研究对象和方法问题初探》[①]一文,才明确亮出了我的看法,认为不能把政治思想都装入阶级的口袋,政治思想还有社会性,即超阶级的内容。下边把该文中的一段文字解析为如下几点:

其一,在阶级社会,政治思想的核心部分具有最明显的阶级性质,但从政治思想的总体看,又不能全部归入阶级范畴,比如关于处理人与自然的关系的理论,除去阶级烙印,还有人类与自然的共同关系问题。

其二,关于社会生活的认识,也有一些超出了一个阶级的范围,比如调和阶级关系的某些论述,便包含了不同阶级、不同阶层的要求。

其三,还有一些社会规范是人人需要遵守的,也不好简单地划入某一个阶级范畴之中。

其四,就每个思想家而论情况更为复杂,虽然每个人都无法游离于阶级生活之外,但在观念上并不妨碍某些人会提出超阶级的理论和主张。对于思想家的这些主张,从本质上看,无疑是掩盖了事物的本质,歪曲了事物的真相,但不能排除有些人是出自真诚,并为之而献身。应该说,阶级的存在,恰恰又为某些人制造超阶级的幻想和理论提供了根据。

其五,在政治思想史的研究中,一定要坚持阶级分析,但阶级分析方法并不是要求人们简单地把每一个人和每一个思想命题都统统编排到阶级的行列中。比如说某个人代表某个阶级,于是便认为他讲的每一句话都代表某个阶级,每个命题都是阶级意志的体现。在过去一段时间内,有些人在

---

① 《天津社会科学》,1985 年第 2 期。

这方面做得很彻底,结果如何呢?常常是捉襟见肘。例如,庄子的主旨并不是站在这个或那个阶级立场来讨论政治问题,而是站在自然主义的立场看社会。

我的结论是:即使在政治思想史范围内,也不能把每一种思想命题统统还原为阶级的命题,因为政治思想对象本身并不都是阶级的。

上述看法,实际是我撰写本书的宏观旨意,因此书中都没有给论述对象简单地戴上某个阶级的帽子,从穿盖式的阶级论中向外蠕动了一步。

这里要申明一点,我并不是全盘否定阶级分析,至今我仍认为社会是划分为阶级的(包括等级、阶层、集团等),一种政治思想对哪些人更为有利,是不能忽视的重要问题和分析视角。

②以人性论等作为分析的起点

人性问题曾是一个认识禁区,因为有最权威的指示在:没有抽象的人性,只有阶级性,所以普遍把人性视为一个先验性的问题。我撰写本书时,便把人性问题作为一个实在问题(有些说法无疑有片面性)。

本书的论述,多半以人性论及历史观和社会矛盾观等政治哲学作为分析政治思想的逻辑起点,这同以往的著作有很大差异。1982 年,我在《战国时期的百家争鸣》①一文中,对人性论问题做过如下概述:

战国诸子最有价值的认识是什么?在我看来,有关人性问题的讨论最有价值,至少是最有价值的认识之一。理由如次:

第一,殷周时期神权思想占统治地位,人,包括天子,是作为神的派生物或附属物存在的。世间一切祸福的终极原因都要到神那里去寻找。因此,人性问题,是针对神学而提出的。有关人性的讨论,把人从神的束缚中解放出来,还给了人自身,还给了自然,还给了社会,这是人类精神的一次大解放。

第二,人性问题的讨论,使人们广泛地探讨了人与自然的关系,人在社会历史变动中的作用与地位,以及人如何进行自我改造和完善等问题。

第三, 关于人性的诸种理论是当时思想家们改造社会方案的理论基

--------

① 《文史知识》,1982 年第 2 期。

础,正如《论衡·本性》所说:"情性者,人治之本,礼乐所由生也。"

第四,人性问题是贯通当时哲学、政治学、经济学、教育学等学科的一个重大的共同命题。

人性问题发端于春秋,当时论及者多把感官欲望称之为人性,认为追求"利""富""贵""乐"是发自人的本性,而不是邪恶。战国诸子在此基础上,扩大了对人性问题的讨论。

为什么诸子热衷于讨论人性问题呢?主要有如下两个原因:其一,由于政治经济的变革,割据与竞争,商品经济的活跃,使人的能力得到空前发挥,加之人从神的桎梏中解放出来,人类迫切需要对自己进行再认识;其二,人心的向背在当时社会历史的变动中起了决定作用。怎样才能把握住人的动向,就需要深入分析人的共同本质。谁能抓住人的共同本质,谁就能抓住历史的链条。正是这两个原因推动了人们对人性问题的探讨。

1984年,我的《先秦人性理论与君主专制主义》①一文,更详细论述了人性论兴起的历史意义。

本书论述思想家时,多以人性论及历史观等理论作为分析的起点,这既比较符合历史的实际,又突出了当时的政治哲学问题,还突破了以阶级论为大前提的束缚。

### (3)关于君主专制是政治思想的主体问题

在以往有关诸子政治思想的价值认定方面,学者们从不同角度使用了专制主义、民主主义、民本主义、人本主义、人道主义、原始社会主义、原始公社思想,以及人治、法治、德治、民主、平等、自由等,作为分析、评价的工具。沈长云对本书的评价是:"虽亦以诸子为主要研究对象,但却致力于发掘诸子思想与君主专制制度的联系,表现出作者对于君主专制主义所持的批判立场。"沈长云先生的评价,基本是准确的。关于"批判立场",后面再说。

萧公权先生有过这样一段论述:"中国之君主政体,秦汉发端,明清结束,故两千余年之政论,大体以君道为中心。专制政体理论之精确完备,世

①《中国文化研究集刊》(第一辑),复旦大学出版社,1984年。

未有逾中国者。"①但他指的是秦汉以后,先秦时期他认为是"封建天下",只说法家主张专制。

我则认为,不止诸子,中国从有文字记载开始的政治思想,就是君主专制思想占据主导地位,商、周是专制体制,其下的诸侯在其内部实行的也是专制体制,相应的政治观念都是专制主义。在我看来,周代的分封制向一统集权制转变,与其内在的君主专制体制是一脉相承的,只是随着历史的进程,不断强化君主专制与相应的政治观念。萧公权说秦汉后"以君道为中心",其实诸子所论同样如此,除了农家,主流都主张君主专制主义。诸子的政治归宿是君主专制(稍后我多用"王权主义"这个概念),此是我的一个大的判断,我拒绝民本主义、民主主义、朴素社会主义等概念。另外,我也不用"国家""政体""政府""阶级性""合法性"等概念,并以此作为框架,去分解先秦诸子的政治观念,因为在我看来,当时的思想家和著作没有这样去观察政治,其本身是混沌的,比如国家、君主、政府、权力、政策等,都是搅和在一起的,很难分开、分解,因为这一切都是以君主为核心的。

对诸子的争鸣与君主专制的关系,1982年我在《战国时期的百家争鸣》一文的结语里有一段概括:

> 从平面上看百家相争,很有点民主气氛。但如果分析一下每家的思想实质,就会发现,绝大多数人在政治上都鼓吹君主专制,思想上都要求罢黜他说,独尊己见,争着搞自己设计的君主专制主义。因此,百家争鸣的实际结果不可能促进政治走向民主、思想走向自由,只能是汇集成一股强大力量,促进了君主专制主义制度的完善和强化。把握了这一点,才能把握住百家的政治归宿。

法家无须说,这里只说一下儒、道、墨。关于孔子和儒家,张岂之在《五十年中国古代思想史研究》一文中说,刘泽华认为"儒学是一种等级制的统治学说,儒家的人格思想从本质上说,不是强调人的主体性,而是等级人

① 萧公权:《中国政治思想史》,辽宁教育出版社,1998年,第947页。

格""他在《中国政治思想史》中对儒家思想的社会性做了详尽的剖析。"张先生的评语,我能接受。等级人学与许多学者说的"人学""成人之学",的确有相当大的区别,等级人学的顶端必定是专制君主。

关于墨子,我认为最后的归宿也是专制主义,此点承继前人之说。道家的老庄派要把人类文明都抛掉,使人变成愚昧无知,把人动物化,在我看来这是君主专制最好的社会基础。而道家的黄老派则是十分肯定君主专制的。

对诸子的结论,我不是从某些词句来说事,而是对文本的整体进行全面分析之后做出的。

君主专制是政治思想的最高层次问题,在其下还有种种议题,但都是在君主专制这个大前提下说事。

### (4)价值、是非的判定问题

我在"前言"中说:"在研究政治思想时,价值性认识和是非判断性认识,具有特别重要的意义。我们研究政治思想史不能只限于描述,还要考察它的价值。为了判定一种思想的价值,首先要明确价值标准。"说起标准,其中大大小小有很多,这里说几点:

其一,我仍然认定历史进程中有保守和先进之分,其间存在着这样或那样的矛盾与斗争。

其二,我提出:"价值问题不只是个阶级定性问题,还有许多其他方面的内容。""在古代,除了某些短暂的'革命'时期,当权的都是剥削阶级。人民群众的许多美好政治理想不能实现,也实行不了,反之,代表剥削阶级的政治思想却付诸实践,而且证明有许多主张在当时是可行的,有效的,甚至起了促进历史的作用。"

其三,我又提出:"把哲学史中判断是非的方法简单地拿过来用于政治思想史,是难于说清问题的。"当时唯心、唯物两大阵营论还占据主流地位,我抛开了两大阵营说,没有给任何一位思想家戴过唯心、唯物的大帽子,当然在个别论点上有时还用一下。

其四,另外,对"实践是检验真理的标准"问题也提出了疑问:"把这条原则用于政治思想史,就产生了许多枝节。"接着提出:"人民群众的许多美好政治理想不能实现,也实行不了……在这种情况下,真理与谬误该如何分辨……人民美好的但不能付诸实践的政治愿望,与真理是什么关系?"对这些问题我虽没有明确的回答,但我的意思是想说:即使不能见诸实践,但只要对不合理的现象有某种批判意义的观念和理论,都应给予必要的积极评价。

其五,马克思说的"在矛盾中陈述历史",是我从始至终遵循的分析问题的基本思路。当时我虽然尚未概括出"阴阳组合结构"这一分析的工具(这点另文专述),但在实际上是这样做的。我尽量贴近历史事实和当时人的话语来叙述和概括出相关的论题。

其六,传统思想中的核心概念具有混沌性和多层次性,我尽可能分析开来,进行分层次评价。

我与张国刚合写了《历史研究中的价值认识问题》,刊在《世界历史》1986年第12期。这篇文章详细阐述了我对价值问题的见解,有兴趣者可以参考。

沈长云先生说,本书"表现出作者对于君主专制主义所持批判立场"。这个评价,我多半认同。我所持的批判立场,是从古今贯通的层面说事。从历史过程来说,我坚持了两个基本进路:其一是历史事实问题,诸子政治思想基本归属于君主专制,自信这个结论是有充分依据的;其二,君主专制在当时的作用,我并没有完全否定,相反,在"矛盾的陈述"中,我给予了程度不同的肯定。

# 我对王权支配社会的探索

2010 年《文史哲》杂志举办"秦至清末:中国社会形态问题"高端学术论坛。关于会议,有如下一段报道:

> 经过为期两天的研讨,二十多位与会专家对秦至清末的社会形态基本形成了如下重要共识:在秦至清这一漫长的历史时期,与现代社会不同,权力因素和文化因素的作用要大于经济因素。与会学者着重把"国家权力"和"文化"的概念,引入了社会形态的研究和命名当中,认为自秦商鞅变法之后,国家权力就成为中国古代的决定性因素;不是社会塑造国家权力,而是国家权力塑造了整个社会。从秦至清末中国古代社会这一真正的历史基因出发,学者们各抒己见,提出了用诸如"皇权社会""帝制时代""帝国农民社会""郡县制时代""选举社会"等多个命名来取代"封建社会"的主张。

从报道看,出席会议者都是当时史学界有影响的学者,"共识"显然不是临时动议,而应是多年来学术界积累的升华。

说到这方面的学术积累,首先应回顾王亚南先生的卓见。他在《中国官僚政治研究》一书中,对权力支配经济有深刻的论述:"中国专制官僚政治上的帝王绝对支配权归根结底是建立在全社会基本生产手段——土地的全面控制上,是建立在由那种基本生产手段的控制所勒取的农业剩余劳动或其劳动生产物的占有上。他以那种控制和占有表现其经济权力;以如何去成就那种控制和占有的实现表现其政治权力。"不过王先生的切入点还是从经济入手,而且是从地主制(相对领主制)作为出发点。他的重要的结论是:中国官僚制的特殊性在于"整个政治权力,结局也即是整个经济权力"。①

我在与汪茂和、王兰仲合著的《专制权力与中国社会》再版"序言"中说："王亚南先生的《中国官僚政治研究》是我们的先导。我们不敢说是《中国官僚政治研究》的续篇，但我们作为后来者主观上是力争接着做的。如果说我们的书有什么新意，可以概括为一句话，这就是：我们是围绕'专制权力支配社会'这一思路展开论述的。"

我们论述起点与王先生的确有相当的差别，我们不是从经济（地主制）入手，而是直接从政治权力入手来解析历史。君主专制体制主要不是地主制为主导的经济关系的集中，而是社会主要由权力自上而下实行支配和控制。这里附带说几句，我们很少使用或不用"官僚政治"，因为在我们看来，只有专制君主才是政治的主体。君主要实现其统治固然要使用和依靠大批的官僚，但官僚不是政治的主体。所有官僚都是君主的臣子、奴仆，因此不可能有独立的"官僚政治"及"学人政治""士人政治"等。君主可以有各式各样的变形，如母后、权臣、宦官等，但其体制是一样的。

我明确使用"王权支配社会"是在 1987 年。之所以用"王权"一词，仅仅因为先秦不能说"皇权"，而"王权"则可以一直贯穿下来。与"王权"意义相同、相近的，还有"君权""皇权""封建君主专制"等。

这与长期流行的"原理"，即经济基础决定上层建筑，权力属于上层建筑，政治是经济的集中表现等，有着很大的差别。这样的认识，对历史的叙述是很不一样的，特别是在诸多具体历史过程的陈述上，因果关系很可能是截然相反的。

"王权支配社会"，不是我灵机一动冒出来的，而是在多年学术积累基础上逐渐形成的。这可从两方面来回溯：

一是从研究政治思想中得出的结论。我多年集中精力研讨中国政治思想史，得出的一个基本结论是：中国自有文字记载以来，一直是君主专制思想居于统治地位。君主的权力是无边的，他是社会一切资源的最高所有者，对臣民有生杀予夺之权，其作用之大是"一言兴邦""一言丧邦"。这种观念

---

① 王亚南：《中国官僚政治研究》，中国社会科学出版社，1981 年，第 116、122 页。

统治全社会,并成为普遍的社会共识。这种观念应该是社会生活的反映和抽象。

二是我对春秋、战国及秦、汉的社会结构和社会成员的地位的形成进行了仔细、系统的梳理,我发现政治权力在其中起着决定性的作用。

1986 年,我邀汪茂和、王兰仲合作,共同撰写了《专制权力与中国社会》,全面论述"专制王权支配社会"这个核心命题。1988 年,该书由吉林文史出版社出版。撰写该书之前,我对这个问题做了前期准备,下面就"王权支配社会"有关论断做一勾勒,因为是个人学术史,需引自己的最早文字。

## 君主专制帝国:政治支配经济运动的产物

中央集权和统一,是由武力争夺而来,这是人们的共识,但原因何在,学术界有种种不同的论说,多数学者是从主流的历史唯物论来论说。1979年,我在与王连升合写的《论秦始皇的是非功过》[①]一文中,便从怀疑这类论述开篇:

> 关于秦朝统一的原因,人们曾经从政治、经济、文化、民族、历史传统等各个方面进行过探讨。但对秦朝统一的主要原因,大家的看法却很不一致。在各种不同的观点中,最为流行的一种见解,是认为秦始皇统一中国顺应了人民的要求,符合人民的愿望,为了巩固封建生产关系,促进社会生产力的发展。这样一来,秦始皇的形象就顿时高大起来了。

类似的论述,虽然都有启发意义,但都是按一定理论的演绎,缺乏对历史过程的具体分析,也缺乏具体史料的支撑。我转向过程叙述:

> ……"尊主、广地、强兵"[②],这三者就像连环套一样循环不已。战

---

① 《历史研究》,1979 年第 2 期。

② 《战国策·赵策二》。

国时期犹如飞轮转动式的战争,都是围绕着争夺土地和人口展开的,强者如果不把弱者吞并掉是绝不罢休的。当时的君主及一些思想家和游说之士曾不断谈到统一问题,用他们语言来说,叫作"霸王""霸王之业""帝""一天下""定于一""天子""兼天下""尽亡天下""并诸侯""吞天下""称帝而治""跨海内制诸侯""地无四方,民无异国""天下为一"等。这些不同的称呼反映着一个问题:各诸侯争为天下之主。诸侯们争吞天下的目的是什么呢?除了"天之所覆,地之所载,莫不尽其美,致其用"①,不可能有别的目的。

秦始皇也不例外。唯一不同的是,他比他同时代的任何人在这同样的轨道上都跑得快。顿弱说:"秦帝,即以天下恭养。"②战国末年其他说客们也都很明白,秦"非尽亡天下之兵而臣海内之民,必不休矣"③。尉缭甚至在秦国也直言不讳地说:如秦王"得志于天下,天下皆为虏矣"④。在统一以后,秦始皇自己也说得很明白:"六合之内,皇帝之土","人迹所至,无不臣者"。⑤这些话同统一前别人对他的分析是完全一致的。


我的结论就是:

秦的统一和中央集权制国家的建立是权力支配经济运动的产物。经济上的兼并(自注:"兼并"指武力兼并)运动决定着统一。

我在 1981 年的《中国封建君主专制制度的形成及其在经济发展中的作用》⑥一文(与王连升合写)中,详细论述了君主专制帝国形成的历史过程之后,进一步论证了君主专制帝国是政治支配经济运动的产物:

君主集权制与其说是某种形式的土地占有关系(国有或私有)要

---

①《荀子·王制》。

②《战略策·秦策四》。

③《战国策·魏策三》。

④⑤《史记·秦始皇本纪》。

⑥《中国史研究》,1981 年第 4 期。

求的产物,毋宁说是权力支配经济,主要是支配分配的产物。权力的大小与分配的多寡成正比,所以人们都拼命地追逐权力。封建统一与君主集权就是在这种追逐权力的斗争中形成的。这种追逐当然不是个人之间骑士式的角斗,而是以君主为核心、以军事和官僚为基础的集团的行动。

……

集权是手段,攫取经济利益才是目的。所以在集权过程中必然引起财产关系的重大变化。……这样说,是不是把政治凌驾于经济之上了呢?从某种意义上说是这样。

我强调军事帝国,为了说明什么问题呢?

这种由军事争夺而形成的统一的君主集权制具有两个最明显的特点:一是它的超经济性,二是它是一个军事官僚实体。超经济性决定了它不仅无视经济规律,而且多逆经济规律而行;军事官僚实体决定了它对社会财富的无止境的贪欲和野蛮的掠夺行为。

以上论说,意在表达这样的观点:政治权力未必都是经济力的集中表现,更多的是,君主专制帝国是政治支配经济运动的产物,高度的政治集权与经济形式没有直接的关联,比如与土地所有制的形式就没有直接的关系,政治权力就是一种独立的社会存在。在许多历史环境里,不是生产资料国有而后产生集中制的政治,倒是相反,高度的政治集中,会直接把生产资料攫取为国有,或成为权贵的私有。政治权力直接控制了生产资料和产品。我把君主专制帝国是政治支配经济运动的产物作为论说的起点。

## 王权与社会分层

社会分层由什么力量来主导?在分层中占据统治地位或主要地位的哪部分,又是怎样形成的?这是一个大问题。

社会分层是经济运动的自然产物,还是以权力为主导塑造出来的?中国历来的社会分层,是两者的混合力量造成的,但其中对社会有控制地位的阶层,主要是由权力分配造成的,是权力的派生物。

70 年代编写教材之时,我就开始对权力与社会结构的关系进行再思索。由我主持编写的《中国古代史》,其战国秦汉部分即由我本人执笔,这一部分对权力塑造社会,已经有了初步描述。从 1978 年开始,到整个 80 年代,我对战国及其后的社会分层发表了一系列论文,具体论证了君主专制权力在社会分层中起着决定性作用。

### (1)皇帝–贵族–官僚地主是由政治权力"塑造"的

关于第一代地主的形成问题。从 70 年代末到 80 年代,我很用力地研究了第一代地主的形成问题。当时,还都使用"封建地主"这个大概念,我则在实际上更关注特定阶层与身份的研究。那时,社会分期问题又兴起新一轮争论,我没有介入,但我设定,至少从战国起,已经进入封建社会。那么,战国时期的地主是如何产生的呢?当时多数学人还持经由土地买卖之路而来的。我在多篇考证文章中得出完全不同看法,下边胪列若干论断。

《学术月刊》1984 年第 2 期,发表了我的《论中国封建地主产生与再生道路及其生态特点》,对第一代封建地主的形成做了如下论述:

> ……封建地主成员的产生与再生并不完全都是经济范围中的事。从中国历史上看,第一代封建地主主要是通过政治暴力方式产生的。从春秋战国看,组成封建地主的不外乎诸侯、卿大夫、官僚、官爵大家、豪士、豪民、豪杰这些人。他们中的多数不是通过经济手段发家的,主要是靠政治的暴力。……
>
> ……
>
> 如果说春秋战国已进入了封建社会,那么封建地主中的多数显然不是沿着土地买卖的道路产生的,主要是通过武力争夺和政治分配方式形成的。
>
> ……

暴力和政治虽然不能创造出封建经济，但在封建经济关系基础上，它可以在很大程度上影响及至决定封建地主成员的命运及其存在形式。

本文是提交 1983 年秋举办的"中国地主阶级讨论会"的论文。我发言之后，即刻遭到多位学者的批评。的确，我的看法违背了当时人们信奉的经济基础决定上层建筑这一原理。

战国时期的封君是一个很突出的问题，是仅次于诸侯王的大封建地主。封君缘何而来？我在 1981 年的《战国时期的食邑与封君述考》①一文中指出："从根本上看，它(指封君)是财产与权力再分配的一种形式。"

为了更加详细地论证我的看法，并反驳土地买卖形成封建地主说，我在 1986 年《历史研究》第 6 期发表了《从春秋战国封建主的形成看政治的决定作用》一文。该文从四个方面详尽地论述了政治在封建地主形成中的决定性作用：

第一，从政治在土地运动中的支配作用看封建主的形成。文中论断：

……追逐土地成为一种潮流。在追逐土地中有一个特别值得注意的现象，即实现土地占有关系改变的方式不是经济的，而是政治的。也就是说，土地的运动不是通过平等交换或买卖方式进行的，而是政治和军事行动的伴生物。于是出现了这样一个怪现象：有土地运动，却无土地市场。

……

……由于土地所有权是政治的从属物，所以土地占有关系也随着政治权力的集中而集中。如果说在春秋以前由于逐级分封制存在，土地所有权实际表现为多级所有；那么随着战国时期泱泱大国的形成，土地所有权便集中于诸侯国家之手，从而在大范围内表现为诸侯

①《北京师范学院学报》，1982 年第 3 期。

土地国有。……

第二，从等级制对社会的控制看封建主的形成。文中指出：

> 等级制度无疑需要建立在一定经济基础之上，但是，等级制度本身却是由政治直接造就的。等级制度实行的宽度与广度，标志着政治权力对人身的支配程度。当等级制度不仅决定着人们的社会地位，而且也决定着人们的经济地位时，那就意味着人们很少能在政治之外获得更多的自由。人们从属于政治的成分越大，作为经济主体的可能性就越小。……
>
> ……
>
> 由此可见，春秋战国时期的等级制席卷了整个社会。居民的绝大多数都由等级制度牵动或成为等级制中的成员。等级制是由政治直接规定的，所以在等级制桎梏中，人们的经济关系从属于政治关系，不具有独立的意义，随时可能被政治改变。

第三，从政治支配产品分配看封建主的形成。文中说：

> 社会产品的分配是一个极为复杂的问题，就春秋战国时期的情况看，在分配中具有决定意义的是国家的租税、徭役和财政开支……
> 如果说赋税是第一次分配的主要形式，那么国家开支、君主私养和官吏的俸禄则是再分配的主要内容。
>
> ……
>
> 总之，这个时期，在社会财产的分配和再分配中，经济原则不占主导地位，通过经济的方式上升为封建地主的虽不能说绝对没有，但并不像一些史家所说的，是一条主要的道路。

第四，从封建主各阶层看封建主的形成。文中说：

......就战国时期而言,哪些人是封建主呢?从当时的称呼看,不外是"诸侯""封君""高爵""大家""大夫之家""豪家""豪杰""士""富人""世家""长家",等等。

在考证后得出如下结论:

中国历史上第一代封建主的成员主要是通过政治方式发展起来的。......超经济的方式造就了第一代封建主,这就是中国历史上的真实情况。

关于秦汉之后封建地主形成道路问题,我在前边提到的《论中国封建地主产生与再生道路及其生态特点》一文中,对此问题做了如下概括:政治特权与权力的再分配是封建地主再生的主要途径,具体有三种:

第一是暴力与政治方式:

......不论是战争的方式、非法暴力侵占,抑或合法的政治分配,都是政治支配着经济。在这些过程中,基本上不是地租地产化,而是暴力与特权地产化。

第二是政治暴力与买卖相结合的方式:

......"强买"又不是建立在市场平等交易的基础上,是刺刀逼迫下的买卖......在"强买"这种形式中,土地基本上丧失了商品的性格,地价多半只具有象征性的意义,因此与其说是买卖,毋宁说是买卖形式掩盖下的掠夺。在这个过程中政治暴力居于支配地位。

第三是买卖方式:

看起来土地买卖是自由的,但封建时代基本不存在真正自由买卖的社会条件,土地买卖是政治控制大背景下的有限现象。

......在封建社会里的土地买卖是在超经济强制笼罩的环境中进行的,很大一部分的买卖在进行之前已被超经济的力量所控制。......

结论是:

至少可以说,封建地主的中上层的形成主要是通过政治方式达到的。中上层的人数虽然不多,由于他们是封建地主阶级的核心部分,封建主的基本性格正是由他们决定的。在他们形成过程中,可以看到政治特权比经济手段更有权威。

### (2)皇权掌控着农民的生死存亡

随着君主集权和郡县制的发展,相应的编户制也普遍推行。君主通过郡县制和编户(户籍)制把所有的居民控制起来。户籍制度不仅仅是一种行政管理,它同时又兼具经济管理、执法、道德裁判及准军事职能等。编户制不是一般户籍管理,而是人身占有和支配的行政体系,极其严酷。

《南开学报》1978年第2期发表了我的《论战国时期"授田"制下的"公民"》一文,论证了第一代小农主要是国家实行授田制而产生的,而不是所谓的靠"开荒"、土地买卖途径而来的。与授田制相配套而产生的一套人身控制体系一直承继下来,即使后来小农可以进行土地买卖,其人身并没有获得自主,而是国家控制的农奴。整套的户籍管理和赋役制度就是把农民农奴化的保证。

关于农民农奴化问题,《专制权力与中国社会》①一书进行了详细的论证,这里从略。

著名中国经济史学者王毓铨在1987年曾提出这样一种观点:"在中国家长制专制封建社会中起决定作用的是政治权力,不是经济权力。""这种

---

① 刘泽华:《专制权力与中国社会》,吉林文史出版社,1988年。

240

政治权力经济在中国历史上表现得最为突出,最为典型。"①我的看法,与王先生不谋而合。

## 贪污是官僚的生长点

前面提到的《从春秋战国封建主的形成看政治的决定作用》一文,曾论及官吏的贪污受贿,认为贪污受贿"可视为一种特殊的再分配的方式"。

这个说法的意思是,不要把贪腐仅视为一个道德问题,置入道德范围内讨论,而应视为一个实在的经济现象。1988 年,我还发表了与王兰仲合写的《论古代中国社会中的贪污》一文,具体论述了权力超越和支配经济的史实,以及贪污在社会经济运动中的作用。文章在多处反复指出:

> 考察中国古代的社会分配问题,有必要同时研究一下当时贪污受贿与社会分配的关系。它可与国家的赋税、徭役、地主的地租,并列为三大分配方式……官僚的贪污可以被视为一种特殊的社会财富再分配方式,也是财富集中的基本方式之一……是当时社会经济运动中的一个重要环节……权力在社会分配中可以被看成最一般的等价物。只要有了权,一切东西都可以源源而来……有权不用,过期作废,只要条件允许,他们必然乘还拥有权力时疯狂贪占,积累财富,以备身后之用。

以往,我们把贪污视为社会的变态,然而,从另一个角度看,它不是变态,而是一种有特殊性的"正态"。我不仅将它视为是反道德的,而且将它视为传统社会一种强力性的社会财富分配方式而予以正视。王亚南在《中国官僚政治研究》一书提到,一部二十四史,实为一部贪污史。②俗话说的"无官不贪",应该是基本的事实。

---

① 王毓铨:《中国古代经济史研究议》(1987 年稿),《王毓铨史论集》(下册),中华书局,2005 年,第 704、707 页。

② 王亚南:《中国官僚政治研究》,中国社会科学出版社,1981 年,第 116 页。

## 文人–官僚–地主生态圈对整个社会的塑造

《论中国封建地主产生与再生道路及其生态特点》一文中,有一节的标题是"封建地主生态特点问题"。所谓"生态圈",就是"文人–官僚–地主三者之间形成一个生态循环圈",其核心是获得官僚权力。文中说:

> 地租地产化无疑是封建地主扩大地产的途径之一,而官僚凭权力地产化比前者要更为有力。
>
> 要想成为地主或进一步扩大产业,最有效的办法是当官,为了当官又须先读书。这样一来,文人–官僚–地主三者之间形成一个生态循环圈。这个生态循环圈把社会的经济、政治、文化贯穿为一体。文化可以直接转化为政治权力,政治权力又可以直接转化为经济。封建社会的许多现象都与这个生态循环圈有极为密切的关系。

**文章从几方面论述了这个"生态圈"的意义:**

> 第一,这个生态循环是官僚队伍不断扩大和封建地主势力膨胀的基本原因之一。
>
> 第二,封建地主成员的升降沉浮与这个生态圈有极为密切的关系。
>
> 第三,这个生态循环的另一个结果是,大大促进了封建文化的发展。……由于当时学文是为了当官,文化从属于官场的需要,于是造成了政治伦理文化极为发达,并构成了中国古代文化的主流,对维护封建统治起了极大的作用。
>
> 第四,由于封建官僚绝大部分是读书人,官僚队伍的文化构成是当时整个社会中最高的,再加上官僚队伍的不断更新和政治思想的竞争,使中国古代的政治生活具有许多特点。其中最显著的特点是富有理性。……另一个值得注意的特点是,中国古代封建政治的应变能力比较强。官僚制度具有一定的灵活性,人员的更换为政策的变通提

供了可能。在官僚政治中还有一个特别值得注意的地方,官僚们为了争权夺利,施尽了阴谋诡计,官场中充满了尔诈我虞。与此相伴生的是引朋结党。所以一部官僚政治史同时又是一部朋党斗争史。在朋党之争中不乏是非之分,但更多的是混沌。

第五,这个生态循环还使封建地主,特别是官僚地主具有阴阳两面性格。正如李贽所说:"阳为道学,阴为富贵。"[1]表面看去,都举着孔孟的旗帜,高唱着仁义道德、和平爱人、克己奉公、为民父母,等等,翻开另一面则完全是另一派景象,到处是假公济私、贪污受贿、广占田宅、仗势欺人。这种阴阳两面性格不是中国封建官僚地主所特有的,一切剥削阶级都具有这种性格。但相比之下,中国的官僚地主们表现得格外突出,娴熟无隙。

第六,对这个生态循环的主线再做一点说明。地主的目的是收取地租和役使劳动者;当官的任务主要是征收赋税和维持治安,对个人则是凭借权力掠夺土地和资财;文化的主流是官僚文化,维护王权。在这个生态循环中,封建政治是主体,社会经济处于从属地位,经济只有服务于封建政治才有存在的价值,否则便是多余的。在涉及经济的地方,关心的是分配,生产又处于从属的地位。

这种生态循环造就了一支庞大的封建官僚队伍,创造出了发达的封建官僚文化,培植了大批的封建官僚地主。这个生态循环把人们的聪明才智几乎全吸引到官场。这个生态圈对维护封建统治十分有用,对社会经济的发展则很少有积极意义,是造成中国历史长期停滞的基本原因之一。

## 君主专制是导致社会停滞主因

中国社会进程中有否停滞问题,近年来学界不少人提出这是个伪命题,但是,三十年前,却是史学界讨论的一个热门话题。我认为,中国社会发展的文明程度与是否有迟滞现象,应该是两个不同层次的问题。就君主专

---

① [明]李贽:《续焚书》卷二。

制体制循环性及其对社会的发展造成的阻力而言,我至今还是认为有迟滞问题。三十年前,我是从如下两点说社会的迟滞的,这两点就是君主专制对简单再生产规律与价值规律的破坏。

1981年的《中国封建君主专制制度的形成及其在经济发展中的作用》一文,有一节专门讨论这个问题,整个文字比较长,这里简略引几段相关的论述:

> 封建时代的经济规律,具体讲起来有许多,但从封建社会能否生存和发展这个根本点上来看,有两个最主要的规律:一是简单再生产的规律,一是价值规律。之所以说有两个主要规律,是因为简单再生产是封建社会生存和延续的基础;价值规律的实现和作用范围的扩大是推动扩大再生产和封建经济发展的主要杠杆,是封建社会内部产生新因素的前提。从中国历史看,至迟从春秋开始,农民中的多数是以一家一户为单位进行生产的。这种生产表现为一种简单再生产。但这并不是说这种简单再生产是一成不变的,简单再生产包含着扩大再生产的因素。诸如农民扩大再生产的要求、生产工具的逐渐改善、生产经验的不断积累,等等,但这些因素能不能变为现实,能不能成为推动和瓦解小生产的力量,要看社会能否提供适宜的条件。

> 价值规律是与商品交换同时来到人世间的。但在春秋以前,由于商品交换与商品经济在整个社会经济中所占地位甚微,所以价值规律的作用范围也极其有限。春秋以后,情况就不同了,工商业有了突飞猛进的发展,商品经济和货币经济日益发达,交换在整个社会经济中占有重要地位。从社会分工看,春秋战国时期,各行各业已经泾渭分明,纯粹的自给自足的自然经济的概念已不能完全反映当时的社会面貌。

> 上述两个规律在社会经济的发展中起着不同作用。农民的简单再生产是社会赖以存在的基础,它本身虽然不能产生使社会变革的新因素,但随着生产的不断扩大,可以促进工商业的发展。工商业的进一步发展,价值规律的不断实现,必定会掀起社会的波澜。……但

是,秦汉以后的历史事实和我们的这种推论正相反,中国封建社会具有长期性和后期迟滞的特点。这个历史的罪责究竟应该由谁来承担呢?我们认为,这不应归咎于中国封建经济结构本身,而是由于封建君主专制制度对以上两个经济规律的抑制和破坏造成的。

当然,我们也不否认,在对待农民的简单再生产上,君主专制国家也有二重性。统治者为了能够长久地获取赋税和徭役,为了政权的稳定,不得不使劳动者得到奴隶般的生活条件,需要农民来维持简单再生产的进行。

封建君主专制中央集权对价值规律的破坏主要表现在抑商政策及其行动上。

封建君主专制中央集权对封建社会中两个经济规律的破坏是极其严重的。沉重的赋税、徭役、官吏的贪污及其他形式的剥削,常常使简单再生产不能进行,社会难以生存。抑末的结果破坏了价值规律的正常运转,因而社会也就失去了发展变化的活力。这样,我国封建社会后期便长期处于迟滞状态。

## "权力-依附"型社会结构

传统社会结构的特点是什么呢? 1999 年,我与张分田合写了《论中国古代的亦主亦奴社会人格》[1],对社会结构的特点做了概述:

中国古代社会结构属于"权力-依附"型结构。这种结构广泛存在于社会生活的各个层面。在生产关系上,生产资料占有者与生产者之间有绝对的(主人与奴隶)或较强的(主人与部曲,主户与客户)隶属关系。人与人之间的经济关系是主奴或近乎主奴的关系。在政治关系上,帝王、官僚、庶民之间等级分明,君支配臣,臣支配民。官僚队伍内部也等级分明,形成上对下的支配、下对上的依附。在宗法关系上,大宗与小宗、父家长与其他家庭成员,以及长辈与晚辈、兄与弟、夫与妻、

---

① 《南开学报》,1999 年第 5 期。

嫡与庶,都属于支配与被支配关系。其中父与子的隶属关系更具绝对性。在其他各种社会关系中,类似的"权力—依附"关系普遍存在。如师与徒之间犹如君与臣、父与子。总之,几乎一切人与人之间的纵向关系都有明确的序位,并依序位构成"权力—依附"式的等级关系。这就使除了帝王的一切社会角色都在不同程度上具有"奴"的属性。"尽人皆奴"是生产关系、社会关系、政治关系及相应的文化观念所共同构建的社会现实。

在社会诸种权威中,帝王权威居于顶端。中国传统的权力运动有一个基本大势,这就是向王权集中。我曾为此专写过《王权至上观念与权力运动大势》[①]一文对此进行了专题讨论。君主专制的强化,主要不是经济的集中,与土地所有制形式和占有多少土地也没有什么直接的关联。王权的集中,主要源于稳定的君主"五独"观念和兵、刑大权的强化。

"五独"即"天下独占,地位独尊,势位独一,权力独操,决事独断"。"五独"观念是社会的普遍观念,从而牢固地支持了君主的集权。关于"五独"观念的论述,贯穿于我所有的文稿中。

> 君主"五独"是中国传统政治的基础和基本原则。帝王们自然不会放弃"五独",臣民中除极少数主张无君论者,几乎所有的人都认同君主的"五独",连出家的和尚、道士也难逃其外。我们研究中国古代的权力运动和权力结构的变迁、调整等,绝对不可忽视君主"五独"观念的全局控制意义。

帝王"五独"的实现主要靠兵、刑之权:

> 帝王之权是武力征服的产物,武力凌驾于政治权力之上。……所有王朝的更替都是通过武力争夺或以武力为后盾来实现的。在传统

---

① 刘泽华主编:《中国传统政治哲学与社会的整合》,中国社会科学出版社,2000年。

观念中总爱说得道者得天下,其实这并不是历史的过程,而是对历史过程事后的一种解释。……《汉书·刑法志》说:"天子以兵定天下。"武力支配政治是中国古代政治的一个基本事实。只要是武力支配政治,就不要奢谈政治分权、政治制衡等。常言道:"秀才遇到兵,有理说不清。"这不仅是日常的个案,更是政治体制的总体特征。为什么历史上有那么多的有理之士无端地惨遭屠戮?其因盖由武力支配政治使然。武力原则是中国古代政治机制的最高原则。这当然不是说事事都要动武,而是说武力矗立在政治的背后。①

"五独"观念与武力相结合就是皇权,它凌驾于社会和经济之上,并支配和控制着社会和经济。社会与经济虽有相当的活动空间和发展,但都以不侵犯皇权为限。

历史上有很多次皇权的非常态更迭,但最后都又回归皇权。辛亥革命从形式上结束了皇权,但变态的皇权一直延续下来。其基本依据依然是一种理念和依恃武力的专权,并凌驾于社会和经济之上。

## 王权与社会之间的矛盾是社会的主要矛盾

王亚南先生在《中国官僚政治研究》一书中提出社会的主要矛盾是官僚与民的矛盾,无疑很有价值和启发意义,但我认为还应再具体、再集中、再落实。我认为,主要矛盾应是专制王权体系与整个社会之间的矛盾。1981年的《中国封建君主专制制度的形成及其在经济发展中的作用》一文,初步论及这一思想。文中说:

> 全国性的农民起义都不是由地主的剥削直接引起的。我们绝不是在这里给地主的剥削罪行开脱,我们只是说,地主的剥削不可能普遍地破坏简单再生产的社会条件,它虽然孕育了农民反抗的火种,但

---

① 以上引文均见《王权至上观念与权力运动大势》,详见刘泽华主编:《中国传统政治哲学与社会的整合》,中国社会科学出版社,2000年。

促成熊熊火焰的却是君主专制国家的赋税和徭役。

到1986年写《专制权力与中国社会》一书时,我则把专制王权与整个社会之间的矛盾作为主要矛盾贯穿于书的始终。书名本身就显示了主题,回忆起来,确定书名是当时最费心思的。具体的论述多多,请翻翻本书的目录就一目了然。这里只引一段话:

> 古代政治权力支配着社会的一切方面,支配着社会的资源、资料和财富,支配着农、工、商业和文化、教育、科学、技术,支配着一切社会成员的得失荣辱甚至死生。在这里,从物到人,从躯体到灵魂,都程度不同地听凭政治权力的驱使。各种从理论到实践的对人的关心和对民生的重视,都是实现政治目标的手段,而不是目的。而在庞大的权力结构中,又是要求地方服从于中央,下级服从于上级,最后一切听命于君主。

## 关于社会形态问题

1999年,南开大学历史系与《历史研究》编辑部联合主办"中国社会形态及相关理论问题学术研讨会",我提交会议的文章刊于《历史研究》2000年第2期,文章题目是"分层研究社会形态兼论王权支配社会"。多年过去了,再检阅旧文,我没有什么改进,现把核心观点摘录于下:

我提出应"分层次地把握社会形态",认为有三个层次的问题:"其一是基础性的社会关系形态问题;其二是社会控制与运行机制形态问题;其三是社会意识形态与范式问题。这三者既有联系又有区别。"

**(1)关于基础性的社会关系形态问题,我提出"阶级–共同体分析方法"**

> ……我依然认为运用马克思主义有关生产力与生产关系的理论

所勾勒出的社会关系,从总体上看最贴近历史,或者说解释力最强。把某一段历史时期是否概括为"奴隶社会"及中国历史上是否有"奴隶社会"并不重要,过去把它视为一个与马克思主义命运攸关的大事,实在是小题大做。同样,用不用"封建社会"来概括周秦以后的历史也并不重要。重要的是用以分析社会关系的基本理论和方法是否依然有效?……

基础性的社会关系即阶级关系,之外还有其他各种社会关系。是否可以这样说,社会关系大体可分为两大类:一类是基础性的阶级关系;另一类是"社会共同体",它比阶级关系更复杂,其中既有阶级关系的内容,又超越阶级关系。共同体小到一个家庭,大至民族、国家。基础性的阶级关系是其他社会关系的基础,起着制约作用,但其他社会关系又有其存在的依据,不能全进入阶级关系之中。据此,是否可以设想一种阶级–共同体分析方法?

**(2)我认为中国传统社会的最大特点是"王权支配社会"**

……王权支配社会不限于说明政治的作用,而是进一步把它视为一种社会体系和结构。

……

……在长达数千年的中国传统社会中,经济利益问题主要不是通过经济方式来解决,而是通过政治方式或强力方式来实现的。这样,政治权力就走到历史舞台的中心,并在相当长的时期内成为社会控制和运动的主角。

中国从有文字记载开始,即有一个最显赫的利益集团,这就是以王–贵族为中心的利益集团,以后则发展为帝王–贵族、官僚集团。这个集团的成员在不停地变动,结构却又十分稳定,正是这个集团控制着社会。这是一个无可怀疑的事实,我的问题就是以此为依据而提出的。

……

这种以武力为基础形成的王权统治的社会就总体而言，不是经济力量决定着权力分配，而是权力分配决定着社会经济分配，社会经济关系的主体是权力分配与占有的产物。在王权形成的过程中，同时也形成相应的社会结构体系。王权无须经过任何中介，直接凭借强力便可以拥有与支配"天下"。在那个时代，政治统治权和对土地与人民的最高占有、支配权是混合在一起的。也可这样说，对土地和人身都是混合性的多级所有，王则居于所有权力之巅。因此权力的组合与分配过程，同时也是社会财产、社会地位的组合与分配过程。王权-贵族、官僚关系既是政治系统，又是社会结构系统、社会利益系统，这个系统及其成员主要通过权力或强力控制、占有、支配大部分土地、人民和社会财富。土地集中的方式，主要不是"地租地产化"，而是"权力地产化"。这个系统在社会整个结构系统中居于主要地位，其他系统都受它的支配和制约。①

### (3)在意识形态方面,王权主义是整个思想文化的核心

作为观念的王权主义最主要的就是王尊和臣卑的理论与社会意识。②

① 刘泽华:《王权主义:中国思想文化的历史定位》,《天津社会科学》,1998 年 3 期。
② 同上。

# 王权主义是传统思想文化的主干

中国传统思想文化的主旨是什么？"五四"时期许多大家有过清晰的总体概论，那就是专制主义；儒家思想的核心部分是宗法等级思想，也是专制主义。不过，"五四"新文化运动的倡导者和中坚力量，并不否定古代文化传统中所蕴含的优秀因素。

"五四"稍后兴起新儒家，与上述判断有很大差别，一些人把孟子说的"民为贵，社稷次之，君为轻"称为"民本主义"，并与民主主义混为一谈。再后来，钱穆认定古代是中国式的民主，指斥说专制者是民族自卑、自贱。而后又有人文主义、人道主义、和谐主义、天人合一、优秀主义等为主旨的说法。

"民本"是不是"民主"，在学术界分成两大派，一派说是民主，一派否定。陈独秀当属"否定派"，他最早指出："所谓民视民听，民贵君轻，所谓民为邦本，皆以君主之社稷——即君主祖遗之家产——为本位。此等仁民爱民为民之民本主义……皆自根本上取消国民之人格，而与以人民为主体、由民主主义之民主政治，绝非一物。"①

"肯定派"则认为中国古代民主思想很发达，甚至认定在理论上具有至上性，比如"民贵君轻"论、"道高于君"论、"从道不从君"论、"革命"论等。如果离开整个思想体系，单从一个孤立的命题推论下去，似乎不无道理。但在中国传统思想文化中，这些命题都不是"元"命题，也不能从这一点无限推演。从整体上说，这些命题都是"副"命题，或辅助性命题。因此，我提出中国传统政治思想是一种"阴阳组合结构"。在传统的政治思想中，几乎所有的命题都是在"阴阳组合结构"中存在，没有单独的"元"命题。对此我在多篇文章中做了论述。这里只说一个例子，即"君本"和"民本"的关系，两者互相

①《再质问"东方杂志"记者》一文，《新青年》，六卷二号。

为定义，但"君本"是目的和主导。"阴阳组合结构"具有普遍性，这个问题以后另说。

从整体上看，我依然认为，"五四"时期的大家们对传统思想文化主旨的判断，是符合历史实际的。我所做的是接着走，进一步进行理论剖析，当然也有与新儒家进行辩论的内容。

从理论上，我从多角度对君主专制主义亦即王权主义进行了剖析，请看拙作《中国政治思想史集》（三卷本，人民出版社，2006年）。我敢自诩，所有文字不是简单复述前人之论，大的思路固然跟踪前贤，但具体理论论述与史料搜集，都有我自己的独到之见和独立之功。

我说的王权主义，与普遍流行说的君主专制主义，的确很相近，也可以说大致相同，但我对王权主义的概述，也还是有我自己的个性。

这里先说一下王权时代的开始及其相应的观念。我认为，中国自有文字记载以来就是王权时代，王权是最高的权威。一些学者说中国的早期文化可称之为"史官文化""巫史文化""神权文化""巫术文化"等，这些看法都有相当的依据和认识意义，不过，我认为称之为"王巫文化"更为确切。之所以曰"王巫文化"，依据是王、巫是合二为一的，王是最高的巫，其他的神职人员都是王之下的臣属，而王的权力又是最高的，这只要看看政治文献的开篇《尚书·盘庚篇》就一目了然。王的独尊与神化，有两个概念即可以证明：一是"余一人"，二是殷王与上帝相对应称"帝"或"下帝"。这两个称谓背后，有成套的观念进行支持，王的观念居于社会观念的统领地位，因此说"王巫文化"，当更接近事实。

王的独尊观念一直被传承下来，并不断强化，西周出现的"普天之下，莫非王土；率土之滨，莫非王臣"，把王的权威推向极致。春秋时期周王固然走向衰落，但君主专制观念一直在发展，突出表现为君主只能"一"，不能"二"，更不能"多"。到了老子，说王与天、地、道并列为"四大"。天、地、道是虚的，落实在人世间只有王最大。继后，孔子又说"礼乐征伐，自天子出"，"天无二日，人无二王"，思想界的两位巨擘都为王权至上定下基调。下边沿着老、孔的思路，我从几个方面论述本文标题所提出的问题。

# 先秦诸子与君主专制主义理论范式的形成

在传统认识中,诸子百家是"王官之学"的衍化和扩展。从历史联系上说,这样的认识,大体是可以成立的。但是,从政治观念来说,诸子争鸣之所争,是实行什么样的君主专制制度,以及君主应该实行什么样的政策,其思想主流并没有超越君主专制体制,其总体结果只能更加强化君主专制观念。

70年代后期,开始撰写《先秦政治思想史》时,我认定,从商代开始,君主专制思想就居于主导地位;继起的周代,君主专制思想更加完备;春秋虽然处于乱世,在乱中却有一条思想主线在强化和发展,这就是君主专制主义;春秋晚期到战国,出现了诸子争鸣局面,除了农家一支,占主流的诸子基本都是主张君主专制制度的。全书没有对任何思想家使用过"民本主义"或"民主主义"的字样,最多仅仅说有某种程度的"因素"而已。

1982年我在《战国时期的百家争鸣》[①]一文和1984年出版的《先秦政治思想史》一书中论述了诸子(除了农家)都归根于君主专制主义。

1986年《学术月刊》第12期发表了我的《战国百家争鸣与王权主义的发展》一文,综论了诸子争鸣与君主专制主义的关系。文章一开头是这样立论的:

> 一般地说,百家争鸣总是与思想自由和社会民主互相促进的。但是翻开战国一页,我们会发现一个令人瞠目的现象:争鸣的结果不是政治民主的发展与民主思想的活跃,相反,却极大地促进了君主专制主义理论的发展与完备。实际政治发展与思想的这种趋势相一致,各诸侯国君主专制制度不断强化,最终汇合为秦朝高度的君主专制主义。
>
> 这是怎么一回事呢?原来各家各派,除少数的人,如农家,曾悄悄地向君主制提出疑问和挑战外,几乎都把君主制度作为当然的理论前提来对待。几个主要派别热烈的争论不涉及要不要君主制,以及用

---

① 《文史知识》,1982年第2期。

什么制度取代君主制,相反,他们争论的是如何巩固、强化、完善君主制。结果,越争就越促进君主专制主义理论的发展。

很多人把进谏、纳谏视为民主,1982 年《南开学报》第 1 期刊载了我与王连升合写的《先秦时代的谏议理论与君主专制主义》一文,我们不同意谏议是民主说,我们认为"谏议是君主专制的一种补充","应把进谏、纳谏这类政治现象放到产生它的历史环境中去考察。进谏与纳谏本身尽管具有某种民主色彩,但从它在中国历史上出现的那一天起,就绝不是一种民主制度,不应盲目肯定"。

1984 年,我在《先秦人性说与君主专制主义》①一文的结论部分,论述了重民思想与君主专制主义的关系,重民是君主专制主义的基础。

当然,先秦思想家在强调君主专制理论的同时,也强调为民,孟子的"民为贵"及法家的"以人为本",但都不是民主主义。孟子讲"民为贵",固然很有冲击力,但他又主张君权神授,赞成孔子说的"天无二日,民无二王"。法家主张君主专权,世所公认,但也能说出"以人为本""以民为本"这样熠熠发光的经典话语。如前所述,这类论述只能放在"为民而归之于君,为君又须重民"的"统一体"中,才能各得其所。从"民为贵""以人为本"等话语做单一无限推理,是不符合事实的。

战国诸子争鸣的总体结果,奠定了中国其后的思想"范式",这个王权主义的"范式"大致是:君主专制是唯一的体制,追求的理想是圣王及其相应的政策。随着秦汉大帝国的建立,君主专制制度也定型化,社会观念基本上被君主专制制度捆绑得死死的,更难以突破君主专制主义观念。

从网上看到刘家和先生说:"战国时期,'王官学'衰落,'百家言'兴起,各家都想变成新的'王官学'。韩非也不例外。"刘先生没有论及孔孟,不过从逻辑上推理,孔孟也应属于"百家言"中新的"王官学"。这与我说的"百家争鸣的实际结果……汇集成一股强大力量,促进了君主专制主义制度的完善和强化"应该是吻合的,在这一点上如能引刘家和先生为朋,是令人欣慰的。

---

① 参见宁守合、方行同主编:《中国文化研究集刊》(第一辑),复旦大学出版社,1984 年。

## 帝王"五独"观念的至上性与社会控制性

对于君主专制观念,前人有许多论述,而我的政治思想研究,对此枢纽性的观念做了进一步的全面论证。

帝王贵"独",独一无二,独断专行,总之"独"是其主要特点。我将这个"独"简要概括为"五独",并解析"五独"观念及其相应的政治社会关系。前边提到的《战国百家争鸣与王权主义的发展》一文,对"五独"诸项做了概述,我的其他文字,也多以"王权支配社会"为主题,对君主的独断性进行了全方位的论说。①《专制权力与中国社会》一书对"王权支配社会"进行了更具体、更全面的论证。

80年代,我已将帝王之"独"概括为"五独"。到了2000年,我撰写《王权至上观念与权力运动大势》一文,论述了观念制约着制度:

> 权力观念与权力体制是两个不同的范畴,但又有密不可分的联系。权力体制无疑有其自身的运动规律,然而在总体上它受制于权力观念的规范,或者说,权力观念如果没有出现突破性变化,权力体制也不会有大的改变。因此要研究政治制度及其功能和运动趋势,首先应研究政治制度原理,即有关政治制度的思想和观念的基础。政治制度的思想和观念又有不同层次,我这里只论述最高权力的思想和观念,因为最高权力的思想与观念具有全局控制的意义。

在中国古代有关权力的思想观念中似乎没有一个明确的、集中的、稳定的表达"最高权力"的概念。只能说最高权力观念隐含在"王""天子""皇帝""帝王""君主"等最高政治元首的观念之中。中国传统政治体系最重要的一个特点是人治,因此最高权力还没有从政治元首的身份中分离出来,而是政治元首的从属物,体现在政治元首的地位、职能、命令中,接着文章对"五独"一一进行了概述。

---

① 参见刘泽华、汪茂和、王兰仲:《专制权力与中国社会》,吉林文史出版社,1988年。

君主"五独"观念具有普遍性,并对整个社会具有控制性。对君主的批判从来没有停止过,甚至把帝王视为大盗、大私、桀纣等,但这些大都有一个局限,即没有从君主体制中走出来,即使无君论者也没有超越出对圣王、明君的幻想。张分田的《中国的帝王观念——社会普遍意识中的尊君-罪君文化范式》一书,对此进行了详尽的论证,很值得一读。

## 天、道、圣与王合而为一与王的绝对化

"天""道""圣"三者,是中国传统思想文化中的最高、最美和最神圣的概念,是全部思想文化的核心,犹如基督教中的上帝,撇开这三个词,整个传统观念就会散架。很多学人认为,这三者是高于"王"的,从一隅而言,是有相当的依据的。但从整体上说,这三者与王既存在相分的一面,更有合一的另一面,天、道、圣往往成为王的护身符和最高证明。80年代以来,我在文字中多有论述。其要点是:

其一,天、道、圣、王之本体性相同;

其二,天、道、圣、王之功能相同;

其三,天、道、圣、王互相转化;

其四,王就是现实的天、道、圣。

1986年,我的《战国百家争鸣与君主主义理论的发展》[1]一文,对此前分散论述天、道、圣与王关系的问题,进行了综合论述,初步奠定了以后提出天、道、圣、王"四合一"的理路,以及天、道、圣如何导向强化君主专制。

1987年,我与葛荃合写《道、王与孔子和儒生》一文,着力论述"道与王的统一和矛盾"。文中指出,"独尊儒术""无非是要统一人们的思想认识,实现道的标准化。在这个过程中,王权决定取舍予夺"。

1988年,我又与葛荃合作撰写《论儒家文化的"人"》[2],其中第三部分"道德理想人格与王权主义",从"道德至上"论论述了圣人与专制主义问题。

1990年,我在合著的《中国传统政治思维》一书前言中有这样一段论述:

---

[1]《学术月刊》,1986年第12期。

[2]《社会科学战线》,1988年第1期。

先秦时期政治思想发展的基本过程,可以概括为:从神化到圣化。殷周是神化时期,从春秋开始,发生了从神化向圣化的转变,战国诸子的百家争鸣将圣化推向登峰造极,随着秦汉大一统达到实现,圣化也如瓜熟蒂落一般得以最后完成。所谓神化,是指政治思维过程中的最高范畴和最终的决定力量是神(上帝、天和祖宗等),人的一切行为都必须从神那里获得,并由神来确证其合理性,神成为人的意志的和理性的主宰。而圣化则显示了政治思维从神向人的转变,是春秋以来重人思想的集中、升华和极致的发展。圣人成为政治思维过程中的最高范畴和最终的决定力量,是理性、理想、智慧和真、善、美的人格化,它不仅是社会和历史的主宰者,而且在整个宇宙体系中也居于核心地位,成为经天纬地、扭转乾坤,"赞天地之化育"的超人。

　　由先秦诸子所发起、在百家争鸣中充分展开的"造圣"运动,建构了一个以圣化为中心的政治思维的普遍范式。这一范式以"究天人之际"为起点,终于圣王合一。

　　《中国传统政治思维》一书,正是依照上述框架展开的。其后,为了集中表达上述看法,90年代,我又先后撰就《天人合一与王权主义》《王、道相对二分与合二为一》《王、圣相对二分与合而为一》等文章,详细论证了天、道、圣与王的相对二分与合二为一。为了简捷明快,我常常称天、道、圣、王为"四合一"。质言之,"四合一"也就是"王道"。

　　"四合一""王道"是传统思想文化中理想与现实的巧妙结合,在整个观念中具有至上性和全局控制性。天、道、圣是观念,而王是现实。"四合一"中的"王"是"天、道、圣"的体现和活的因素。传统的君主专制体制的牢固性和合理性,就在于"四合一"。

　　诸子争鸣时期,天、道、圣大体由先王承担,当时的诸侯王没有一个被赋予天、道、圣的,更多是被批评者,但诸子又期望有新的圣王出现,把希望寄予新的圣王。果真,新的圣王真的来了,这就是秦始皇! 1994年,我写了

《秦始皇神圣至上的皇帝观念：先秦诸子政治文化的集成》①一文，在我看来，秦始皇与博士们，其中有很多儒士，他们共同做了一件事：把天、道、圣戴在秦始皇头上。秦朝虽然很快覆灭了，但天、道、圣、王的合一却留给后世，成为一种思维定式。

近期，写了一篇总论"四合一"的文章，题作《论天、道、圣、王"四合一"——中国政治思维的神话逻辑》②：

> "四合一"造就了政教合一的总态势。君主神化为超然的绝对，与神同列；同时又是世俗最高的统治者和规制者。教主与政主高度一体化，所以中国的传统社会一贯的是政教合一。这不是说社会仅仅是单调的，在实际上社会仍有多元化的因子，但这些多元化的因子必须认同或遵从王是最高的存在和唯一的至尊。如果不承认这一点，那就必然要被禁绝和面临被杀头的危险。所以社会多元的因素是王权之下的一种低级的存在物。

"四合一"制造了圣王崇拜。其实"四合一"可以约化为圣王崇拜。中国传统观念里把一切美好的希望都凝结在圣王理想中。只要圣王出世，就能给天下带来太平盛世。在漫长历史长河里，我们最伟大的思想家基本上都是在圣王和暴君中打转转，批判暴君，寄希望于圣王。黄宗羲等试图跳出这个怪圈，但最终没有跳出来。这个怪圈虽有很大的空间，但终归是一具桎梏，窒息了民主与公民观念萌发，真是中国历史进程中的一大遗憾。

从"四合一"走出来是中国近代以来思想界的一大难题，"文革"时期"四合一"达到了顶峰，余波至今未消，可见影响至重！

## 君尊臣卑是传统思想文化的主脉

前边说的都是尊君，与尊君相对的是臣卑。余英时先生曾著文只强调

---

①《天津社会科学》，1994 年第 6 期。

②《南开学报》，2013 年第 3 期。

君尊臣卑是法家的思想,这有很大片面性。君尊臣卑是传统思想的主流,除了少数无君论者,儒、法、道、墨等都是主张君尊臣卑的。近三十年来,凡是论及君臣关系的,我都从不同角度论述了君尊臣卑是主流的、控制性的观念。我写过多篇文章论述这个问题。如《论帝王尊号的政治文化意义》(与侯东阳合作)、《君主名号穹庐性的政治文化意义》(与张分田合作)、《臣民卑贱论》、《论臣民的罪感意识》、《论中国古代的亦主亦奴社会人格》(与张分田合作)、《从韩愈、柳宗元的表奏析君尊臣卑观念的普遍性》等,从不同角度具体论证了君尊臣卑观念。

君尊臣卑不是小问题或局部问题,它是中国传统思想文化的主干,是思维前提性的和社会整体控制性的普遍观念,深入民族心理和骨髓,是君主专制体制的基础和支柱,也是帝王本位的核心。

从君尊臣卑观念转化为公民观念,是脱胎换骨性的转化。眼下,中国的观念与精神世界里,最缺乏的应该就是公民观念,一些变态性的君尊臣卑观念,诸如寄希望于好领导、清官、人治、唯上、等级观念等,不是依然广泛而深层地流行于社会观念之中吗?可以想见,这个转化会遭遇极大的困难。

## 君主对士人与"学"的控制与支配

新儒家和一些学者认为,在传统思想观念中,"学"与"道"具有独立性,所谓"志于学""铁肩担道义"的士人,则具备独立人格和独立思想,总之,这些都是高于王权的社会独立力量。我认为这是一个重大的误判,不符合历史事实。在我看来,政治思想和政治文化是中国传统思想文化的主流,其核心是王权主义。由于王权主义居于主导地位,或者说占统治地位,因此在中国历史上,君主对士人与"学"起着控制与支配作用。

80年代以来,由我主写的《士人与社会》(先秦卷,天津人民出版社,1988年)和由我主编的《士人与社会》(秦汉卷,天津人民出版社,1992年),均有专章论述士人对王权的依附。尽管战国时期与秦汉以后士人对王权依附的程度有很大不同,但大的趋势是一致的。我写的多篇文章,从不同的角度,对此问题均有论述。至1998年,我又写了《帝王对"学"与士人的控制》①一文,把观点集中了一下。

帝王控制了士人的多数和"学"的主流,也控制了社会思想文化的主体,这是造成中国社会长期处于帝王控制社会的主要原因之一。

## 帝王垄断神圣的纲纽概念与对社会思想的控制

在前边提到的《从韩愈、柳宗元的表奏析君尊臣卑观念的普遍性》一文里,我论述了帝王对纲纽性概念的垄断,以及由此形成的对社会思想的全盘控制。现把其中的一段引述于下:

> 传统思想文化中的尊君之论多多,大致说来,诸种理论基本是围绕君主神圣、万能、仁慈而展开的。神圣问题涉及君主与传统思想最深奥的本体、本性、本根等问题的关系;万能问题是说君主的功能与作用是无限的;仁慈讲君主普度众生,是道德的化身,洒向人间皆是爱。其实这三者之间并没有界限,在传统思想文化中,本体的东西一定是万能的,也一定是善的、美的,反过来也是一样。在理论上和人们的希望中,君主应是完美无缺的;说到具体君主,自有高下、善恶之分。韩、柳的"表""奏"专门称颂君主的无限伟大、光荣、正确和完美。
>
> 任何一种成形态的思想文化都有一套纲领性的概念来表达和支撑,中国的传统思想文化也不例外。那些正面的纲纽性概念集中表达了真、善、美。韩、柳的"表""奏"几乎把这些纲纽性的概念统统用上,以神化和美化君王。诸如表达超人的或本体性概念有神、上帝、天、天地、乾坤、日月、阴阳、五行、四时等;表达理智的,如聪、明、睿、智、英、谟、理、文、武等;表达道德的,如仁、义、德、惠、慈、爱、宽、恭、让、谦、休等;还有一些包容上述诸种含义,如天、圣、道、理等。中国传统思想文化的精神,都是靠这些纲纽性概念来集中、来表达的。在韩、柳的"表""奏"中这些同帝王统统结为一体。把纲纽性的概念帝王化,由来已久,不是韩、柳的发明,但是一窝蜂式把这些纲纽性概念同帝王胶

---

①《炎黄文化研究》(增刊),第6期。

结在一起,在前人中还是不多见的。纲纽性概念帝王化现象是中国传统文化的一个重要特点。帝王拥有、占有了这些纲纽性的概念,也就控制了思想文化的命脉,反过来又成为控制社会和人们的灵魂的法宝。把这些真、善、美的纲纽性概念献给帝王,也就把自己的灵魂奉献给帝王。

文中所举的"纲纽性概念"用场很广,有些由帝王垄断,臣民绝对不可沾边;有些虽不独用于帝王,但是只要在君臣对比中,这些概念必定会一股脑儿戴在帝王头上。正是从这个意义上说,表现为帝王对纲纽性概念的独占,显示出高乎所有的人之上和对整个思想文化的控制性。

这些阿谀奉承、歌功颂德、拍马屁的文字是王权至上的派生物和王权主义观念的组成部分。对帝王而言由此进一步获得了合理和权威的论证。在中国的历史上,建功立业,行德泽民一直是帝王合理性的重要依据之一。这种认识原本是极有意义的。但是在实现过程中却变了味,不管帝王们有没有功德,都必须编织一大套颂功的虚辞加在他们的头上,从而形成一种具有形式主义性质的颂扬文化。从历史的过程看,越是形式上的东西越具有规范意义,只要没有对它提出异议,它就成为人们的当然前提。因此,这种颂扬文字不只是在重弹一种老调,而是在强化一种社会规范。面对伟大、英明、仁慈的君主,臣下除敬仰、服从之外,还能做什么呢? 臣下对君主的敬仰和服从意识是君主专制权力强化的必要基础和条件。所以这些颂扬文化绝对不是可有可无的事,而是专制王权的重要精神支柱,也是专制权力运转的必要条件之一。

颂扬者、拍马屁者或许从中得到某种利益,但在颂扬中同时也把自己丢失了、淹没了。作为一种文化,丢失的就不仅仅是个人,而是把所有与自己地位相同的人统统给丢失了。

君尊的理论与观念凌驾于所有社会理论与观念之上,并对其他的思想与观念形成居高临下的控制之势。因此是思想文化史中一个具有全局性问题,不可不察。

以上几个方面,不仅是思想文化的制高点,同时对整个思想文化具有控制性,由此我说王权主义观念是传统思想文化的主干,能说是违反历史事实的吗?

# 等级人学与主奴综合人格

　　中国传统社会是否是一个等级社会？有两种截然不同的看法，一种是多数人的看法，认为是等级社会；另一种认为中国的等级不明显，梁漱溟即持此说。钱穆等则认为中国社会，特别是实行科举制度之后，不再是等级社会，而是一个平等、自由的社会。"朝为田舍郎，暮登天子堂。将相本无种，男儿当自强"（高明《琵琶记》），据说这样的情形普遍存在于这个社会，甚至人的观念也是平等、自由的。

　　新儒家很多学者认为，古代的儒学倡导的是"人格独立""人的尊严""个性独立""意志自由"等。并非新儒家的李泽厚先生，在80年代初发表的《孔子再评价》中，把孔子"仁"的学说分为四个层面，其中第四个层面为"个体人格"，正是在这一层面，"仁"，"在内在方面突出了个体人格的主动性和独立性"。[1]余英时先生在探讨中国文化的现代意义时指出："在中国文化的价值系统中，人的尊严的观念是遍及于一切人的，虽奴隶也不例外"；"中国文化把人当作目的而非手段，它的个人主义（Personalism）精神凸显了每一个个人的道德价值；它又发展了从'人皆可以为尧舜'到'满街皆是圣人'的平等意识，以及从'为仁由己'到讲学议政的自由传统"。[2]余先生又由此引申到现代民主法制观念的转化。

　　在我看来，中国传统社会是等级社会，人人被纳入特定的等级之中，人们的关系网是金字塔式的，人们的伦理关系也不仅仅是血缘的远近，同样是金字塔式的，总之，人们的关系是一级压一级。在观念上，从某些词句看，传统里的确有类似"人格独立"之类的论说，但如果从观念的整体上看，"人

---

① 参见李泽厚：《孔子再评价》，于《中国古代思想史论》，人民出版社，1986年，第17、25、33页。

② 余英时：《中国思想传统的现代诠释》，江苏人民出版社，1995年，第17、33页。

格独立"等说是片面之论，是无法成立的。我相信，无论从社会关系上说，还是从观念上说，主奴综合人格与相应的观念与文化居于主导地位，儒家也不例外。

## 等级中的人

中国的等级制的形式，前后的确有很大变化，但等级制并没有消失，而是以不同的形式稳定地存在着。1984年的《论中国封建地主产生与再生道路及其生态特点》①一文中，我对等级制进行了如下概述：

等级制是封建社会的基本特征之一，中国的封建社会也不例外。当然中国的等级制有其特点：这就是多元性和成员的流动性。多元性表现在同时存在几种不同的等级系统，如爵制、官品、门第、职业的贵贱，以及民族等差等等。中国的等级制对个人来讲不是绝对不变的，在许多情况下有升降之变和贵贱转换，这就是流动性。

成员的上下流动，不但没有导致等级的消失，恰恰因成员流动而使等级制度更稳定、更具有生命力和适应力。我与人合著的《专制权力与中国社会》一书，其中若干专节，如"等级中的人""入世的台阶""等级化的生活方式"，等等，均是对此问题进行具体分析。我们的结论是：

> 在中国，一个人的衣、食、住、行、婚嫁、丧葬等一切生活内容，其方式，其水准，统统由国家根据他的身份地位做出了法律性的规定。

2001年，我与刘丰合写了《礼学与等级人学》②一文。文中有关引述西方学者的观点都是刘丰提供的。文章开头对儒家是"人学"问题提出了质疑：

> 学术界有一种普遍的看法，认为儒学是"人学"。这种看法从近代以来的中西文化比较，至20世纪80年代的"文化热"，90年代直至今

---

① 《学术月刊》，1984年第2期。

② 《河北学刊》，2001年第4期。

日的"国学热",一直有学者赞同和提倡。针对这一观点,近十多年来我们也一直认为应该把"人学"进一步落实到具体的历史语境中,认为儒学是"等级人学"。在这里,我们从礼的角度对这一观点再做一申述。

……先秦儒家和西方"人学"兴起的思想背景完全不同,而且也没有倡导人的自由、独立的人文主义本质。因此,严格来说,儒学与"人学"是两种不同的思想文化。儒家关于"人"的看法是通过礼表现出来的,如果泛泛借用"人学"这一术语来指称儒学,也要首先辨明它在中国文化语境中的独特含义。儒家对人的探讨首先便受到礼的制约,是"等级人学",它更注重对人的控制,使人居于不同的等级,各安其位。

近来还有学者借鉴了西方的社会本体论思想,尤其是马丁·布伯(Martin Buber,1878—1965)的对话理论和"我-你"关系思想,来研究中国古代的社会本体论,认为礼是人与人之间关系的集中体现,在周礼当中,"人与人之间的平等交往和相互尊重已成为周礼的主要内容",周礼"是以人际交往与沟通为其宗旨,亦坚持人与人之间的平等与交互性"[1],"礼主交往间的平等","礼尚往来还只是消极的平等,贵人敬让则体现了积极的平等"。[2]我们认为,礼的确是人与人之间的交往关系,但是,重要的一点是要搞清楚礼学思想中人与人交往的历史内涵。布伯的交往学说认为"关系是相互的","我-你"关系意味着关系中的成员是同等始源、同等本质的,他们之间并无主次和等级之分。[3]如果认为在中国古代,处在礼仪之中的人际关系也是一种平等的互动关系,显然与中国古代的实际不相符合,从而也不恰当地拔高了中国古代的思想状况。我们认为,礼学对"人"的看法是很独特的,"人"是处在礼仪中的"人",人的本质当中已经渗入了与他人的关系。这种关系受到礼的制约,是一种等级关系。

---

① 张再林:《我与你和我与它:中西社会本体论比较研究》,西北大学出版社,1999 年,第 323、353、387 页。

② 陈来:《儒家"礼"的观念与现代世界》,《孔子研究》,2001 年第 1 期。

③ 参见张再林:《我与你和我与它:中西社会本体论比较研究》,第 323、353、387 页。

文章分三部分进行了论述：

第一部分论"礼仪等级中的个人"，在礼仪等级的笼罩下，不存在"原子"式的个人，结论如下：

> ……"人"是处于各种礼仪关系中的社会之人，"我"与"他人"的社会关系无法分开；也就是说，没有完全独立的"我"，"我"是通过与他人的"关系"表现出来的。

第二部分论述"礼对人际关系的制约"：

> 既然个人是处在由礼联系起来的社会关系网之中。那么，"我"与"他人"的关系也就不是一种纯粹的人与人之间的平等关系，而是受到了礼的制约。
> ……
> ……"我"与"他人"的关系不外是家族内部的父子、兄弟关系和社会的君臣关系。而君臣关系，实际上又是父子关系的放大，所以，个人的社会关系也就是家族关系的延伸。因此，"内则父子，外则君臣，人之大伦也"[①]，应是一种普遍的看法。……
> ……所谓礼，就是长幼、父子、君臣之间的等级关系。……人处于这样的关系之中，就是要知长幼之序、父子之亲、君臣之节。这种言论在礼书中还有许多，说明人与人之间的关系完全处在等级的相互对待之中。因此，《礼记》在总结了各种具体的礼仪之后，认为礼之精义是"亲亲也，尊尊也，长长也，男女有别，此其不可得与民变革者也"[②]。在这样的礼仪关系之中，"我"与"他人"关系的实质也就是"亲亲、尊尊、长长"的等级关系。

---

① 《孟子·公孙丑下》。
② 《礼记·大传》。

第三部分论述"等级人学"与"个人主义""社群主义"的原则差异,我们的结论是:

> 总之,中国古代的"人"处在由各种礼仪构造的社会关系之中,"我"与"他人"的关系是通过礼仪表现出来的各种对待关系。简而言之,"人"是社会等级关系中的人。这也是礼对人的控制的表现。……就具体的个人来说,可能从一个等级游离到另一等级(或上升,或下降),由此也加强了社会的流动性,但整个社会的结构并未因此而改变。因此,人也就没有成为独立的个体,而是依然处在由礼所维系的等级关系之中。……随着大一统政权的建立,所有的人都被整合到统一的社会秩序之中,再没有可能游离于其外,人与人之间的关系完全受到了礼的制约。这一事实便决定了中国古代对人的重视、探讨只能是"等级人学",而不是其他。

## 主奴综合人格

1998 年,我写了《帝王对"学"与士人的控制》①一文,文中指出:

> 当他们没有当官的时候,慷慨激昂,宣称要救民于水火;一旦戴上了乌纱帽,摇身一变,便与从前判若两人。"三年清知府,十万雪花银。"因此,中国士大夫所创造的思想文化缺乏一以贯之的学理性和逻辑性。我把这种情况称之为中国士大夫思想文化"精神病"。

由于中国传统社会是等级社会,人是等级的人,人人处于等级中的特定地位,从社会角色上说,每个人既是"主"又是"奴"。沿着这个思路,1999 年,我与张分田合写了《论中国古代的亦主亦奴社会人格》②一文。有些人或

_____

① 《炎黄文化研究》(增刊),第 6 期。
② 《南开学报》,1999 年第 5 期。

许认为我们的说法太残酷、太无情、太损人,伤害了国人的自尊心。我们认为大可不必遮掩,梁启超、鲁迅早就说过很尖刻的话。

我们认为:

> 亦主亦奴是中国古代最具普遍意义的社会人格。官僚群体的政治人格是主奴综合意识的典型代表。圣人人格则是主奴根性的抽象化、理想化。这种社会人格是专制主义社会政治体系得以长期维系的文化根源。

> 社会人格,是指一定社会群体共同的人格特质。它是由社会环境铸模而成的,是一定社会群体共同生活方式和基本经验的产物,是人们将社会的文化的规范与要求内化于心的结果,它埋藏在个体人格的深蕴处。由于社会人格之中包含着许多为社会公认的精神品格、行为规范和道德信条,因此,它属于典型的"文化的主观方面"。社会人格既是社会形态和文化体系的产物,又是社会形态的一种存在形式和文化体系的一种载体,因而在维护公共秩序、调节人际互动方面发挥着重要的作用。本文所说的亦主亦奴人格是中国古代社会人格中最重要且最具普遍意义的一种。

**文章第一部分论述官僚的"主奴综合性格":**

> 一般说来,帝王、官僚、庶民构成中国古代三大社会政治等级。官僚介于帝王与庶民之间,是主与奴、贵与贱统于一体的典型。相对于君,他们是下,是奴,是臣子;相对于民,他们是上,是主,是父母。他们出则舆马,入则高堂,一呼百诺,权势炙手,但在君主和长官面前则必须俯首帖耳,唯命是从。其实"官僚"称谓本身就生动地刻画出这种政治角色的双重地位。

第二部分论述主奴综合意识的社会根源和文化根源：

　　如果把视野进一步拓展开来,就会发现以奴为本、亦主亦奴的地位与人格特征具有更为普遍的意义,它并不局限于官僚群体内。尽人皆奴的社会结构和泛化的绝对权威崇拜是亦主亦奴人格的社会根源和文化根源。

　　天地君亲师崇拜实质是一种泛化的君崇拜。……在古代文献中不乏"天,君也""父,君也""师,君也"之类的说法与注疏。此外,在三纲、五伦、六纪中还有许多类似的"君"。泛化的君崇拜为一切等级的上下关系都注入了支配与被支配的属性,使人与人之间的关系大多类似于主子与奴仆的关系。

　　尽人皆奴的社会结构和泛化的绝对权威崇拜,把各种社会角色明确分为两大类:主子与奴仆。前者有男、夫、父、长、兄、主、上、君等;后者有女、妇、子、幼、弟、奴、下、臣等。古代人又分别将两大类角色概括为阳与阴。阳又称乾,属天道;阴又称坤,属地道。阳尊阴卑、阳主阴从、阳刚阴柔、阳完善阴缺损……

　　上与下皆相对而言,凡是处于等级金字塔中间的人必然亦上亦下,亦主亦奴。当一个人既做他人的奴仆,又做另外一批人的主子时,他就必然兼备主奴两种角色与相应的精神品格。由主奴双重地位、规范铸模成的人格特质,就是主奴综合意识,亦可称之为亦主亦奴人格。

第三部分论述主奴意识的泛化：

　　庶民百姓、部曲奴婢是否有主子意识? 皇帝老子是否有奴才意识?这些问题的答案是:一般说来,在中国古代社会,主奴综合意识寄寓在每一个成年社会个体的灵魂深处,上至帝王(面对"天"),下至奴婢,概莫能外。在中国古代社会,几乎一切社会个体都会历时性或共时性兼备主奴双重角色。

第四部分论述圣人乃是"理想化的亦主亦奴人格":

　　在任何一种社会形态中，一种广泛适用的规范必然被视为理所当然，一种普遍具备的人格必然被理想化。这种规范和人格又必将被抽象为一般法则和最高典范。在中国古代，最能体现文化的一般性的是"圣人"。圣人能够超然于社会的、文化的、人格的亦主亦奴的罗网之外吗？当然不可能。

　　何谓圣人？诸子异说，而异中有同:圣人人格是理想人格，这种人格具有原生性、自然性、完善性、彻底性。

　　圣人无论被描述得如何神妙，毕竟植根于那个时代、那个社会，并凝聚着生活于那个社会结构和文化环境的群体的理想。作为尽人皆奴社会结构所需要的人格典范，中国古代主流文化体系，特别是儒家文化体系中的圣人，正是亦主亦奴社会人格的最高抽象。

　　被儒家奉为圣人的历史人物，依据其政治身份可分为圣王与圣臣。

　　最为儒家推崇的圣王当数尧、舜、周文王。他们都被奉为最理想的王，自然也是为主者的人格典范。然而妙就妙在圣王之所以为圣，是由于他们又是奴才人格的最优载体。孟子说:"圣人，人伦之至也。欲为君，尽君道，欲为臣，尽臣道，二者皆法尧舜而已矣。"[1]他又说:"尧舜之道，孝悌而已矣。"[2]这就是说，孝悌为人伦之本、圣道之至，圣王之为圣，首先是因为他们是为子为臣的模范。儒家编造的尧舜故事也堪为这一认识的注脚。在他们看来，舜兼备民的模范、臣的模范、子的模范、兄的模范、夫的模范、君的模范、父的模范于一身。周文王最受孔孟之徒赞美，其最优之处就在于"三分天下有其二，以服事殷，周之德，其可谓至德也已矣"。[1]文王以王者之资而恪尽臣道，既是为君之典范，又是事君的样板;故为"至德"之人。商汤与周武王也

_____

①《孟子·离娄上》。

②《孟子·告子下》。

270

是获得广泛认同的圣王。人们在论说革命论时常以"汤、武革命"为样板。然而无论人们如何为"奉天伐暴",诛"独夫民贼"的汤、武修饰、开脱,实行"革命"毕竟是以臣犯君。因此,自孔子以来,许多人就对这两位圣王颇有微词。孔子盛赞文王为"至德",武王则"未尽善"。朱熹对此的解释是:"汤、武是吊民伐罪,为天下除残贼底道理。"尽管恪守君臣之义与诛伐独夫民贼二者"道并行而不相悖","但其间不无些子高下",因为,"君臣大义"更根本、更重要,"毕竟人之大伦,圣人且要守得这个"。②泰州学派创始人王艮非议"汤、武革命"的依据就是:"君臣大论,岂一日可忘!"③纣可伐,而天下不可取,武王应迎立商王族中的贤人为君,自己老老实实地继续做臣子。这就是说,汤、武虽圣,而臣道未尽,汤、武不得圣中之圣。唯有圣王与圣臣都做得尽善尽美方为"尽伦"。

最为儒者推崇的圣臣当数伊尹、周公和孔子,其中"孔子之谓集大成"④,圣而为臣,其圣质主要显现于对臣道的契合。"上则能尊君,下则能爱民,政令教化,刑下如影……是圣臣者也。"⑤这与官僚"为一人分忧,为万民作主"的心态正好合辙。圣臣必须兼备臣属与治者双重品格,这不正是亦主亦奴的人格吗?

孔子的道德论中的确有许多维护人格尊严的思想,如"三军可夺帅也,匹夫不可夺志也"⑥,这类思想在人的自我完善中曾经充当过善良的导师,造就过许多古代的仁人志士,其中也的确包含着民族文化的精华。然而作为旧时代的人格典范,奴性仍是孔子人格的主流与本质。谓予不信,请看《论语·乡党》的一段描述:"孔子于乡党,恂恂如也,似不能言者。其在宗庙、朝廷,便便言,唯谨尔。朝,与下大夫言,侃

---

①《论语·泰伯》。

②《朱子语类》卷三五。

③《王心斋全集·答尚宗恩》。

④《孟子·万章下》。

⑤《荀子·臣道》。

⑥《论语·子罕》。

侃如也;与上大夫言,誾誾如也;君在,踧踖如也,与与如也。"又:"入公门,鞠躬如也,如不容。立不中门,行不履阈。过位,色勃如也,足躩如也,其言似不足者。摄齐升堂,鞠躬如也,屏气似不息者。"这种身份感、分寸感极强的言与行,在等级制度、君主制度下,只能出在一位奴在心者的身上。儒家所谓的圣贤正是这样的人格典范:一切言与行都从礼的角度认真对待,使其与自己的等级、角色、身份完全相符,尽善尽美而无可挑剔。在那个时代,这种道德论、圣贤观只能造就亦主亦奴、以奴为本的人格。

儒家之圣集圣王与圣臣于一体,其本质特征是"不勉而中,不思而得,从容中道"①,做主子是最好的主子,做奴才是最好的奴才。……所谓圣人,正是这种社会人格的文化化、理想化。"圣人"是专制主义社会精神的最高抽象。

奴性与主性都是不平等、不民主的产物。主奴根性归根结底是等级制度和等级观念在人格上的反映。君主专制制度既需要主性,也需要奴性,更需要主奴根性的综合。这种制度铸模着这种人格,这种人格也最适合这种制度。主奴综合意识是专制主义秩序得以维系的社会心理基础。

今人有娓娓道孔学之妙者,直欲以"内圣外王"引为今日中国富强、民主之灵丹,浑然忘却礼教杀人那一笔旧账,更不能或不敢揭破圣之质中的主奴根性。鲁迅先生曾怒斥此辈为"现在的屠杀者",言辞虽激烈,却切中肯綮。我们持这样的观点:千万莫将旧时训练主子与奴才的"内圣外王",借来为现代民主政治开路。

主奴综合性人格既是人格特点,也是一种普遍的社会心态和价值定位,它是王权专制的社会基础与人格支持。与这种人格相匹配的是崇圣、权力崇拜、尊尊、恭敬从命、颂扬、颐指气使、阿谀奉承、卑贱、自卑、自贱、顺从、驯服等交织在一起的观念与文化,遍布整个社会和每个人,极少例外。

---

④《礼记·中庸》。

272

在中国绵延不绝的政治运动中,互相揭发、互相诬陷、卖友求荣、卖亲求荣的现象是如此普遍,正是主奴综合人格的表现。也许最高的一人"无法无天"时,大概只有他有主性,不再有奴性。

主奴综合性人格及其相应的观念文化,与公民的地位和观念根本不在一个层面上。因此,从前者到后者,是一次社会转型的大变革,绝非一蹴而就。

时下主奴综合性人格依然很普遍,尤其在官场依然很浓重,有待用公民的权利、义务和观念取而代之! 说起来容易,真正付诸实践和实现转变很难啊!

# 立公灭私、圣人"无我"与专制主义

立公灭私和反对结党营私,一直以来是正面口号和观念,直到今天亦复如是。把私说成是万恶之源,所以要"狠斗私字一闪念",要一心为公,大公无私,只有如此才是纯粹的人!

考察一下历史,立公灭私和反对结党营私由来已久,从理论上说,可以追溯到春秋时期,除杨朱为我以及贵生、纵欲主义者外,立公灭私几乎成为诸子百家的共同的主流思潮,并延续至今。

就立公而言,无疑是有其合理性的,因为人人都生活在公共体之中,但因立公而灭私就走到另一个极端,导致个人主体意义和主体意识的泯灭,结果是专制主义的横行。

在传统社会里,乍看去私有制很发达,但是在皇权至上面前,私有制并没有不可侵犯的合理性与合法性。同样在思想观念中,固然也有不少关于高扬个人意志的论述与相应的社会观念,但是在所谓的公面前,属于个人的私,又是没有合理性与独立性的,其集中的表现就是立公灭私、大公无私观念具有绝对至上性,并对私进行了全面剥夺。

1990 年与李冬君合作的《论"理学"的圣人无我及其向圣王专制的转化》①一文,论述了圣人"无我",只有"公心",进而论述了立公灭私的专制性。文章的结论是:

> 圣人观,可以说是我们民族精神的一个焦点,由此焦点,我们可以对中国传统政治文化做多层次、多角度的透视,它是一种人格类型,又是一套政治范式;它既是"关于人的共同观念体系",又是关于

---

① 《复旦学报》,1990 年第 3 期。

自然的认识模式。举凡天人、道器、形名、体用、本末、心性、理欲、义利等观念，无一不与圣人相关。上自宇宙本体，下至饮食男女；从"赞天地之化育"的王者之事，到百姓日用，皆以圣人为轴心而转动。它由一个普通观念，升华为一种文化精神，几乎涉及传统文化方方面面。且不论它作为一种思维方式所具有的独特意义，即就其政治伦理方面而言，它也显示了一种恒固的气质，它的"无我"特性历千年而弥留，潜移默化，植入深层的国民性中，形成我们民族的一定时期的文化-心理结构。它不仅滞留在精英文化意识中，而且泛化在民俗文化意识中，从某种意义上来说，它仍然是我们民族所认同的对象。

传统圣人观对近代政治伦理生活，具有深刻的不容忽视的影响，它的以"无我"为本位的臣民价值观，或多或少、自觉不自觉地影响并妨碍了近代价值观的确立。如果说自我意识是近代民主的酵母，那么"无我意识"便是古代传统专制的思想支柱。在宋代理学圣人观中，自我像幽灵一样被驱逐、被流放，无我意识、臣民意识和圣王意识构成了王权主义和专制制度的道德基础。从中世纪走出来，首先就意味着要建立一个新的道德基础，即以主体意识、公民意识和民主意识代替无我意识、臣民意识和圣王意识。


2003 年，我又写了长文《春秋战国的"立公灭私"观念与社会的整合》①一文，对这个问题进行比较全面系统的考察。从观念上说，立公灭私把公共理性推向极致，这在文中第四节"立公灭私与社会和政治理性的发展"中进行了概述。从一个侧面看，这是传统思想中很有意义和价值的部分，但灭私则把问题推向了另一极端。尽管在理论上君主也要灭私，但现实中谁体现公呢？古代哲人没有相应的制度设计，也没有给个人留下合理存在的空间，而是一味地寄希望于圣王来实现，于是导致三个结果：

其一，立公灭私导致君主专制制度的发展；

其二，立公灭私导致国家和社会领域的对立；

---

① 《南开学报》，2003 年第 4、5 期。

其三,立公灭私与道德的绝对化。

理论上要灭私、无私,然而事实上又做不到,可是诸子百家又基本上都接纳这个理论和价值体系。这样一来,私只能是一个没有合理性的怪物游荡于人间。于是阳为公、阴为私便成为中国历史上的一大奇观!

立公灭私的内容极多,包括崇尚公共理性、国家至上、尊王等,这一切在当时都推动了君主专制体制的发展,因此立公灭私是一个符合专制主义需要的命题。

立公灭私在那个时代, 正像黄宗羲说的,"天下之大公, 乃帝王之大私",看起来道德性极高,实际是一个专制主义的命题。也是在 2003 年,我又写了一篇《先秦时期的党、党禁与君主集权》,要点在前文中已揭示,这里不再重复。

尽管私在中国整个历史中十分活跃,为数不多的理论家虽然有过适度的肯定甚至张扬,但在主流理念中没有获得合理的地位。立公灭私、大公无私等相类的观念,从总体上说导致的是国家至上、君主至上、掌权者至上、集体主义绝对化,剥夺了个人主体价值,因此是专制主义的命题,是应该清算的,应代之以公私兼顾、公私平衡、公私和谐!

# 儒家道德至上与专制主义

"文革"时期，又不止于"文革"，道德至上成为最高信条，诸如"全心全意""一心为公""毫不利己"等；相对的是"私是万恶之源""狠斗私字一闪念""斗私批修""消灭私有观念"等，这些都是时代的最强音，响彻云霄。与这些相伴的则是权力之争，搞得你死我活，被整的一方，不管有何政治主张，一概处于被道德审判之列，诸如"极端个人主义""野心家""两面派""道德败坏"等。然而，具有讽刺意义的是，伴随着这类口号和道德审判，胜利者的个人专断、独裁、专制却达到无以复加的程度。这种巨大反差现象，使我陷入了沉思和反思。当反观历史时，我感到何其相似乃尔！

道德的边界在哪里，似乎永远也难理清楚。应该说，道德是非常好的东西，于是很多人把道德视为至高无上的判官似乎也合情合理，其实这是一个陷阱。道德无疑是十分重要的，大而言之，可以包含方方面面的内容，甚至许多美好的理想与理论都可纳入道德之中，比如人人平等，消灭剥削，严格地说，许多理想最终的结论都是最美好的道德境界。然而，社会是很复杂的多面体，道德只是其中的一个面；人也是个多面体，道德也只是其中的一面。复杂的多面体有时某个面凸显，但如果把某个面绝对化，要它统领一切，事情就可能走到反面。

道德就其本身而言，它是一种历史现象，是历史的产物，有历史的约定性和历史的局限性。无疑，其中也有诸多超越时代的普适性的内容，对这些都需要具体分析。对儒家所倡导的道德也应作如是观。我曾说过这样的话："我不否认儒家的道德理论在中国历史上曾起过有益的作用。在人的自身完善中曾充当过善良的导师，但最后的归宿仍不免是'吃人'。"[1]所以会"吃

---

① 刘泽华：《中国传统的人文思想与王权主义》，《南开学报》，1986 年第 4 期；后收入复旦大学历史系编：《中国传统文化的再估计》，上海人民出版社，1987 年。

人"，在我看来，关键是这种道德至上蕴含了极端的专制主义，并维护专制主义。

儒家的主张多多，但有一个突出的特点，这就是把道德视为至上的统领全局的圣物，社会与人的生活的多面性都应从属于他们倡导的道德，可称之为道德至上论。儒家的道德政治化而导致道德专政，即以道德为名的专制主义，就是戴震说的"以理杀人"和"五四"时期先哲们说的礼教"吃人"。

儒家倡言的道德如何导向专制主义，前贤有过很多论述，我跟进做了些具体论证。对先秦儒家的有关论述，请参看拙著《先秦政治思想史》。1986年，我写了《中国传统的人文思想与王权主义》；1988年，我与葛荃合写了《论儒家文化的"人"》；后来，与李冬君合写《论"理学"的圣人无我及其向圣王专制的转化》，与刘丰合写《礼学与等级人学》，这些文章，从不同角度论述了儒家的道德至上如何导向专制主义。

## 把道德视为人生最高境界，限制了人的全面发展

什么是人？先秦诸子对此或直接或间接进行过热烈争论。儒家以道德界定人。

道德是任何时候都不可缺少的，是维系社会正常生活所必需的。但是道德并非人们唯一的社会生活，而且在复杂的社会生活中也不具有决定意义。儒家的错误恰恰是把道德视为人类社会生活中最根本的东西。人之所以为人，人与动物的区别，就在于人有伦理道德，最早提出这个问题的是孔子，他认为，只有礼才是区别人与动物的标志。……总之，在儒家看来，经济生活对人无关紧要，首要的是道德。

把道德视为人的生活最高层次，从表面上看，很难说它是一种低劣的理论，但问题也正在于此。人们的社会生活是多方面的，在各种活动中最具有决定意义的是生产和经济生活。儒家的道德至上论颠倒了社会生活的关系，由此引出的关于人的价值观念必然是错误的、片面的。把道德视为一切生活的统帅和本体，限制了人的全面发展，

扼杀了人们充分施展才干的可能性。①

作为人，道德不能没有底线，但有时突破了底线，也未必无功可言，吴起于道德可能是最不堪言者之一，但其历史功绩，则是不能不为之树碑立传的。作为儒家的叔孙通，于道德又如何？但毕竟又是大儒。历史的复杂性和多样性，使人会有多样性和复杂性，不能只从道德上论人。

## "三纲五常"把人变成畸形的人

道德是历史性的，且不说不同时期的道德差别，就是同一个时代，道德的内容也有很大差异。儒家所倡导的道德就有很大的片面性，就是在当时的历史环境中，在很大程度上使人畸形化。

儒家所倡导的伦理道德，有着特定的历史内容，它的主旨是什么？仁者见仁，智者见智，莫衷一是。不过在我看来，"三纲五常"可谓儒家道德的真谛。"三纲五常"所表示的是一个完整的关系网，每个人都不过是这个关系网中的一个小结；在这个关系网中，没有个人的独立价值和地位，每个人只是当作一个从属物而存在。

"三纲五常"理论导致的最为明显后果之一，是把人作为工具。从表面看，儒家道德十分强调个人主体意识，强调个人修养和个人追求，如"我欲仁，斯仁至矣"。②然而这只是起点，真正的归结点是成就道德。在儒家道德中最富于温情脉脉的要属孝道。父母子女是人间至亲，提倡孝道最能打动人的心弦，也符合人情，然而正是孝道使人一生下来就失去了独立的意义。因为在儒家孝道中，儿女是作为父母的从属物而存在的。孔子对孝有过不少论述，归纳起来主要有如下三个层次的内容。最低层次是"养"，比养更高一层次是"敬"，在孝中最高层次是"无违"。养与敬有其合理意义，但无违则纯属悖谬了，而后者恰恰又是后来儒家所极力提倡的。孝的最本质的规定是"顺"。孝道的主旨是儿女对父母的服从，而这种服从以盲从为前提。由此

① 刘泽华：《中国传统的人文思想与王权主义》。

②《论语·述而》。

可以看到,儒家正是在最富于人情的关系中,巧妙地取消了人的独立性。儿子只是父亲的工具,他本身不具有目的和意义,推而广之,这样的人无疑是君主专制的最好的群众基础。这正是专制君主为什么大力倡导孝道的原因。

把人变成道德工具的基本办法是强调和倡导自我净化,时时处处把自我当作斗争对象。当客观与主观发生矛盾时,当社会与个人发生冲突时,当他人与己发生不睦时,首先反思自己是不是符合礼义道德。礼义被视为超越一切的绝对,个人主体在礼面前,只有相对的意义,个人一切言行都要以礼为准,孔子讲的"四勿"充分说明了这一点;为达到"四勿",时时要克己,克己而后能复礼。

为了彻底克制自己,并使人彻底变为道德工具,儒家对欲望发动了猛烈抨击。在儒家看来,人欲是破坏道德的罪魁祸首;无欲而后人道德。……《礼记》明确提出"天理"与"人欲"的对立。"天理"即礼,作者主张存天理、灭人欲。宋明理学把这一思想做了极致的发展。……人的本质即"天理","人只有个天理,却不能存得,更做甚人也?"①……存天理,灭人欲,从某种意义上看,是要充分发挥人的理性,作为一个完全自觉的人;但是他们忽略一个基本事实,人是有血有肉、有七情六欲的人,一句话,人是物质的。排除人的物质性而要纯理性的人,这种人是不存在的,如果有,一定是个异化的人、畸形的人!当我们把儒家所说的天理还原为历史时,那就不难发现,天理只不过是封建秩序的抽象化。天理从最高意义上肯定了封建秩序。正如二程所说:"父子君臣,天下之定理,无所逃于天地之间。"②……教人安于封建秩序的道德,不管其中人文思想多么发展,在本质上它只能是人的桎梏。③

以儒家文化为主体的中国传统文化表现出一种"人本主义"倾向,特别是对于理想人格的虔诚修养和执着追求,在长达两千年的封

---

①《二程集·河南程氏遗书》,卷十八。

②《二程集·河南程氏遗书》,卷五。

③刘泽华:《中国传统的人文思想与王权主义》。

建社会中曾成为汉族文化—心理结构的重要组成部分。新儒学据此认定儒学倡导个性独立、人格尊严，并且还是民主政治的基础。然而，有一个巨大的历史现象令人困惑：为什么这样富于"人本"精神的学说却长期被封建统治者尊为"经典"，奉为圭臬，与儒学"人本主义"相伴行的、互为表里的不是民主政治，而是君主专制。……

人的最本质的规定是道德，人不外乎是"有道德的动物"。这个认识既有不可低估的积极意义，又暴露了儒家关于人的自我认识的根本弊端。①

## 压抑人的"人道"

儒家的"人道"核心内容是什么？仁智互见，大相径庭。有人特别强调"爱人"，没有问题，的确"爱人"是儒家"人道"的内容之一。但我认为这是偏项，"人道"的核心是"礼""礼义"。《逸周书·礼顺》说："人道曰礼。"而"礼"的社会规范和定位则以"亲亲、尊尊"为首，《礼记·丧服小记》说："亲亲、尊尊、长长，男女之有别，人道之大者也。""亲亲"维护的是父家长制，"尊尊"维护的是等级制，这样"人道"就落实在社会的具体规范上，而"亲亲、尊尊"最后的归结点是君主专制。

"礼""亲亲""尊尊"必然导致对人个体化的压制。笔者与葛荃于1986年合写的《论儒家文化的"人"》一文中有如下论述：

> 迄今为止，人类发展史向我们表明，人的全面发展包括不可分割的两方面，即人的社会化和人的个体化。前者是说，任何个人的发展必然要通过社会化途径，通过人我之间的社会联系和交往；后者指的是，人的社会化必须以作为独立个性存在的个体人为基点，即以人的个体化为条件。因之，人的个体性发展与人的社会化发展一样，同是

---

① 刘泽华、葛荃：《论儒家文化的"人"》。

人全面发展的必要条件。人的个性形成的一个重要前提是，人们需在观念上将自己与人群整体区分开来，个人须在意识上把自身视作既不能与人类群体分割，又有其独立意义的一种客体存在，认识到自己本身是一个不同于其他一切人的、与任何人不相重复的独特的个性存在。这种相对于人群整体的个人意识，即是人的个人主体意识。

人的类主体意识和人的个人主体意识是人类自我认识发展必然经过的、依次相连的两个发展阶段。一般说来，在人类社会初期，人与自然的矛盾占据主导地位，与之相应，人的类主体意识是人类自我认识的主流。这是人类自我认识发展的初级阶段。随着人类社会物质文明的发展，人的社会化不断加深，个人与人群整体，即"个体与类"的矛盾逐渐上升，人的个人主体意识在人的自我认识中的地位日趋明确和重要，人的"自由个性"日趋丰富。在社会发展的高级阶段将实现以"每个人的自由发展"为条件的"一切人的自由发展"的联合体，当然，也只有此时，才可能实现"人和自然界之间"及"个体和类之间的抗争的真正解决"。①现在我们回头检核儒家关于人的自我认识，我们会发现，儒家仅仅是人的类主体意识的理性觉醒。他们关于人之本质的抽象主要不是基于对个人与人群整体关系的考察，不是从社会关系的总和上把握人，而是侧重于人类和动物的比较。……"人道"相对"禽兽之道"而言，概括了人的道德本质，不言而喻，儒家关于人的类主体意识的觉醒实际上只限于伦理道德。儒家这一觉醒应该说在一定意义上悟解到人之为人的价值。可是，接踵而来的并非人的个性的自由发展，相反却最终导致了人的个性的泯灭。

……

"人道"的基本精神是个人向着人群整体的认同和皈依。因之，以"人道"为核心的儒家文化没有促使个人主体意识生长的土壤，儒家对人的赞誉不过是肯定了类存在的人，体现了人的类主体意识的理性觉醒，却抑制了个人主体意识的形成。儒家的精神世界是一个

---

① 马克思：《1844年经济学哲学手稿》，刘丕坤译，人民出版社，1979年，第73页。

群体的世界,其中几乎没有个人的位置,不存在现代意义上的人权因素。

## 圣人崇拜适应专制政治的需要

圣人崇拜作为一种特有的文化机制,恰恰适应了封建专制主义的政治需要。纵观全部儒家文化,我们看到儒家关于人的认识表现为一种理论上的二律悖反。一方面是关于人类的赞美诗,儒家自豪地宣告了人之为人的价值所在,肯定了人的类存在,他们推崇圣人,对于理想化共性人格给予高度的称颂。他们注重人的群体价值,对于推进人类社会向着高度理想化道德社会迈进抱有强烈社会责任心。另一方面,儒家又从各个方面对于人的个性和独立性进行了无情剥夺,用一种普遍的道德规范否定了人的个体存在。

人的个体化是人之全面发展的不可或缺的一个方面。儒家文化中的人却只有社会群体化单向发展途径,人们的精神归属道德化,他的血肉之躯归属父母所有,他的意志和行为被父家长和君权紧紧束缚住。人们越是要成为儒家文化称道的人,就越要泯灭个性,否定自我。沿着儒家的道路不可能导向个人尊严、个性解放、自由意志和独立人格,儒家文化造就了一个顺民社会,从而成为君主专制主义生存的最好的文化土壤。我们弄清了儒家文化中"人"的真实面目,所有关于儒家文化的"人道""民主""自由""个人尊严"等,只能是海市蜃楼。[1]

在整个传统观念中,圣王的理想固然很美妙,但圣王一概都是专制性的君主,儒家的圣王也不例外。儒家在多数论题中,圣人与圣王是一体的,其路线是"内圣外王"。在我的全部著作中,凡是论述到圣王时,都是归结为

---

[1] 刘泽华、葛荃:《论儒家文化的"人"》。

君主专制主义。我与张分田 1990 年合写的《论儒家的理想国》①一文中有一段综论,引述如下:

> 儒家的圣王理论一味强调靠人格化权威的力量来缔造和维系理想王国,其基本政治导向是对个人政治权威的崇尚。据此而构筑的政治体系的基本模式不会属于民主平等形态,而只能是专制主义的。儒家所谓的圣贤,赞天地之化育,坐而论道,才智超群,明达事理,发挥着承上启下、圆通万物的作用。用荀子的话来说就是:"天地生君子,君子理天地;君子者,天地之参也,万物之总也,民之父母也。"②人们认识和行为的最高准则——道,也是由圣人制定的。这种人实际上是超人。在理论上,圣与王并不完全一致,但一般说来又是"内圣外王",圣的最终归宿是王。在后来的政治实践中,这个命题颠倒过来,变成了"天王圣明",结果无论什么样的君主,人们都必须称其为"圣上",以致王高于圣。圣王理论的实质是论证了君主的绝对性,把王权、认识、道德和行为准则合而为一。圣王理论尽管把君主也列为被规定对象,使其受道义的制约,但从理论体系上看,它又把完善和改造社会的使命托付给这个人。圣王论的主旨论证了社会政治生活中个人专断存在的必然性、合理性。古代所有儒者,包括激烈抨击暴君暴政和各种社会弊端的社会批判思想家们,最终仍然把实现理想政治的希望寄托于圣君明主,这不仅是由于他们的视野受时代的局限,而且是由他们所崇奉的理论体系的内在逻辑所决定的。

1989 年笔者与李冬君合写的《论"理学"的圣人无我及其向圣王专制的转化》一文也论证了圣人崇拜必然导向君主专制主义。

历代统治者把儒家的道德思维视为正途,并禁止异端的"另类思维",人们失去了主体性和创造性,只能在封闭的状态下蠕动,社会也只能处于停滞状态,这才是历史的悲哀!

---

① 《天津社会科学》,1990 年第 4 期。

② 《荀子·王制》。

# "形式主义"中颂扬性的政治文化

形式主义在社会生活中的各个领域都存在,它的产生与形成有着深刻的思想观念基础和社会历史根源。这里仅说一些与政治有关的,诸如一些仪式、名号、称谓、符号、标记、规则、服饰、颜色等等。形式主义化的现象与事物等,都不是简单的一道命令造就的,多数都有深厚的历史依据,是长期文化的凝结,一旦形成,多半成为社会的共识、认识的前提,人们不再追问何以是这样,于是它便成为一种社会"自然性""当然性"的规定和控制因素,人们无须思索就安于形式主义的规定。

2001 年发表的《开展思想与社会互动和整体研究》[①]一文,我曾论及研究"形式主义"的意义:

> 社会化的形式主义是社会的规范与定位的准则,又是人们的生活的当然前提。形式主义的东西多多,有政治的、文化的、习俗性的、宗教性的等等。形式主义是历史的凝结,人在某种意义上说也是一种形式主义的存在物。我们应深入揭示形式主义的文化和社会内容,比如源远流长的颂扬文化(其中包含了假大空文化)就是一种形式主义的东西,一般不被人注意,其实其中包含了丰富的社会与文化内容,很值得研究。

关于形式主义的意义,国内自觉从政治文化角度进行研究,近二十年来才出现。我与合作者写了多篇文章,促进了这方面研究。

---

① 《历史教学》,2001 年第 8 期。

# 帝王尊号拜物教

1993年，笔者与侯东阳合写的《论帝王尊号的政治文化意义》①一文，应该说具有开篇的意义，文章在《学术月刊》刊登后随即被《新华文摘》全文转载。文章开头说：

> 作为文化的一部分，中国古代的名号是很突出的，它不仅有悠久的历史，且有很深刻的文化意蕴，其中最有规律性的是帝王的谥号和尊号。近代以来研究历史的人对谥号和尊号，只是把它们作为既成事实加以罗列，很少研究其文化环境和内涵。帝王谥号和尊号不但在格式和内容上形成完整的体系，而且在政治生活中占有重要的位置，具有广泛的政治影响，是中国传统政治文化的重要组成部分。

文章第一部分简述了"谥号、尊号的历史发展"。

第二部分论述了"帝王谥号、尊号的政治文化意义"。文中说道：

> 语言是思想的载体和表达手段，是文化的基因。人们直观看到的谥号和尊号是一种语言符号，而它们排列在一起并被赋予意义，则是一种政治文化的储存和凝固。它们既是经过大臣们慎重的取舍、皇帝最后的裁定，当然是统治思想的结晶。把它们作为皇帝的形象，并通过仪式传播给臣民，得到认同，是统治阶级所期待的。
>
> 透过谥号、尊号所弥漫的神圣光环，我们可以从其规律性的模式和发展过程中了解到传统政治思想的传递和完善的信息。约略而言，有如下几个特点：
>
> 其一，治道从文、武相分到兼备文武之道。……
>
> 其二，品性评价楷模化。……
>
> 其三，圣化意识的加强。……

---

① 《学术月刊》，1993年第11期。

其四,法天行道。……

谥号、尊号虽然只是语言符号的不同组合,却正是几千年来传统政治思维的凝聚。"圣"作为帝王品性的理论提升,"文武"作为实际的治国之策,"孝"作为政治伦理化的旗帜,再加上"天"的神化、"道"的延续性,以及神、德、仁等符号,成为一种政治口号和纲领,一方面起到潜移默化的作用,使这些思想渗入到人们的意识深处;另一方面又给帝王罩上层层耀眼的光环,使得幻想与现实混淆。"词语是如此逼真,如此易于人格化,如此易于与情感和偏见发生联系。"[1]随着对君主崇拜的加强,这些语言的巫术功能超过了表意功能,对此还有一系列问题有待深入研究。

**第三部分论述了"从唐代尊号析君尊臣卑意识",其中说:**

帝王的谥号和尊号是封建君主专制主义的产物,为维护帝王的权威形象服务。它不同于礼仪的是,用词语堆砌所构造的象征意义产生了两个主要的社会效应:其一,它本身是统治思想的浓缩,带有宣传政教的作用;其二,以名当实的唯心论阻碍了臣民正确地认识君主。谥号、尊号通过语言符号的物化和君臣的大力宣扬,形成了一种思维前提和集体潜意识,使人们在山呼万岁中失去了自我辨别能力和独立人格,故"在政治这一意识形态领域内,语言的拜物教和宗教一样危险"[2]。这对于君主来说却正是好事。从唐代围绕尊号所表现出来的政治心态可以看出,颂君是臣民的政治义务和以卑求荣之术;尊号的内容是君主应具的政治品格。在这里,君、臣表现出的都不是本我,而是君主政治运行中的角色。驱使他们扮演这种角色的动力是君尊臣卑的制度和观念所塑造的帝王崇拜。无论是最初的因赞颂政绩和君主品德而上尊号,或是后来的先树立尊号再去求实,都使帝王高

---

① [英]格雷厄姆·沃拉斯:《政治中的人性》,郑永年、李茂奇译,浙江人民出版社,1988年,第42页。
② [美]埃里希·弗洛姆:《在幻想锁链的彼岸》,张燕译,湖南人民出版社,1986年,第167页。

287

高在上,神圣而耀目。帝王崇拜在君主专制时代普遍存在,只不过在不同时期有不同的方式和程度,但上尊号却更加直接和露骨。

## 颂扬帝王政治文化,彰显君尊臣卑

1999 年,我写了《从韩愈、柳宗元的表奏析君尊臣卑观念的普遍性》一文。文章开头就是说形式主义的意义:

> 韩、柳上皇帝的表、奏不为近世研究者所重,文学史中无其踪,思想史中无其影,何以会这样?可能是认为这些是形式主义化的阿谀奉承的官样文章,没有什么可以称道之处。的确,这种看法不无道理。但如果换一个角度,即从政治文化角度看,或者说为了了解那个时代的政治意识和士大夫阶层的价值观念,这些文字则给我们提供了最直接的、最有说服力的资料,我们几乎无须加任何诠释,一个活脱脱的时代灵魂就展现在我们的面前!
>
> 其实,如果我们把镜头拉得远一点,这些文字应该说是那个时代的盖世之文:皇帝心悦,朝臣称赞,士人向风,自己得意。韩愈对此有一段自诩,足以为证:"臣于当时之文,亦未有过人者。至于论述陛下功德,与《诗》《书》相表里;作为歌诗,荐之郊庙;纪泰山之封,镂白玉之牒;铺张对天之闳休,扬厉无前之伟迹;编之乎《诗》《书》之策而无愧,措之乎天地之间而无亏,虽使古人复生,臣亦未肯多让!"[①]看,韩老先生对这些"表""奏"文字是何等的自信和骄傲!的确,其文辞之优雅,用典之深奥,知识之渊博,行文之潇洒,鲜有人能及。然而,我们却把这些与诗书相埒的宏文弃而不顾,对老先生实在是大不敬。
>
> ······
>
> 韩、柳的这些"表""奏",可以说是中国传统思想文化的凝结、"四

---

① (唐)韩愈撰,马其昶校注,马茂元整理:《韩昌黎文集校注》,上海古籍出版社,1988 年,第 617 页。

部"的缩影,显现了中国传统文化的基本精神,更确切地说,显现了占主导地位的思想文化精神。在这些文字中既凝集了中国传统思想文化的最神圣、最美好、最博大、最深邃的观念和词汇,同时又集中了最猥琐、最自贱、最无耻、最无主体的观念和词汇。韩、柳的大手笔把这些奇妙地浑然、有机地组为一体,展现了一幅相反而相成的绝妙图画!这幅图画的主题是什么呢?这就是本文标题所揭示的:君尊臣卑。

君尊臣卑既是一种社会关系体系,同时又是一种思想体系。

## 君主名号的政治文化意义

2000 年,笔者与张分田又合写了《君主名号穹庐性的政治文化意义》一文,文章的开头有一段论述:

> 中国古代君主制度源远流长,逐渐形成了一整套与之相适应的政治身份称谓系统。其中君主的称谓名目尤为繁多,字眼最为尊贵。这些称谓形象地反映了中国帝王权威的垄断性。
>
> 人际称谓,是把个体与社会联系在一起的文化符号。政治性人际称谓体系是角色、地位、规范、价值和利益的网络,是某种政治系统及其相应的文化系统的概括。作为一种政治文化载体,政治性人际称谓以最简洁的社会化方式向人们灌输关于社会构成的自我意识,使人们习惯、接受既成的社会政治规范,在错综复杂的人际互动中找到自己的角色和位置。称谓文化纵向地一代一代相传而经历漫长的岁月;横向地从一个人传向另一个人而遍布整个社会。它塑造和规范着人们的政治心理和政治行为,维系着既成的政治制度。君主称谓是我们分析、认识中国古代皇帝观念和臣民心态的重要材料。
>
> 早在先秦,"器与名"就得到人们异乎寻常的重视。孔子甚至把正名分视为最大的政治。绝大多数君主称谓产生于先秦。《尔雅》中就列举了八种:"天、帝、皇、王、后、公、侯、君也。"经过长期的繁衍变化,君

主称谓竟达数十成百之多。秦汉时期,随着皇帝制度的建立与完善,君主的称谓逐渐制度化,并进一步社会意识化。这些称谓在普通臣民的心目中,是理所当然的事实和规范;在思想家看来,是不言而喻的政治概念和立论前提;在经典及理论层次较高的论著中,通常也是稍加注释、阐明,很少进行逻辑推理式的证明。总之,这些称谓及其基本内涵,被古代的人们普遍视为无须详加论证的定理乃至公理。

名目繁多的君主称谓,大体可分为四类:宗法称谓、权势称谓、神化称谓和圣化称谓。这些称谓绝大多数产生于先秦,定型于秦汉。从历史过程看,这四类称谓递次产生。尽管最初的君主称谓中就同时包含着宗法、权势、神化和圣化四种因素,但相关的字眼正式加诸王冠,又有一个历史演化过程。


稍后,又写了《臣民卑贱论》《论臣民的罪感意识》等文。这些文章只是对形式主义化的一些概念、用语、套话、俗话等,进行了政治文化含义的剖析,涉及的方面很有限。形式主义的东西很多,遍及各个方面,其中所包含的政治文化意义也很丰富,正是这些形式主义的东西,潜移默化中深刻影响了人们的政治观念和意识。从整个学术界情况看,直到目前,这方面的研究还很不够,有待大家关注和发掘。

# 关于政治思想的"阴阳组合结构"说

多位思想史学者认为,传统思想有个很重要的现象,这就是"混沌""浑沦",或者说缺乏逻辑。吕思勉先生曾说:"古人立说所以混沌、而其时亦无分歧角立之说者,正由其时求道之法尚粗,未知多其途以测之也。至于多其途以测之,则人各专一门,而其说势不能尽合,固事之无可如何者矣。"①张岱年先生在《中国文化的基本精神》一文中认为:"中国几千年来文化传统的基本精神",有四方面的"主要内涵":"(1)天人合一,(2)以人为本,(3)刚健有为,(4)以和为贵";"缺陷"则为:"(1)等级观念,(2)浑沦思维,(3)近效取向,(4)家族本位。"②冯友兰等也有近似的论说。

乍看去,诸家所说也确有道理,但随着政治思想研究的进一步展开,我感到仅停留在"混沌"这一层面是不够的,还有深入分析的必要。马克思说过的一句话,"在矛盾中陈述历史",对我启发很大,那么,如何进一步具体化,到底如何在"矛盾"中陈述?这是我常常思考的问题。我发现政治思想的许多命题具有"结构"性关系,而这种"结构"用什么方式概括呢?我的长期思索过程,大致说来有三个阶段。

起初,提出"边际平衡"说。《先秦政治思想史》提出孔子的思维方式是求得"边际平衡";稍后提出,相反相成的观念,是一种"有机的统一体"。1984年发表的《先秦人性理论与君主专制主义》③,提出了相对观念的"统一体":

> 先秦思想家在强调君主专制理论的同时,也强调为民,这就是通常人们所说的重民思想。但是,在他们那里,君与民并不是对立的两

① 吕思勉评:《文史通义》,上海古籍出版社,2009 年,第 211 页。

① 张岱年:《中国文化的基本精神》,河北教育出版社,1996 年,第 82、89 页。

③ 参见丁守合,方行同主编:《中国文化研究集刊》(第一辑),复旦大学出版社,1984 年。

极,而是调和成一种统一体。这种统一体的理论逻辑就是,为民而归之于君,为君又须重民。这种以君为中轴的君民关系论,是贯穿各种具体文化思想内容的主要线索。

再后,我提出"刚柔结构"和"刚柔互补"说。1986 年,笔者与葛荃合写《王权主义的刚柔结构与政治意识——中国传统政治文化特点分析》[①]一文。此文是一次总论,对中国传统政治思想进行了总体概括,在方法论上更明确提出了我们的看法。

文章分三部分:

第一部分论述"中国传统政治文化的总体特征"。

第二部分论述"王权主义的刚柔结构"。

> 王权主义的体系庞大而完备,它的内在构成呈一种刚柔二元结构。刚是指王权主义的绝对性而言,柔指的是王权主义的内在调节机制。
>
> 王权主义的绝对化理论与调节理论有机地融为一体,呈现出一种刚柔互补状态。……天、道、圣人对王权的调节并不触犯君主政治制度本身,调节的对象是那些倒行逆施、背离原则、有损于统治阶级整体利益的昏君暗主。王权调节理论的出发点和归结点只能是使君主政治体制更加巩固。
>
> 政治的运行有其内在规律,政治现象本身却是千变万化的。王权主义的刚柔二元结构使之具有较强的应变性和调节性。刚性原则决定着君主政治的基本方向,柔性理论则根据具体情况不断地积极地进行自我调节,以保证君主政治正常运行,减少政治失误。刚柔二元结构使王权主义本身具有顽强的生存能力。

第三部分论述"王权主义刚柔结构下的政治意识"。

上边说到的"有机的统一体"和"刚柔结构",应该说是后来"阴阳组合

---

[①] 参见朱日耀、刘泽华等:《论中国传统政治文化》,吉林大学出版社,1987 年。

结构"的初始提法,是"阴阳组合结构"说的基础。有时也用过"阴阳结构"
"主辅组合命题"等概念,这在《中国传统政治哲学与社会的整合》的"前言"
中有过简述。2006 年,我写了一篇《传统政治思维的阴阳组合结构》[①],集中
论述了这个命题。之所以用"阴阳"这个概念,无疑与"阴阳"在整个传统政
治思想中具有普遍意义相关。

我认为,"阴阳组合结构"不限于一个具体命题,而是政治思想的结构
问题,甚至是整个思想领域中的普遍问题,即便是时至今日,依然流行阴阳
组合结构的思维定式。文中说:

在传统政治思想中,我们的先哲几乎都不从一个理论元点来推
导自己的理论,而是在"阴阳组合结构"中进行思维和阐明道理。这里
不妨先开列一些具体的阴阳组合命题,诸如:

天人合一与天王合一;

圣人与圣王;

道高于君与君道同体;

天下为公与王有天下;

尊君与罪君;

正统与革命;

民本与君本;

人为贵与贵贱有序;

等级与均平;

纳谏(听众)与独断;

思想一统与人各有志;

教化与愚民;

王遵礼法与王制礼法;

民为衣食父母与皇恩浩荡、仰上而生;

……

---

①《南开学报》,2006 年第 5 期。

我开列了这一大串,是为了说明这种组合命题的普遍性。这里用了"阴阳组合结构",而不用对立统一,是有用意的。在上述组合关系中有对立统一的因素,但与对立统一又有原则的不同,对立统一包含着对立面的转化,但阴阳之间不能转化,特别是在政治与政治观念领域,居于阳位的君、父、夫与居于阴位的臣、子、妇,其间相对而不能转化,否则便是错位。因此"阴阳组合结构"只是对立统一的一种形式和状态,两者不是等同的。我上边罗列的各个命题,都是阴阳组合关系,主辅不能错位。比如在"君本"与"民本"这对阴阳组合命题中, 君本与民本互相依存, 谈到君本一定要说民本;同样,谈到民本也离不开君本,但君本的主体位置是不能变动的。下边就两个组合命题稍做说明,以示其概。

　　先说"道高于君与君道同体"的组合。"道"是中国传统思想文化的核心范畴之一,是理性(也包含程度不同的神性)的最高抽象,又是整个思想文化的命脉。

　　"王"是最高权力者的称谓,同时又代表着以专制权力为中心的社会秩序,以及与这种秩序相对应的观念体系。

　　道与王是什么关系?就我拜读过的论著,特别是新儒家,十分强调儒家的道与王是二分的,常常把"道高于君""从道不从君"作为理论元点来进行推理,认定道是社会的独立的理性系统,由儒生操控,对王起着规范、牵制和制约作用。就一隅而论,足以成理。然全面考察,则多偏颇,在我看来,道与王的关系是相对二分的与合二为一的有机组合关系,分中有合,合中有分,分合相辅,以合为主。这不限于儒家,而是整个传统思想文化中的主干。

　　"道高于君""从道不从君"只是组合命题一面,还有更重要的一面,这就是"君主体道""王道同体""道出于王"。

　　……

　　道、王相对二分与合二为一是有机组合关系,同时也形成一种思维范式,历史上最伟大的思想家都没有从这种范式中走出来。这种思维范式的影响比具体内容的影响更为广泛和深远。

　　……

294

"民唯邦本"与"君为政本"，"民贵君轻"与"君尊民卑"，"君以民为本"与"民以君为主"，从平面上看是相对的。如果置入"阴阳结构"中，而两者各得其位，中国古代政治思维巧妙地将二者圆融在同一理论体系之中。这种思维方式和理论结构注定了民本论同时具有尊君、罪君双重功能。在这个结构中，罪君不是要改革君主制度，而是乞求清明的君主降临人世。

　　"阴阳组合结构"无疑是我的概括，但其内容则是古代政治思维的普遍事实，这种结构性的思维应该说是极其高明的，它反映了事务的对立与统一的一个基本面，也可以说是"中庸""执两用中"思想的具体化。这种"结构"的思维方式和认知路线对把握事务非常有用，也非常聪慧，正是所谓的"极高明而道中庸"。80年代初，我在《先秦政治思想史》一书中曾用"边际平衡"来分析和说明孔子的"中庸"思想，应该说"阴阳组合结构"把"边际平衡"更具体地揭示出来了。就思想来说，这种结构的容量很大，说东有东，说西有西，既可以把君主之尊和伟大捧得比天高，但又可以进谏批评，乃至对桀、纣之君进行革命。由于有极大的容量，以致人们无法从这种结构中跳出来，至少在政治思想史范围内，直到西方新政治思想传入以前，先哲们没有人能突破这种"阴阳组合结构"。最杰出的思想家黄宗羲虽有过超乎前人的试跳，但终归没有跳过去。

　　在政治实践上，这种"阴阳组合结构"的政治理念具有广泛的和切实的应用性。以古代的君主专制体制为例，一方面它是那样稳固，不管有多少波澜起伏，多少次改朝换代，这种体制横竖岿然不动；另一方面，它有相当宽的自我调整空间和适应性。我想这些应该说在很大程度上得力于政治思维的阴阳结构及其相应的政治调整。

　　这种思维定式影响至深，在我们现实生活中还广泛流行，依然笼罩着许多人的思维。比如我们习以为常的"民主基础上的集中"与"集中指导下的民主"的组合；从来就没有救世主与有大救星的组合；法大与权大的组合；以什么为指导与百家争鸣的组合；领导一切与人民当家做主的组合；在什么领导下与行政首长负责制的组合，等等。在过渡时期，这些无疑具有很强的包容性和灵活性，也许在一个历史时期是适用的，甚至是难有其他选择，但在学理上是需要分析的。1986年我曾写过一篇文章《除对象，争鸣不应有前提》，对以什么为指导与百家争鸣问题进行了辨析。我想，对类似的问题都应从理论上做进一步的辨析。只有通过辨析，指出其在历史进程中的局限性才可能更有效地推进政治改革。如果我们不从这种"阴阳组合结构"中走出来，我们就不可能登上历史的新台阶。

我自信，"阴阳组合结构"说较之"混沌""浑沦"说是一个推进，使问题能更清晰地展现出来，令人得其要领。当然这个"结构"凸现的是王权主义，因而引起一些人的反驳和情绪上的反感，似乎有诬光辉的传统思想文化。希望反对者诸公从事实上予以驳斥，我期待着！

# 参与社会史研究

## "中国社会史研究中心"

社会史是个老问题，但 1949 年以后，社会史这个词几乎从史学中消失。南开学人率先重新提出研究社会史问题。

就我记忆，过程大概是这样的。1983 年秋，开完"中国封建地主阶级研究学术讨论会"后，我与冯尔康，还有《历史研究》的诸葛计，一同乘火车去桂林参加"中国农民战争史学术讨论会"。在车厢里一块闲聊，冯尔康提出应该研究社会史，当即得到我与诸葛计的支持。此后，冯尔康写了一篇《开展社会史研究》的文章，发表在《历史研究》上。1985 年，我被选任南开历史系主任，从那之后，经过细致的学术准备，1986 年 6 月，南开大学历史系成立了以冯尔康教授为主任的我国第一个中国社会史研究室；同年 10 月，在南开大学举办了首届"中国社会史学术讨论会"，学术界同仁认为这次会议首开新时期中国社会史研究之先声。

会议主要由冯尔康同志操持，我从旁协助，另外又邀请《历史研究》编辑部和天津人民出版社合作办会。会前，我还请社会学系主任苏驼同志帮助联系费孝通老先生，希望他能出席会议给撑撑门面。南开是第一家重新开办社会学系的，费老是撑门面的兼职教授，与苏驼交往密切。苏驼对我们的会议也很支持，打保票说能请到费老出席，那时费老已是全国政协副主席。我与苏驼专门赴京面请。费老倒是客客气气接待了我们，但对我们的议题似乎没有留意，也没有兴趣，也不想发表意见，弄得我们很扫兴，无奈只好灰溜溜地离开。我当时颇有点感触，大概是我们俩面子太小，不够格！算啦，没有大人物赏光，那就由我们一群小人物自办吧！一不做二不休，干脆，开会仪式也来了个大改革，不设主席台，不请头面人物。第一次会由我主持，除了教务长从台下上来表示对客人欢迎，接下来就进入会议主题，请成露西(美籍华裔著名社会学教授，正在南开访问)、冯尔康和王玉波同志做主题发言。简化了仪式，增加了实质性内容，得到出席会议者的赞同。自此以后，我主持的多次学术讨论会，一概免去形式主义，学人的事学人办！难道非请大人物不成？

据冯尔康同志回忆，费老在会议即将结束时接见了主办方及部分与会学者，约二十人，发表了谈话。

此后，南开与史学界一部分学人积极开展了中国社会史研究，并取得明显成果，逐渐成为史学界的一个热点；组建了"中国社会史研究会"，冯尔康教授被推选为会长，我一度是学会的常务理事。2000年9月，中国社会史研究中心通过教育部审批，成为"普通高等学校人文社会科学重点研究基地建设计划"的入选机构。南开大学中国社会史研究中心，是学校根据教育部深化科研体制改革的精神及建设一流的人文社会科学重点科研基地的要求，以中国古代史和中国近现代史两个国家级重点学科为依托，以"211工程"建设项目"中国社会历史"为基础组建的。

社会史中心主任，按说应该由冯尔康同志担任，由于他年过六十五岁，而按教育部章程规定，六十五岁不能任职，同时他又到退休之年。主持筹建事务的张国刚教授是系主任，按规定又不能兼任。于是提议由我担任，而我也六十四岁有余(我退休要晚一些)。尽管我一直是社会史研究的积极支持者和参加者，但我主攻方向毕竟不在这里，我实在犹豫不定，建议另谋他人。张国刚——数人头后说，你不接受，事情就很难办，甚至成为一个麻烦问题。主管校长也出面说项。我也有很大压力，万一没有通过，我将处于十分尴尬的地位。话说回来，我是老南开人，又是古代史学科和"211工程"项目"中国社会历史"带头人，南开的事，我也不能袖手旁观，最后就应允了。"中心"被批准之后，社科处处长几次谈到被批准的原因，其中之一就是我这个带头人被评审者认可。所幸的是，总算没有因我而砸锅！

我既担任主任，自然也要做点事，回想起来，主要做了两件事：一是充当和事佬；二是提倡大社会史(广义)研究。

说和事佬，就是调和矛盾。按规定，"中心"与历史系是平级的，都直接由分管副校长主管。"中心"与历史系应该各有自己的圈子(人事编制、空间、设施等)和利益(财务、项目等),互不相干,但实际上根本做不到。比如,"中心"必须有四百平方米的空间,没有就否决。南开历来房源紧张,历史学科尤甚,学校上哪里给弄来四百平方米?只好把教研室临时挂上"中心"的牌子,教育部社科司也可能睁着一只眼闭着一只眼,未加细究。"中心"立项之后,很多实际问题就凸现了。"中心"与历史系分合的矛盾表面化。从实际出发,我只能做"和事佬",提出十六字方针:"分则两伤,合则两利;利益有别,共享有异。"在我这个老头面前,诸位少壮也就不好说什么了。这样把"中心"与历史系整合在一起,对后来的发展是有利的。

说到社会史,它究竟是领域问题、方法(理论)问题,还是视角问题,至今仍争论不休,另外也有广义与狭义之争。我主张撇开这些争论,不必拘泥某种意见,从南开人员的实际和课题出发,来组织队伍和立项。立项无疑有限制,这样就使一些人难于参加进来,对我颇有意见,我也顾不上了,只能以立项来说事,谁能申请立项、被批准就能分一杯羹。我不能离开立项而迁就人,即使是大专家也顾不上了。一开始设置了四个研究室,也就是研究方向:

其一,社会思想与大众心态史研究室;

其二,传统基层社会与国家权力研究室;

其三,社会生活与风俗史研究室;

其四,区域社会史研究室。

立项之后我很少管事,由承担者自己负责。随着年岁更大,我多次提出不再担任中心主任,有几次面对书记、校长,提出退下来,都被他们同声婉拒,不予考虑,大约他们仍需要一位"和事佬"吧,直到我七十岁,才得以了结。

## 撰写《士人与社会》

天津人民出版社编辑很敏锐,认定社会史是一个有广阔前景的领域。1987 年,他们出资邀请京津七八位作者,在蓟县一个幽静的环境中商议具体的选题,计划推出社会史研究丛书,我有幸忝列其中。会议主持者是天津人民出版社文史编辑室主任章以淼先生,他真能干,把会开成务实的神仙会、集聊天儿(当时怎么搞,谁也说不清)、拟选题、落实作者、旅游、饕餮(农村吃住,便宜而新鲜)于一体。最后落实给我的任务是写《士人与社会》,此前我并没有这个计划,是这次会拟订的。其他人也一一落实了题目。

拟议由我写《士人与社会》,这与我在《历史研究》发过一篇《战国时期的士》有关联。那篇文章字数有限,现在要写一本小册子,还需收集更多的材料,我便约刘洪涛、李瑞兰各写了一章。稿子到1988年初完成,10月出版,同时推出的还有另外两本旧作再版,名曰"社会史丛书"。新一轮出版社会史,天津人民出版社走在了最前列,是出丛书的第一家,其后有很多出版社跟进。后来,人们说到社会史研究第一批著作时,大都会提到我们的《士人与社会》(先秦卷),这是我们的一点荣幸。

《士人与社会》(先秦卷)写了些什么,请读者翻一下目录就能知其大概。这里我说一下主旨:

其一,士人是社会思想文化的主要生产者,由于士人最关切的是政治,因此他们创造的思想也多以政治为归宿,以服务于君主专制体制为主流。于是我们的结论是:士人创造的各种思想,其主要内容成为君主们所需的思想库。

其二,士人的多数以仕进为目的,即"学而优则仕",而出仕的对象是君主们。因此,士人是君主们的人才库。

其三,士人是社会角色上下交流的中转站,是社会活化的枢纽,既是社会最有创造力的阶层,又是最能上下其手的投机客。中国社会没有走向太僵化,多赖士人阶层起着活化的作用。

《士人与社会》先秦卷写完之后,又邀请孙立群、马亮宽撰写了秦汉魏晋南北朝卷,主旨基本上仍是前述的三点,但士人在高度君主专制体制下依附于皇权的特点更加突出,"用则为虎,不用则为鼠",既可恨,又可悲。当然虎、鼠之间还有不少空隙,在此空隙中间,不少士人还是有很多创造的,给历史增添了许多光彩。

## 揭橥战国"授田"制

前已说过,1971 年开始招收工农兵学员,要讲授中国古代史,用什么做教材呢,难坏了任课教师。想用郭沫若主编的《中国史稿》,但无处购买,于是提出自己编写。在当时的历史环境下,我(助教)被指定为召集人,我的老师教授们都成为我"领导"下的成员。我负责撰写战国秦汉部分。

写作过程中,遇到土地制度这个大问题,我们面对的是"文革"前的学术积累,不管社会形态与分期如何不同,在土地制度上多数都认定战国是土地私有化时期,小农通过各种渠道成为小土地私有者。土地私有化是当时学术认识的主流。此外还有土地国有的观点,但国有土地是如何经营的,似还没有深入论说。土地国有论,在"文革"前和"文革"中曾被当作修正主义进行过批判。面对这种学术大局,我如何选择和站队,是一个难题。根据自己掌握的史料,就战国的实际而言,说土地主要是私有,感到很难说得通。我倾向土地主要还是控制在诸侯手里,但又不是都由诸侯们直接控制,于是提出了一个土地"多级所有"概念,意在整合土地私有与国有两种理论。诸侯掌控的土地如何运营呢,这是个不大清楚的问题。经过反复分析所掌握的材料,我提出诸侯各国普遍实行着一种"授田"制。学术界过去论证井田或公社,曾承认有"授田",但只限于西周,从来没有人把"授田"用于战国,认为随着井田制的崩溃或公社的瓦解,到战国已经没有"授田"制了。在写教材时,就自己所掌握的材料,我认为战国时期的土地主要属于诸侯,各诸侯国普遍实行"授田"的方式,把土地授予农民,于是我大胆地提出了战国普遍实行"授田制"。最初我是在 1972 年写教材中提出的。1973 年铅印的《中国古代史稿》,书中有一段话:

> 封建国家通过"授田",把一部分土地分给农民耕耘,农民要负担沉重的赋税和徭役、兵役。这些农民都被详细地登记在户籍里,并派有专门官吏管理,没有任何行动自由,如逃亡被捉住要施以严重的刑罚。这些编户民实际上是封建国家的农奴。

我的意思很清楚,"授田"是一种社会体系,关涉赋税、徭役、兵役、户籍和行政管理、人身控制。我得出的结论是,"授田"制下的农民是农奴。

教材虽不是公开出版物,但印了几千册,很快就销售一空,所以流布还是相当广的,很多学校选作教材,许多图书馆大概也有藏本可查。

写完教材之后,我一直留意战国"授田"制问题,不断地积累相关资料。1975年,湖北云梦睡虎地出土秦简,《文物》1976年第7期公布了《云梦秦简释文(二)》,其中《田律》有"人顷刍、藁,以其受(授)田之数"的记录。看到秦简中"受(授)田",我十分兴奋,给我此前提出的"授田"提供了铁证,随后我就着手撰写《论战国时期"授田"制下的"公民"》一文。

为何把"授田"与"公民"联在一起呢?这要简单说一下我当时思考的问题。在批判"四人帮"的同时,我也开始反省往日的"阶级分析"被僵化的问题。于是,我在教研室提出"重新"研究古代的"阶级"问题。所谓重新,指的是视角从硬邦邦的阶级划分,转向研究社会固有的身份和等级问题。此提议获得同仁们的支持,我找到《南开学报》负责人刘健清,说明了我们的意向,立即得到他的支持,同意开辟专栏。

我的文章在1977年完成,虽然秦简中有"受(授)田"的铁证,但公开著文提出战国普遍实行"授田"制,心中总有点不踏实。我意识到这是个大问题,如果考证有误,那就栽了。我怕出娄子,便去征询我的老师郑天挺先生的意见。郑先生是考证大家,看后即刻表示支持,认为我的文章有根有据,足可成立,是关涉历史进程中一项大制度的文章,鼓励我不必自我怀疑,要有勇气提出新的见解。我的文章原本是论"公民",对是否标出"授田"制多少有点犹豫。先生说,一定要标出"授田"制,这篇文章的意义应该在这里!老先生当时已近八旬,看到自己的学生有新的发现,很是高兴。1977年底,我的文章送《学报》,刊登在《南开学报》1978年第2期,是专栏的开篇。

据郝建平《战国授田制研究综述》一文,截至2003年,有几十篇论述战国"授田"制的著作、文章,可见"授田"制的确是一个影响其后历史的大制度,所以,有那么多的学者论证"授田"制。在当时的情况下,连续发表这么多的文章,当然不是对我文章的回应,而是对竹简的反应。当时人们还缺乏知识产权意识,写文章时,虽然关注前人的研究成果,但在行文中多半阙如,所以,那么多写文章的人,也没有提及我的文章。直到90年代提出尊重学术史,才被郝建平首先关注,郝文中心问题之一,是考察谁首先提出了战国的"授田"制?根据他的追寻,首先论述战国"授田"制的是我的《论战国时期"授田"制下的"公民"》一文。①其实应该更早,这不能怪郝建平,他没有看过我们1973年的铅印教材。近年,学者们留意学术史,袁林教授在《两周土地制度新论》一书中指出:"战国时期的基本土地制度是国家授田制,这一结论已被大多数史学工作者所接受,成为研究战国历史的一个新的立足点。"注释说:"最早提出战国授田制这一概念并加以系统论述的是刘泽华《论战国时期"授田"制下的"公民"》,见《南开学报》1978年第2期。"②晁福林教授在《先秦社会形态研究》一书中说:"关于先秦土地制度的研究,自20世纪70年代末和80年代初期以来,专家们对于战国授田制曾经给予许多注意,发表了不少精辟的见解。"文中注释说:"有代表性的论著,如刘泽华《论战国"授田"制下的"公民"》……"③,把我的文章列于首篇。

我在1973年铅印的内部教材中已论及战国"授田"制。早在1975年湖北江陵出土的秦简之前,胡适说发现一个字,犹如发现一个恒星。我发现的是一个影响中国历史进程的大制度,如果学术史的事实无误,这个发现,无疑是我学术生涯中最称意的一件事。

---

# 探讨历史认识论诸问题

　　历史与历史学是不同的,历史是一种不可更改、不能再现、不能复制、不能重复的一去不复返的事实;历史学是历史学者对历史事实的认识和再现。认识必定有认识者的主观因素,因此史家展现的历史,也就成为一种认识者主观与客观历史相组合的混合物。在这里,展现客观历史事实就是摆出史料(各式各样的史料),谁能罗列出更多、更全面、更典型的史料,大致说来他的认识就比较可靠,而在此基础上,对历史的抽象,也就具有更多的说服力和解释力。

　　既然历史学可被视为一种特殊的认识学,那么,认识主体的主观因素,就是历史认识中的主动因素。然而,认识主体又是一定认识环境中的人,许多时候,不管是主动或被动,他的认识是被成见束缚和定格的,是被某种认识框架笼罩的,这就是常说的在某种理念指导下进行认识。这种现象是普遍存在的事实,并不是限于特定的意识形态范围内的现象,应该说,历史认识主体大都会以某种意识形态作为理论的先行。历史学家以某种理论或理念为指导,这不是反常现象,而是必然的事实。因为历史学研究者或者是在一定理论环境中成长起来的人,或者是自己独创了一种理念,并成为这种理念的执行者。

　　历史研究者在自己的历史认识过程中,常常会不断进行理念的自我调整,或扬弃原来的理念,于是可能带来对历史的再认识、再解释。这种现象,只要不是被迫顺从,乃至卑躬屈膝、昧着良心地迎合,而是自己依据充分的资料由衷地更改或调整,不应受到鄙视和唾弃,应该视为历史认识过程中常有的正常现象。当然,要堂堂正正地表明自己变动的缘由,不要遮掩自己的历史。

　　大致说来,我三十五岁以前信奉"神明",对历史的认识都在特定的认识框架中盘桓,那时什么都清楚,因为都不是我自己的思想,我是个迷信到盲从的信徒,"理解的要执行,不理解的也要执行,在执行中加深理解"。1971年的"九一三"事件,像晴天霹雳,打得我天地旋转,被弄得一塌糊涂,什么都摸不到头绪,由是疑问不断袭来。特别是1976年的"日记"颇具"反动性",成为我再思索的起点。但我不是掀翻桌子的人,而是固守着"底子",是逐渐从特定框框中向外蠕动。

"文革"以前和"文革"期间的历史认识,基本是以最高领袖和特定权威的认识范式自限,不敢越雷池一步。"文革"之后,有一段是历史认识向前进的挣扎时期,想冲出固有的樊篱,但又有很大的阻力。阻力既来自官方"两个凡是"的硬性规定,又有自身的局限,我在本编的开始已做了自述,下边接着说其后的几篇有关文章。

## 史学危机与从凝固的"范型"中走出来

80年代中期,"史学危机"的呼声颇盛,我也介入了讨论,写了《"史学危机"与对历史的再认识》①。不过,我认为"危机"不是那些表面问题,而是更深层次的认识"范型"问题。我提出马克思主义作为一种意识形态,应区分为原生形态、次生形态和再次生形态:

> 如果说马克思恩格斯所创立的马克思主义是在一定历史条件下产生的一种理论体系和意识形态,那么后人对他们的学习和理解又会在新的历史条件下构成一种次生的意识形态,这种次生的意识形态同马克思主义的原生形态既有联系,又有新成分。这种次生形态在一个时代也会形成一定的"范型",而被众多的人所接受。这种"范型"具有时代的意义,随着历史条件的变化,它不可避免地会有过时的地方。

由是,谈到历史学界的情况:

---

① 《书林》,1986年第2期。

就我国史学界的情况而言,迄今为止,所形成的认识"范型",基本上是以郭沫若、范文澜为代表的老一辈马克思主义史学家学习马克思主义的成果。从中国史学的角度看,郭沫若等所形成的知识"范型",具有划时代的意义,导致了中国史的全部创新改写,此功当不可灭。但是时代发生了重大的变化,老一代马克思主义史学家所形成的知识"范型"已不能完全适应新时代的需要,或者说,在新的历史发展面前,有些过时了,新时代要求史学家对马克思主义进行再学习。现在提出的许多过去不能提或提不出来的新的理论问题,如历史发展动力问题,人民群众与创造历史问题,五种社会形态问题等等,正是马克思主义再学习兴起的标志……对马克思主义的再学习,势必促使人们对历史进行再认识。

在我看来,史学危机在于"范型"已经过时,需要新的再认识的兴起。

## 《除对象,争鸣不应有前提》

这是文章的题目,载于《书林》1986年第8期。时间又过去了近三十年,我依然主张"除对象,争鸣不应有前提"。从广义上说,百家争鸣要不要有理论前提,不仅是历史学中的问题,同时是一切认识领域的根本问题。承认有前提,必然导致自我禁锢和僵化,是一个不能不辩的大问题。文章讲了几个问题:

第一,报刊有权利提出自己的指导思想。

　　有许多报刊在自己办刊宗旨或约稿启事中,几乎都讲,在马克思主义指导下开展百家争鸣云云。我想,报刊做出这样的规定,明确宣布自己办刊宗旨和指导原则,不仅是可以理解的,也是自己的正当权利。

第二,从广义说争鸣不宜有前提。我之所以提出争鸣不宜有前提,道理如下:

其一，众所周知，百家争鸣是为了发展科学。科学这种东西是为了探索和说明对象，因此科学只对对象负责。毫无疑问，马克思主义是引导人们走向科学的康庄大道，但是我们不能认为马克思主义是引向科学的唯一之路，更不能认为除了马克思主义，一切都是昏话。如果真的这样认为，须请先证明除了马克思主义的全部知识都是谬误，否则，那只能是武断。

其二，我是信奉马克思主义的，那么为什么还要在百家争鸣应不应该有前提这个问题上做文章呢？这涉及如何对待非马克思主义学派以及怎样理解马克思主义是开放的问题。从认识论上讲，在认识对象面前，一切学派都应该是平等的，谁先认识了对象，谁就在科学领域处于领先地位。因此，在认识对象面前，各种理论与方法是一种认识竞争关系，不应该有谁领导谁的人为规定。我们马克思主义者坚信沿着马克思主义道路能最快地攀到科学的顶点，但我们也不排除非马克思主义者也会做出重大的贡献。如果有这样的胸怀，科学事业就会全方位前进。再者，我们说马克思主义是开放的，如果不承认在马克思主义之外还会有科学发现，那么开放什么呢？向谁开放呢？

其三，还有，谈百家争鸣，不能只限于一国之内。思想文化和科学认识这种东西是没有国界的。众所周知，我们引以为经典的马克思主义并不是中国的土产，而是从西方传来的。在现代世界交往如此频繁的情况下，思想文化已远远走在政治、地理区划的前头，逐渐成为一盘棋。……这种争鸣有马克思主义内部不同流派之争，也有马克思主义与马克思主义以外各种理论和学派之争。

第三，学术与政治不能截然分开，都应属于认识范畴。当时有一种普遍的看法，就是把政治与学术分开，对此我不赞成：

为了推进百家争鸣，有些同志著文一再呼吁要把政治与学术分开，并反复论证学术争鸣除去少数情况，一般不具有阶级性。在粉碎"四人帮"不久那一段时期，每读到这些论述，常常产生一种轻松感。

但时隔不久，又发生了在学术领域反对资产阶级自由化的斗争，调门还相当高，至今余波未消，于是不得不重新思考。有两个问题总是在我的脑海里盘桓不止：第一个问题，政治和学术的分界线究竟在哪里，由谁来划分？第二个问题，意识形态领域到底还有没有阶级斗争，在什么情况下具有阶级斗争的性质，这种性质又由谁确定？思考使我越来越倾向于如下这种说法：政治和学术根本无法彻底分开，想分也分不开，也没有人能分开，有人要分那也只是属于他个人的事。把两者分开的道理难以把握，分不开的道理却很简单。从科学上讲，一切领域、一切对象都是学术所需要探索的，政治作为一种现象，也应包括在学术探索的对象之内。在这种情况下，如果一定要把政治和学术分开，政治就会变成一块神秘的土地，变成超对象的不可知的东西，变成中世纪的神堂。众所周知，客观事物本身是错综交织的，因此知识本身是连在一起的。硬要把政治从社会科学体系中挖走，那么整个社会科学就会变得残缺不全，不成体统，大部分社会科学因此而失去它科学的意义。现在学术越来越不承认有任何不可认识的禁区；政治，一方面应充分保证认识的自由，另一方面又对各种认识进行选择，这种选择应该像到商店里买东西那样，不买的并非无用的，更无权毁弃。所以学术与政治的关系，应该是自由认识与自由选择的关系。政治家们不要超出法律规定去干涉学者们的认识自由，学者们也要承认政治家在法律范围内有选择的权力。为了妥善地处理两者的关系，关键是要有相应的立法。

第四，学术领域还有否有阶级斗争？

目下在学术领域，有没有马克思主义与非马克思主义、反马克思主义以及不同阶级之间意识形态的矛盾与斗争呢？如果干脆说无，事情自然好办；可是大家又说部分争论不具有这种性质，但少数还是有的。这样一来就麻烦了。这个界限如何划，由谁划？由于每个人的知识结构、思想方法、经历不同等等原因，常常仁者见仁，智者见智。另外，大部分和少部分又如何分？每个人可以说我属于大部分，但每个人又都是个体，又可能属于少部分。特别是学术这种东西个性很强，更容易与"少数"发生联系。所以，用"大部分"与"少数人"根本无法解决这个问题。如果在事实上存在着"主义"之争和"阶级"之分，那么争鸣中不用阶级分析，不用"主义"，就无法分清事实上的"有"；一用，一些人又认为打棍子、扣帽子。这样一来左右为难反而更麻烦。我看，索性不如把问题明朗化。在目前的大千世界不可否认确实存在着不同的"主义"，"主义"的背后能说没有阶级的影响和作用？事实上既然有，理论上就不必回避，有理有据阐明"主义"上的分歧于学术进步不但无妨，而且是一种推动，学术常常是相激而进的。我认为讲主义，甚至讲阶级，对理论上诚实的追求者构不成妨碍。在理论与学术上不要搞你好我好，大家都好，而要提倡执着的追求。为此，倡导不怕天、不怕地、不怕神、不怕鬼。在争鸣中，不要怕讲"主义"，也不要怕"上纲上线"。反之，把讲"主义"、分"阶级"看作正常现象，你来我往，一律平等。

今后的百家争鸣，还会不会出现激烈的场面，会不会出现政治干预？我相信会发生的。发生了怎么办？如果是自己错了，而且真心承认错了，就改正；如果认为自己有理，就应该向张志新、孙冶方学习。历史的进步很大部分是由苦难做代价的。马克思把科学追求同登险峰与进地狱连在一起，真是至理！一切追求真理的人，要不畏艰难攀登险峰，同时要准备随时进地狱。


## 《史家面前无定论》

这也是一篇文章的标题，刊于《书林》1989 年第 2 期。应该说文章涉及历史学和一切社会科学的认识论的大问题，甚或是大忌问题。文章主要部分如下：

在从事历史研究时，常常在研究之前会浮现出如下一些习惯之论,如"历史早已结论""盖棺论定""已有定论",以及某某机关和权威已做出"结论"或"决议"等。在这些结论面前,许多史学工作者常常把这些作为前提和遵循的准则,对这些历史问题只做顺论,与己见不合,或却步不前,或绕道而行。

针对这种现象,我提出这样一些疑问:在史学家研究之前,应不应该把某些定论作为前提呢?如果作为前提,它是建立在什么基础上呢?如果不能作为前提,又如何对待那些确实已存在的定论、结论呢?从历史认识上看,这些结论、定论处于什么地位呢? 等等。

历史的定论、结论很多,约略而言,可分为如下几种情况:

一是由法律对某些事件、人物做出的判决性结论或定论;

二是由会议对某些事件、人物等做出的决议性结论或定论;

三是由权威人物对某些事件、人物等做出的个人判断;

四是公众道德和传统习惯性的所谓公论或舆论。

有关这方面的事例举不胜举,作为史学家如何对待这些结论或定论,特别是如何对待社会主义运动中这类历史现象,是件十分复杂而麻烦的问题。在这方面,几乎整个史学界曾有过长期的、惨痛的经验与教训。在这些结论或定论面前,史学工作者不仅失去了主体意识,一切要以此为准,而且还要顺着这个方向广搜材料为这些结论与定论作证,甚至有意无意地阉割、歪曲历史事实顺从或迎合这些结论或定论,其结果导致历史失真,并由此带来一系列荒谬。……而且至今,从理论上还没有解决本文中所提出的问题。当前史学界虽然冲破了许多禁区,过去不能摸不能碰的问题,现在可以摸可以碰了;过去不能进行异向思考的问题,现在可以进行异向思考了,这是很大的进步,然而时至今日,历史的大门并没有完全敞开,许多领域仍被封闭,一些史学工作者仍认为某些结论、定论是不可更改的,只能进行顺向注释、解说和论证,把某些结论视为前提、出发点和必须遵循的原则。

历史研究常常会涉及许多与现实生活纠葛在一起的复杂问题,从这个意义上说,对一些问题的研究要慎重,以致做出某种限制也是可以理解的。但在理论上必须辨清,所谓的结论、决议、定论等等,是

不是史家所必须遵从的前提,我的看法是否定的,道理如次:

首先历史上的一切,包括所谓的结论、定论等等,同史学家的关系只能是认识客体与认识主体的关系,而不是领导与服从的关系,更不是某种硬性规定关系,一句话,两者之间不存在行政化、组织化的关系。认识主体与认识客体之间只能是反映与被反映关系。反映与被反映之间除了应遵循反映规则,它排斥任何其他原则。认识客体除了作为一种存在,它对认识主体没有任何约束。认识主体在认识客体面前是能动的"上帝",他除去对认识对象负责,不应接受任何外来的干涉。

反映与被反映的结果最好是一种映象,但是在实际上这一点是很难做到的,且不说客体的复杂性,单是认识主体就是一个无穷的变项体,除了通常所说的立场、观点、方法,还有认识结构、情感、价值取向等因素。认识主体的变项性质势必造成认识结果的多样性。那么能不能对认识主体的认识轨迹做出硬性规定,以确保反映的结果是一种真切的映象呢?我个人非常盼望这一天的到来,但到目前为止,人类的智慧远还没有达到这一步。在这一点上,我是个悲观主义者,我怀疑这一天能否到来。迄今为止,唯物主义的反映论是最科学的,它虽指明了前进的方向,但对认识主体的变项问题仍束手无策。在这种情况下,我认为认识主体对认识客体的自由认识是唯一有可能接近真切反映的保证。作为认识主体反映的结果,可能人人各异,但认识的总和则毫无疑问会接近认识客体。如果有人硬把作为认识对象的某种结论、定论等变为认识主体认识的前提,其结果势必破坏认识主体的自由认识。认识主体失去了自由认识,唯物主义的反映论首先就被破坏了,其结果只能南辕北辙。

过去有一种十分流行的说法:首先做革命者,然后做学者。在很长的时间内,我未加深思地接受了这种观念。现在静下来沉思一下,它的含义究竟是什么呢?对这个问题可以从不同角度去理解,如果与本文所谈问题联系在一起,这种提法就很值得再思了。我认为,学者,作为认识主体,没有什么比自由认识更神圣了,任何东西都不宜凌驾在它之上,否则认识就会受到扭曲。首先做革命者,而后做学者的提法对科学认识的发展不但无补，常常使认识降为政治的婢女或低劣的工具，其结果，既有损于认识，又对科学的政治有害。这样讲，是不是学者、史学家不能与某种结论、定论相一致呢？当然不是。不过这种一致只能是研究的结果，而不是出发点。

其次，历史在其发展过程中，常常是诸种因素的重新组合，这种组合会赋予某些定论、结论和决议以新的意义，从而导致它们的重新认识。

历史不可逆转决定了历史事件、人物行为、定论的确定性。然而许多事件、人物行为、言论等不是随历史翻开新的一页而消失，它们常常作为某种遗存而加入到新的历史行列中去，表现出新的意义，或者说，在历史发展的全过程中才能充分展现它的意义。……"文化大革命"已经结束了十年，中国的历史已经翻开了新的一页，但谁都无法否认，"文革"的遗存还与我们的生活纠缠难分。总之，较为重要的事件、人物等的作用与意义，需要经过相当长的时间才能充分完整地表现出来。

与上述情况不同的是，许多有关历史事物的决议、结论、定论等等，不是基于历史的评价，而是基于现实的某种迫切的政治、经济需要而做出的，一般说来，是由政治家们决定的。政治家活动的一个重要特点就是临事而断。如果他们不对某些急迫的问题适时做出结论、决断和处理，局势就无法驾驭和控制。在这里利益可能高于一切，道德呀、公正呀、合理呀，等等，只能退避三舍。高明政治家的决断，一般经得住历史的检验，低劣的政治家则可能立即遭到历史的惩罚。正是在这一点上，显示了政治家们的高低之分。历史常常开人们的玩笑。由于种种原因，某些决议、结论、定论一时间靡然向风，受到多数人的支持和拥护，似乎与历史的发展相符合，获得了历史的通行证；反之，对决议、结论、定论等持不同见解的人则遭到批判、孤立，似乎被历史抛弃。一时间似乎各自都被置于稳定的历史位置。然而历史却是这样的无情，随着时转运迁，曾被多数人接受拥护的决议、结论、定论，越来越成为历史发展的障碍；一时被批判、受孤立的少数人的主张却显示了强大的生命力。现在多数人才清醒过来，在农业合作化中被批判的"小脚女人"，恰恰是站得住脚的历史硬汉。

既然许多历史事件和人物的作为包括所谓的决议、结论、定论，在历史的发展中不断与新的历史条件重新组合，展现新的意义，那么，决议、结论、定论等等怎么能成为历史学研究的出发点或必须遵从的原则呢？

政治家们要求人们，包括史学家，遵从决议、结论、定论之类，是合乎政治家的秉性与政治的功能的。但是作为史家的独立研究与自主认识，他完全有权拒绝政治家的这种要求。在这个问题上，求同存异、平等对话是唯一合理的方式。……

这里附带说一句分工问题。我们天天讲社会分工，劳动分工，但是我们又常常缺乏真正的分工意识和相应的行为准则。在很长时期内，强调的是认识一元化，不承认认识上的分工，要求所有的认识统一和服务于一种规定性的认识，或用一种认识统辖一切认识。其结果只能是僵化、教条，甚至引出造伪。我认为应该切切实实承认在认识上没有什么人掌握了一通百通的"一"。世界上根本不存在一通百通。过去搞的一通百通是借权力实现的，这种情况无论如何要改变，关于这个问题我将另文讨论。

再次，价值标准的变化也会引起不同的评价。有关历史的结论、决议、定论等等，不仅仅是价值判断，但无可否认，其中也包含着某种价值判断。关于历史认识中的价值问题，我曾与张国刚同志写过一篇专文讨论①，这里从略。价值问题的一项重要内容是主、客观的复杂结合。简单地说，讨论价值问题首先需要确定价值标准。价值标准有许多，对历史事物、人物做决议、结论、定论，与历史学家研究这些问题，对价值标准的选择可能是不一样的。标准不同，认识就不可能相同；即使是同一个标准，由于对形势、程度的估计不同，也会得出不同的认识。远的不要说，新中国以后，围绕着以阶级斗争为主，还是以发展

---

① 刘泽华、张国刚：《历史研究中的价值认识》，《世界历史》，1986 年第 12 期。

社会生产力为主，就有数不清的争论与相应的决议、结论、定论等。至今这个问题还没有解决，还在争论。

价值问题具有非常明显的主观性，也可以说有很大的随意性。这是谁也没有办法避免的。有些人标榜完全的客观主义，摒弃价值论，其实，他们所谓的纯客观主义恰恰也是一种价值论。价值问题是人的社会化活动的一部分，反过来说，只要是社会化的人，参与社会的交往，就不可能消除价值关系。道家讲的"无"，佛家讲的"空"，似乎抛弃了一切，然而在社会交往中这正是一个价值项。

我强调价值的主观性、随意性及其不可避免地存在于人的活动之中，无非是要说明关于历史的任何权威性结论、决议、定论都是相对的，都是可以重新认识的，可以重新评价的。

基于上述三点理由，我认为在历史家的面前，没有任何必须接受的和必须遵循的并作为当然出发点的结论与定论。我的这篇短文只是想从理论上说明这个问题。至于在实际上人们怎样安排自己，完全有自己的自由。认识的多元性更可能接近真实。

有人可能会问：不遵循权威性结论，岂不众说纷纭，莫衷一是？对，从认识规律上看，众说纷纭，莫衷一是，是认识的常态；反之，舆论一律，认识一致，则是变态。前者是认识的自然表现，后者则是权力支配与强制的结果。求"一是"的思想和心态，说明自己还不是认识的主体或主体意识还很淡薄，还没有从中世纪中走出来，程度不同地存在着"贾桂气"。

众说纷纭是把认识推向深入的唯一之路，它的总和更接近真理。如果有那么一个人穷尽了一切真理，其他人不必动脑子，只要听喝儿就行，那自然省了很多事。然而，上帝至今还没造就出这样一个人，而且似乎永远也不会创造出这样的人。当然，历史上并不是没有人想充当这样的角色，其结果几乎都没有推进真理，大凡都适得其反。诚可哀痛！

这里要赘述几句。上举刊发在《书林》的三篇文章，的确有点犯忌。那年

"风波"之后,《书林》被停刊。我的老同学金永华是《书林》的主编,他告诉我,被停刊当然还有更大的"事故",但要求检查时,我的几篇小文都被视为"自由化"的"污物"。《书林》被砍了,而我的这位老同学反而高升为市人民代表,因为他是无党派人士,以示对事不对人,让人哭笑不得!

## "政治"概念大于"阶级"概念[①]

我写《先秦政治思想史》时已提出"政治"概念大于"阶级"概念。1986年,我在《关于政治体制改革的几个理论问题》[②]一文中,进一步阐明了这个思想。下面略作介绍。

### (1)政治的内容应大于阶级

在讨论政治体制现代化时,首先涉及一个问题:政治是否等于阶级?对于这个问题我想应有一个新的认识。在阶级社会中,政治是具有强烈的阶级性的,但政治又不完全同于阶级,政治的内容应大于阶级。政治生活中有一些是具有社会性的,它既有阶级性,又有社会性。这种社会性超出了阶级的局限,是人类社会共同创造的产物。从历史上看,政治也包括在人类发展的成果之中。不能在政治和阶级之间画等号。比如说,在各个国家的不同时期,都有一个通过政治方式来调节人和自然关系的问题,运用一些立法及一些公共措施来保证两者之间的协调,这些就很难说是阶级的。又如,交通秩序是靠某种强力行为维持的,而这种强力在某种意义上可以看成政治的行为,但难以将此都看成阶级的。人生活在社会上总要遵守某些秩序,否则这个社会就难以维持。可见,所谓政治,应该说既包括基本政治制度,又包括管理制度。如果这样看政治,那么在如何估计我国当前政治的实际状况以及政治体制改革的问题时,就可以把眼界放宽些。

---

① 原题目此节写为"关于政治体制改革的几个理论问题",今改此。

②《天津社会科学联合会学刊》,1986 年第 11 期。

### (2)政治要现代化,但不应把我们的政治上的先进性估计得太高

要不要在实行经济现代化的同时,实行政治现代化?从一般常识上来说,既然经济决定政治,经济现代化也必然带来一个政治现代化,不可能经济现代化而不要政治现代化。问题在于现在我国政治是否已经现代化了。对此现在有两种估计:一种估计认为,我们的经济虽然落后,但我们的政治是先进的;另外一种估计认为,虽然经济和政治发展可以不平衡,但大体上又是同步的。我个人倾向于后一种估计。即是说,一方面要看到我们的政治和经济有着不平衡,我们确实在经济上相对于一些现代化国家是落后的,而政治上,从社会制度讲是比他们先进的。我们是社会主义制度,他们是资本主义制度。但另一方面,我们还应充分认识到,在我们不太发达的经济基础上,不应把我们的政治上的先进性估计得太高。在不太发达的经济基础之上能够建立发达的政治制度,我想在道理上是难以讲通的。

政治既然是阶级的又是社会的,我们对现代发达国家政治的估计,就不能笼统地从阶级定性的角度来判断西方资本主义社会的政治制度都是落后的。在当今发达资本主义国家中也有许多和其先进经济相适应的先进的政治制度。比如涉及国家职能中对现代生产的现代化管理问题,这一点在发达资本主义国家是相当突出的。它有阶级性,但还有社会性的一面。

基于这种估计,我认为,在我们进行政治体制改革,达到政治现代化的问题上,首先要总结我们自身实践发展的经验,包括成功的和失败的两方面经验作为改革的依据。同时,外国政治制度中先进的东西,如西方较为发达的民主制度、行政管理、现代化的文官制度等也值得我们研究和借鉴。我们的政治现代化,既要立足于我们自己的实践,又要参考外国政治制度中先进的东西。把这二者结合起来,我们的政治现代化可能在更广阔的道路上前进。如果我们闭关自守,认为我们一切都是最先进的,无须向外国学习,那么我们就很难改革。不加分析,笼统地认为在政治上我们已经走到世界的最前列,其中可能有相当多的盲目性。当然,离开了我们的实践照搬照抄,那也很难实现政治现代化。

### (3)"民主"与"法制"都比阶级概念要宽阔

第一,如何理解社会主义民主。什么是社会主义民主,尚存在很大分歧。选举制、少数服从多数都属于社会主义民主制度。除此之外,民主制度中一个非常重要的原则就是权力制衡原则。这种制衡,应当包括权力分散过程当中的各种制衡。没有制衡,就没有发展的民主;没有制衡,或处理不好,一元化领导就常常和个人专断联系起来。我们过去多年最大的一个教训大约就是个人专断,对我国政治、经济、文化影响极大。我们没有能力制约这种膨胀的个人专断,说明我国政治制度还不健全,所以必须考虑政治体制当中的制衡问题。

第二,民主究竟是阶级的,还是社会的?我认为不能把民主当成工具,不能把民主简单地理解为阶级的。除此之外,它还有社会性。从历史上看,民主是先于国家而存在,先于阶级而存在的。从阶级社会看,民主不只是当权阶级的事。比如在资本主义社会中,民主不只是资产阶级的事,而且是广大人民斗争的结果。英国工人的大宪章运动中提出各种要求,此后基本上都实现了。把资产阶级民主完全理解为虚伪的、形式的,就是忽视和抹杀了民主的社会性一面和人民群众的创造。这是我们多年以来对资产阶级民主采取简单的否定的形而上学认识的恶果。简单地摒弃西方资产阶级民主,显然是不可取的和不科学的。我认为,我们应当吸取西方资产阶级民主中合理的东西。

第三,权利与义务问题。权利与义务就应该是相辅相成的。既要讲权利,又要讲义务。但从中国传统政治文化来看,我们比较重视义务,而很少强调个人权利。个人权利观念在我国历史上是极少的。我们经常歌颂为义务而献身的模范,很少颂扬为个人权利而斗争的勇士。权利问题必须落实到人身上,人本身就是目的。必须承认每个人都有他自己独特的、自己才能实现而不能被别人代表的权利。我们有过分地宣传一种"代表"的思想,但这种"代表"在某种意义上往往会发展为剥夺。"代表"问题很多,应当重新考虑。我认为,要强调个人某些合法、合理的东西是不能被代表的,这可能会引出提倡个人主义的责难。其实,对个人主义也应当做一些分析。我们所理解的个人主义与西方所理解的个人主义有很大程度上的不同。西方所讲的个人主义不完全如我们所理解的损人利己,它还包括对于自己不可剥夺的权利的维护。集体主义与发展的、健全的个人权利是不矛盾的,应该说它们是相辅相成的。

第四,如何对待在社会主义国家中持不同见解的人的态度问题。我认为,过分强调统一和一致,既不可能也不切实。事实上,在很多问题上党内就存在着不同的见解,更不要说社会生活了。实践证明,过去认为不正确的见解,现在看来却是正确的。比如,农业社会主义改造时期的邓子恢同志主张稳一些,被批判为"小脚女人",但现在证明他强调的实行责任制的意见是对的。"大跃进"时期搞"三面红旗",批了彭德怀,但事实证明他的意见是正确的。由于事实上存有不同意见,这就涉及如何对待持不同见解的人的问题。我想社会主义民主的标志之一,就是能够允许不同见解的存在。不允许他们存在,对我们本身也没有好处。从历史上看,资本主义社会在见解上是允许反对派存在的。应该说,资本主义社会中,允许反对派存在,是它得以自我调整、自我完善、自我发展,有很强应变能力的一个重要条件。社会主义制度下,只要持不同见解的人在行动上不触犯刑律,不能轻易地用行政权力加以剥夺和制裁。不同的见解可能对实际工作带来一些障碍,这是一个事实,但对这一点也要做分析,其中未必没有一点合理的东西。

### (4)政治家与思想家的区别与关系问题

实际的政治活动不可能与思想家的认识完全一致,这有一个行动和认识、选择和认识的差别。政治家较重实践,注意利害关系,思想家侧重于对象的认识,二者可以统一,也可能不统一。……理论家对对象负责,合不合政治家的意,由政治家决定。

在阶级存在的情况下,知识分子会有阶级倾向和阶级性,有阶级的烙印,但也不完全如此。知识分子有时是从认识对象去思考问题。有许多认识对象是没有阶级性的,是属于自然和整个社会的。知识分子的性质与他的认识有极为密切的关系。过去片面地强调知识分子向工农学习,这对知识分子地位的估计是不妥当的,没有把知识分子当成社会主体力量之一。现在知识分子在社会实践中的作用越来越大，它应为整个社会进步服务，当然首先要考虑到人民群众的多数。随着社会发展，知识分子是一个发展的阶层，所以不能简单地提倡用工农兵形象来改变知识分子。总的说来，思想家、知识分子应当尊重政治家的选择，但政治家没有权力也不应该对他没有选择的东西采取粗暴的态度，这是社会主义民主所不允许的。

### (5)封建主义影响更突出

在我们的社会生活中存在着资本主义影响，对此不能忽视。但我认为对我们影响最大的是封建主义。……"文化大革命"中泛滥出来的主要是封建主义的东西。因此，我认为对当前政治体制改革影响最大、困惑我们观念的是根深蒂固的封建主义。长期以来极"左"的东西，更多的是和封建主义连在一起，还有小农的平均主义。例如，我们常把重民思想、清官思想、伯乐思想等思想观念，看成是历史的优秀遗产，当成民主的精华加以宣扬。其实，它们从根本上是从属于封建主义的，因为这些思想总的来说抹杀了人民群众主体性。仔细地分析一下这些盛行的思想的来龙去脉，对我们清理封建主义是很有益的。否则，把封建主义和社会主义纠缠在一起，事情就很难办。这项工作要花大气力去做，这样才能适应政治体制改革的要求。

2000年《历史研究》第2期刊载了我的笔谈《分层研究社会形态兼论王权支配社会》，我进一步论述了要超越阶级分析的老框框。

## 《历史学要关注民族与人类的命运》

这也是文章的标题，刊于《求是》1989年第2期。历史学最根本的意义是研究民族与人类的命运，如果离开了这一点，历史学就失去了其基本的社会意义。文章主要论述了如下几点：

其一，满足社会需要是史学发展的基础。

> 一个学科的产生、发展、繁荣或曲折、衰落，固然是受诸多社会条件以及学科内在原因制约的，但是，对一个学科的生命力具有决定意

义的,是社会的需要和该学科对社会需要满足的程度。如果社会没有相应的需要,或者某个学科远离社会的需要,那么该学科是注定要走向困境乃至衰落的。

面对历史学的现状,我提出了两个问题:

第一,历史学号称是以研究历史发展规律为己任的,但扪心自问,我们史学界究竟提出了哪些与当今人类、与我国现实生活相关的"规律"或"规律性的理论"呢? 检阅一下,史学做的可用四个字概括:少得可怜!

第二,在现今人们所关注的时代的声音中,有多少是从我们史学家队伍中发出来的? 我们的民族向何处去? 人类的命运如何? 按说,这些问题,没有历史学家的关心、参与和探讨,是难以深切了解和把握的。遗憾的是,大部分史学工作者对于这类问题还是袖手旁观或无动于衷的。

关注现实与满足当代社会需要的史学研究,是历史学的龙头,其他都不过是龙身。如果龙头抬不起来,龙身就只能在水中拖曳。就目前史学现状看,不是说龙身过大,而是龙首小而弱,难以带动整个史学的腾飞。

其二,开展与人类和民族命运相关课题的研究。

第一,大力开展当代史研究:对当代资本主义发展历史的研究,发展中国家现代化进程的研究,社会主义国家改革史的研究,新中国历史的研究。

开拓追踪史学。改革开放为中国社会带来的巨大变化,经济制度、政治格局、社会分层、思想观念等各方面都处于大变动之中。在这样一种历史条件下,我们应该具有新闻感和历史感,并把两者结合起来,瞄准社会运动的轨迹,开展追踪史学研究。

开展当代史的研究,是牵动整个史学界步入新阶段的火车头。

第二,开展与当代社会重大问题相关的历史研究。

简言之,即面对现实,反顾历史。无论从世界看还是从我国看,都面临着许多重大课题有待解决,如社会主义与资本主义的关系,战争与和平,进步与公正,阶级与调和,革命与改革,平等与效率,文明与野蛮,道德与强制,文化交流与冲突,社会主义发展与多元化等等。为解决这些问题,首先需要了解它,而历史考察则是绝对不可少的,史学家对此应责无旁贷。

只有在充分开展与当代重大问题相关历史研究的条件下,才能真正体现出历史学的科学效应。历史是一门科学,而科学本身则是一种能够为人类历史发展做出贡献的知识体系;科学的精神在于其能够推动人类的进步。历史学如果远离现实生活,那么只能使其科学化程度下降。反之,史学贴近生活,贴近现实,能使历史科学的发展获得空前的推动力。

当代重大问题的研究与国家民主建设关系紧密。它既可以说是促进民主化的一个动力,又可视为民主化程度的一个标志,史学工作者有义务、有权利大胆触及当代社会史的重大课题。

总之,大力开展当代史以及与当代社会重大问题相关的历史研究,是时代赋予历史学家的责任,同时,也应视为历史学摆脱困境,走向新繁荣的一个转机。

史学工作者应该具有对于人类与民族命运的强烈的关切感与使命感。从某种意义上讲史学工作的特点是从外部观察生活,冷静多于热情。但是,史学工作者绝不能在精神上亦游离于现实世界之外。换言之,史学家应先把对时代的关切感、责任感与使命感作为研究工作的第一动力。

史学工作者应该树立积极的参与意识,使自己的研究成果起到影响决策、影响公众的作用。现代公民一般都有明确的参与意识。作为从事理性思维的史学家难道不应该成为一个积极的公民吗?当然,史学家的参与应以科学作为基础。

史学工作者必须树立独立自主的意识和为科学献身的精神。

史学家应当投身生活、投身社会，才能更准确、更深刻地把握时代的脉搏，把握研究的课题；就以积累史料而言，也会给后人提供可资参考的证据。


## "剥削"的历史再认识

《"剥削"问题与历史的再认识》一文，是我在纪念郑天挺先生诞辰一百一十周年会上的发言，刊载于《纪念文集》（中华书局2009年版）。我的发言引起了会议热烈的讨论，反响很大。主要观点如下：

> 长期以来，"消灭剥削"是我们一切作为的合理性的最高依据，是一个时代的最强音。几代人为之献身或认同、紧跟，曾掀起历史的巨浪。而我们经历的灾难性的乌托邦试验，其最后的依据也在于此。……
>
> 消灭阶级等等，其合理性盖源于消灭剥削。此前历史大改写的最后依据也都因于反对剥削与消灭剥削，因此如何看待剥削是历史学中的一个根本性的问题。
>
> 我个人在近半个世纪中是认同消灭剥削的，而且紧跟消灭剥削的种种壮举，自己所写的文字中，凡涉及这个问题时，几乎都以反对剥削与消灭剥削为根底。到了晚年，疑问逐渐萌生。我的疑问是：消灭剥削是道德理想，还是历史进程中应竭力解决的课题？以下所述，既有理论的思考，也有观察社会实相的描述。
>
> 第一，剥削问题是历史中社会关系的一个重要问题。剥削是无可辩驳的事实。
>
> ①剥削是历史进程中一个基本的社会关系之一，它关系着人的社会定位。
>
> ②剥削问题不只是"面对面"的关系，而是社会体系中的一种关系。

③剥削问题是价值以及公平、正义的基本依据。如果没有一部分人占另外一些人的便宜(剥削),何来不公正?

第二,时下对剥削问题的几种看法及其与历史认识的关联。

我看过一些文章,拜访过一批经济学教授。关于剥削问题有以下说法:

①有契约就没有剥削;只有政治剥削,没有经济剥削。

②按生产要素进行分配说,不谈或避开剥削问题。

③合乎当下法律的就不是剥削。

④剥削在现阶段有历史的必然性,但将来还是要消灭的。

⑤要区分经济剥削与超经济剥削,前者是历史的自然现象,后者则是罪恶。

第三,消灭剥削是道德理想问题,还是历史进程中要解决的历史任务?

①消灭剥削是道德理想问题,而不是历史进程中要解决的历史课题,至少不是历史进程中的当下课题。

②剥削是历史现象,历史至今甚至在可猜测的未来是消灭不了的。

③所有制形式是历史进程中的"自然"创造,在历史实践中"自然"竞争与选择,以一种理论推理或道德理想来判断某种所有制的历史意义与取舍,未必符合历史进程的实际。

④人类很久以来(特别是西方的空想社会主义,也还有犹太教、基督教等)常把剥削看成是私有制的产物。因此,认为消灭私有制,搞所谓的公有制与集体所有制,就能消灭剥削,经验证明这是做不到的。

⑤历史经验证明,凡是经济体(不管什么样形式的所有制),必然要扩充自己的利益,其中不可避免地会有剥削成分。

⑥长时期把公有制视为根除剥削的基本道路,这是不符合历史事实的。公有制由来已久,历史进程中各个阶段都有,都没有与剥削脱掉干系。

⑦剥削不仅源于私有制,公有制也无法避免,同时还源于权力扩张、社会优势(包括智力、社团、团伙等)和人性自身因素等。

用暴力或强力消灭私有制,把所有制集中在国家手中,结果带来更加高度的集中化的权力,靠集中能做若干大事,但也会造成社会普遍性的贫困化。行政化权力支配的国有制、公有制、集体所有制不但不能避免剥削者的产生,相反,应该说是产生官僚特权阶级的温床。因为国有制、公有制等操作者不可能是抽象的国家、公共、集体,而必须由具体人来操作。这些具体人不可能都是道德楷模或"公"的体现,有相当数量的具体操作者会利用手中的资源图谋私利,这类问题靠道德说教、纪律、刑罚都消灭不了。

权力机构+官僚+市场+垄断,其剥削多半更严酷。

公有制由来已久,不管以往哪种社会形态,都有公有制,神化公有制是过去造成的一个认识误区。要从这个误区中走出来。其一是,"公"是一个抽象,在实际操作上没有意义,"公"必须落实到具体人来操作,具体人与"公"是不对称的,具体人不可能都是"公"的体现与化身;其二是,劳动者是具体的,提供的剩余价值也是具体的,而"公"是无限的。没有界限,抽象的"公"与具体劳动也有矛盾的一面。常说的"取之于民,用之于民"其中也有诸多矛盾,"取"的过分,其中就有"剥削"问题;"用"中的问题更多。权力支配的公有制是产生特权阶层的温床!

国家不可缺少,有不可替代的社会公共职能,能做很多有益的大事业,但要破除对国家的迷信。国家同时是一个社会利益分配单位,它有自己的特殊利益;还有,掌握国家机器的人很杂,必定有一部分人利用国家机器为自己和集团谋取特殊的利益。

人性的各种潜在因素多多,如果从善恶说起,扬雄说的善恶相对比较符合实际。从经验上说,自为、自利应该说是人性的主流。这种本性会很容易与剥削勾连。人人都变成尧、舜是不可能的,是道德幻想;其实传说中的尧、舜也有很强的自为、自利性。

行政化的平均主义、大锅饭并不能消灭剥削,干多干少一个样同样是一种特殊的剥削形式;行政支配又是培养特权的温床。

上述诸种原因的综合,使得消灭剥削的道德理想无法实现。

⑧各种形式的所有制都是人们在历史实践中"自然"的创造,各有其历史意义与作用,只有在历史的"自然"竞争中由人们选择取舍或改良,不能用一种理论推理与道德的理想来决定其命运。

⑨各种形式的所有制的历史意义有多项指标,比如效率、创新、社会作用等等,剥削问题仅是其中之一。不能用剥削作为决定其是否有历史存在意义的唯一依据。

第四,减轻和改良剥削是历史中的问题。

①应该承认剥削是无可奈何的事实,它的确造成了一系列恶果,但迄今人的聪明才智还没有创造出能消灭剥削的体制,因此也不应把消灭剥削作为实践的承诺;也许亿万年以后或能做到,但与现实没有什么直接的关联,把它交给思想家、未来学家、宗教家们去设想吧,实践家们暂时把它束之高阁,这可能会解放自己的手脚。

②要从理想主义落实到经验主义。从经验看,已做与能做的事很多,这就是要想方设法控制和制止残酷的剥削,对剥削进行某种程度限制。不管什么样的剥削制度,其本性都是不会自己让利的,那怎么办?这就需要被剥削者起来与剥削者进行斗争与博弈。应该说人类历史为此已经提供了很多经验,其中有两条特别重要:

其一是市场和公平竞争的充分发展。市场是一把双刃剑,任何经济体在市场中都要谋取最大利益,不可避免会有剥削;另一方面市场的发达与公平竞争又会使剥削减少到能让人接受的程度。

其二是社会化的发展。其中最主要的:国家的社会化职能的发展;社会民主化程度的提高(自由人联合);社会利益组织的普遍化,各为自己利益而进行合理的博弈。

社会化是社会矛盾与社会压力的产物,没有利益的博弈(包括各种形式)就没有社会化的发展。

③道德、理想是否还有意义?当然有。

其一,如果社会存在极端化的矛盾,道德理想就会有极大的动员性,所谓激进主义是极端矛盾的反弹,反弹会出现"英雄时代",可歌可泣! 与守旧不变相比,激进、革命都是不可避免的,其作用不能低估。

其二,在组建社会上不能强力推行乌托邦理想,硬推行只能导致破坏;道德不可缺,但也不能搞道德专政。道德专政同样有极大的破坏性。道德专政的结果与道德诉求多半相反。

其三,要细分道德的不同层次及其历史意义,要把理想道德与实践道德做适当的区分。

④历史研究主要以经验和现实为基础,历史研究不能没有理念,但理念也要以经验与事实为根底。

⑤剥削问题只是历史中一个重要关系,比如它与历史发展不完全在一个层面上。发展问题大于剥削问题。

⑥从历史的必然性与适应性着眼,这是考察问题的基点。

⑦反对剥削与消灭剥削是道德的正义,而剥削则是历史进程中无可奈何的事实,有其必然性,是至今不能取代的东西。两者之间矛盾与冲突是历史进程中一个非常复杂的问题,只能在矛盾中陈述与分析。

⑧把分配与剥削要适当区分开来,分配关系大于剥削关系,分配有多个方面。

第五,要重新审视诸多历史概念。

①与剥削相关联的概念要重新审视和界定,如所有制、分配、地租、工资、佣金、利息……

②与消灭剥削、反对剥削、减轻剥削的相关历史事实与价值需要再认识。

# 历史价值的三种形态和历史认识的五种形式

既然历史学是一种认识,因此就需要研究历史认识论。有很多历史研究法与历史学概论之类的书,都可以视为历史认识论的著作。但明确提出"历史认识论"这个概念,在 1949 年以后大概我是国内最先倡导者和写专文进行论说者之一。

80 年代初,我给本科高年级与研究生开设"历史认识论"的课,逐步形成一些看法;其后又与几位同志合写了几篇文章,在史学理论界产生了一些影响。

思想获得初步解放后,我开始思考怎样推进历史认识问题的研究。过去有关历史研究法之类的著作,无疑是重要参考书,但有一个感觉,感到多是平面的叙述,对历史认识的过程论述不足。我讲授的原是历史研究法或历史科学概论之类的课程,有关的内容当然还是要讲一点,但我已将重点转向历史认识过程,课程名称也干脆改成了"历史认识论",这大概是一个小小的别出心裁,是前所未有的。

在讲课的基础上,1984 年,我写了《历史认识论纲》初稿。后来我请张国刚加盟,三易其稿,于 1985 年成稿,随后发表在《文史哲》第 5 期。文章一出,就引起史学理论界的关注。同年秋,由中国社会科学院世界史所史学理论组发起,在成都举办了以"历史认识论"为题目的全国专门学术讨论会。非常遗憾,我因其他事务缠身未能出席,但会议后来出版了"文集",我们这篇文章被列为头篇。文章分五个问题:一、关于历史认识的特点;二、关于历史认识的一般形式与过程;三、关于历史认识的认知结构;四、关于历史认识的基本方法;五、关于历史认识的检验与发展。因为是"纲",许多问题是论而不详。

本文之后,我即着手进行专题论述。认识形式的推进问题,我更为关注,拟就了如下五个问题,即考实性认识、抽象性认识、价值性认识、是非性认识、贯通性认识。遗憾的是,我只写了前三篇。这里简单介绍一下。

### (1)关于《历史研究中的考实性认识》

有一次,我与杨志玖先生闲聊,他说起考证问题,对我讲的考实性认识很感兴趣,说:"我一辈子都在写考证文章,可是关于考证方法,没有你讲得那么细致和系统,我建议你写成文章。"于是我请叶振华老弟帮助整理讲稿。叶振华是位很有灵气的人,一笔好字,就是嗜酒如命,拖拖沓沓一两年,反正我也不急于发表,由他慢慢整理去吧,直到 1989 年才在《文史哲》第 1 期刊发。

文章论述了考实的重要性,但重点是写考证的方法,我们在前人的基础上提出考证六法:一是比较法;二是归纳法;三是类推法;四是演绎法;五是钩沉法;六是溯源法。对每一种方法都举出名篇作为例证,并进行了逻辑分析,使问题明晰化。应该说我们进行的整理和提炼,梳理出问题的核心,对如何考证还是有裨益的。

### (2)关于《历史研究中的抽象性认识》

本文与乔治忠合作,文章刊于《红旗》1988 年第 11 期。文章特别强调了抽象性认识在历史研究中的地位,具体论述了四种抽象性认识:一是归类式抽象;二是本质的抽象;三是必然性抽象;四是统一的多样化抽象。

### (3)关于《历史研究中的价值性认识》

本文与张国刚合写,刊于《世界历史》1986 年第 12 期。我自认为本文有一些独到见解,下边做些引述。

首先,我们指出两种极端性的价值观是不可取的。

> 标榜客观主义的历史家极力贬低价值认识,甚至主张把它驱逐出历史研究领域。西方实证主义历史家就认为"历史家的领域是事实的实在性而不是它的价值"[①]。言下之意,历史研究应该只要事实认识而不要价值认识。……有类似这些观点的,在我国史学界也不乏其人。
>
> 与客观主义排斥历史价值认识相反,唯心主义、相对主义者是通过否认历史价值的客观性,夸大价值认识的主观性来糟蹋历史价值认识的。他们有一句古怪名言,说历史是"一条被恶魔铺满了毁坏的价值的道路"[②]。

---

[①] [意]贝奈戴托·克罗齐:《历史学的理论和实际》,[英]道格拉斯·安斯利、傅任敢译,商务印书馆,1982 年,第 231 页。

[②] 田汝康、金重远等编译:《现代西方史学流派文选》,上海人民出版社,1982 年,第 37 页。

针对上述两种极端观念,我们指出:

> 历史研究中的价值认识，不仅是东西方史学界长期聚讼纷争的理论问题,而且是我们每一个史学工作者经常面临的现实问题。……积极开展对历史价值问题的研究，便成为当前史学理论研究中不容回避的重要课题。

**其次,我们强调历史价值是一个关系范畴。**

> 历史价值作为一个关系范畴,其构成要素有三。一是历史现象本身的客观属性,它是历史价值的物质承担者。二是这种客观属性作用的社会主体,它是历史价值的获得者或实现者。主体与客体总是在一定的时空条件下存在的,因此,历史现象的客观属性及其作用对象之间的有机联系与环境条件,便成为构成历史价值的第三要素。历史价值是这三种要素的综合统一体。无论是客观属性、主体条件,还是主、客体关系环境发生变化,历史价值都会随之而发生变化。因此,历史价值的定义可以这样来表述:某一历史现象的客观属性,作用于一定的对象,在一定的历史环境下所产生的意义关系。显然,一个单纯的、孤立的历史现象,是无所谓价值不价值的。

**再次,我们提出了历史价值的三种形态。**

> 历史现象有三种意义关系。一是历史现象在其发生的历史环境中的意义关系；二是历史现象在后世历史发展长河中改变了存在环境与条件下的意义关系；三是历史现象经过认识主体的升华并在前者的基础上形成的抽象意义关系。这样就构成历史价值的三种形态,即原生价值形态、延伸价值形态和抽象价值形态。这三种价值形态既有联系,又有区别,都是历史价值认识的对象。

最后指出历史的价值是客观存在的,价值中立论、价值主观论、价值否定论都是不能成立的,我们认为:

> 价值认识是在一定的价值观念体系指导下,以一定的价值标准为尺度来完成的。所以,价值问题是历史认识中比较复杂的问题。我们不能把历史学看成是可以任凭主观"评价的科学",但是,历史认识又总是与价值判断紧密联系在一起。如果说历史研究可以不要价值认识而只要事实陈述,可以不要提供借鉴而只要提供掌故,那恐怕才是真正的"史学危机"。

我们自信,我们的观点是对历史认识的一点点小的贡献,有助于增加历史价值认识的科学性。

### (4)关于"历史研究中的是非性认识"

课堂上讲过,遗憾没有写成文章。主要论点有二:一是看是否有利于历史的发展;二是看社会利益关系是否有所改善。经济、政治、体制、道德、观念等等,都以这两点为基础去评论是非。

### (5)关于"历史研究中的贯通性认识"

同样遗憾,没有写成文章。在贯通问题上,我既承认人类有近似的历史规律性,因为人类都是"人",不可能各人有各人独特的"路";又承认有阶段性(表现为一定的形态)。各民族历史进程中的特殊性问题是次一级的问题。

我认为以上五种认识形式既有交叉,又是一种递进的关系。"通古今之变",历来被视为历史认识的最高升华。当然,通古今之变的认识,未必都正确无误,但是,人们认识历史和未来乃至创造历史,它都能提供最有意义的"支援意识"。

# 关于国学问题的争论

国学这个概念,虽然从未中断使用,但相当长的时期处于半冷冻状态。什么时候又火热起来?我没有去考证。在我印象中,大概是那场风波之后,北京大学推出《国学研究》,此后逐渐热闹起来。国学热与儒学热有点孪生兄弟味,互相鼓动、推进,渐渐成为巨流,冲击了整个文科。对此思潮,一开始就有人提出怀疑和反对,但声音远比鼓动者显得柔弱。我是一个非常偶然的机会而介入的,是站在弱者的一方,对热气腾腾的鼓动者有点泼冷水,从而招来一阵批判之声,糊里糊涂充当了泼冷水的代表人物。

2008 年 5 月,"天津市国学研究会"成立,是中国成立的第一家省级国学研究会。热心的发起者和组织者,多次邀我参与,前几次我都婉拒了。最后一次来了多位朋友,有的是老相识,有的是新知,他们说,这是我的老师王玉哲先生的遗愿。这么说,我就不好推托了,商议好只挂个名。他们提议叫我担任名誉会长,名誉会长有多位,我想这些都是形式主义的玩意儿,随热心朋友安排吧。学会成立之日,要我做个学术发言,这确实让我为难,再三推托不成,只好应允,但我同时声明:我固然是研究国学的(我从事中国古代史的教学与研究),但对当前倡导国学者的看法有相当的分歧,是讲呢,还是不讲呢?来者异口同声地说,要讲,百家争鸣嘛!我没有退路,只好应承。

学会成立大会上,我做了《关于倡导国学几个问题的质疑》的发言。成立大会本应符合会议精神来鼓劲、唱高调,鼓吹国学如何如何重要,但我却发出了质疑。奇怪的是,我的发言引起很大反响,报以热烈的掌声。会长在会议总结时,还对我有诸多嘉许的语句。会议一结束,《历史教学》的编辑就来约稿。我只有一个发言提纲,热心的朱彦民教授根据录音整理出一个初稿,此后我又拜读了倡导者的种种议论和高见,在录音稿的基础上做了一些修正和补充,《历史教学》在 2009 年第 5 期刊出。没有想到《新华文摘》很快就在第 15 期(8 月)全文转载。更没有想到,此文引出一个岔头,使我不得不卷入一场争论。

中国人民大学是最早成立国学院的高校之一，我还是他们聘任的顾问。中国人民大学联合几所学校向国家学位委员会申请组建一级学科,据说万事俱备,只待一个程序,由委员会通过即告成功。没有想到,我这篇文章被教育部主要领导人看到。我猜测他对建立一级学科可能也有犹豫,看到我这篇文章,便以此为由:既然学界对组建国学为一级学科有不同意见,缓批为宜。这样就使组建一级学科的事搁浅。中国人民大学校长纪宝成因身兼国学院院长,是推动组建一级学科的领衔人,自然对此耿耿于怀。我推测,作为一个著名大学的校长,他对我的文章不应持"小气"态度,但他却动员同仁们对我进行批评。我猜想这是一个由头而已,目标是让"上头"看的。使我惊异的是,《光明日报》"国学版"竟连续发表了批评我的文章。我的一篇小作,如此兴师动众,其中内幕,我至今知之甚少,只感到有些蹊跷。当然,我也得到大体认同我观点的一些同仁的支持。争论真热闹了一阵子,应该说,这是学界一种不错的景象。在这场争论中,我前后写了五篇文章,除前边提到的"质疑",其他四篇如下:

其一,《对弘扬国学、儒学若干定位性判断的质疑——简说臣民文化与公民文化的差别》(《中国社会科学报》,2010 年 1 月 14 日、21 日)

其二,《关于国学"学理""意义"若干论点的请教与质疑——与六教授、四校长商榷》(《中国社会科学报》,2010 年 4 月 8 日、15 日)

其三,《再说王对道的占有——回应陈启云先生并质疑》(《中华读书报》,2010 年 6 月 9 日)

其四,《六教授建言:把国学列为一级学科不妥》(刘泽华、宁宗一、冯尔康、魏宏运、刘健清、李喜所:《中国社会科学报》,2010 年 2 月 11 日第 4 版)

这里说一下"六教授建言"的出笼之事。李喜所教授最反对把国学列为一级学科,这个建言也是由他提出和草拟的,我充当的是跑龙套。本议定李喜所列在首位,但他投稿时把我与他对调了一下。文章刊载出来之后,我同李喜所教授开玩笑说,我本来是跟进者,你却让我打头阵,真是把我往火炉上烤呀! 他也开玩笑回应说,你个子大,肉多!

这场争论，双方加在一起不下二十多篇文章。

此后又要讨论国学是否应列入一级学科问题，张分田教授又专门写了一篇《"国学"不宜用于命名一级学科》(《天津社会科学》，2010 年第 3 期)。作为民间主动建议者，张向教育部提供了一份提案报告，当即获得教育部领导秘书回话，大意是：你的建议引起领导关注和重视。新一轮又没有把国学纳入一级学科，究竟是哪里起了作用，我就不得而知了。

我们不赞成把国学纳入一级学科之事，似乎超出了事情的本身。有一种议论，好像我们反映了南开历史学院的看法，从而导致南开历史学科与某些主张设立国学的兄弟院校关系紧张。历史学院领导出面，邀请我和张分田进行沟通，如何排解关系紧张问题。我和张分田感到十分意外，我们俩申明，我们从来没有想过什么关系问题。我表述了如下几点看法：一、我是个人行为和个人看法，从来没有征询过学院和南开任何领导的意见；二、我从来没有想过会引起什么关系问题，这是一种过敏症，不可取；三、学院与学校是否想组建国学研究机构，是行政事务，我已经退休多年，根本不会干预；四、我不赞成把国学弄成一级学科，是从学理出发，是一个公民的关怀和意见；五、除了"建言"几个人分头有所修改，所有文章都是各自写的，我没有进行过任何干预或策划，文责都自负。张分田也表达了和我相近的看法和意见。

学院领导们还是想改善关系，提出折中意见，建议组建"古典学专业"。我当即表示赞成，一切由你们自己去做，与我没有关系。据说学院为了沟通和解除误会，还邀请有关院校从事国学研究的教授召开了一次专门会议，大致同意组建"古典学专业"。有人告诉我，2013 年，"古典学"也未列入学科目录。

不能正名为一级学科，正如纪宝成先生说的，就没有正式"户口"。的确，户口问题是个有关切身利益的大问题，所以，国学入"正籍"，依然是极高分贝的呼声。说不定以后哪一天就可能批准"入籍"，是很有希望的！

相对当前高调汹涌的国学热、儒学热，我无疑属于冷。很多人批评我是"全盘否定""虚无主义"的代表，但我并不认可。我给自己的定位是一个"反思"和"分析"者。我没有"全盘否定"，也不是"虚无主义"，有白纸黑字为证。有机会我会展示，我也希望批评者稍加留意。

# 不是结束语：温馨的小家庭

回首一生，有动荡，也有安稳，有磨难，也不乏安逸。作为学人，我还能做点学问，还能取得一些成绩，总体看来，我应该颇感安慰了。我能做些事情，可归于多种原因，而来自小家庭的支持和关爱，应该说，是其中一个重要的因素吧。

前边写了"这就是缘分"一节，回顾了我与老伴相识、相知、相爱那一段缘分，到现在已经过了一甲子，我们感情依然如初。在我经历的险情中，背后都有她的相助、理解和爱护，我才有一个可以栖身的安乐窝。其实，我的一些作为，她并不完全赞成，有时也嫌我多事，但她绝不硬性干预，而是持宽容态度。

我们有两个漂亮的女儿，遗憾的是没有多生，主要是穷，还有"文革"的动乱。

回想起来，我们对她们俩的教育不是最好的。妻子对女儿的要求是有个"样儿"。什么是"样儿"？道道很多，比如坐有坐相，站有站相，待人以礼、以善，和气相处，无论做什么事都要有规矩，为她们的人生打下了很好的基础。我则更关注她们未来的饭碗，注重的是技能。1976年，我的大女儿十二岁，那时"上山下乡"还未终止，她竟说出，以后我下乡，让妹妹留在你们身边。我听后十分心酸，开始为女儿的未来发愁。我们当时没有进行对兴趣和创造性的培养，她们的兴趣和独立创造，是后来自己的选择和奋斗的结果。

看别人有男孩，我曾很眼馋，为了自我调侃，还借用过杜甫的诗句，狗尾续貂，做了一首打油诗："信是生男恶，反是生女好。生男随妻走，生女可养老。"的确，我们的两个女儿（包括两位女婿）争着、抢着邀我们老两口同住，为我们提供了优裕的生活条件与环境。

说起来，我的心、肝、肺、胃，几乎从头到脚，没有一处不是"坏"的。每次体检,医生都会向我发出种种警告。比如,我的心脏跳动长期没有积极性,最慢的纪录是每分钟三十一次! 天津的大专家们横竖找不出病因。由于供血不足,我常常处于昏头昏脑状态中,中西医用尽了各种药物,均疗效甚微。在病因不明的情况下,我不得不安装了心脏起搏器。近些年,耳又失聪,我几近于聋。可就是这辆"破车",每天还都在运转,直到现在,我每天仍在写点东西。"疗"靠医生,"养"除了自我调理,我的老伴和两个女儿无微不至的关怀,起了至关重要的作用。我的家,真可谓是"养心斋"。

我们的第三代,也在健康成长。大外孙女已读大学三年级,外孙正读高中,小外孙女在读小学。这二十年来,我们俩一直生活在幸福美满的天伦之乐中。

一个快乐、幸福、和谐的家庭,能"包治百病",也是一个人能否做点事的基本保证。我有这样一个家庭,感到很欣慰。

# 后 记

我加入共产党已超过了一个甲子,而经历多少有些曲折跌宕。类似我这样的人应该说还有不少,按说写不写自述意义不大,但对于后来者或许能从中看到一点历史万花筒中的小色块,所以还是用了一些时日写了本稿。

我的经历有些以当时的文字记录为据,也有些是靠回忆。我与老伴阎铁铮相濡以沫近六十载,我的两个女儿刘琰、刘珞也已在天命年上下,凭记忆回忆往事部分,她们仨作为第一旁证者提供了许多细节和补充,同时也是我最初的读者和文字修正者。

我的晚辈胡学常帮助顺通了全文,刘刚、李冬君夫妇为标题提供了不少点睛之笔,如"父母的奇缘""'父亲'是一种生产方式""上学可以不当兵"等就是由他们夫妇提出而纳入了文本。

拙作如何定名,反复多次,总有些呆气。我的老友宁宗一教授一再提议用"走在思考的路上",这最符合我的个性。他是著名的中国文学史专家,《金瓶梅》研究会和武侠小说研究会的创始会长,一位很有个性的人。可能由于专业的关系,他对人的观察确实有一根敏感的神经。就实而论,我虽难以承受"思考"二字;但反过来,如果说我有一些个性上的特点,那的确是由于与"思考"的关系较为密切。遗憾的是由于种种原因本书不能把思考的问题全部收进去,只能俟来日补上缺憾。

作者仅白
2016 年元月

# 刘泽华先生著述目录

林存阳、李文昌　整理

## 著　作

1.《中国古代史》(上下册),北京:人民出版社,1979 年 7 月、9 月。(共同编著者:杨志玖、王玉哲、杨翼骧、冯尔康、南炳文、汤纲、郑克晟、孙立群)

2.《先秦政治思想史》,天津:南开大学出版社,1984 年 8 月。

3.《中国传统政治思想反思》,北京:读书·生活·新知三联书店,1987 年 10 月。[중국 고대 정치사상 ; 노승현역 , 서울:예문서원 , 1994.《中国古代政治思想》,卢承贤译,首尔:艺文书苑(Yemoonseowon),1994 年。]

4.《士人与社会(先秦卷)》,天津:天津人民出版社,1988 年 10 月。(主编,与刘洪涛、李瑞兰合著)

5.《专制权力与中国社会》,长春:吉林文史出版社,1988 年 5 月;香港:中华书局有限公司,1988 年 9 月;天津:天津古籍出版社,2005 年 5 月。(与汪茂和、王兰仲合著)

6.《竞争、改革、进步:战国历史反思》,北京:求实出版社,1988 年 6 月。(与李瑞兰合著)

7.《天津文化概况》,天津:天津社会科学院出版社,1990 年 4 月。(主编)

8.《中华文化集粹丛书·风云篇》,北京:中国青年出版社,1991 年 10 月。

9.《中国传统政治思维》,长春:吉林教育出版社,1991 年 10 月。(主编,作者之一)

10.《近九十年史学理论要籍提要》,北京:书目文献出版社,1991 年 12 月。(主编)

11.《中国古代政治思想史》,天津:南开大学出版社,1992 年 1 月。(主

编,合著)

12.《士人与社会(秦汉魏晋南北朝卷)》,天津:天津人民出版社,1992年8月。(主编,与孙立群、马亮宽合著)

13.《中国传统文化精神:代表中国传统文化的三十本书》,沈阳:辽宁人民出版社,1995年6月;《经典常读:代表中国文化精神的三十本书》,桂林:广西师范大学出版社,2006年12月;《经典常读》,北京:龙门书局,2012年6月。(与庞朴共同主编)

14.《中国政治思想史(三卷本)》,杭州:浙江人民出版社,1996年11月。(主编,作者之一);중국정치사상사: 선진편 (상,하);장현근 옮김.고양:동과서,2002 초판/2008 재판.[《中国政治思想史:先秦编(上,下)》,张铉根译,高阳:东与西(Dongguaseo),2002 初版/2008 再版];중국정치사상사(1,2,3);장현근 옮김. 서울: 글항아리, 2019 초판.[《中国政治思想史(1,2,3)》,张铉根译,首尔:字缸(Geulhangari),2019 初版]

15.《中国古代王朝兴衰史论》,长春:吉林人民出版社,1998年10月。(与刘敏合著)

16.《中华文化通志·制度文化典》,上海:上海人民出版社,1998年10月。(主编)

17.《中国政治文化丛书》,杭州:浙江人民出版社,2000年1月。(主编)

18.《中国的王权主义——传统社会与思想特点考察》,上海:上海人民出版社,2000年10月。

19.《中国传统政治哲学与社会整合》,北京:中国社会科学出版社,2000年11月。(主编,作者之一)

20.《政治学说简明读本(中国古代部分)》,天津:南开大学出版社,2001年1月。(与张分田共同主编)

21.《中国古代政治思想史(修订本)》,天津:南开大学出版社,2001年6月。(与葛荃共同主编)

22.《洗耳斋文稿(南开史学家论丛·第2辑)》,北京:中华书局,2003年6月。

23.《中国社会史研究丛书》第二辑《政治理念与中国社会》,北京:中国

人民大学出版社,2003 年 10 月—2004 年 4 月。(主编)

24.《公私观念与中国社会》,北京:中国人民大学出版社,2003 年 12 月。(与张荣明等合著)

25.《先秦士人与社会》,天津:天津人民出版社,2004 年 2 月。

26.《中国通史教程(第一卷:先秦两汉时期)》,上海:复旦大学出版社,2005 年 11 月。(主编)

27.《王权思想论》,天津:天津人民出版社,2006 年 3 月。

28.《20 世中国学术文存中国政治思想史研究》,武汉:湖北教育出版社,2006 年 3 月。(与葛荃合编)

29.《思想的门径——中国政治思想史研究方法论》,天津:天津古籍出版社,2006 年 7 月。(与张分田、葛荃、张荣明合著)

30.《中国思想与社会研究(第一辑)》,北京:中国社会科学出版社,2007 年 6 月。(与罗宗强共同主编)

31.《中国政治思想史集(全三册)》,北京:人民出版社,2008 年 6 月。

32.《中国思想与社会研究(第二辑)》,北京:中国社会科学出版社,2009 年 3 月。(与罗宗强共同主编)

33.《历史点睛:正解中国历史》,天津:天津教育出版社,2013 年 5 月。

34.《中国政治思想通史》(九卷本),北京:中国人民大学出版社,2014 年 9 月。(总主编,《综论卷》主编,《先秦卷》作者)

35.《师道师说:刘泽华卷》,北京:东方出版社,2016 年 1 月。

36.《八十自述:走在思考的路上》,北京:读书·生活·新知三联书店,2017 年 1 月。

# 论 文

1.《南开大学历史系讨论刘知几的史学》,《人民日报》,1961 年 5 月 25 日第 7 版;《天津日报》1961 年 6 月 10 日第 4 版。(与汤纲合撰)

2.《略论荀子的经济思想及其重农倾向》,《光明日报》,1961 年 6 月 2 日第 4 版。

3.《略论"易经"的年代及其思想》,《天津日报》,1961 年 6 月 14 日第 4 版。

4.《论墨子政治思想中的几个问题》,《河北日报》,1961 年 8 月 11 日第 3 版。

5.《老子"道"的虚无性和神秘性》,《河北日报》,1962 年 3 月 9 日第 4 版。

6.《试论孔子的富民思想》,《光明日报》,1962 年 6 月 22 日第 4 版。

7.《董仲舒的政治思想》,《历史教学》,1965 年第 6 期。

8.《天津市史学界座谈"让步政策"问题发言摘要》,《历史教学》,1966 年第 4 期。(与王玉哲、陈铁卿、钱君晔、陈振江、巩绍英等共同座谈)

9.《人民群众是创造历史的动力——彻底批判翦伯赞的"让步政策论"》,《天津日报》,1971 年 5 月 13 日第 2 版。(署名"南开大学历史系写作小组",与王玉哲、冯尔康、汤纲合撰)

10.《论秦始皇的评价问题——兼论儒法政治思想上两条路线的斗争》,《南开学报(哲学社会科学版)》1974 年第 1 期。

11.《史学领域的复辟纲领——批江青的"法家爱人民"说》,《南开学报(哲学社会科学版)》1976 年第 6 期。

12.《一场大规模的反革命舆论准备——评"四人帮"的"评法批儒"》,《南开学报》,1976 年第 6 期。(署名"田凯",即"天津南开"简称的谐音,与方克立、陈晏清合撰)。

13.《关于编写〈中国古代史〉若干问题的初步意见》,《南开学报(哲学社会科学版)》,1977 年第 1 期。(署名"《中国古代史》编写组",刘先生拟定,经编写组成员讨论后形成)

14.《批判"四人帮"在评法批儒中的阶级调和论》,《光明日报》,1977 年 2 月 21 日第 3 版。(《新华月报》1977 年第 2 期转载)

15.《"四人帮"在史学领域招摇的一面霸旗——评罗思鼎〈论秦汉之际的阶级斗争〉》,《历史研究》,1977 年第 2 期。(与王连升合撰)

16.《颠覆无产阶级专政的反革命策略——评"四人帮"的"清君侧"》,《南开学报(哲学社会科学版)》,1977 年第 2 期。(与王连升、方克立合撰)(于同年 6 月 15 日发表于《光明日报》,题为"评'四人帮'的'清君侧'",署名"田凯")

17.《论秦始皇》,《南开学报(哲学社会科学版)》,1977年第5期。

18.《关于先秦儒法斗争的特点和作用——批判"儒法斗争为纲"和"儒法斗争"你死我活论》(署名"南谷众"),《南开学报(哲学社会科学版)》,1977年第6期;《光明日报》,1978年2月2日第3版(署名"刘立康",副标题为"批评'四人帮'的'儒法斗争为纲'论")。

19.《论战国时期"授田"制下的"公民"》,《南开学报(哲学社会科学版)》,1978年第2期。

20.《砸碎枷锁　解放史学——评"四人帮"的所谓"史学革命"》,《历史研究》,1978年第8期。

21.《繁荣学术必须发扬文化民主——从吴晗同志的冤案谈起》,《光明日报》,1979年1月21日第3版。

22.《论秦始皇的是非功过》,《历史研究》,1979年第2期。(与王连升合撰)[《新华月报(文摘版)》1979年第3期转载,题目为"从英雄到孤家寡人"]

23.《关于历史发展的动力问题》,《教学与研究》,1979年第2期。(与王连升合撰)[《新华月报(文摘版)》1979年第5期转载]

24.《论刘邦——兼论历史的必然性与偶然性》,《南开学报(哲学社会科学版)》,1979年第4期。(与王连升合撰)

25.《清官问题评议》,《红旗》,1980年第20期。(与王连升合撰)[《新华月报》(文摘版)1980年第12期转载,人大复印报刊资料《历史学》1980年第11期转载]

26.《中国封建君主专制制度的形成及其在经济发展中的作用》,《中国史研究》,1981年第4期。(与王连升合撰)[人大复印报刊资料《历史学》1982年第1期、《经济史》1982年第2期转载]

27.《教诲谆谆多启迪——忆郑老与我的最后一次谈话》,《中国古代史论丛》编委会编:《中国古代史论丛》,1982年第2辑,福州:福建人民出版社,1982年12月。(成文日期:1981年12月28日)又见冯尔康,郑克晟编:《郑天挺学记》,北京:生活·读书·新知三联书店,1991年4月。(后收入封越健,孙卫国编:《郑天挺先生学行录》,中华书局,2009年7月。)

28.《先秦时代的谏议理论与君主专制主义》，《南开学报（哲学社会科学版）》，1982 年第 1 期。（与王连升合撰）（《新华文摘》1982 年第 5 期转载，人大复印报刊资料《中国古代史》1982 年第 5 期转载）

29.《战国时期的百家争鸣》，《文史知识》，1982 年第 2 期。

30.《战国时期的食邑与封君述考》，《北京师范学院学报（社会科学版）》，1982 年第 3 期。（与刘景泉合撰）

31.《论慎到的势、法、术思想》，《文史哲》，1983 年第 1 期。（人大复印报刊资料《中国哲学史》1983 年第 5 期转载）

32.《先秦法家立法原则初探》，《天津社会科学》，1983 年第 1 期。（人大复印报刊资料《法律》1983 年第 5 期转载）

33.《论〈商君书〉的耕战与法治思想》，《山东师大学报（哲学社会科学版）》，1983 年第 4 期。（人大复印报刊资料《中国古代史》1983 年第 9 期转载）

34.《中国历史学年鉴（秦汉史部分）》，北京：人民出版社，1983 年 10 月。（与刘敏合撰）

35.《论〈庄子〉的人性自然说与自然主义的政治思想》，《中国哲学（第十一辑）》，北京：人民出版社，1984 年 1 月。

36.《论中国封建地主产生与再生道路及其生态特点》，《学术月刊》，1984 年第 2 期。（人大复印报刊资料《历史学》1984 年第 4 期、《经济史》1984 年第 4 期转载）

37.《论先秦人性说与君主专制主义理论——关于先秦思想文化质的探讨之一》，《中国文化研究集刊（第一辑）》，上海：复旦大学出版社，1984 年 3 月。（与王连升合撰）

38.《关于专制主义经济基础与君主集权形成问题的商讨》，《南开史学》，1984 年第 1 期。（与王连升合撰）（人大复印报刊资料《历史学》1984 年第 11 期、《经济史》1984 年第 12 期转载）

39.《先秦法家关于君主专制主义的理论》，《南开学报（哲学社会科学版）》，1984 年第 5 期；《中国史研究动态》，1985 年第 1 期。

40.《中国政治思想史研究对象和方法问题初探》，《天津社会科学》，1985

年第 2 期。

41.《论先秦民的反抗斗争和统治者对民的理论》,《中国农民战争史研究集刊(第四辑)》,上海:上海人民出版社,1985 年 6 月。

42.《"史学危机"与历史的再认识》,《书林》,1986 年第 2 期;《史学情报》,1986 年第 4 期。

43.《由"学在官府"到"私家之学"》,《文史知识》,1986 年第 6 期。

44.《中国传统的人文思想与王权主义》,《南开学报(哲学社会科学版)》,1986 年第 4 期。(《新华文摘》1986 年第 12 期转载,人大复印报刊资料《历史学》1986 年第 9 期转载)

45.《中国传统人文思想中的王权主义》,《光明日报》,1986 年 8 月 4 日第 3 版。

46.《除对象,争鸣不应有前提》,《书林》,1986 年第 8 期。(《新华文摘》1986 年第 12 期"论点摘编")

47.《历史认识论纲》,《文史哲》,1986 年第 5 期。(与张国刚合撰)(人大复印报刊资料《历史学》1986 年第 11 期转载)

48.《关于政治体制改革的几个理论问题》,《天津社联学刊》,1986 年第 11 期。

49.《历史研究中的价值认识》,《世界历史》,1986 年第 12 期。(与张国刚合撰)(人大复印报刊资料《历史学》1987 年第 2 期转载)

50.《从春秋战国封建主形成看政治的决定作用》,《历史研究》,1986 年第 6 期。(人大复印报刊资料《先秦、秦汉史》1987 年第 3 期转载)

51.《战国百家争鸣与君主专制主义理论的发展》,《学术月刊》,1986 年第 12 期。(人大复印报刊资料《先秦、秦汉史》1987 年第 3 期转载)(The Contending among the Hundred Schools of Thought during the Warring States Period and the Development of the Theory of Monarchical Autocracy, *Chinese Studies in Philosophy*, Volume 22, Issue 1,1990)

52.《中国现代马克思主义史学的几个问题与展望》(日文版由小林一美翻译),《东亚之世界史探索》,东京:汲古书院,1986 年 12 月。

53.《先秦礼论初探》,《中国文化研究集刊(第四辑)》,上海:复旦大学出版社,1987 年 1 月。

54.《战国大夫辨析》,《史学集刊》,1987 年第 1 期。

55.《增强历史研究的主体意识——刘泽华关于历史认识论的谈话》,《史学情报》,1987 年第 1 期。(访谈者:李晓白)

56.《战国时期的"士"》,《历史研究》,1987 年第 4 期。(人大复印报刊资料《先秦、秦汉史》1987 年第 10 期转载)

57.《王权主义的刚柔结构与政治意识——中国传统政治文化特点分析》,《论中国传统政治文化》,长春:吉林大学出版社,1987 年 10 月。(与葛荃合撰)

58.《先秦时期的士》,《文史知识》,1987 年第 12 期。

59.《道、王与孔子和儒生》,《天津社会科学》,1987 年第 6 期。(与葛荃合撰)(《新华文摘》1988 年第 2 期转载、第 3 期"论点摘编"题目为"儒家之道的衍")

60.《论儒家文化的"人"》,《社会科学战线》,1988 年第 1 期。(与葛荃合撰)

61.《知识分子与政治——与刘泽华教授一席谈》,《南开研究生论坛》,1988 年第 1 期。

62.《我在中国政治思想史园地》,《书林》,1988 年第 2 期。

63.《迎接社会的挑战——刘泽华教授谈毕业生自主择业》,《南开周报》,1988 年 4 月 5 日。

64.《史学发展蠡测》,《光明日报》,1988 年 4 月 20 日第 3 版;《湖北社会科学》,1988 年第 6 期。(人大复印报刊资料《历史学》1988 年第 5 期转载)

65.《论历史研究中的抽象性认识》,《红旗》,1988 第 11 期。(与乔治忠合撰)(人大复印报刊资料《历史学》1988 年第 8 期转载)

66.《论古代中国社会中的贪污》,《天津社会科学》,1988 年第 3 期。(与王兰仲合撰)(《新华文摘》1988 年第 9 期转载)

67.《政治文化化与文化政治化》,《天津日报》,1988 年 6 月 29 日第 7 版。

68.《专制主义:中国传统思想文化的必然归宿?——访刘泽华教授》,《人民日报》,1988 年 8 月 11 日第 8 版、8 月 13 日第 8 版。(采访者:钱宁)

69.《"读书无用"引起的几点思考》,《天津日报》,1988 年 8 月 22 日第 7 版。

70.《当代史学研究的一个侧面:开展对文革社会生活的研究》,《天津日报》,1988 年 11 月 30 日第 7 版。

71.《〈毛主席的孩子们——红卫兵一代的成长与经历〉序》,原载[美]阿妮达·陈:《毛主席的孩子们——红卫兵一代的成长与经历》,史继平、田晓菲、穆建新译,天津:渤海湾出版公司,1988 年 11 月。(后发表于《天津日报》1989 年 1 月 11 日第 7 版,题为"抢录文革社会心态,进行全民反省")

72.《史家面前无定论》,《书林》,1988 年第 12 期。《社会科学研究参考资料》,1989 年第 17 期。(《新华文摘》1989 年第 4 期转载)

73.《历史学要关注民族与人类的命运》,《求是》,1989 年第 2 期。(《新华文摘》1989 年第 5 期转载,人大复印报刊资料《历史学》1989 年第 4 期转载)

74.《历史研究中的考实性认识》,《文史哲》,1989 年第 1 期。(与叶振华合撰)(人大复印报刊资料《历史学》1989 年第 5 期转载,《高等学校文科学报文摘》1989 年第 3 期转载)

75.《中国古代封建专制主义问题讨论综述》,原载朱绍侯主编:《中国古代史研究入门》,郑州:河南人民出版社,1989 年 1 月。(与陈学凯合撰)

76.《论处于政治与思想文化复杂关系中的士人》,《南开学报(哲学社会科学版)》,1989 年第 2 期。

77.《中国传统政治文化导论》,《天津社会科学》,1989 年第 2 期。(与葛荃、刘刚合撰)

78.《思想自由与争鸣——战国百家争鸣的启示》,《开放时代》,1989年第 4 期。

79.《不宜从儒学中刻意追求现代意识》,《文汇报》,1990 年 2 月 13 日第 4 版。(后收入施宜园主编:《中华学林名家文萃》,上海:文汇出版社,2003 年 2 月)

80.《儒家政治思想与民主政治何干?》,《书林》,1990 年第 2 期。

81.《论理学的圣人无我及其向圣王专制的转化》,《复旦学报(社会科

345

学版)》,1990 年第 3 期。(与李冬君合撰)(人大复印报刊资料《中国哲学史》1990 年第 7 期转载)

82.《论儒家的理想国》,《天津社会科学》,1990 年第 4 期。(与张分田合撰)

83.《特色鲜明 启人心扉——〈史学导论〉读后》,《复旦学报(社会科学版)》,1990 年第 5 期。(与叶振华合撰)

84.《论贞观时期君臣的民本思想》,《南开学报(哲学社会科学版)》,1991 年第 3 期。(与张分田合撰)(《新华文摘》1991 年第 7 期转载,人大复印报刊资料《魏晋南北朝隋唐史》1991 年第 7 期转载)

85.《政治文化化与文化政治化》,《天津社会科学》,1991 年第 3 期。

86.《论从臣民意识向公民意识的转变》,《天津社会科学》,1991 年第 4 期。

87.《崇圣、忠君与屈原政治人格的悲剧性》,《学术信息》,1991 年第 35 期。(与李宪堂合撰)

88.《孔颖达的道论与治道》,《孔子研究》,1991 年第 3 期。(与张分田合撰)

89.《〈制胜韬略〉序》,原载陈学凯:《制胜韬略——孙子战争知行观论》,济南:山东人民出版社,1992 年 4 月。(《新华文摘》1993 年第 7 期转载)

90.《先秦儒家的政治理想与封建专制主义》,原载中国孔子基金会编:《孔子诞辰 2540 周年纪念与学术讨论会论文集》,上海:上海三联书店,1992 年 5 月。(与张分田合撰)

91.《没有普遍的公民意识,公民权利便形同虚设——刘泽华教授谈中国臣民意识》,《人大工作文摘》,1992 年第 2 期。

92.《汉代"纬书"中神、自然、人一体化的政治观念》,《文史哲》,1993 年第 1 期。(《新华文摘》1993 年第 5 期"论点摘编",题目为"纬书充满了王权专制主义精神";《高等学校文科学报文摘》,1993 年第 4 期)

93.《汉代〈五经〉崇拜与经学思维方式》,《社会科学战线》,1993 年第 1 期。(《新华文摘》1993 年第 4 期转载,人大复印报刊资料《中国哲学史》1993 年第 3 期转载)

94.《论汉代炎黄观念与帝统和道统》,《学术研究》,1993 年第 2 期。(与侯东阳合撰)

95.《知识要在市场中实现自己的价值——关于知识贬值问题的思考》,《理论与现代化》,1993年第4期。(与史继平合撰)

96.《传统文化要在适应现代化中寻求生存点》,《光明日报》,1993年7月7日第6版。

97.《王弼名教出自然的政治哲学和温和的君主专制思想》,《南开学报(哲学社会科学版)》,1993年第4期。

98.《论由崇圣向平等、自由观念的转变》,《天津社会科学》,1993年第4期。

99.《论汉代独尊儒术与思想多元的变态发展》,原载祝瑞开主编:《秦汉文化和华夏传统》,上海:学林出版社,1993年9月。

100.《论帝王尊号的政治文化意义》,《学术月刊》,1993年第11期。(与侯东阳合撰)[《新华文摘》1994年第4期转载,人大复印报刊资料《中国古代史(先秦至隋唐)》1994年第2期转载]

101.《圣人——中国传统文化的本体》,《东方文化》1994年第2期。(《新华文摘》1994年第8期转载)

102.《他们为中国历史涂抹浓重的一笔》,原载金大陆编:《苦难与风流:"老三届"人的道路》,上海:上海人民出版社,1994年5月;上海:上海社会科学院出版社,2008年8月。

103.《论由传统政治观念向近代政治观念的转变》,原载南开大学历史系《中国史论集》编辑组:《中国史论集》,天津:天津古籍出版社,1994年7月。

104.《论汉代的黄帝观念与民族凝聚力》,原载林卓才、王卫国主编:《中华民族精神与民族凝聚力——增强中华民族凝聚力第三次学术讨论会论文集》,广州:广东人民出版社,1994年9月。

105.《秦始皇神圣至上的皇帝观念:先秦诸子政治文化的集成》,《天津社会科学》,1994年第6期。[《新华文摘》1995年第3期转载,人大复印报刊资料《中国古代史(先秦至隋唐)》1995年第1期转载]

106.《困惑与思索》,张艳国主编:《史学家自述——我的史学观》,武汉:武汉出版社,1994年12月。

107.《秦政——百代之模式》,原载秦始皇兵马俑博物馆《论丛》编委会编:《秦文化论丛(第三辑)》,西安:西北大学出版社,1994 年 12 月。

108.《学会作公民》,《中国研究》,1995 年第 1 期。

109.《近代社团政党与中国公民意识的培育》,《中国研究》,1995 年第5期。(与刘健清合撰)[Civic Associations, Political Parties, and the Cultivation of Citizenship Consciousness in Modern China,*Chinese Studies in History*, 1996 , 29(4):8–35]

110.《心灵中的空白》(张毅《潇洒与敬畏》序),原载张毅:《潇洒与敬畏——中国士人的处世心态》,长沙:岳麓书社,1995 年 8 月。

111.《天人合一与王权主义》,《天津社会科学》,1996 年第 4 期。(人大复印报刊资料《中国哲学与哲学史》1996 年第 10 期转载)(YURI PINES, The Unity of Heaven and Men, and China´s Monarchism,*Contemporary Chinese Thought*, Vol. 45, nos. 2–3, Winter 2013–14/ Spring 2014, pp. 89–116)

112.《士大夫的混合性格与学理的非一贯性》,《中国研究》,1996 年第 6 期。

113.《用人生叩问历史——访历史学家刘泽华教授》,《人物》,1996 年第 6 期。(访谈者:祝晓风。后收入祝晓风:《读书无新闻》,北京:东方出版社,2006 年 7 月)

114.《殷周政治与宗教·序言》,原载张荣明:《殷周政治与宗教》,台北:五南图书出版有限公司,1997 年 5 月。

115.《从"我"说起》,原载萧黎主编:《我的史学观》,广州:广东人民出版社,1997 年 6 月。

116.《从君主称谓看中国帝王权威的垄断性》,原载南开大学《中国历史与史学》编辑组:《中国历史与史学:祝贺杨翼骧先生八十寿辰学术论文集》,北京:北京图书馆出版社,1997 年 8 月。(与张分田合撰)

117.《王、道相对二分与合二为一》,《东方文化》,1998 年第 2 期。(人大复印报刊资料《中国哲学》1998 年第 6 期转载)

118.《王权主义:中国文化的历史定位》,《天津社会科学》,1998 第 3 期。(YURI PINES, Monarchism:A Historical Orientation of Chinese Intellectual Culture,*Contemporary Chinese Thought*, Vol. 45, nos. 2–3, Winter 2013–14/

Spring 2014, pp. 21–31）

119.《〈中华精神〉丛书序》,《中华精神丛书》,郑州:河南人民出版社,1998 年 5 月。

120.《历史研究应关注现实》,《人民日报》,1998 年 6 月 6 日第 5 版。(人大复印报刊资料《历史学》1998 年第 6 期转载)

121.《正统论与革命观——中国传统政治文化的调节机制·序》,原载陈学凯:《正统论与革命观——中国传统政治文化的调节机制》,西安:陕西人民出版社,1998 年 6 月。

122.《王、圣相对二分与合而为一——中国传统社会与思想特点的考察之一》,《天津社会科学》,1998 年第 5 期。(人大复印报刊资料《历史学》1998 年第 12 期,《中国哲学》1999 年第 1 期转载)(YURI PINES, The Monarch and the Sage:Between Bifurcation and Unification of the Two, *Contemporary Chinese Thought*, Vol. 45, nos. 2–3, Winter 2013–14/ Spring 2014, pp. 55–88）

123.《汉赋的政治神话》,《学习与探索》,1999 年第 3 期。(与胡学常合撰)

124.《传统士人的二重品性与思想文化特点》,《炎黄文化研究》(《炎黄春秋增刊》),1999 年第 6 期。

125.《君尊臣卑:中国传统思想文化的大框架——析韩愈、柳宗元的表奏》,原载张国刚主编《中国社会历史评论(第一卷)》,天津:天津古籍出版社,1999 年 8 月;后收入本书编委会编:《庆祝何兹全先生九十岁论文集》,北京:北京师范大学出版社,2001 年 8 月。

126.《论中国古代的亦主亦奴社会人格》,《南开学报(哲学社会科学版版)》,1999 年第 5 期。(人大复印报刊资料《先秦、秦汉史》2000 年第 2 期转载,《高等学校文科学报文摘》2000 年第 1 期)

127.《忆郑天挺教授与〈中国历史大辞典〉》,原载南开大学新闻中心编:《回眸南开》,天津:南开大学出版社,1999 年 10 月;原载南开大学历史系、北京大学历史系编:《郑天挺先生百年诞辰纪念文集》,北京:中华书局,2000 年 6 月。

128.《巩绍英》,原载王文俊主编:《南开人物志(第二辑)》,天津:南开大学出版社,1999 年 10 月。

129.《我和中国政治思想史》,原载张世林编:《学林春秋(三编·下册)》,北京:朝华出版社,1999 年 12 月。

130.《中国政治文化丛书·序》,杭州:浙江人民出版社,2000 年 1 月。

131.《分层研究社会形态兼论王权支配社会》,《历史研究》,2000 年第 2 期。(人大复印报刊资料《历史学》2000 年第 7 期转载)

132.《"中国社会形态及相关理论问题"短论》,原载张国刚主编:《中国社会历史评论(第二卷)》,天津:天津古籍出版社,2000 年 4 月。

133.《〈专制权力与中国社会〉原著浓缩》,原载本书编委会编:《领导经典浓缩书》,北京:北京图书馆出版社,2000 年 12 月。

134.《中国近代史要再认识——纪念严范孙、张伯苓诞辰学术讨论会致词》,原载张国刚主编:《中国社会历史评论(第三卷)》,北京:中华书局,2001 年 6 月。

135.《王权主义概论》,《锦州师范学院学报(哲学社会科学版)》,2001 年第 3 期。

136.《礼学与等级人学》,《河北学刊》,2001 年第 4 期。(与刘丰合撰)(人大复印报刊资料《中国哲学》2001 年第 10 期转载)

137.《传统思维方式与行为轨迹》,《天津社会科学》,2001 年第 4 期。(《新华文摘》2001 年第 11 期转载)

138.《开展思想与社会互动和整体研究》,《历史教学》,2001 年第 8 期;《光明日报》,2001 年 10 月 2 日第 A02 版。(人大复印报刊资料《历史学》2001 年第 11 期转载)

139.《教书人手记·序》,原载宁宗一:《教书人手记》,郑州:大象出版社,2002 年 9 月。(该序后收入宁宗一:《心灵文本》,郑州:大象出版社,2008 年1月,题为"宗一印象")

140.《忆漆侠先生"文革"后期的二三事》,原载本书编委会编:《漆侠先生纪念文集》,保定:河北大学出版社,2002 年 10 月。

141.《忆洪涛》(《古代历法计算法·序》),原载刘洪涛:《古代历法计算法》,天津:南开大学出版社,2003 年 2 月。

142.《春秋战国的"立公灭私"观念与社会整合(上)》,《南开学报(哲学社会科学版)》,2003 年第 4 期;《春秋战国的"立公灭私"观念与社会整合(下)》,《南开学报(哲学社会科学版)》,2003 年第 5 期。(《高等学校文科学术文摘》2003 年第 6 期)

143.《先秦时期的党、党禁与君主集权》,《广东社会科学》,2003 年第 4 期。(人大复印报刊资料《政治学》2003 年第 6 期转载)

144.《中国社会史研究丛书·第二辑·政治理念与中国社会·总序》,北京:中国人民大学出版社,2003 年 10 月。

145.《中国传统政治思维探源·序》,原载何平:《中国传统政治思维探源》,天津:天津人民出版社,2003 年 10 月。

146.《理性与权力关系的研究思路》(《权力宰制理性:士人、传统政治文化与中国社会·序》),原载葛荃:《权力宰制理性——士人、传统政治文化与中国社会》,天津:南开大学出版社,2003 年 11 月。

147.《论乐的等级思想及其社会功能》,《兰州大学学报(社会科学版)》2004 年第 1 期。(与刘丰合撰)[《新华文摘》2004 年第 9 期"论点摘编",题目为"社会等级差别对乐的影响")]

148.《开展统治思想与民间社会意识互动研究》,《天津社会科学》,2004 年第 3 期。(与张分田合撰)(人大复印报刊资料《历史学》2004 年第 8 期转载,《高等学校文科学术文摘》2004 年第 4 期)

149.《刘泽华教授谈学习历史学》,原载日新:《听大师讲学习方法》,天津:天津社会科学院出版社,2004 年 6 月。

150.《〈君主观念散论〉序》,《历史教学》,2004 年第 7 期。

151.《论臣民的罪感意识》,《社会科学战线》,2004 年第 4 期。(《高等学校文科学术文摘》2004 年第 5 期)

152.《答客问:漫说我的学术经历和理念》,《社会科学战线》,2004 年第 4 期;《答客问——漫说我的学术经历和学术理念》,原载陈洪主编:《南开学人自述(第二卷)》,天津:南开大学出版社,2016 年 11 月。(答肖史先生问)

153.《公与私:先秦的"立公灭私"与对社会的整合》,原载王中江主编:

《新哲学(第二辑)》,郑州:大象出版社,2004年7月。

154.《"天地之性人为贵"与王政》,《江西社会科学》,2004年第10期。(与张分田合撰)(人大复印报刊资料《政治学》2005年第2期转载)

155.《中国臣民的罪感意识》,原载侯建新主编:《经济-社会史评论(第一辑)》,北京:读书·生活·新知三联书店,2005年1月。

156.《多元视角忆雷海宗先生》,南开大学历史学院编:《雷海宗与二十世纪中国史学——雷海宗先生百年诞辰纪念文集》,北京:中华书局,2005年3月。

157.《中国政治思想的"语言"与"言语"·序》,原载萧延中:《中国政治思想的"语言"与"言语"》,北京:中国文史出版社,2005年3月。

158.《王权与社会——中国传统政治文化研究·序》,原载崔向东等:《王权与社会——中国传统政治文化研究》,武汉:崇文书局,2005年7月。

159.《治史观念与方法经验琐谈——刘泽华教授访谈录》,《历史教学问题》,2006年第2期。(访谈者:范思)

160.《传统政治思维的阴阳组合结构》,《南开学报》,2006年第5期。(《新华文摘》2007年第2期转载,人大复印报刊资料《历史学》2007年第1期转载)(YURI PINES, The Yin-Yang Structure of Traditional Chinese Political Thought, *Contemporary Chinese Thought*, Vol. 45, nos. 2-3, Winter 2013-14/ Spring 2014, pp. 117-127)

161.《权力支配社会与民族的苦难》,原载李宪堂主编:《国情备忘录·传统篇:宿命·苦难》,北京:中国社会出版社,2006年10月。

162.《〈大明王朝〉乃文学传神历史命运之笔》,新浪网,2007年1月14日。

163.《秦汉社会保障研究——以灾害救助为中心的考察·序》,原载王文涛:《秦汉社会保障研究——以灾害救助为中心的考察》,北京:中华书局,2007年6月。

164.《忆玉哲师:关爱与宽容》,原载朱凤瀚、赵伯雄编:《仰止集:王玉哲先生纪念文集》,天津:天津人民出版社,2007年11月。

165.《中国政治思想史研究之思路》,《学术月刊》,2008年第2期;《文史知识》,2008 年第 4 期。

166.《理念、价值与思想史研究》,《天津社会科学》,2008 年第 3 期。

167.《民国时期教育独立思潮研究·序》,原载姜朝晖:《民国时期教育独立思潮研究》,北京:中国社会科学出版社,2008 年 9 月。

168.《忆承柏》,原载冯承柏教授纪念集编委会编:《春思秋怀忆故人——冯承柏教授纪念集》,天津:南开大学出版社,2008 年 10 月。

169.《与时变 与俗化》,《今晚报》,2009 年 3 月 14 日第 13 版("副刊");《哈尔滨日报》,2009 年 4 月 2 日第 10。

170.《不慕古 不留今》,《今晚报》,2009 年 3 月 21 日第 13 版("副刊")。

171.《研究中国政治思想史的思路与心路》,原载刘泽华、罗宗强主编:《中国思想与社会研究(第二辑)》,北京:中国社会科学出版社,2009 年 3 月。

172.《从臣民意识向公民意识的转变》,《炎黄春秋》,2009 年第 4 期。

173.《傅斯年社会政治活动与思想研究·序》,原载马亮宽:《傅斯年社会政治活动与思想研究》,北京:中国社会科学出版社,2009 年 4 月。

174.《敦煌民间结社研究·序》,原载孟宪实:《敦煌民间结社研究》,北京:北京大学出版社,2009 年 4 月。

175.《君主专制:孔子七句话》,《今晚报》,2009 年 5 月 5 日第 17 版("副刊")。

176.《关于倡导国学几个问题的质疑》,《历史教学(高校版)》,2009 年第 10 期 (《新华文摘》2009 年第 15 期转载);《关于倡导国学几个问题的质疑(摘要)》,《光明日报》,2009 年 12 月 7 日第 12 版("国学")。

177.《孟子:柔性的君主专制主义》,《今晚报》,2009 年 5 月 30 日第 13 版("副刊")。

178.《文化传播视野下的茶文化研究·序》,原载关剑平:《文化传播视野下的茶文化研究》,北京:中国农业出版社,2009 年 5 月。

179.《"父母官"概念应进历史博物馆》,《今晚报》,2009 年 8 月 27 日第 21 版("副刊")。

180.《"民本"与"君本"的组合》,《今晚报》,2009 年 9 月 19 日第 13 版("副刊")。

181.《我们会做公民吗？》,《杂文月刊(选刊版)》,2009 年第 10 期。

182.《刘泽华讲南开历史系的历史》,原载魏宏运:《南开往事》,天津:南开大学出版社,2009 年 10 月。

183.《倡导国学少搞"倒贴金"》,《新华日报》,2009 年 12 月 15 日第 B07 版。

184.《对弘扬国学、儒学若干定位性判断的质疑》,《中国社会科学报》,2010 年 1 月 14 日第 3 版;《对弘扬国学、儒学若干定位性判断的质疑(续)》,《中国社会科学报》,2010 年 1 月 21 日第 4 版。

185.《中华民族早期源流·后记》,原载王玉哲:《中华民族早期源流》,天津:天津古籍出版社,2010 年 1 月。

186.《漫谈中国的王权主义》,原载柯延主编:《集思录——名家论坛(第三辑)》,北京:知识产权出版社,2010 年 1 月。

187.《扩大存在境域与阐释语境,强化武术文化研究》(《中国武术思想史纲要·序》),原载杨祥全:《中国武术思想史纲要》,台北:逸文武术文化有限公司,2010 年 1 月。

188.《把国学列为一级学科不妥》,《中国社会科学报》,2010 年 2 月 11 日第 4 版;《马克思主义文摘》,2010 年第 9 期;《贺州日报》,2015 年 9 月 8 日第 4 版。

189.《关于国学"学理"、"意义"若干论点的请教与质疑(上)——与六教授、四校长商榷》,《中国社会科学报》,2010 年 4 月 8 日第 4 版;《关于国学"学理"、"意义"若干论点的请教与质疑(下)——与六教授、四校长商榷》,《中国社会科学报》,2010 年 4 月 15 日第 4 版。

190.《诚挚的自由马克思主义学者》,南开大学新闻网,2010 年 5 月 24 日。

191.《南开建设性的、健康力量的代表》,原载陶江主编:《娄平纪念文集》,天津:南开大学出版社,2010 年 5 月。

192.《再说王对道的占有——回应陈启云先生并质疑》,《中华读书报》,2010 年 6 月 9 日第 15 版。

193.《反思中国传统政治思想要有现实观照意识——刘泽华先生访

谈》,《历史教学(下半月刊)》,2011 年第 2 期。(访谈者:王丁、王申)

194.《〈中国研究生〉寄语》,《中国研究生》,2011 年第 4 期。

195.《独立思考,突出学术个性——刘泽华先生访谈》,《中国研究生》,2011 年第 4 期。(访谈者:王申、王丁)

196.《从"天王圣明论"说"权力神圣观"》,《炎黄春秋》,2011 年第 6 期。

197.《太晚的致意——由我的三篇文章说黎澍》,原载王兆成主编:《历史学家茶座(2011 年第 2 期·总第 24 辑)》,济南:山东人民出版社,2011 年 6 月。

198.《关于天安门前竖孔子像问题答客问》,《史学月刊》,2011 年第 7 期。(答怀益君问)

199.《先秦史研究的几点思考》,《史学月刊》,2011 年第 8 期。(人大复印报刊资料《先秦、秦汉史》2011 年第 6 期转载)

200.《"剥削"问题与历史的再认识(提纲)》,原载南开大学历史学院、北京大学历史系、中国社科院历史所:《中国古代社会高层论坛文集——纪念郑天挺先生诞辰一百一十周年》,北京:中华书局,2011 年 8 月。

201.《我在"文革"中的思想历程》,《炎黄春秋》,2011 年第 9 期。

202.《我在"文革"中的际遇》,《炎黄春秋》,2011 年第 12 期。

203.《我被署名的文章成为石家庄反右号角》,《炎黄春秋》,2012 年第 4 期。

204.《走出"王权主义"的阴霾——访南开大学刘泽华教授》,《学习博览》,2012 年第 5 期。(访谈者:郑士波)

205.《我从"文革"桎梏中向外蠕动的三篇文章——研讨历史的思想自述之一》,《史学月刊》,2012 年第 6 期。

206.《从"天王圣明"说最高思想权威》,《炎黄春秋》,2012 年第 10 期。

207.《"文革"中的紧跟、错位与自主意识的萌生——研讨历史的思想自述之二》,《史学月刊》,2012 年第 11 期。

208.《小议思想史研究中的古今贯通性认识》,《史学月刊》,2012 年第 12 期。

209.《漫谈国学、儒学研究中的几个问题》,原载王处辉编:《国学及其现代性》,北京:知识产权出版社,2013年1月。

210.《与青年朋友聊天——刘泽华先生通讯录》,原载南开大学历史学院编:《南开历史教学论文集(第二辑):史苑传薪录》,天津:天津古籍出版社,2013年3月。(通讯者:魏颖杰)

211.《刘泽华教授专访》,原载南开大学历史学院编:《南开历史教学论文集(第二辑):史苑传薪录》,天津:天津古籍出版社,2013年3月。(采访者:赵家骅、何青、刘彬)

212.《论天、道、圣、王四合———中国政治思维的神话逻辑》,《南开学报(哲学社会科学版)》,2013年第3期。

213.《再说历史学要关注民族与人类的命运》,《史学月刊》,2013年第5期。

214.《西行漫笔·序》,原载王兰仲:《西行漫笔:一个远足者的异国寻觅》,深圳:海天出版社,2013年8月。

215.《为什么说王权主义是中国传统思想文化的主干?——研讨历史的思想自述之四》,《政治思想史》,2013年第3期。(《新华文摘》2014年第5期"论点摘编")

216.《从观念"定势"中走出来的尝试——研讨历史的思想自述之三》,《首都师范大学学报(社会科学版)》,2013年第5期。

217.《从君臣譬喻说君尊臣卑及其遗存》,原载侯建新主编:《经济-社会史评论(第七辑)》,北京:读书·生活·新知三联书店,2013年12月。

218.《河北师院(天津)俄文专修科学习回忆》,《河北师大报》,2014年5月15日第3版。(秦进才整理推荐)

219.《政治的境界——中国古典政治哲学研究·序》,原载林存光:《政治的境界——中国古典政治哲学研究》,北京:中国政法大学出版社,2014年7月。

220.《论"王道"与"王制"——从传统"王道"思维中走出来》,《天津社会科学》,2014年第5期。(人大复印报刊资料《中国哲学》2015年第2期转载)

221.《学派·学术个性·中国史观——关于"王权主义学派"问题的对

356

话》,《南国学术》,2014 年第 3 期。(对话者:李振宏)(人大复印报刊资料《历史学》2014 年第 11 期转载)

222.《让孔子直通古今是不现实的——从中国政治思想史视野看"儒家宪政"论思潮》,《中国社会科学报》,2014 年 10 月 29 日第 A04 版。(一起对谈者:张分田、李宪堂、林存光)

223.《研究中国古代史的片思》,原载葛荃主编:《反思中的思想世界:刘泽华先生八秩华诞纪念文集》,天津:天津人民出版社,2014 年 10 月。

224.《政治思想史是中国历史的灵魂——专访刘泽华先生》,《南开大学报》,2014 年 11 月 21 日第 2 版。(采访者:陈鑫、陆阳)

225.《洞察中国古代历史的王权主义本质——访南开大学荣誉教授刘泽华》,《中国社会科学报》,2015 年 1 月 7 日第 A04 版。(采访者:张清俐)

226.《刘泽华:我是个一直有压力的人》,《中华读书报》,2015 年 3 月 4 日第 7 版。(采访者:本报记者陈菁霞)

227.《从往事说来公的学术韧性》,《北京青年报》,2015 年 3 月 31 日第 B6 版。(收入焦静宜编:《忆弢盦:来新夏先生纪念文集》,天津:天津古籍出版社,2015 年 5 月)

228.《提出战国"授田"制是我平生称意事》,《中华读书报》,2015 年 4 月 8 日第 15 版。

229.《中西古代政治学说之比较》,《人民日报》,2015 年 6 月 23 第 7 版。(《新华文摘》2015 年第 15 期转载)

230.《复兴儒学是文明的提升吗?》,《中国社会科学报》,2015 年 7 月 16 日第 1 版;《国学视界》第 1 辑(2016 年 1 月,《天津市国学研究会通讯》)。

231.《史学重在探寻规律探讨命运》,《人民日报》,2015 年 8 月 27 日第 7 版。

232.《相交半生的一位"真人"——怀念杨志玖师》,《中华读书报》,2015 年 11 月 18 日第 7 版;《南开大学报》,2015 年 12 月 18 日第 3 版。

233.《关于历史是非认识的几个问题》,《史学月刊》,2016 第 1 期。(人大复印报刊资料《历史学》,2016 年第 4 期转载)

234.《君主"无为"的驭臣术:君逸臣劳和治要抓纲》,《中华读书报》,

2016 年 1 月 27 日第 15 版。

235.《长亭回首短亭遥——回忆与杨荣国先生的交往》,《读书》,2016 年第 1 期。(《书摘》2016 年第 4 期)

236.《简说"不慕古,不留今,与时变,与俗化"》,《中华读书报》,2016 年 2 月 24 日第 15 版。

237.《根是一种生命》,《寻根》,2016 年第 2 期。

238.《简说传统礼仪与贵贱等级制》,《中华读书报》,2016 年 3 月 16 日第 13 版。

239.《先秦法家人性好利说与社会转型(上)》,《中国社会科学报》,2016 年 4 月 26 日第 8 版;《先秦法家人性好利说与社会转型 (下)》,《中国社会科学报》,2016 年 5 月 3 日第 8 版。

240.《简说法家的以人为本》,《中华读书报》,2016 年 5 月 4 日第 15 版。

241.《简说法家一断于法》,《中华读书报》,2016 年 6 月 22 日第 13 版。

242.《防御性思维与史学理论萎缩的后果》,《史学月刊》,2016 年第 6 期。

243.《法家眼中的以人为本》,《人民日报》,2016 年 6 月 28 日第 7 版;《兵团日报》,2016 年 7 月 3 日第 1 版;《包头日报》,2016 年 7 月 10 日第 3 版;《甘孜日报》,2016 年 7 月 14 日第 3 版;《贵州民族报》,2017 年 1 月 24 日第 A4 版;《乌兰察布日报》,2017 年 4 月 5 日第 A06 版转载。

244.《法家在统一帝国中的作用》,《读书》,2016 年第 7 期。

245.《儒家在巩固王权专制上立了大功》,《高见》第 80 期,2016 年 8 月 19 日。(访谈者:张弘)

246.《儒家坏就坏在守成》,《高见》第 81 期,2016 年 8 月 22 日。(访谈者:张弘)

247.《从君臣譬喻说君尊臣卑》,《历史教学(上半月刊)》,2016 年第 5 期。

248.《中国文化发展中的"复古"偏颇——对"道统"思维盛行的质疑与批评》,《南国学术》,2016 年第 4 期。

249.《法家"不尚贤"辨析——战国时期儒法之争问题之一》,《天津社会科学》,2016 年第 6 期。(《新华文摘》2017 年第 11 期转载)

250.《依靠"巨室"与打击"巨室"——战国历史进展的症结问题之一》,《历史教学(上半月刊)》,2017 年第 1 期。

251.《王权专制主义与中国的现代化》,《社会科学论坛》,2017 年第 1 期。(访谈者:张弘)

252.《"民为贵,社稷次之,君为轻"的思想渊源》,《史学月刊》,2017 年第 2 期。

253.《读史三札》,《今晚报》,2017 年 6 月 30 日第 12 版("副刊")。

254.《统而不死》,《今晚报》,2017 年 8 月 11 日第 13 版("副刊")。

255.《王权主义与社会形态等问题的再思考——访刘泽华先生》,《中国史研究动态》,2017 年第 4 期。(访谈者:陈鑫)

256.《具有变革精神的儒生》,《今晚报》,2017 年 8 月 25 日第 13 版("副刊")。

257.《"拍"掉了自主性》,《今晚报》,2017 年 9 月 7 日第 13 版("副刊")。

258.《李斯与董仲舒》,《今晚报》,2017 年 10 月 4 日第 8 版("副刊")。

259.《权与理》,《今晚报》,2017 年 11 月 7 日第 13 版("副刊")。

260.《人格独立与"横议"》,《今晚报》,2017 年 11 月 21 日第 13 版("副刊")。

261.《扩大存在境域与阐释语境,强化武术文化研究》(《中国武术思想史》序),原载杨祥全:《中国武术思想史》,太原:山西科学技术出版社,2017 年 11 月。

262.《以独尊儒术为界》,《今晚报》,2017 年 12 月 5 日第 13 版("副刊")。

263.《战国时期的争鸣》,《今晚报》,2017 年 12 月 19 日第 13 版("副刊")。

264.《法治底线与道德高调》,《今晚报》,2018 年 1 月 2 日第 9 版("副刊")。

265.《主奴综合意识》,《今晚报》,2018 年 1 月 30 日第 9 版("副刊")。(《亦主亦奴》,《中外文摘》2018 年第 9 期)

266.《王权支配社会的几个基本理论》,《历史教学(上半月刊)》,2018 年第 2 期。

267.《"天子"的概念》,《今晚报》,2018 年 2 月 13 日第 9 版("副刊")。

268.《帝王的谥号》,《今晚报》,2018 年 2 月 27 日第 13 版("副刊")。

269.《非圣无法》,《今晚报》,2018 年 5 月 10 日第 9 版("副刊")。(刘先生遗作之一)

270.《腹诽罪》,《今晚报》,2018 年 5 月 11 日第 13 版("副刊")。(刘先生遗作之二)

271.《圣人从众与从善》,《今晚报》,2018 年 5 月 12 日第 9 版("副刊")。(刘先生遗作之三)

272.《说"天地君亲师"崇拜》,《今晚报》,2018 年 5 月 13 日第 9 版("副刊")。(刘先生遗作之四)

273.《代序——怀念老同学刘佛丁》,原载王玉茹编:《刘佛丁文集》,天津:南开大学出版社,2019 年 5 月。